# Berchtesgadener Land

## EN PERLE I BAYERN MIDT MELLEM NATUR OG HISTORIE

LINDA NIELSEN
REJSESKRIBENTEN

**KOLOFON**

***Berchtesgadener Land - en perle i Bayern midt mellem natur og historie***
*© 2025 - Linda Nielsen / REJSESKRIBENTEN*
***Layout, fotos, grafik:*** *© 2025 - Linda Nielsen / REJSESKRIBENTEN*

***Edition 2025 - ISBN:*** *978-87-4305-963-9*


*Edition 2018 - ISBN: 978-87-718823-9-1*

*Bogen er tidligere udkommet som e-bog i 2018*
*(ISBN 978-87-998543-3-2)*

***Sat med:*** *PT Sans og Lithos Pro*

***Forlag:*** *BoD · Books on Demand GmbH,*
*In de Tarpen 42, 22848 Norderstedt, Tyskland*
***Tryk:*** *Libri Plureos GmbH, Friedensallee 273,*
*22763 Hamborg, Tyskland*

*Bogen er fremstillet efter on-Demand-proces*

# INDHOLDSFORTEGNELSE

# FORORD

For mange er Sydtyskland og Bayern blot noget man kører igennem for at komme til Østrig, Italien eller andre sydeuropæiske feriemål. Det er egentligt synd, for når man først er kommet væk fra den tætte trafik på de tyske Autobahns og ud af storbyerne, venter naturen, bjergene, de mindre byer og ikke mindst landsbyerne. Jeg har altid haft det sådan, at når jeg er kommet gennem Tyskland og begynder at fornemme konturerne af de majestætiske bjerge langt forude, falder skuldrene ned på plads og en særlig ro spreder sig i hele kroppen, så ved jeg, at ferien venter rundt om næste afkørsel eller om få stationer.

Følelsen af nye eventyr og nye oplevelser, der ventede på mig, var den følelse, der summede i kroppen, da jeg i sommeren 2017, for første gang, begav mig af sted mod Berchtesgadener Land. Jeg var forventningsfuld og havde store sommerfugle i maven, da jeg ankom med det sene eftermiddagstog til banegården i Berchtesgaden, men jeg var klar til at opleve et nyt og uopdaget land. Jeg havde hørt lidt om området i Sydtyskland, på grænsen til Østrig, hvor Hitler havde sin *Ørnerede*. Men jeg havde aldrig sat mig ind i historien, jeg kendte faktisk kun ganske lidt til regionen. Det var ved en tilfældighed, at jeg opdagede, at der var noget der hed Berchtesgaden og Berchtesgadener Land. Det var i sommeren 2016, da jeg var på vej til andet ligeså smukt område, i dette tog lå der en køreplan med togforbindelser ud af Hamburg. Foran mig lå mange timer i toget, så jeg bladrede lidt nysgerrigt i køreplanen, pludseligt stod der *Berchtesgaden*, ovenikøbet med et direkte tog fra Hamburg. Det lød nemt, direkte tog, ingen stressende togskift undervejs og ingen risiko for mistede togforbindelser i tilfælde af forsinkelser.

Efter min rejse i 2016, begyndte jeg at undersøge mere om dette - for mig - ukendte sted, og da 2016 blev til 2017 besluttede jeg mig for... der skal jeg ned, og der skal skrives en bog om regionen. Jeg havde nemlig søgt på danske bogtitler om denne region, men uden held. Der var ingen og jeg mener absolut ingen bøger på dansk om Berchtesgaden og Berchtesgadener Land. Der stod blot nogle få sætninger i en af de kendte rejsebogsserier, der udgives her i Danmark. Det var faktisk synd, at der ikke var skrevet om dette skønne sted, altså mere end en halv side i en anden rejsebog. Så samtidig med, at jeg knoklede på højttryk for at få min rejsebog nummer to på gaden, besluttede jeg mig for at gøre et lille oprør mod dem der mener, at rejsebogen er død og unødvendig. Jo, der er desværre mange der tror, at et opslag på nettet er nok, så har de deres rejselekture. Fred være med dem, men min holdning er, at et opslag på internettet er ikke altid er nok, og da slet ikke, hvis man ikke ved, hvad man skal søge efter, derfor fortsætter jeg med at skrive rejsebøger på **MIN** måde, jeg bliver muligvis ikke rig af at skrive og selvudgive, men det glæder mig at se, når folk alligevel køber en af mine bøger. Det får mig til at fortsætte. Så midt mellem gule lapper, røde tuscher og kolde kaffeslatter, satte jeg mig for, at rejsebog nummer tre skulle være om Berchtesgadener Land. Hotel blev booket og researchen gik i gang. For at gøre det lidt nemmere, tog jeg kontakt til de presseansvarlige i regionens turismeorganisation, som inviterede mig til møde, hvor de hjalp mig i gang med min research. Nu bliver min største opgave at formidle al denne viden ud til læseren

- **DIG** - og gøre dig opmærksom på, at Tyskland rummer mere end blot Autobahns, tæt trafik og lange køer til toiletterne på rastepladserne. Tyskland er nemlig fyldt med historie og ukendte områder, hvis man bare tør bevæge sig udenfor de overfyldte Autobahns.

Den første udgave af bogen udkom i 2018, nu skriver vi 2025, og bogen har længe trængt til at blive opdateret, få *luget* ud i gamle sprogbøffer og stavefejl, som faldt gennem korrekturlæsningen i første udgave af bogen. Samtidig har bogen fået nyt design og lidt nye historier.

Jeg ønsker alle en god rejselyst!

*Panoramavue over Berchtesgadener Land*

# BAYERN HISTORISK OG GEOGRAFISK

Mange forbinder Bayern med München, oktoberfest og store velskænkede ... fadøl. Men Bayern er heldigvis meget mere end det. Delstaten Bayerns flag er hvidt og blåt, disse farver finder man på, så godt som, alt. Bayern er arealmæssigt den største tyske delstat, på godt 70.550 km². Der bor omkring 12,6 millioner i delstaten, men hvis man spørger dem om de er tyskere eller bayere, så vil de med størst sandsynlighed sige **BAYER**, og de er stolte af at være bayere. Bayern er mere end München, der er afvekslende natur med skove, hvoraf de største er Bayerischer Wald, Oberpfälzer Wald, Fichtelgebirge og Frankenwald samt bjerge. Tysklands største bjerg - Zugspitze på 2.968 meter - er beliggende i Bayern på grænsen til Østrig. Befolkningssammensætningen i Bayern har, særligt under og især, efter Anden Verdenskrig, været påvirket af flygtninge og hjemstavnsfordrevne, de største befolkningsgrupper består af østrigere, folk fra det tidligere Jugoslavien samt tyrkere. Den største del af befolkningen er katolikker, mens protestanterne udgør omkring hver fjerde.

I starten af 500-tallet kom der en ny befolkningsgruppe til området som i dag kendes for Bayern, folket blev kaldt *Bajuwarer*, som bedst kan oversættes til *mænd fra Bayern*. Det nye landområde blev et hertugdømme under Agilolfingerne. Agilolfingerne var det første hertugdynasti i Bayern, de regerede fra det sjette til slutningen af det ottende århundrede. Agilolfinger-slægtens stamfader menes at være Fyrst Agilulf, men den første kendte hertug var Garibald den Første. Man kender ikke familiens oprindelse med sikkerhed, det menes, at de havde tætte politiske forbindelser til frankerne og langobarderne. Agilolfinger-slægten står blandt andet bag indførelsen af bosættelsespolitikken i Bayern, kristningen af Bayern samt grundlæggelse af bispedømmerne Regensburg, Freising, Passau og Salzburg. Slægten indgik en pagt med Karolingerne og hørte dermed under Frankerrigets overherredømme. Men alligevel forsøgte hertugslægten at føre en selvstændig politik i Bayern. Dette førte til, at Karl den Store afsatte Agilolfingernes hertug Tassilo den Tredje og ophævede hertugdømmet Bayern, hvorefter de indlemmede området i Frankerriget. Dermed var hertugslægten Agilolfingernes dominans slut.

Efter opdelingen af Frankerriget, i år 817, blev Bayern hermed en del af det Østfrankiske Rige, der senere udviklede sig til det tysk-romerske Rige. Omkring år 1180 overdrog den tysk-romerske kejser, Kaiser Friedrich den Første Barbarossa, Bayern til slægten Wittelsbach. Slægten Wittelsbach er en tysk fyrsteslægt der kan føres tilbage til Markgreve Luitpold af Bayern, der døde i år 907. Markgreve Luitpolds søn Arnulf blev senere Hertug af Bayern. Grev Otto den Femte af Scheyern, en efterkommer af hertug Arnulf, flyttede i 1124 til borgen Wittelsbach, ved Aichach i Oberbayern, og tog navn efter borgen. Otto den Sjette von Wittelsbach blev overhoved for hertugdømmet Bayern tilbage i 1180. I 1214 overtog slægten også herredømmet over fyrstedømmet Rheinpfalz, der i 1356 blev kurfyrstedømme. Efter Ludwig den Andens død i 1294 blev Wittelsbach-slægten opdelt i en bayersk og en pfalzisk linie. Den ældste fik Pfalz og den yngre fik Bayern. De to grene af slægten herskede som hertuger, kurfyrster og konger af Bayern indtil 1918, da den sidste bayerske konge abdicerede. Flere medlemmer af Wittelsbach-slægten har gennem historien stået i spidsen for det tysk-romerske rige, mere præcis i årene 1314 til 1347, 1400 til 1410 samt 1742 til 1745 med henholdsvis Ludwig den Fjerde von Bayern (1314-1347), Rupprecht den Tredje og Karl den Syvende (1742-1745). Rupprecht den Tredje af Pfalz, som var konge for det tysk-romerske rige mellem 1400 og 1410, var farfar til den nordiske konge, kong Christoffer af Bayern.

I perioden op til revolutionen i 1848, under Ludwig den Førstes regeringstid (1825-1848), udviklede München sig til residensby samt til et videnskabeligt og kulturelt centrum. Samtidig forsøgte Bayern at balancere mellem den preussiske lille-tyske og den østrigske stortyske politiske holdning. Men ved Slaget ved Königgrätz i 1866, under den preussisk-østrigske krig, vandt Preusserne over Bayern, der var på den tabende østrigske side. Dette betød, at Bayern måtte acceptere at blive en del af det tyske Kejserrige, der blev grundlagt i 1871. Bayern fik dog lov til at beholde visse særrettigheder, såsom eget postvæsen, jernbane, ølskat, begrænset diplomatisk repræsentation i udlandet samt kontrollen over egne militærstyrker i fredstid.

Efter Første Verdenskrigs afslutning, i 1918, abdicerede den bayerske konge, kong Ludwig den Tredje, og Bayern blev i en kort overgang, en republik, som var ledet af venstresocialdemokraten Kurt Eisner, der blev myrdet af højreradikale kræfter i München i maj 1919. I begyndelsen af 1920erne blev Bayern arnested for en lang række højre bevægelser, herunder den nationalsocialistiske bevægelse, der endte med det mislykkede ølstuekup i München i 1923. Et kup som Adolf Hitler og Erich Ludendorff stod bag. Mellem 1923 og 1933 havde Bayern et relativt stabilt styre under ledelse af det katolske bayerske parti, BUP, der med succes holdt skansen overfor nationalsocialisterne med Adolf Hitler i spidsen. Efter Anden Verdenskrigs afslutning i 1945 blev Tyskland delt i to, hvor Bayern blev en del af den amerikanske besættelseszone og Vesttyskland. Bayern forsøgte at holde fast på sin særstatus og nægtede i 1949 at tiltræde den vesttyske grundlov, da den ikke tog nok hensyn til de bayerske særrettigheder. Den bayerske delstatsregering skrev dog senere under på den tyske grundlov. I forbindelse med opførelsen af Jerntæppet, eller Muren, som de fleste kaldte den, i 1961, blev Bayern ramt af store strukturelle forandringer. Dette skyldtes, at Bayern lå placeret op mod grænsen til DDR og Tjekkoslovakiet. Men på trods af de udfordringer det førte med sig, oplevede delstaten et opsving i forbindelse med, at de gik fra at være et traditionelt landbrugsland til at være et industrisamfund med en række af industriens store sværvægtere, såsom bilfabrikanterne MAN og BMW samt industrivirksomheden Siemens. Blandt berømte bayere finder man malere som Hans Holbein den Ældre, Lukas Cranach og Franz Marc. Musikere og komponister som Franz Liszt, Richard Wagner og Richard Strauss. Dramatikere som Bertolt Brecht. Videnskabsmænd som Wilhelm Conrad Röntgen, Konrad Lorenz og Alois Alzheimer samt finansmænd som Werner von Siemens og ikke mindst manden bag de kendte Levi's jeans, Levi Strauss.

*Solnedgang i Berchtesgaden*

# REGIONEN HISTORISK OG GEOGRAFISK

Regionen Berchtesgadener Land er beliggende i den sydøstlige del af Bayern, *se kort på side 10*. Der er ca. 160 km fra Berchtesgaden til München. Berchtesgadener Land, 848 km², er gemt lidt væk i en lomme, der grænser op til Østrig, Salzburg og Salzburger Land. Området/regionen er præget af bjerge, søer, vild natur, dybe dale og maleriske landsbyer. Den største by er Bad Reichenhall med over 18.000 indbyggere. Den næststørste by er Berchtesgaden. Der bor godt 100.000 indbyggere i Berchtesgadener Land fordelt på 15 kommuner eller Gemeinde. Tysklands tredje højeste bjerg, Watzmann (2.713 meter), er beliggende i den sydlige del af Berchtesgadener Land på grænsen til Østrig. Berchtesgadener Land er en region, hvor tradition og kultur hænger uløseligt sammen. Selveste Alexander von Humboldt, der var tysk naturvidenskabsmand og opdagelsesrejsende, erklærede Berchtesgadener Land for den *smukkeste flække på jorden*.

Berchtesgadener Land har en lang og broget historie bag sig. Lige fra den tidlige middelalder til starten af det 19. århundrede har regionen ligget på spændingspunktet mellem fyrstedømmet Salzburg og hertugdømmet Bayern. Det hvide guld, det vil sige saltet, har gennem århundreder været en vigtig indtægtskilde for Berchtesgadener Land, og dermed også skabt regionens rigdom. Regionen har været hjemsted for

> **Alexander von Humboldt**
> Alexander von Humboldt, eller Friedrich Wilhelm Heinrich Alexander Freiherr von Humboldt, som hans fulde navn var, levede fra 14. september 1769 til 6. maj 1859. Han var tysk naturvidenskabsmand og opdagelsesrejsende. Alexander von Humboldt grundlagde geografien som en videnskab. Alexander von Humboldt var bror til Wilhelm von Humboldt (1767-1835), der grundlagde Humboldt Universitet i Berlin.

alt lige fra Augustinermunke, fyrsteprovster til hjemsted for topnazister som Martin Bormann og Adolf Hitler. I dag er det turister, der fylder op i gaderne og på hotellerne, når de kommer langvejsfra for at nyde naturen ved Königssee eller Hintersee eller for at se Kehlsteinhaus i Obersalzberg lidt udenfor Berchtesgaden. Turismen er den vigtigste indtægtskilde i Berchtesgadener Land, hvor cirka 85 procent af befolkningen har direkte eller indirekte berøring med turisterne, der tilbringer godt 4,7 millioner overnatninger i regionen hvert år. De seneste par år har mange asiatere, hovedsageligt kinesere, fundet vej til regionen.

Ordet *Berchtesgadener Land* har flere betydninger. En af forklaringerne har henvisning til regionen som på tysk kaldes for *Land*, det vil sige *Region Berchtesgaden*. Området omkring byen Berchtesgaden, var tidligere hovedby for den regerende provst. Senere har flere omtalt regionen eller området for *Berchtesgadener Landschaft*, eller *landskab* på dansk. Andre har kaldt området for *Ländchen*. Den nuværende stavemåde af Berchtesgaden og Berchtesgadener Land kom i 1461, hvor navnet er sammen sat af to ord *Per(c)hter* og *Gaden*. *Per(c)htger*, er et germansk navn. En *Perchtger* var navnet på en mand, der opførte huse med blot et enkelt rum. Ordet *Gaden*, betyder på tysk *Haus von nur einem Gemach*, det vil sige *et hus med kun et rum*. I det store konversationsleksikon for dannede stændere fra 1845 blev Berchtesgadener Land omtalt som *det gamle område for fyrstelige provster fra Berchtesgaden*. Ordet *Berchtes* skulle eftersigende stamme fra en bosætter der hed *Perther*, den sidste del *Gaden* skulle eftersigende betyde *det indhegnede bosted*. Andre mener dog, at *Perther* betyder *et enetages hus* eller *jagthytte med selvstændige hytter til tjenestefolkene*.

## INFRASTRUKTUR

Man kan komme til Berchtesgadener Land på mange måder, enten med fly, bil, bus eller tog. Hvis man vælger at flyve, er den nærmeste internationale lufthavn i Salzburg, godt 30 km fra Berchtesgadener Land, eller i München cirka 160 km derfra. Hvis man kommer i bil, kan man komme dertil via et godt rutenet med både motorveje (Autobahns) og landeveje (Bundesstraßen). En af disse ruter er B305, der er en del af den tyske ferierute *Deutsche Alpenstraße*, der starter/slutter ved Königssee. Når man kommer fra nord (Danmark) benytter mange *ferieruten Alpen-Ostsee* (Alperne-Østersøen), der går fra Königssee til Puttgarden, hvorfra der er færgeforbindelse til Rødby. En tredje mulighed er toget, hvilket er en transportform som jeg selv foretrækker. Der er en direkte forbindelse til Berchtesgaden fra Hamburg med Intercitytoget, med afgang tidligt fra Hamburg, der i perioder kører dagligt. Hold øje med Deutsche Bahns hjemmeside *www.bahn.de*, for afgange mod Berchtesgaden, priser med videre. Siden 2006 har den

*Berchtesgadener Lands placering*

elektrificerede jernbanestrækning været tilkoblet til Salzburgs S-togsnet, hvor Berchtesgadener Land Bahn (BLB) forbinder Berchtesgaden og Bad Reichenhall med Freilassing, hvorfra der er forbindelser mod Salzburg, München samt Mühldorf. Togturen mellem Berchtesgaden og Freilassing tager cirka 50 minutter. Mellem 1908 og 1930erne var togturen mellem Berchtesgaden og Salzburg væsentlig kortere end i dag, da man kunne køre fra Berchtesgaden til Hangender Stein på grænsen til Østrig, hvorfra der var forbindelse til Salzburg. I forbindelse med udvidelse af vejen mellem Berchtesgaden og Marktschellenberg blev denne togstrækning lukket. Af og til dukker planerne og ideerne om at genåbne den gamle togstrækning op, men det er endnu aldrig blevet til mere end blot tanker og ideer.

I Berchtesgadener Land er der et godt rutenet med lokale og regionale busruter. Det tager cirka 45-50 minutter med bussen fra Berchtesgaden til Salzburg. Mange af ruterne har timedrift. Indtil 1965 kunne man køre med tog fra Berchtesgaden til Königssee (Königssee Bahn), *læs mere om banen på side 354*. I dag er det busser, der fragter tusindvis af turister blandt andet til den smaragdgrønne fjordlignende sø. Siden 1907 har der kørt busser rundt i Berchtesgadener Land, den første strækning gik fra Berchtesgaden til Hintersee. I dag er det busselskabet RVO (Regional Verkehr Oberbayern), der driver buskørslen i Berchtesga-

dener Land. Køreplaner med videre kan findes på hjemmesiden *www.rvo-bus.de*.

De sidste par år har det været muligt at køre gratis med bussen, hvis man er i besiddelse af et såkaldt gæstekort, som man får udleveret på hotellet, hvor man bor. Nogle hoteller udleverer gæstekortet gratis, mens andre udleverer kortet mod et beskedent beløb, pant, som man får tilbage, når man afleverer kortet. Kortet giver enten helt gratis kørsel med bussen eller rabat på billetprisen. Kortet giver desuden også rabatter på flere seværdigheder og museer. Det er en super smart ordning, man behøver ikke bruge tid på at finde parkeringspladser, som mange steder er små. Et andet plus ved at tage bussen er, at føreren af bilen, kan nyde landskabet eller tillade sig en øl eller to til frokost.

### HISTORISK

Berchtesgadener Lands lange og til tider grusomme historie kan føres tusinder af år tilbage, man mener hen ved 4.000 år. Dette har man fundet ud af efter adskillige arkæologiske udgravninger og forskning. Dengang var det hovedsageligt fiskere og jægere der boede i regionen. Man har blandt andet fundet mønter, der stammer fra det femte til det første århundrede før Kristi fødsel. I den tidlige middelalder hørte Berchtesgadener Land under den bayerske hertug. Omkring år 700 gav den bayerske hertug Theodo den Anden to bjergsætere (Alme) til den salz-

11

burgske biskop Rupert. De to sætere blev kaldt for *Gouzo* og *Laduso*, som i dag bedst kendes som *Gotzenalm* i 1.680 meters højde, beliggende øst for Königssee samt *Ahornalm* i 1.550 meters højde, beliggende i nærheden af Roßfeld.

Første gang man hørte om Berchtesgadener Land, eller Berchtesgaden, var i år 1102, dog mener man, at bosættelsen er grundlagt tilbage i foråret 1101 og muligvis endnu tidligere i forbindelse med et højtideligt ønske fra Grevinde Irmgard von Sulzbach. Et sagn fortæller, at Grevinde Irmgard von Sulzbach ønskede at opføre et kloster som tak for at hendes mand, Grev Gebhard den Anden von Sulzbach, var blevet reddet efter en jagtulykke i bjergene. Det var dog først efter grevindens død, den 14. juni 1101, dette ønske gik i opfyldelse, da hendes to sønner Berengar den Første von Sulzbach og Kuno von Horburg-Lechsgemünd rejste til Rom sammen med den provst, Kannik Eberwin, de ønskede til det nye stift, med håbet om at få Pave Paschlis den Andens godkendelse og velsignelse til at grundlægge det grevelige kloster *Berthercatmen*. Det fik de. Efter hjemkomsten fra Rom ankom Eberwin og hans fire Augustinermunke fra Kloster Rottenbuch ved Ammergau til Berchtesgaden. Det første munkene lagde mærke til var, at området, hvor klostret skulle opføres, var en stor skrækkelig urskov med evig frost og sne. I mellemtiden havde Berengar fået andre politiske interesser,

så Eberwin og hans munke forlod Berchtesgaden omkring år 1107-1109 for i stedet at opføre klostret Baumberg, som er beliggende nord for Traunstein. Nogle år efter, man formoder omkring 1116, returnerede Eberwin og munkene tilbage til Berchtesgaden. Returneringen til Berchtesgaden menes, at Berchtesgaden var et bedre sted end Baumberg. Samtidig havde man fundet de første saltforekomster i Berchtesgadens undergrund. Efter munkene var returneret til Berchtesgaden begyndte de at opføre stiftskirken Sankt Peter & Johannes der Täufer, der stod klar i 1122, og blev indviet af den salzburgske ærkebiskop Konrad. Efter opførelsen af kirken begyndte man at opføre klostret og en lang periode under gejstlig herredømme fulgte.

Provst Eberwin blev den første af i alt 47 fyrsteprovster, der regerede Berchtesgaden i de kommende 700 år. Klostrets munke var gode forretningsfolk. I starten var det ikke saltet, der bragte dem den største rigdom, det gjorde deres andele i Salinen, saltsyderiet, i Reichenhall, sammen med handlen med råstoffer samt med handelsvarer såsom ost, stofmaterialer, korn, vin med videre. På ganske kort tid opnåede klostret i Berchtesgaden at blive et af de rigeste klostre i hele Sydtyskland. Den værste fare munkene oplevede var risikoen for at miste deres selvstændighed, særligt da Kloster Baumburg ønskede at blive lagt sammen med klostret i Berchtesgaden. I 1136 besluttede den salzburgske biskops domstol, at de to klostre skulle fortsætte som to selvstændige klostre. Efter Provst Eberwins død blev munken Hugo valgt til ny provst i Berchtesgaden. Det var netop provst Hugos store arbejde med at få et samarbejde med Kloster Baumburg til at fungere, der førte til, at provst Hugo blev udpeget til domprovst i Salzburg i 1151.

I forbindelse med klostrets fortsatte selvstændighed fik munkene ubegrænset adgang til jagt og skovbrug i skovene omkring Berchtesgaden. Det var på trods af, at netop disse skove oprindeligt tilhørte kejseren. Men adgangen til skovene var ikke helt uden problemer. Der opstod stridigheder og magtkampe mellem kejseren på den ene side og Paven og Ærkebiskoppen i Salzburg på den anden side. Omkring år 1156 fik Grev Gebhard den Tredje von Sulzbach, Berengar den Førstes søn, samt provst Heinrich den Første et frihedsbrev fra Kejser Friedrich Barbarossa, der gav klostret ret til at udvælge deres egen forvalter/foged samt retten til at udvinde saltet i undergrunden. Men stridighederne mellem kejseren og Paven/biskoppen førte til, at mange domkirker og klostre blev brændt ned, dog slap klostret i Berchtesgaden for ødelæggelser. Stridighederne blev først lagt i graven omkring år 1194, da munkene og klostret i Berchtesgaden fik rettighederne over saltforekomsterne i undergrunden. Desuden fik munkene retten til at opkræve

told og gebyrer. Det var dog ikke alle der var tilfredse med dette, da ejerne af saltminen Dürrnberg anså saltminen i Berchtesgaden for en konkurrent. Det førte da også til fjendtligheder mellem de to saltminer. Disse fjendtligheder stod på i adskillige år, først omkring år 1332 var stridighederne løst.

Selvom munkene var gode forretningsfolk, levede de stadig efter de grundregler, som alle munke levede under. Det vil sige, at deres hverdag var fyldt med tavshed, bønner og spartansk levevis. Senere blev der desuden oprettet et nonnekloster i Berchtesgaden, det nuværende Franziskanerkloster, og de to klostre arbejdede sammen. Begge klostre blev ledet af fyrsteprovsten og en dekan havde ansvaret for disciplin, orden samt uddelegering af arbejdsopgaver indenfor virksomhedsledelse, sygepleje samt undervisning i klosterskolen.

Omkring år 1377, under provst Ulrich den Første Wulp, begyndte klostret, med hjælp fra et såkaldt *Landbrief*, et officielt dokument, at opkræve skatter og opkøbe godser og herregårde rundt i stiftet. I 1380 blev klostret ophævet til *Zepterlehen* og dermed også *Reichsprälatur*, der betød, at stiftsprovsterne fik plads og stemmeret i Rigsdagen. Kannikkerne levede i den største luksus selvom de almindelige borgere var fattige. Provst Wulp indførte også nye regler i stiftet, som førte til en opstand, og i 1382 blev Sieghard Waller valgt til ny stiftsprovst. Dog ikke med provst Wulps anerkendelse. Den lille ufred varede to år og førte til en kamp mellem Hertug Friedrich von Bayern og den salzburgske Ærkebiskop, der besatte Schellenberg og senere også Berchtesgaden. Striden endte først i 1384 efter både provst Wulp og provst Waller blev afsat fra deres embeder.

Ærkebispesædet i Salzburg beholdt saltminerne i Schellenberg som pant mellem 1393 og 1404. Først omkring år 1449 fik stiftet atter den fulde rådighed over saltminerne i Schellenberg. Stiftets gæld var enorm og for at skaffe kapital valgte provst Erasmus Pretschlaiffer, regeringstid 1473-1486, at sælge ud af stiftets ejendomme og hævede bøndernes skatter. Dette førte til, at bønderne valgte at belejre den kejserlige domstol i Innsbruck. Der blev, omkring år 1506, udfærdiget det såkaldte *Fuchsbrief*, opkaldt efter Richard Degen Fuchs von Fuchsberg, der var *Hauptmann*, en slags kejserlig embedsmand, i Kufstein. Dokumentet var en skriftlig kontrakt mellem herremændene og bønderne. Under provst Balthasar Hirschauers og Gregor Rainers regeringstid oplevede Berchtesgadener Land et opsving i økonomien, og der blev bygget flere kirker herunder sognekirken Sankt Andreas, stiftskirken og Franziskanerkirken. Omkring år 1512 lod Gregor Rainer opføre Sankt Sebastian kirken i Ramsau til de såkaldte Gnotschaftområder omkring Ramsau. I 1517 begyndte man

at udvinde salt i Berchtesgadener Lands undergrund, en vigtig industri der stadig er i drift. *Læs mere om saltets historie og betydning i kapitlet Det hvide guld, som saltet blev kaldt, på side 59.*

Under den tyske bønderkrig (1524-1526) blev klosterstiftet i Berchtesgaden plyndret, og på foranledning af provst Wolfgang den Første Lenberger blev flere af klostrets skatte gemt godt af vejen. Efter den tyske bønderkrig blev der udfærdiget et skriftligt dokument omkring en håndværksordning med domstolens godkendelse. I aftalen, der var indgået mellem provsterne og ordensmesterne, stod der blandt andet at var forbudt at betale færdigvarer med råmaterialer eller naturalier. I 1713 var der godt 1.028 håndværksmestre der arbejdede i træ, i 1805 var tallet blot 641, herunder 75 træskærere og 285 trædrejere. Senere blev markedet for trælegetøj overtaget af legetøj af metal og blik.

I 1517 slog Martin Luther slog sine teser op på kirkedøren i Wittenberg, men reformationen nåede først til Berchtesgadener Land i 1522. Men det var bestemt ikke nemt at være protestant i Berchtesgadener Land. Huse blev undersøgt og blev der fundet protestantiske bøger og skrifter, blev man idømt en bod, som enten var pengebøde, fængsel eller vanære. Risikoen for straf fik mange protestanter til at udvandre fra Berchtesgadener Land. Godt tusind ud af otte tusind indbyggere forlod deres hjemstavn. I år 1559, under Kejser Ferdinand den Første Wolfgang Griesstätter zu Haslachs regeringstid, blev stiftet til et såkaldt fyrsteprovsti, som betød, at Griesstätter og hans efterkommere i provstiet blev repræsentanter i Rigsdagen samt i Landdagen i Salzburg. Efter man havde fundet saltforekomster i Bischofswiesen blev det besluttet, at al salt fundet i Berchtesgadener Lands undergrund fremover skulle afsættes til Bayern til en fast aftalt pris. Dette var med at garantere for afsætningen af regionens salt i lang tid fremover. I 1556 kunne Griesstätter efter 167 år endelig betale resten af regionens gæld til Salzburg. Det betød, at man endelig kunne få herredømmet over Schellenberg igen.

Den sidste fyrsteprovst blev Joseph Konrad von Schroffenberg-Mös, som blev indsat i 1780. Han kæmpede ligesom sine forgængere med provstiets store gæld. Befolkningen var fattige og stiftet skyldte mere end 457.344 Gulden og stod på fallittens rand. Selv om fyrsteprovsten gjorde sit til at spare, kunne han slet ikke forudse de alvorlige uvejr og oversvømmelser der i 1786 og 1787 ramte Berchtesgadener Land og hvor mange af mineanlæggene blev ødelagt. Stiftet havde knapt råd til at reparere de mange skader, og i 1795 valgte Bayern at forpagte regionens saliner. Men på trods af manglen på penge, opnåede Joseph Konrad von Schroffenberg-Mös at oprette den første erhvervsskole i 1792, og i 1793 blev den første

bomuldsspinneriskole oprettet. Men selvom fyrsteprovsten gjorde meget for regionen, skete der store omvæltninger i det politiske, især da en franskmand med navnet Napoleon i starten af 1800-tallet hærgede gennem Europa. I Berchtesgadener Land valgte man at stå tæt sammen, og det var muligvis med til at regionen blev forskånet for besættelse og plyndringer. Men i 1803 skete der store forandringer i regionen, da fyrsteprovsten døde af et slagtilfælde i sit hjem på Schloß Adelsheim. Med fyrsteprovstens død var det også slut med fyrsteprovstiet og med klostret i Berchtesgaden. Klostret overgik til statens ejendom og Berchtesgadener Land blev en del af hertugdømmet Salzburg. Under hemmelige fredsforhandlinger blev Berchtesgadener Land lagt under storhertug Ferdinand von Toscana.

I 1805 blev Berchtesgadener Land lagt under Kejser Franz den Første og Østrig. Efter endnu en Napoleonskrig kom Berchtesgadener Land kortvarigt til at høre under fransk herredømme. Men da den bayerske konge stod på den franske side af krigen mod Østrig, blev det på fredsforhandlingerne i februar 1810 besluttet, at Berchtesgadener Land fremover skulle høre under Bayern og en del af den bayerske kong Maximilian Josephs kongedømme. Dermed var tiden med konstante skift i herredømmer og usikkerhed ovre. I 1837 blev Berchtesgadener Land lagt under Oberbayerns styre, hvilket de overordnet stadig er i dag.

Der var indtil 1905 24 kommuner i Berchtesgadener Land, i 1939 blev det tal reduceret til 19, som i 1972 blev reduceret yderligere.

## GNOTSCHAFTEN

I det 14. århundrede blev det muligt for bønderne at få ejerskab over deres egne jorde, indtil da havde de lejet deres jorde hos herremændene eller hos fyrsteprovsterne. De selvstændige bønder gik sammen i de såkaldte Gnotschaften, eller ja... kooperativer. En Gnotschaft er en sammentrækning af det tyske ord *Genossenschaften*, som betyder et *kooperativt foretagende*, en bosættelse, en samling af huse, en sammenslutning eller en mindre landsby. I disse små samfund hjalp man hinanden med alt, hvis der eksempelvis var en bonde der skulle have lavet en ny indhegning, eller have repareret et hul i taget, kom de andre og hjalp til. Det gjorde de også i tilfælde af katastrofer, ildebrande eller tragedier. Heldigvis mødte de også op i forbindelse med lykkelige begivenheder, som eksempelvis en børnefødsel, bryllup eller fødselsdag, og festede med, jo man forstod at stå sammen i både medgang og modgang.

De otte oprindelige landsbyer, der kom med i de såkaldte *Gnotschaften,* var Au, Salzberg, Bischofswiesen, Ettenberg, Gern, Ramsau, Scheffau og Schönau, et tal der senere blev til 38. Betegnelsen *Gnotschaften,* er mig bekendt, kun noget som kun eksisterede i Berchtesgadener Land. Man kan godt kalde det for forløberen for de landsbyer man kender til i dag. Talsmanden for sammenslutningen af bønderne, den såkaldte *Gnotschafter* blev hvert eller hvert andet år valgt af bønderne uden indvirkning fra lensherrerne. Talsmanden sad med ved bordet i forbindelse med større anlægsarbejder i landsbyen. Da man i 1803 opløste klostret i Berchtesgaden forsvandt også meningen med de såkaldte *Gnotschaften*, og befolkningens levegrundlag ændrede sig. De små samfund udviklede sig og der blev opført landhuse, villaer med videre. De oprindelige Gnotschaften er i dag lagt ind under de fem kommuner Berchtesgaden, Bischofswiesen, Marktschellenberg, Ramsau og Schönau. Gnotschaften er i dag blot et begreb, der eksempelvis benyttes i forbindelse med fejringen af festdage, bryllupper eller begravelser. Man kan dog stadig få fornemmelsen af de gamle samfund når man kører rundt i Berchtesgadener Land, særligt i områderne omkring Loipl, Maria Gern, Ettenberg eller Scheffau.

## TURISMENS HISTORIE

Allerede længe før ordet *ferie* var opfundet, var Berchtesgadener Land et rejsemål for mange prominente gæster herunder Bayerns kongelige, kunstnere og adelige. I dag behøver man heldigvis ikke et *von* i sit navn, være kongelig eller kunstner for at besøge Berchtesgadener Land. Omkring år 1810 begyndte de bayerske kongelige at rejse regelmæssigt til alperne omkring Berchtesgaden for at nyde sommeren og den friske bjergluft. Landsbyen Anger blev oveni købet erklæret for *den smukkeste landsby i kongeriget* af selveste kong Ludwig den Første. Prinsregent Luitpold von Bayern (1821-1912) kom hvert efterår til Berchtesgadener Land for at gå på jagt, han var blandt indbyggerne meget vellidt.

Efter Berchtesgaden blev koblet på jernbanenettet i slutningen af 1880erne og åbningen af banegården i Berchtesgaden udviklede turismen sig, da det var nu blevet meget nemmere at komme hertil. Udover de kongelige besøgte kunstnere og forfattere også Berchtesgadener Land, særligt bjerget Watzmann blev et yndet motiv for kunstnerne. Blandt kunstnerne var Carl Rottmann og Caspar David Friedrich. Blandt stamgæsterne var blandt andet forfatteren Ludwig Ganghofer, der blandt andet skrev Berchtesgadener Land ind i flere af sine romaner. Desuden besøgte de norske forfattere Jonas Lie og Henrik Ibsen også regionen. Regionen tiltrak også videnskabsmænd, den måske mest kendte var Alexander von Humboldt, der udnævnte regionen til et af de smukkeste steder i verden, på linie med Nepal og Konstantinopel.

Obersalzberg, der i dag er en del af Berchtesgaden, var indtil kommunesamlingen pr. 1. januar 1972 en del af den selvstændige kommune Salzberg. Obersalzberg var også stedet, hvor Mauritia Mayer, også kaldet *Moritz*, i 1877, åbnede *Pension Moritz*, som var den første der tog mod betalende gæster, her under en lang række prominente gæster. Man mener, at Pension Moritz var med til at lægge grundstenen for turismen i Berchtesgadener Land. *Læs mere om Pension Moritz på side 18.* Omkring år 1900 var der flere kendte personligheder, der valgte at købe et hus, som de benyttede som feriehus. En af disse personligheder var ingeniøren og opfinderen Carl von Linde. I 1890 var der 6.496 kurgæster, i 1913 var tallet steget til 22.398, og i 1921 var tallet yderligere steget til 36.427, en god blanding af aristokrater, det bedre borgerskab og kunstnere, blandt dem var digteren Arthur Schnitzler, der i 1922, var gæst på Hotel Bellevue.

Den tyske forfatter Thomas Mann opholdt sig i Berchtesgadener Land i to uger i 1904, da han besøgte sin søster Julia og hendes mand, der var på ferie her. Thomas Mann boede under sit ophold på Hotel Geiger i Bischofswiesen, der dengang var en af de bedste adresser i hele det tyske rige. Årsagen til at hotellet tiltrak mange gæster, der oftest var personligheder fra kunstens verden, adelen eller finansverden, var på grund af den såkaldte *Sommerfrische*, *sommerfriske* luft i Oberbayern. På Hotel Geiger var der luksus af den allerfineste slags. Efter Anden Verdenskrig blev hotellet overtaget af den amerikanske hær, der ombyggede hotellet til lejligheder til deres officerer. En af disse officerer var en, dengang, ukendt ung soldat med navnet John F. Kennedy, den senere amerikanske præsident.

I 1920erne blev ferieidyllen i Obersalzberg og Berchtesgadener Land afløst af støvletramp, topnazister og byggepladser, da Hitler og hans topfolk overtog Obersalzberg og omdannede det til et topsikret ferieland kun for Hitler og hans nærmeste topnazister. Hvorfor Hitler havde kastet sin kærlighed på netop Obersalzberg kan muligvis skyldes, at Obersalzberg er beliggende på grænsen til Østrig samt at der her var fred og ro, ting som var vigtige faktorer for Hitler. *Læs mere om Obersalzberg på side 23.*

I 1930erne førte man også markedføringskampagner som skulle lokke flere turister til. I en turistbrochure fra 1937 stod der blandt andet: *Berchtesgaden lover... smukke, glødende bjerge og skinnende søer...* efterfulgt af farverige billeder og andre lokkende ord. Blandt brochurernes billeder var der motiver af Watzmann, Königssee, kirkerne i Maria Gern og Ramsau samt traditionelt håndværk. Under naziregimet blev der tilføjet et foto i markedsføringen, nemlig Hitlers Berghof. Noten i teksten var temmelig vagt formuleret. Der stod kort... *En lille bosættelse er opstået på Obersalzberg, hvor Hitler har sit hjem!* Her menes der ikke landsbyen Obersalzberg, for her blev beboerne tvunget til at sælge deres hjem, der havde været ejet af familien i generationer, vel at bemærke under pres og tvang, i stedet menes *Førerens enklave Obersalzberg,* hvor der kun boede medlemmer af SS, soldater på SS-kasernen samt top-

pen af nazistpartiet, herunder Hermann Göring, Martin Bormann, Hitler og flokken omkring dem.

Efter Anden Verdenskrig vendte turismen tilbage til Berchtesgadener Land, hvor flere hoteller, pensioner, ferielejligheder og private indkvarteringsmuligheder åbnede. I 2005 var der 34.000 sengepladser på hoteller og pensioner, som i alt havde 650.000 gæster eller 3,3 millioner overnatninger, derudover var der fire millioner dagsgæster. De mange gæster kommer både sommer og vinter, herunder også mange sportsfolk, der kæmper om medaljer og trofæer på blandt andet den store kunstisbane ved Königssee eller på de mange løjper i regionen. Berchtesgadener Lands økonomi er meget afhængig af turisme, da regionen ikke huser de helt store industrivirksomheder. Regionens befolkning arbejder i mindre virksomheder eksempelvis indenfor landbrug, skovbrug, fiskeri, håndværksvirksomheder, handel, transport og ja... turisme, herunder restauranter samt større eller mindre hoteller. En af de større industrier er saltminen i Berchtesgaden, der i dag beskæftiger omkring 135.

## PENSION MORITZ

I 1877 købte Frau Mauritia Mayer, der også blev kaldt for *Moritz,* den tidligere gård Steinhauslehen, som hun indrettede til en beskeden pension, *Pension Moritz,* der åbnede for betalende gæster i 1878. *Moritz* bliver anset for at være grundlæggeren af turismen i Obersalzberg.

Hendes pension blev hurtigt efter åbningen til et samlingspunkt for mange forfattere og kunstnere, herunder Richard Voß, der valgte at bruge *Moritz* som karakteren Judith Platter i sin berømte roman *Zwei Menschen*. Udover Richard Voß benyttede musikerne Clara Schumann og Johannes Brahms, digterne Ludwig Ganghofer og Peter Rosegger samt den bayerske kongefamilie og klaverfabrikanten Bechstein, også pensionen i Obersalzberg, når de holdt ferie i regionen. Frau *Moritz* Mayer døde den 1. marts 1897, hvorefter hendes søster, Antonie, valgte at føre pensionen videre indtil 1919, hvor pensionen blev solgt til et par professorer fra Berlin.

Den 16. august 1922 indlogerede professor Sigmund Freud sig på Pension Moritz med sin familie. I 1923 ankom en herre med navnet Dietrich Eckart til Obersalzberg. Eckart var flygtet fra en retssag i Leipzig, hvor han den 12. april 1923 stod anklaget for fornærmelse af den tyske Rigspræsident Friedrich Ebert. Årsagen til, at Eckart flygtede til Berchtesgaden og Obersalzberg, var fordi en tidligere partikammerat havde skaffet ham en plads på Pension Moritz. Senere boede Eckart under dæknavnet Doktor Hoffmann på Göllhausl. Under sit ophold på Pension Moritz fik Eckart besøg af Adolf Hitler, der anså Eckart som sin mentor. Det blev startskuddet til Hitlers mange besøg i Berchtesgadener Land og i Obersalzberg. I juli 1928 blev pensionen købt af Elisabeth og Bruno Büchner. I 1930erne lejede Hitler sig ind i pensionen og via Martin Bormann købte Hitler Pension Moritz den 5. marts 1937 for blot 260.000 Reichsmark, et usædvanligt lille beløb for pensionen og et areal på 4.775 hektar.

Hitler og hans folk valgte at rive den legendariske pension ned for at gøre plads til et meget større hotel, Hotel Platterhof, hvor der var plads til 150 gæster. Her kunne Hitlers tilrejsende tilhængere bo for blot en Reichsmark for et døgn. Desuden blev der opført et 130 meter langt garageanlæg. Hotel Platterhof blev opkaldt - formodentligt - efter karakteren i Richard Voß' roman *Zwei Menschen*, nemlig Judith Platter, en karakter som man mener, at Richard Voß havde fundet inspiration til hos Mauritia *Moritz* Mayer. Blandt hotellets prominente gæster var Benito Mussolini, André François-Ponce, Neville Chamberlain, Pierre Laval samt hertugen af Windsor.

I slutningen af Anden Verdenskrig blev hotellet anvendt som lazaret. Men hotellet blev stærkt ødelagt under bombardementet af Obersalzberg den 25. april 1945. Efter Anden Verdenskrig blev Hotel Platterhof overtaget af de amerikanske tropper, der fra 1953 benyttede hotellet som rekreationshjem for udstationerede soldater i den amerikanske hær. Endnu engang skiftede den tidligere pension navn, nu til navnet Hotel General Walker. Da de amerikanske styrker blev trukket hjem fra Berchtesgadener Land og Obersalzberg valgte man at rive hotellet, med dens lange brogede historie, ned, for at give plads til den store busparkeringsplads til shuttlebusserne der i dag betjener Kehlsteinhaus, samt til Dokumentation Obersalzberg. Frau *Moritz* Mayer er begravet på den gamle kirkegård ved Franziskanerkirken i Berchtesgaden.

## UNDER WEIMARREPUBLIKKEN

Efter Første Verdenskrigs afslutning abdicerede den tyske kejser og Tyskland blev en republik, Weimarrepublikken blev den også kaldt. Med Weimarrepublikken fulgte også adskillige år med politisk usikkerhed. I Berchtesgadener Land overgik den bayerske kongelige residens, det kongelige slot i Berchtesgaden, i 1923, til Wittelsbach-slægtens fond. Indtil Hitlers magtovertagelse i 1933 benyttede den tidligere bayerske kronprins Rupprecht slottet som sit hjem, det var her hans datter Irmingard blev født i 1923, hun blev senere døbt i stiftskirken af Nuntius Eugenio Pacelli, der senere blev Pave Pius den Tolvte. Rupprechts søn Albert blev i 1930 gift med grevinde Drašković von Trakošćan.

Den 14. februar 1922 grundlagde jernbanearbejder Wolfgang Trimpl en lokalafdeling af Nazistpartiet NSDAP i Berchtesgadener Land. Ved deres første forsamling den 1. juli 1923 stod, den, på det tidspunkt, lidt mindre kendte mand med navnet

Adolf Hitler på talerstolen og talte om folkets fremtid. Det var ikke Hitlers første besøg i Berchtesgadener Land, for allerede i maj 1923 havde Hitler besøgt Obersalzberg for at mødes med sin mentor, Dietrich Eckart, der var medstifter af nazistpartiet NSDAP. Mødet fandt sted på Gebirgskurhaus Obersalzberg, den tidligere Pension Moritz, det senere Hotel Platterhof.

I november 1923 forsøgte Hitler at erobre magten i Tyskland. Forsøget skete den 8. november, da Hitler og flere ledende nazister, herunder Hermann Göring, Wilhelm Frick, Ernst Röhm samt godt 600 SA-mænd stormede et møde i Bürgerbräukeller i München. Det var et møde der blev afholdt af den bayerske generalstatskommisær Gustav Ritter von Kahr. Hitler proklamerede, at den nationale revolution brudt ud. Men kuppet, som senere blev kendt som *Ølstuekuppet*, slog fejl. Dagen efter, den 9. november 1923, forsøgte nazisterne igen, da de gennemførte en march gennem Münchens gader, hvor det kom til ildkamp mellem politiet og nazisterne. 16 nazister og tre politifolk blev dræbt i kampene. Hitler, Frick og Röhm blev anholdt og i dømt milde straffe. Hitler blev sendt til afsoning i Landsberg Fængslet, hvor han begyndte at skrive bogen *Mein Kampf*. Hermann Göring derimod flygtede til Sverige. Ølstuekuppet blev startskuddet til den nazistiske selvforståelse og skabelsen af myten omkring *Der Führer*, Adolf Hitler. Næsten samtidig med Ølstuekuppet i München var der sammenstød i Bad Reichenhall og Berchtesgaden mellem de så-kaldte faderlands grupper og kommunistiske grupper. Rigsdagsvalget den 9. juli 1932 blev startskuddet til Hitlers magtovertagelse. Samme dag blev der afholdt en stor parade i Berchtesgaden, hvor 3.000 bayerske og 3.000 østrigske SA soldater marcherede gennem Berchtesgadens gader. Til Rigsdagsvalget stemte godt 2.000 fra Berchtesgaden på Hitler og hans nazistparti.

*Historien om Berchtesgadener Land under nazismen og Anden Verdenskrig fortælles i kapitlet Führerspergebit Obersalzberg fra side 23.*

### EFTER ANDEN VERDENSKRIG

Efter krigen oplevede man i Berchtesgadener Land et opsving i overnattende gæster, bare i årene 1948/1949 til 1952/1953 var der hele 1.127.272 overnatninger i regionen. Mange af turisterne/gæsterne i regionen var allerede dengang interesserede i nazisternes efterladte bygninger i Obersalzberg. Mange af de lokale ønskede, at bygningerne skulle fjernes helt for ikke at tiltrække tilhængere af Hitler og hans regime til, men det betød store protester, og dette førte til, at Kehlsteinhaus fik lov til blive, men Berchtesgadener Land gør i dag meget for, at det ikke skal blive et valfartssted for tilhængere af regimet, og holder et godt øje med, hvem der kommer op til Kehlsteinhaus, dette er blandt andet en af grundene til at man ikke kan køre der op i egen bil, men skal benytte de shuttlebusser der kører fra Obersalzberg eller gå derop.

I 1962 blev der i Locksteinstraße i Berchtesgaden indviet et helt nyt sygehus *Kreiskrankenhauses Berchtesgaden*, et sygehus der stadig er i drift. Fra marts 1968 til 1991 lå der i Haus Glück Auf i Maria Gern en kursusejendom, den såkaldte Outward Bound School, hvor unge i deres fritid kunne tage kurser i blandt andet hjælpsomhed.

### FRA 1970ERNE TIL I DAG

I forbindelse med ændring i den administrative opdeling af amter i 1970erne blev Landkreis Berchtesgaden, eller amt, lagt sammen med Landkreis Laufen og den selvstændige by Bad Reichenhall, under det nye navn Landkreis Bad Reichenhall, der pr. 1. maj 1973 skiftede til sit nuværende navn Landkreis Berchtesgadener Land. I 1978 blev Nationalpark Berchtesgaden grundlagt, der sammen med Alpenpark Berchtesgaden blev udpeget til Biosfærereservat af UNESCO i 1990. Efter Berlinmurens fald, den 9. november 1989, og Tysklands genforening, 3. oktober 1990, blev de amerikanske soldater i Berchtesgadener Land indtil 1996, hvor det amerikanske militær skulle spare. En besparelse, der førte til lukning af militærbaser herunder også den i Berchtesgadener Land. Efter de amerikanske tropper havde forladt Berchtesgadener Land og Obersalzberg overgik det amerikanske rekreationscenter,

21

AFRC, samt de tidligere naziland-områder til den bayerske delstat. Herefter besluttede den bayerske delstatsregering med den bayerske finansminister Kurt Faltlhauser (CSU) at opføre et dokumentations-centrum i Obersalzberg samt nedrive Hotel General Walker, tidligere kendt som Hotel Platterhof, et hotel som den amerikanske hær benyttede og som tidligere havde været en del af nazisternes ejendom, fordi man ville forhindre, at det blev et pilgrimssted for højreekstreme. Dokumentation Obersalzberg blev opført og indviet i 1999.

I 2005 stod det nye femstjernede luksushotel InterContinental Berchtesgaden Resort, der i dag hedder *Kempinski Hotel Berchtesgaden*, færdigt. Desuden blev den nye busterminal, som betjener ruten til Kehlsteinhaus, opført. Men det skete dog ikke helt uden protester og heftige diskussioner fra Jødernes Centralråd i Tyskland, endda længe før den bayerske delstatsregering havde givet grønt lys for byggeriet. Dette skyldtes, at jøderne frygtede, at Obersalzberg og det nye hotel ville blive et sted der tiltrak nazister og højreradikale. Men det er efter mine oplysninger ikke sket. I 2004/2005 blev det besluttet at sammenlægge de tidligere fem kommuner til en storkommune. I 2010 kunne Berchtesgadener Land fejre 200 år jubilæum for tilhørsforholdet med delstaten Bayern.

*Udsigt fra Kehlsteinhaus*

# FÜHRERSPERRGEBIET OBERSALZBERG

Indtil Hitlers magtovertagelse i 1933 var Obersalzberg blot en lille landsby med små bondegårde, der lå spredt på bjergskråningerne lidt udenfor Berchtesgaden, i alt 10 km². Blandt bondegårdene lå der små pensioner, mindre hoteller, villaer og sommerboliger. Den mest kendte pension var *Pension Moritz*. Den mindste og mest beskedne sommerbolig var *Haus Wachenfeld*, som fra slutningen af 1920erne blev lejet, og senere købt, af Hitler. Med Hitler fulgte også en lang række af hans nærmeste Det førte til, at Obersalzberg i 1930erne blev forvandlet til et hermetisk lukket land for alle andre end de der var tættest på Adolf Hitler. Obersalzberg gik fra at være et landbrugsområde til at blive til *Führersperrgebiet Obersalzberg*, et område med begrænset eller ingen adgang for lokalbefolkningen. Obersalzberg blev nazisternes *hellige bjerg*.

Men med Hitler indtog i Obersalzberg, betød det også besøg af mange af hans tilhængere, eller *pilgrimme*, som de lokale kaldte Hitlers tilhængere, som gerne rejste den lange tur til Berchtesgaden og Obersalzberg blot for at få et glimt af deres Fører. Tilhængerne kunne købe rejserne billigt gennem organisationen *KdF (Kraft durch Freude)* under mottoet *Wir wollen unsern Führer sehn!* På dansk: *Vi vil se vores Fører*. De store menneskemængder ankom med toget til Berchtesgaden, hvorfra de gik til Obersalzberg og til hegnet nedenfor Hitlers residens, Berghof, alle med en forhåbning om at få et glimt af Føreren, og endda være så heldige at møde ham. Alle havde hørt historierne om, at han gerne kom ud og hilste på sine tilhængere. En af disse dage var den 17. april 1933, en dag hvor Hitler også havde besøg af sin propagandaminister, Joseph Goebbels. De var sammen for at forberede nedlæggelsen af de tysk fagforeninger, men uroen ved hegnet forstyrrede dem. Hitler valgte at gå ud til folket og hilste på flere hundrede af dem. Samme dag skrev Goebbels om oplevelsen i sin dagbog, han skrev: *Man kan slet ikke se sig mæt i denne rene og barnlige begejstring, som folket nærer for Hitler*. Nogle af dagens gæster ved hegnet var en gruppe drenge fra Hitlerjugend fra Hitlers fødeby Braunau. Dem inviterede Hitler indenfor til middag. Dette beskrev Goebbels også i sin dagbog: *De var helt salige over at sidde til bords med Føreren*. Hitlers livvagter fra SS fik gennet menneskemængden væk fra hegnet, men blot for at vide, at dagen efter ville der atter stå hundredevis af tilhængere ved hegnet i håb om at hilse eller bare få et glimt af deres *Fører*.

Samtidig med Hitlers magtovertagelse og køb af Haus Wachenfeld i 1933 begyndte der at ske store forandringer i Berchtesgadener Land. Topnazisterne Martin Bormann, der også blev kaldt for *Herrgott von Obersalzberg*, Hermann Göring og Albert Speer med flere slog sig også ned i Obersalzberg. Det var under partisekretæren Martin Bormanns ledelse, at de tidligere gårdejere blev tilbudt penge for at sælge deres gårde og jorde, der havde været i familiens eje i flere generationer, til nazisterne. Hvis gårdejerne sagde nej til tilbuddet om at sælge til nazisterne, blev de sat under pres. Der er endda historier om folk, der ikke ville sælge deres ejendomme, mistede deres arbejde og flere blev enten truet med at blive sendt til eller endte med at blive sendt til KZ-lejren Dachau. *Læs om ofrene for nazisterne fra side 47.*

## NAVNGIVNING AF PLADSER OG VEJE EFTER HITLER

Samtidig begyndte man rundt omkring at omdøbe vej- og gadenav-ne. Den 26. marts 1933 besluttede Ramsau at omdøbe pladsen foran byens kirke til Adolf-Hitler-Platz. Ramsau var ikke enegænger på dette område, da der i 1933 var mange pladser og veje der blev opkaldt efter Føreren. Oftest var det gader og pladser der lå centralt i byerne. I Berchtesgaden blev en del af den nuværende Maximillianstraße omdøbt Navnene var et udtryk for personlighedskulten omkring Hitler. Efter krigens afslutning i 1945 fik man rundt om i Tyskland travlt med at give gaderne og pladserne deres oprindelige navne igen. Dermed også pladsen foran kirken i Ramsau, der den 26. maj 1945 fik dens oprindelige navn tilbage.

## FORVANDLINGEN AF OBERSALZBERG

I 1937 begyndte man at opføre en kaserne, der kom til at ligge i nærhe-

*Obersalzberg - her lå tidligere Pension Moritz og Hotel Platterhof*

den af Berghof. Udover kaserne blev der også opført en idrætshal, administrationsbygninger, garageanlæg, boliger til den stadig voksende stab af tjenestefolk. I indergården ved kasernen blev der anlagt en eksercitsplads, hvor der under jorden blev plads til en indendørs skydebane. For at få plads til flere overnattende gæster, blev den oprindelige Pension Moritz revet ned, og Hotel Platterhof blev opført på grunden. *Læs om Pension Moritz på side 18.*

Derudover blev der opført gæstehuse, en teaterhal med plads til 2.000 tilskuere, en herregård samt et gartneri som skulle forsyne den lukkede enklave med fødevarer. På Mooslahnerkopf blev der opført et tehus, som Hitler benyttede hver dag, når han var ude at spadsere. *Læs mere om Mooslahnerkopf på side 38.*

Derudover blev der opført huse til Hermann Göring, Martin Bormann, Arkitekt Albert Speer, et modelhus med en udstilling af arkitektoniske ideer, en børnehave, et posthus samt bosættelserne Klaushöhe og Buchenhöhe, jo der skulle være plads til Hitlers betroede medarbejdere og stab, som også bestod af Hitlers livlæge Theodor Morell og hans hustru fru Hannelore, SS-generalen Sepp Dietrich, fotografen Heinrich Hoffmann med frue samt lægen Karl Brandt samt Hitlers stab af sekretærer. Hotel Zum Türken blev bygget om for kunne huse hovedkvarteret for Sikkerhedstjenesten. *Læs om Hotel Zum Türken på side 56.*

I 1937 var Obersalzberg, 262 hektar, eller 10 km², tømt for de oprindelige beboere og erstattet af nazisterne og deres familier, og et 27 km langt pigtrådshegn blev sat op omkring Obersalzberg. Et hegn, der blev bevogtet af SS-Soldater. Selv til kirken Maria-Hilf-Kapelle, et kapel de lokale selv havde betalt for, var der ikke længere adgang til. Den sidste gudstjeneste blev afholdt i kirken den 18. januar 1937, først i 1946 på Kristi Himmelfartsdag kunne man atter afholde gudstjenester i kapellet.

Man skulle tro, at indbyggertallet faldt i forbindelse med nazisternes indtog af Berchtesgadener Land, men tal viser det modsatte, for indbyggertallet steg mellem 1933 og 1939 med hele 69 procent. De mange byggerier i Obersalzberg, menes at have kostet i omegnen af 980 millioner Reichsmark. Senere mærkede regionen også noget til Hitlers storhedsvanvid, da Kehlsteinhaus og den overdimensionerede banegård i Berchtesgaden blev opført. Senere blev der også opført et Rigskancelli i Berchtesgaden, som kom til at fungere som Hitlers andet regeringskontor. Obersalzberg var overvåget døgnet rundt af en SS-kommando, der i 1944 talte omkring 2.000 soldater. De havde til opgave at passe på Hitler samt hans store stab. Derudover eksisterede der en sikkerhedstjeneste, der havde til opgave at udføre politiske kontroller og holde lokalbefolkningen under overvågning.

I årene 1943 og 1944 opholdte Hitler sig mere og mere i Obersalzberg og på Berghof, alt i mens hans helbredstilstand blev dårligere og dårligere. Han var afhængig af medicin og narkotiske stoffer, som medførte til store humørsvingninger. Samtidig blev modstanden mod Hitler blandt militærfolkene bare større og større. Modstanden voksede også blandt de udstationerede soldater i Obersalzberg, hvor der også blev udtænkt attentatplaner mod Hitler. Et af attentatforsøgene var planlagt til at foregå den 11. marts 1944 i forbindelse med, at Generalfeltmarskal Ernst Busch var til møde sammen med Hitler på Berghof, med på mødet var også Ritmester Eberhard von Breitenbuch, som var medlem af en modstandsgruppe. De to havde medbragt en pistol i en bukselomme, men de kunne alligevel ikke udføre attentatet mod Hitler. Det næste attentat blev udført af Claus Schenk Graf von Stauffenberg den 20. juli 1944 i Ulveskansen i Østpreussen, et attentat som Hitler overlevede, som senere kostede von Stauffenberg og en lang række af modstandsfolkene livet. Von Stauffenberg kendte Hitler godt, og havde besøgt ham på Berghof flere gange.

## HAUS WACHENFELD BLIVER TIL BERGHOF

Efter Hitler første gang havde besøgt Dietrich Eckart på kurstedet Gebirgskurhaus Obersalzberg, der oprindelig hed Pension Moritz, i 1923, var Hitler blevet betaget af regionen. Hitler var blevet betaget så meget, at efter han var blevet løsladt fra Landsberg Fængslet, efter det fejlslagne ølstuekup i München i november 1923, valgte at søge mod Berchtesgaden og Obersalzberg. I Obersalzberg blev han indkvarteret, i al hemmelighed, i en lille primitiv hytte, under dæknavnet *Herr Wolf*. Hitlers halvsøster Angela boede i nærheden sammen med sin mand, og hun sørgede i denne periode for mad, tøj med videre til Hitler. I sin første tid i Obersalzberg skrev han de sidste kapitler af bogen *Mein Kampf*. Det var i denne periode Hitler fik indgående kendskab til Berchtesgaden og Obersalzberg.

Herefter kom Hitler oftere og oftere til Obersalzberg for at holde ferie, og blev så glad for regionen, at han i 1928 valgte at leje Haus Wachenfeld, der var et typisk bayersk landhus. Ejeren af huset var enkefru Winter, enke til Kommerzienrat Winter fra Buxtehude. Fru Winter, hvis pigenavn var Wachenfeld, var tilhænger af Hitler og partimedlem, så hun lod Hitler leje sit hus på en langtidskontrakt for 100 Mark om måneden. Han lod sin halvsøster Angela Raubal og hendes datter, Gali, flytte ind, og Angela blev Hitlers officielle husbestyrerinde. Den 17. september 1932 gav Hitler Frau Winter et købstilbud på Haus Wachenfeld, og den 26. juni 1933 blev handlen gennemført til den nette sum af 40.000 Goldmark. Pengene til leje af Haus Wachenfeld og senere købet af huset stammede fra salget af hans bog *Mein Kampf*. Hitlers leje af

Haus Wachenfeld blev startskuddet på lukningen af Obersalzberg og omdannelsen til Führersperrgebiet Obersalzberg, et hermetisk lukket område for alle, der ikke var tæt på magtens centrum, Hitler.

Den 30. januar 1933 blev Adolf Hitler udnævnt til Rigskansler i Tyskland, hvorefter hundrede tusindvis af tyskere blev til anden rangs borgere, mennesker der blev forfulgt og gjort retsløse. Denne diskriminering skete også i Berchtesgadener Land, mere præcis i Obersalzberg. Hitler havde allerede fra 1928 opholdt sig i Haus Wachenfeld i kortere eller længere perioder, når han var i Berchtesgaden. I umiddelbar nærhed af Haus Wachenfeld ejede familien Eichengrün et hus, et hus de havde ejet siden 1915. Selvom familien var meget elsket i landsbyen, begyndte de i 1930 at modtage antisemitiske trusselbreve. Hvorfor? Jo... indtil 1894 havde Arthur Eichengrün været jøde, men var konverteret til kristendommen. Men i nazisternes øjne var han stadig jøde, derfor begyndte de at chikanere og terrorisere familien, indtil familien til sidst gav op og forlod Obersalzberg i 1932.

Efter Hitler havde overtaget magten i januar 1933 tog han ofte til Obersalzberg, hvor han ofte opholdt sig i ugevis. Hvis der skulle tages vigtige beslutninger måtte partifunktionærer, ministre og militærfolk tage hele vejen fra Berlin til Berchtesgaden. Fem måneder efter Hitler var kommet til magten, smed han sin halvsøster og hendes mand ud af deres bolig, og lod huset ombygge til **SIT** Berghof. Efter Hitler havde fyret sin halvsøster Angela som sin husbestyrerinde, kom der en anden kvinde ind i hans hjem, denne kvinde var hans uofficielle husbestyrerinde og ikke mindst elskerinde, en ung dame med navnet Eva Braun. Eva Braun var en ukompliceret smuk ung kvinde, som gerne dansede. Det tyske folk måtte i lang tid ikke vide noget om Eva Braun, derfor boede hun mere eller mindre fast på netop Berghof. End ikke de allernærmeste partifunktionærer vidste noget om Førerens elskerinde. Selv ikke Rigsmarskal Hermann Göring kendte noget til Eva Braun, han troede længe, at hun blot var en sekretær. Det var først i 1945, at det kom frem, at Eva Braun var Hitlers elskerinde. Alle der kendte til Eva Brauns position som elskerinde holdt tæt med deres viden, for det var nemlig forbudt at sladre om *chefen*, og når der var officielle besøg på Berghof blev Eva Braun gemt af vejen.

Når Hitler opholdt sig på Berghof og i Obersalzberg fik man indtrykket af en helt anden mand, end den han egentlig var. Her tog han sig tid til at blive filmet og fotograferet sammen med de lokale og gerne med børn, eller han sad og læste eller slappede af med venner over en kop te. Men, men... alt var ren propaganda, planlagt til den mindste detalje. Mange af billederne blev taget fotografen Heinrich Hoffmann, der var Hitlers personlige fotograf. Heinrich

Hoffmann sørgede for at tage en del billeder af Føreren i situationer som man ikke normalt så. Det var blandt andet under vandreture eller når han hilste på de lokale og især børn. Billederne blev brugt i bogen *Hitler, som ingen kender ham*. Intet var så idyllisk som det tog sig ud for at være, historikere har efterfølgende kaldt stedet for et gerningssted, *Ein Täterort*, et sted hvor deres ugerninger og forbrydelser blev planlagt, en modsætning til offerstedet, *Opferorte*, det vil sige et sted, hvor forbrydelserne blev udført. Steder som udryddelses- og koncentrationslejrene eller steder, hvor nazisternes modstandere blev henrettet eller der, hvor man udførte grufulde massakrer.

I 1935 begyndte det beskedne Berghof at være for lille til de mange gæster, som Hitler modtog der. Derfor skulle der opføres et større hus, noget der var mere repræsentativt. Det fik Hitler til tegnebrættet, han tegnede hurtigt sin drømmevilla. End ikke hans faste arkitekt Albert Speer eller arkitekt Alois Degano fik lov til at blande sig, nej Hitler havde sine egne ideer til, hvordan Berghof skulle se ud. Et egentligt budget var der ikke, kun det bedste var godt nok. Der blev bestilt natursten fra Bøhmen, marmor fra Italien, ædle træsorter fra Sydamerika. Officielt var det Hitler selv der betalte for byggeriet, men uofficielt kom størstedelen af pengene fra *donationer*, der blev opkrævet fra industriejere. Byggeriet af huset skete hurtigt. Der var

blandt andet et stort panoramavindue, tre gange ni meter stort, der ved hjælp af elektroniske motorer kunne køres helt ned i kælderen. Da taget skulle lægges var pengekassen tom, så i stedet for det planlagte tag af lærketræ, måtte man nøjes med et tag af zink. Udover det store panoramavindue bestod Berghof af en bred trappe, der førte fra vejen op til en stor terrasse, hvor blandt andet de officielle modtagelser foregik. Inde i huset var der en stor hal, der var et kombineret konferencerum og stue med blandt andet et seks meter langt arbejdsbord, tunge lænestole, pejs og en filmfremviser. I kælderen var der installeret en keglebane, som kun de færreste så. På husets første sal lå Hitlers arbejdsværelse, hans soveværelse og badeværelse. Der var adgang fra soveværelset til badeværelset, og via badeværelset kunne han gå uset frem og tilbage til Eva Brauns soveværelse, hans elskerinde, der ikke blot havde et værelse, men hele tre, på Berghof. Den 8. juli 1936 stod udvidelsen af Berghof færdig, klar til at Hitler og hans stab kunne flytte ind.

Selvom Hitler havde adskillige boliger gennem sit liv, så var det Berghof han kaldte for sit *hjem*. I Bischofswiesener bydelen Stanggaß blev der oprettet en filial af Rigskancelliet, hvor Hitler kunne underskrive nye love og forordninger, når han opholdt sig på Berghof. Hitlers hverdag var præget af rutine. Hitlers dag startede omkring klokken 11 om formiddagen, når hans tjener hjalp ham i tøjet og serverede morgenmaden, der bestod af te, mælk og tvebakker. Herefter gik han ned i stuen, hvor der var udvalgt en række avisartikler, som han læste, hørte Martin Bormann orientere og udstedte dagens første ordrer. På terrassen ventede den nærmeste inderkreds på ham, herunder Eva Braun. Terrassen var det eneste sted, hvor man måtte ryge, Hitler brød sig ikke om tobaksrøg, men på trods af dette var Eva Braun kæderyger. Klokken 14 blev middagsmaden serveret, maden var som regel traditionelle tyske retter, dog spiste Hitler ikke kød, så han fik altid serveret vegetarisk mad. Efter middagen var det tid til en spadseretur, der ofte endte i et tehus længere oppe ad bjerget, hvor der blev serveret kaffe, te, varm chokolade, et udvalg af kager og spiritus. Ved 18-tiden vendte Hitler og hans gæster tilbage til Berghof i bil, hvorefter der var et par timers fritid. Aftensmåltidet blev serveret i den store sal klokken 20, herefter skete det ofte, at salen blev omdannet til en biografsal. Aftenen sluttede altid af med Sekt (tysk mousserende vin) eller champagne. Hitler gik ofte først i seng efter klokken to om natten.

Man regner med, at Hitler opholdt sig i Berchtesgadener Land en tredjedel af sin regeringstid, altså godt fire år. Det var blandt andet her på Berghof, at Hitler udtænkte sine felttog mod jøderne, sigøjnerne og alle dem som ikke passede ind i hans *perfekte* verden, det var desuden også her overfaldet på Polen blev

udtænkt, besluttet og ikke mindst godkendt. På Berghof indrettede han sig med de allermest trofaste topnazister, sin hund Blondi, og ikke mindst sin elskerinde, Eva Braun. Det var også her han modtog en del gæster, ukendte såvel som prominente gæster, tyske såvel som udenlandske gæster. Den 13. juli 1944 meddelte Hitler, at han blev nødt til at rejse til Ulveskansen, i det nuværende Polen, i nærheden af Østfronten, for at lede krigen. Derfor blev den 14. juli 1944 Hitlers sidste dag på Berghof og i Berchtesgadener Land, på trods af Martin Bormann arbejdede hårdt på at etablere bunkere og forsvarsanlæg i området omkring Berghof. Men Hitler afviste at returnere til Berghof, og den 30. april 1945 begik han selvmord i sin bunker i Berlin, mere end 700 kilometer fra Berghof, hans hjem.

Den 25. april 1945 blev Obersalzberg og Berghof bombarderet af de allierede, den 4. maj 1945 satte flygtende SS-vagter ild på resterne af Berghof, da de allierede var på vej og den 5. maj 1945 blev Berchtesgaden indtaget af de amerikanske tropper. I 1952 blev ruinerne af Berghof sprængt væk. I 1995 blev de sidste rester fjernet helt, stedet er nu overgroet af træer. Lige nu er der store debatter om, hvad man skal bruge grunden, hvor Berghof lå, til. Nogen mener, at man skal lade grunden vokse yderligere til, mens andre mener, at der skal laves en form for mindesmærke på stedet og frit tilgængelig. Hvad debatten ender ud med er et godt spørgsmål, men der kan godt gå lang tid før den endelige beslutning bliver taget.

## Eva Braun

Eva Braun var blot 19 år gammel, da hun blev Hitlers hemmelige elskerinde. Hun blev betegnet som nazisternes uofficielle første dame. Eva Braun var ligeglad med, at Hitler var en af de værste despoter, men hun elskede ham og hun ville giftes, men hun kom til at vente i 14 år, inden hun og Hitler blev gift den 28. april 1945, sent om aftenen, i Førerbunkeren i Berlin, det var blot halvandet døgn før de begik selvmord samme sted.

Eva Paula Braun, som hendes fulde navn var, havde mødt Hitler, eller Adi, som hun kaldte ham, da hun som 17 årig arbejdede hos fotograf Heinrich Hoffmann i München. Heinrich Hoffmann var Hitler personlige fotograf, og en aften i oktober 1929 mødte Eva Braun Hitler i butikken. Hitler var betaget af den unge pige, og kom derefter ofte på besøg i forretningen for at sludre og give hende små gaver. Selvom Hitler var betaget af den unge frøken Braun, udviklede deres forhold sig langsomt. Dette skyldes formodentligt, at Hitler allerede var i et kompliceret forhold til sin niece Angela, der også blev kaldt Gali, som var datter af hans halvsøster Angela. Gali og Hitler boede sammen i hans lejlighed i München. Men noget gik galt i forholdet, for den 18. september 1931 blev Gali fundet død, skudt med Hitlers pistol. Var det selvmord

eller mord? Det vides ikke med sikkerhed, da dødsfaldet blev dysset ned, for ikke at belaste Hitlers politiske fremtid. Eva Braun var ubekendt med Galis død, det eneste den nu 19 årige frøken Braun drømte om, var at blive skuespiller og ikke mindst undslippe sin fars strenge katolske opdragelse.

Frøken Braun blev i 1932 Hitlers hemmelige elskerinde, men Hitler opholdte sig mere og mere i Berlin for at pleje sin politiske karriere, og han kunne nemt vente i ugevis med at kontakte frøken Braun. Denne venten og usikkerhed samt det moralske pres fra sin katolske far, førte til, at Eva Braun forsøgte at begå selvmord to gange, den seneste gang var i maj 1935. For at hjælpe Eva Braun valgte Hitler at købe et lille hus til hende i Bogenhausen, en forstad til München. Frøken Braun overtalte sin lillesøster, Gretl, til at flyttede med. Eva Braun ville gerne giftes, men Hitler nægtede at opfylde hendes drøm, muligvis på grund af, at han var *gift med hele den tyske befolkning*, han arbejdede meget og så videre. Men grunden kan muligvis skyldes, at der var rygter om, at Hitlers farfar havde været en skørtejæger i landsbyen Spital i Østrig, det område, hvor Hitlers mor, Klara Pölzl, stammede fra. Derfor var der en stor risiko for, at Hitlers forældre havde næsten identiske gener, og at Hitler skulle være resultatet af indavl.

Så prisen for at frøken Braun og Hitler kunne være sammen, var at hun skulle acceptere et liv i det skjulte, men til gengæld var han hende tro, formoder man. Det eneste sted, hvor de to kunne leve uforstyrret sammen var på Berghof i Obersalzberg. Her slappede Hitler af, men for frøken Braun var livet her ikke en dans på roser. Jo, der blev festet, men intrigerne florerede, da alle i Obersalzberg var en del af toppen i det tyske naziparti, Hitlers nærmeste topfolk og deres fruer, børn og tjenestefolk, ønskede alle Hitlers opmærksomhed. Kvinderne betragtede den unge frøken Braun som en socialt underlegen og uværdig kvinde for Hitler, de fleste kaldte hende endda *Blöde Kuh*, dansk: *dumme ko*, og de inviterede hende aldrig indenfor i deres hjem. Men Hitler elskede hende, og hun kunne, trods sin unge alder, sagtens styre den store husholdning på Berghof, og endda effektivt. Eva Braun var ikke medlem af nazistpartiet, det gjorde ikke Hitler noget, han foretrak kombinationen af hendes gode humør, hendes interesse for alt andet end politik samt målrettet beslutsomhed. Hos hende kunne han opnå det, han ikke kunne andre steder, nemlig muligheden for at have det sjovt samt dagdrømme. Men hvad Eva Braun egentlig så i Hitler, bliver stadig diskuteret blandt historikere og psykologer, hvordan kunne denne unge kvinde holde ham ud, leve livet i det skjulte og knapt fik et telefonopkald, når han var i Berlin. Men hun fandt sig åbenbart i det, selvom hun kunne rase over hans måde at behandle hende på. Men i de sidste år af krigen, kom deres forhold i faste rammer, hvor han ringede hver aften og det kunne ske, at der kom en kærlighedserklæring fra ham. Det var også derfor Eva Braun ønskede at være sammen med ham i Førerbunkeren, under det krigshærgerede Berlin, i krigens døende dage.

## KEHLSTEINHAUS

*Salzbergstraße 45*
*83471 Berchtesgaden*
*www.kehlsteinhaus.de*

I dag er *Kehlsteinhaus*, også bedre kendt som *Eagle's Nest*, *Adlerhorst*, *Ørnereden*, *Adlernest*, *Wolkenschloß*, *Bergkapelle*, *Hitlers oktogon* eller *Hitlers tehus*, et kendt udflugtsmål for mange der besøger Berchtesgadener Land. Kehlsteinhaus blev af nazisterne oftest omtalt tehuset eller som *D-Haus*, dansk: *D-huset*. D stod for *diplomat*. Navnet *Eagle's Nest*, eller *Ørnereden*, er noget, som de amerikanske tropper fandt på efter de, i krigens døende dage, havde sønderbombet Obersalzberg og efterfølgende havde indtaget området. Men valget af navnet Kehlsteinhaus, som er stedets officielle navn, stammer fra husets placering på bjerget Kehlstein, i 1.834 meters højde, i nærheden af Berchtesgaden.

Kehlstein er et ufremkommeligt bjerg, hvor huset er beliggende som en ensom majestæt på bjergets top, næsten ligesom ørnereder i tegnefilm, men muligvis også fordi ørnen er et symbol på magt. Bjerget er også blevet betegnet som *Gipfel der*

31

*Macht*, dansk: *Magtens Tinde*. Bjerget Kehlsteins historie kan dateres tilbage til år 1791, længe før Hitler og Det Tredje Tyske Rige forvandlede bjerget til det vi kender i dag. Den gang, i 1791, var Kehlstein et populært udflugtsmål for naturelskere og bjergbestigere. Den første som man formoder besteg Kehlstein var Berchtesgadens fyrsteprovst Joseph Konrad von Schroffenberg-Mös.

Kehlsteinhaus lange og dystre histoie startede i november 1936, da Hitler under en spadseretur kom med en henkastet bemærkning om, at det kunne være rart, hvis man stillede et par bænke oppe på bjergtinden Kehlstein, således at vandrere kunne tage en pause undervejs og nyde den smukke udsigt. Dette blev et stikord til Martin Bormann, der anså det for at være den perfekte fødselsdagsgave til Føreren i anled-

ningen af hans 50 års fødselsdag i den 20. april 1939.

Den 3. november 1936 skrev Martin Bormann i sin dagbog, at han netop havde talt med Dr. Fritz Todt om at bygge en vej over Kehlstein. Dr. Ingeniør Fritz Todt, der var generalinspektør for det tyske vejvæsen, gav grønt lys til byggeriet af vejen, men også til, at der skulle opføres et hus på toppen. I december 1936 blev byggeprojektet endelig godkendt og straks efter gik Martin Bormann og arkitekt Professor Fick i gang med det store byggeprojekt på toppen af Kehlstein, som var tænkt som et sted, hvor man kunne modtage de officielle gæster, der kom den lange vej til Berchtesgadener Land for at besøge Adolf Hitler.

Fra første dag i planlægningsfasen af *Projekt Kehlstein* blev alt holdt

*Kehlsteinhaus, 1.834 meter*

hemmeligt. Men hvordan i alverden kunne man hemmeligholde noget, når man havde behov for at transportere store mængder materialer til byggepladsen, og hvad med larm og støj? Tja, det for mig et ubesvaret spørgsmål. Men det menes, at man valgte at samle al transport og arbejdere i Hintereck, som lå i nærheden af Berghof. Den endelige planlægningsfase af byggeriet af Kehlsteinstraße blev afsluttet den 22. august 1937, på dette tidspunkt var byggeriet allerede gået i gang. Det var en vanvittig ide at placere et hus på toppen af det ufremkommelige bjerg der, før nazisterne købte stedet, ikke havde en vej derop. Men måske blev Kehlsteinhaus opført for at kunne sørge for Hitlers sikkerhed, hvem ved?

De tusindvis af tvangsarbejdere måtte anlægge den næsten syv kilometer lange serpentinervej med skovle, deres bare næver samt med hjælp fra sprængstof. Desværre· er der ingen dokumentation for, at det netop var KZ-fanger og tvangsarbejdere, der udførte arbejdet, men det er dokumenteret, at der blev hentet specialister ind fra hele Europa til at udføre og lede arbejdet. Mange af specialisterne kom fra vejbyggerier i bjergene, heraf mange fra Østrig, som havde været med til at bygge Großglockner Hochalpenstraße, vejen over Østrigs højeste bjerg. Men om man var der frivilligt eller var tvunget til at arbejde på projektet, vides ikke med sikkerhed. Det eneste man ved er, at det var et hårdt

og krævende job, der ikke var helt ufarligt, for der blev arbejdet døgnet rundt og i al slags vejr, for at blive færdige til tiden. Man formoder, at omkring tolv mistede livet, fem af dem døde i et stenskred i 1937. Udover stenskred var laviner og nedfaldne isblokke også faremomenter for arbejderne på projektet.

Der var rundt regnet 3.500 arbejdere på projektet, de var godt betalt. Men livet som vejarbejder var ensomt, og der var kommunikationsproblemer. Dette skyldes, at arbejderne kom fra mange forskellige lande. Men det havde nazisterne tænkt på, de havde nemlig opsat en hemmelig bordelbarak med tyve franske og italienske prostituerede, hvor arbejderne kunne forlyste sig i deres sparsomme fritid. Dette *tilbud* gjaldt kun de udenlandske arbejdere, ikke de tyske. De mange arbejdere boede i 1.700 meters højde i det område som i dag benyttes som busvendeplads. Byggelederen på *projekt Kehlstein* var diplomingeniør Hans Haupner fra Østrig, han styrede de to byggefirmaer Polensky & Zöllner samt Sager & Woerner, som kom med al deres viden og moderne hjælpemidler, men den virkelige leder af projektet var Rigsminister Dr. Fritz Todt, der gjorde alt for at bevare naturen så godt som det var muligt. Dr. Fritz Todt ønskede nemlig, at man skulle bevare så mange træer som muligt, da det efter hans udsagn ville tage årtier før eventuelle nye træer ville nå samme højde som de nuværende. Det var også Dr.

Todt der foreslog, at de sidste meter til Kehlsteinhaus skulle foregå med elevator, der blev bygget inde i bjerget.

Da vejen til Kehlsteinhaus, som blot er fire meter bred, er 6,39 kilometer lang, har en stigning på op mod 19,5 procent, fem tunneller, parkeringsplads (der nu er busvendeplads) samt Kehlsteinhaus og elevator, stod færdigbygget i 1938, formoder man, at byggeriet havde kostet rundt regnet 30 millioner Reichsmark, hvilket i dag svarer til godt 123 millioner Euro eller 922,5 millioner danske kroner. Strøm og varme blev produceret af en tysk ubådsmotor af mærket MAN i bunden af skakten. Langs vejen til Kehlsteinhaus blev der monteret seks samtaleanlæg, da Hitler ønskede, at man skulle kunne komme i kontakt med ham pr. telefon, når som helst og hvor som helst. Kehlsteinhaus var indrettet med et arbejdsværelse, spisestue, køkken, vagtstue, pausestue, vaskerum samt en stor kælder. Rummene blev beklædt med cembrafyrtræ eller elmetræ på væggene, og i spisestuen finder man marmor fra Untersberg og Carrara.

Den 16. september 1938, efter en rekord byggetid på blot 13 måneder, åbnede Hitler og Martin Bormann, i fællesskab, de store bronzedøre ved parkeringspladsen for første gang, en tidlig fødselsdagsgave til Hitler i anledningen af hans 50 årsdag den 20. april 1939. For ja, Kehlsteinhaus var en 50 års gave til Adolf Hitler, en gave til næsten 30 millioner Reichsmark, men i virkeligheden var fødselsdagsgaverne til Hitler fra hans nærmeste partikammerater knapt så dyre. Rudolf Hess, Hitlers stedfortræder, gav Hitler 50 breve fra kejser Friedrich der Große, eller rettere gaven var fra partiet. Martin Bormann, Hitlers administrator i Obersalzberg, bestilte en serie kort over Obersalzberg og Kehlsteinhaus. Hitlers personlige fotograf, Hoffmann, gav Hitler en serie fotografier fra Kehlsteinhaus. Kehlsteinhaus kan med et nutidigt ord kaldes for et flop, et meget dyrt flop.

Men Hitler blev aldrig glad for den dyre fødselsdagsgave, han var der kun få gange. Han mente, at turen derop var alt for lang og alt for risikabel, og nå ja så havde Hitler højdeskræk. Hitlers højdeskræk og

*Kehlsteinhaus - tunnellen*

tendens til svimmelhed var muligvis årsagen til, at Hitler kun var deroppe et par gange, og de få gange han var deroppe holdt han sig langt væk fra kanten. Desuden brød han sig ikke om den tynde luft deroppe, samtidig stolede han ikke på elevatoren. En anden grund kan også skyldes, at Hitler, ifølge hans kammertjener, nemt blev svimmel og ved kørsel i bjergene fik han ofte åndenød og angstanfald. Derimod yndede Hitler at opholde sig på Berghof, 800 meter længere nede i dalen. Derfor kan det være svært at forstå, hvordan Hitler kunne ønske byggeriet af netop Kehlsteinhaus. Faktisk så eksisterer der dokumentation for at Hitler var kun deroppe 14 gange, første gang var den 16. september 1938, den anden gang var allerede den 17. september, hvor Hitler havde selskab af Goebbels, Himmler, Bormann og Ward Price, der var en indflydelsesrig britisk journalist. Ward Prices besøg på Kehlsteinhaus kom frem i alverdens aviser et par dage senere. Det var en stor nyhed i de udenlandske aviser, men derimod var der ikke et eneste ord om Hitlers nye hus i de tyske aviser, end ikke et enkelt citat fra Ward Price's artikel var tilladt at bringe i de tyske aviser.

Kehlsteinhaus minder/ligner måske en ørnerede langvejs fra, men er aldrig officielt blevet kaldt dette. Et hus der blev opført til Hitler som en gave i anledningen af hans 50 års fødselsdag, som tehus og officielt modtagehus samt repræsentantmodtagelse af statsgæster samt af andre top-nazister. Hitler mødtes blandt andet med den franske ambassadør André François-Poncet den 18. oktober 1938. Et år senere offentliggjorde Frankrig André François-Poncets rapporter fra besøget, og den amerikanske presse rapporterede herefter om *Ørnereden*.

I midten af oktober 1938 vendte Hitler tilbage til Obersalzberg, efter han i München havde forhandlet en løsning på plads vedrørende Sudenterkrisen. Netop på dette møde havde Hitler haft møder med Mussolini fra Italien, Daladier fra Frankrig og Chamberlain fra Storbritannien. Med sig hjem fra München havde Hitler en lang række topnazister og deres familier, blandt andet Gauleiter Wagner, Reichsminister Goebbels, Generaloberst von Branchitsch, Generaloberst Keitel, Lady W. Mitford og ikke mindst Eva Braun. De ville alle se Kehlsteinhaus, det fik de lov til, så den 17. oktober 1938 blev Kehlsteinhaus officielt indviet. Den sidste officielle modtagelse af udenlandske gæster på Kehlstein var den 13. august 1939, da den italienske udenrigsminister Graf Chiano besøgte Hitler. Blot få uger senere, den 1. september 1939, brød Anden Verdenskrig ud, herefter stod Kehlsteinhaus ofte tom i ugevis, da ingen udenlandske diplomater og politikere længere ønskede at besøge Hitler.

Det kan være lidt svært at tro, at Hitler rent faktisk var en naturelsker, men det var han eftersigende, og det skulle også være ham der ønskede, at der skulle opsættes mere end hundrede redekasser og foderpladser til områdets fugle på Kehlstein. Hitler sørgede også for, at fuglene blev fodret med foder, som blev fremstillet i Ukraine, alt i mens tusindvis af mennesker over hele Europa sultede.

Når Hitler ikke ønskede at benytte Kehlsteinhaus, blev det derimod benyttet af Martin Bormann, som modsat Hitler, yndede at komme oppe på Kehlsteinhaus så ofte som muligt. Det gjorde Eva Braun, Hitlers elskerinde, også. Eva Braun gik ofte små ture, nød udsigten eller havde besøg af sin søster Gretl. Sidste gang Hitler var på Kehlsteinhaus var den 3. juni 1944, da Eva Brauns søster Gretl blev gift med SS-generalen Hermann Fegelein. Det var også første gang Eva Braun optrådte offentligt ved Hitlers

side. Gretl og Hermann Fegelein var blevet gift i Salzburg, men festen blev afholdt på Kehlsteinhaus, hvor der blev indtaget fødevarer og drikkevarer, som den menige tysker ikke længere kunne skaffe. Bryllupsfesten havde været under planlæggelse i ugevis, Eva Braun havde endda fået Hitlers tilladelse til at samle et band af SS-soldater. Brylluppet blev den sidste fest, der blev holdt på Kehlsteinhaus og i Obersalzberg, da amerikanerne og de allierede indledte D-dagen i Normandiet tre dage senere.

Kehlsteinhaus har aldrig været anvendt til militære formål, det var heller ikke konstrueret til disse formål. De allierede havde planlagt, at Kehlsteinhaus skulle bombes i krigens døende dage, i forbindelse med bombningen af Obersalzberg,

*Kehlsteinhaus - pejs i spisestuen, en gave fra Italiens Mussolini*

men grundet snevejr var det ikke muligt. Efter Anden Verdenskrigs afslutning overvejede de allierede tropper at bortsprænge Kehlsteinhaus for at fjerne sporene efter nazisterne, der i mange år havde huseret i og omkring Berchtesgaden og Obersalzberg. Men Landrat Jacob fik overtalt amerikanerne og den bayerske ministerpræsident Högner om, at dette arkitektoniske bygningsværk skulle bevares. Derfor er Kehlsteinhaus i dag et af de få mindesmærker, der blev opført af nazisterne, tilbage i Berchtesgadener Land, som står næsten uberørt. Men var byggeriet af Kehlsteinhaus et nazi prestigeprojekt eller var det reelt en fødselsdagsgave fra nazistpartiet til Hitler? Eller var det bare en nødløgn fra propagandaminister Josef Goebbels? Eller var Kehlsteinhaus første skridt mod en alpefæstning og var det derfor Kehlsteinhaus skulle holdes hemmelig for tyskerne? Tja, hvem ved... Det er muligvis et spørgsmål som aldrig vil blive opklaret.

Fra 1945 til 1952 var Kehlsteinhaus i de amerikanske troppers besiddelse, men i 1952 blev det givet tilbage til den bayerske delstatsregering, der valgte at forpagte huset til foreningen *Alpenvereinssektion Berchtesgadener Land*, der dog valgte at holde stedet hemmeligt for den brede befolkning indtil 1960, måske på grund af stedets forhistorie. I 1960 blev ejerskabet af Kehlsteinhaus overdraget til turistorganisationen, der åbnede stedet op for offentligheden, og ansatte private forpagtere til at drive restauranten. Mange tusinder af besøgende lokkes hvert år til Berchtesgaden og ikke mindst Kehlsteinhaus for selv at finde en forklaring på, hvorfor og ikke mindst hvordan en hel nation kunne blive grebet af det kollektive vanvid. Mange kommer ofte af enten historisk interesse eller grundet følelsesmæssige grunde, det kan eksempelvis være gæster som har mistet forældre, bedsteforældre eller andre familiemedlemmer under krigen eller har familiemedlemmer der deltog i krigen. Det kan også være efterkommere af tyskere eller af jødisk afstamning der måtte forlade fædrelandet under krigen.

Det er egentligt interessant at besøge Kehlsteinhaus, men for mig er stedet blevet *for turistet*, med salg af postkort og souvenirs ved indgangen til tunnellen og på selve toppen. Men det er min mening. Man kan ikke selv køre op til Kehlsteinhaus, da vejen blev lukket for al offentlig kørsel tilbage i 1952. Derimod kan man vandre eller tage en af de såkaldte shuttlebusser fra busholdepladsen Kehlsteinparkplatz ved Dokumentation Obersalzberg. Derved kan myndighederne holde et øje med hvem og hvor mange, der besøger Kehlsteinhaus, da ingen ønsker at stedet bliver et valfartssted for nynazister og højreradikale. Når man ankommer med shuttlebussen til busvendepladsen ved foden af Kehlstein, går man gennem en 124 meter lang tunnel inden man kommer til elevatoren, som er den originale fra 1938, beklædt med messing. I løbet af blot 41 sekunder transporteres man de 124 meter op til Kehlsteinhaus, hvor man ankommer midt inde i huset. Huset er i dag delvis udstilling samt restaurant, fra terrassen kan man nyde udsigten over Berchtesgadener Land, og på gode dage kan man se op mod 200 kilometer væk. Den store marmorkarmin i Carraramarmor var en fødselsdagsgave til Hitler fra Italiens diktator Mussolini. Hitlers tidligere kontor benyttes i dag af Kehlsteinhaus' forpagter. Kehlsteinhaus er åbent fra midten af maj til oktober, men kan dog være lukket i løbet af sæsonen, særligt efter kraftige regnbyger eller uvejr. Shuttlebusserne kører til vendepladsen ved foden af Kehlstein fra cirka klokken 8 til klokken 16, men selvom der er 12 busser, der kører nærmest nonstop, så kan der opstå ventetid på at komme op og ned. Desuden vil jeg anbefale, at man tager bussen RVO 838 fra Berchtesgaden til Obersalzberg, stoppested Dokumentation Obersalzberg, da det kan være svært at finde en parkeringsplads. Har man et gæstekort fra det hotel man bor, er der gratis kørsel med bussen i området, så hvorfor bøvle med at finde en parkeringsplads og oveni købet betale for at parkere.

## MOOSLAHNERKOPF

Mooslahnerkopf var beliggende i nærheden af Berghof, her fik Hitler opført et tehus i 1937. Når Hitler var i Obersalzberg, gik han hver efter-middag derhen. Hitler besluttede eller bestemte, hvem der måtte følges med ham. De øvrige gæster måtte pænt - herunder ledende personer i nazitoppen - gå et stykke bag ham. Hitlers diktatur kan næppe illustreres mere præcist. I tehuset - og nej det var ikke Kehlsteinhaus - kunne Hitler holde lange enetaler, før han ud på aftenen tog tilbage til Berghof, i bil, således at han ikke skulle gå op ad bjerget. Selv i de svære perioder under Anden Verdenskrig fortsatte Hitler med at spadsere, på trods af en engelsk efterretningstjeneste ville bruge enhver mulighed for at dræbe Hitler med et enkelt skud fra en snigskytte. Det var netop den britiske efterretningstjeneste der havde planlagt at dræbe Hitler på en af disse gåture mellem Berghof og tehuset. Operationen blev kaldt for *Operation Foxley*, og var planlagt til at blive udført i 1944, hvor en snigskytte skulle dræbe Føreren. Men Operation Foxley blev aldrig gennemført, formodentlig fordi de allierede var sikre på, at de kunne vinde krigen. Hitlers tehus på Mooslahner-kopf blev revet ned i begyndelsen af 1950erne.

## LANDHAUS GÖRING

I nærheden af Berghof, mere præcis i dalen ved landsbyen Unterau ved vejen mod Salzburg, lå Hermann Görings Landhaus. Hermann Göring, var en af de ledende topnazister, den næstvigtigste i partiet efter Hitler. Hermann Görings landhus lå på en solrig plet i Obersalzberg, hvor han desuden fik bygget en pool. Det var ikke uden grund, at Göring valgte at bo så tæt på Hitler... han ønskede at få mere magt. Huset blev opført i 1934, og i de år der fulgte, blev huset udvidet, og i 1941 blev der desuden bygget en bunker, som lå mellem Berghof og Landhaus Göring. Et espalier blev sat op for at skjule det faktum, at rummet ikke havde vinduer! Hermed forberedte luftvåbnets chef, af alle mennesker, et luftangreb. Kort forinden havde Göring dog sagt, at ingen fjendtlige fly nogensinde ville nå det tyske rige.

Hermann Göring, mig bekendt, var den eneste af Hitlers nærmeste topnazister, der opholdte sig i Obersalzberg under bombardementet den 25. april 1945. Huset blev totalt ødelagt under bombardementerne. Hermann Göring var ankommet til sit hus i Obersalzberg den 21. april 1945. Han overlevede kun bombardementerne på grund af sit bunkeranlæg. I de sidste dage af Anden Verdenskrig og begyndelsen på enden på naziregimet, beordrede Hitler, at Hermann Göring blev anholdt af SS i Obersalzberg, da Hitler troede, at Göring havde forrådt ham og fratog ham alle hans tillidsposter. Den 27. april 1945 blev han tilbageholdt og transporteret til sit slot i Lungau i Østrig. Den 8. juni 1945 blev han anholdt af det amerikanske militær, da han forsøgte at komme i audiens hos General Eisenhower. Men i stedet for en audiens blev han fragtet til en fængselscelle i Augsburg. Ved Nürnbergprocessen efter Anden Verdenskrig, blev han dømt til hæng-ning, men nåede at begå selvmord i sin celle den 15. oktober 1946 ved at tage en cyankalium pille.

Hans landhus i Obersalzberg, der blev revet ned i 1952, lå der, hvor man i dag kan finde et luksusresort. Indtil 2002 erindrede et lille vandhul på grunden, at der tidligere havde været et svømmebassin, og det var her Hermann Göring havde boet, når han opholdt sig i Obersalzberg. Bag huset var der en vej, som førte til et bunkeranlæg, der dog ikke havde direkte forbindelse med Hitlers bunkeranlæg på Berghof. Hermann Göring elskede naturen og skoven, derfor blev der opført en jagthytte i nærheden af Röth ved Obersee, i dag er der kun fundamentet tilbage.

## LANDHAUS MARTIN BORMANN

Martin Bormann, som også blev kaldt for manden bag opførelsen af den nazistiske enklave i Obersalzberg, fik det tidligere Doktor Seitz Sanatorium ombygget til landhus, hvor han havde plads til at opdrætte og avle Haflinger-heste. Det har nok været en succes, da man stadig kan finde heste i bjergsoldaternes stalde i Bad Reichenhall, der nedstammer fra heste fra Bormanns stalde i Obersalzberg. I alt var der 80 avlsheste på gården samt svineavl med hundrede grise samt en mælkeproduktion med 80 køer. Derudover var der produktion af most og æblesaft. Æblerne opkøbte Bormann i hele det tyske rige, som blev omdannet til most og saft i Obersalzberg.

Martin Bormanns gård, *Hof Glück*, lå overfor Hotel Zum Türken. Gården blev kun lettere skadet under bombardementerne den 25. april 1945. Indtil 1994 blev huset benyttet af den amerikanske organisation *AFRC*, *Armed Forces Recreation Center*, som rekreationssted for amerikanske soldater på orlov. I dag er der skilifte og golfbane på grunden.

## MARTIN BORMANN

Martin Bormann blev født den 17. juni 1900 i Wegeleben ved Halberstadt i Harzen. Han var søn af en postembedsmand. Den unge Martin Bormann forlod skolen for at arbejde på en gård i Mecklenburg. Under Første Verdenskrig var han soldat ved et artilleriregiment, i slutningen af krigen meldte han sig til et højreorienteret frikorps i Mecklenburg. I 1920erne kom han med i en højre nationalistisk bevægelse. I marts 1923 blev han i dømt et år for meddelagtighed i mordet på Walther Kadow, et drab der blev begået af Bormanns ven Rudolf Höss. I november 1923 deltog Bormann i Hitlers fejltagende ølstuekup i München. For at komme tættere på partitoppen i nazistpartiet begyndte Bormann i 1926 som avisbud, annoncesælger, pakker, lastbilchauffør, bogholder og kasserer på nazistpartiets lokalkontor i Thüringen. I 1927 blev Martin Bormann forretningsfører, men han ville højere op i hierarkiet, han ville være Hitlers nærmeste, derfor han grundlagde en hjælpekasse i partiet, hvor hvert medlem skulle betale 30 Pfennig hver måned, pengene var en slags forsikring for SA-medlemmerne.

Martin Bormann blev gift med Gerda Buch, datter af Walther Buch, som var en af Hitlers nærmeste i den tyske Rigsdag i Berlin. Men Martin Bormann var ikke populær i nazistpartiet, og hans såkaldte hjælpekasse var til grin i hele partiet. Kort efter Hitlers magtovertagelse i 1933 fik Bormann en ledende post i partiets administration samt udnævnt til Hitlers personlige sekretær og stabsleder for Rudolf Hess. Hess så straks, at Bormann var den helt rigtige mand til rutineopgaverne. Den 10. oktober 1933 blev han udråbt til Reichsleiter, leder af Riget, en titel som Rudolf Hess indtil da havde besiddet, men var nu blevet Hitlers stedfortræder. Kort efter var Bormann en del af Hitlers følge, og blev anset for at være den mest magtfulde nazist efter Hitler, på trods af han ikke var kendt blandt de menige tyskere. Bormann var stor tilhænger af udryddelsen af jøderne og drab på de handicappede og de der ikke passede ind i regimets ideologi. Bormann var i Hitlers Førerbunker, da Hitler begik selvmord den 30. april 1945.

Kort efter Hitlers selvmord flygtede Bormann fra bunkeren. I flugten skulle han eftersigende have givet op og begået selvmord med sin giftkapsel, man formoder dødsdatoen var den 2. maj 1945. Men man fandt ikke hans lig, derfor blev Martin Bormann i forbindelse med Nürnbergprocessen dømt til døden for krigsforbrydelser og forbrydelser mod menneskeheden. Hans forsvar forsøgte at bevise, at Martin Bormann var død og sagen skulle annulleres, men det blev afvist af retten, da netop Bormanns død ikke var bevist. I 1972 fandt nogle bygningsarbejdere et lig i Vestberlin, som efter nærmere undersøgelser viste sig at være resterne af Martin Bormann. Flere af dem han flygtede med fra Førerbunkeren havde vidnet overfor amerikanerne, nogle af dem havde set Bormann og en anden gå ind i et område med ruiner for at gå en anden vej end de andre i gruppen af flygtende. Stedet hvor man i 1972 fandt Bormanns lig passer godt sammen med den forklaring. Senere har en tidligere nazi-kollaboratør fortalt, at Bormann havde haft held med at flygte ud af Tyskland, denne nazi-kollaboratør havde mødt Bormann flere gange i den bolivianske by La Paz omkring år 1960, hvor Martin Bormann, under sit dæknavn Augustin von Lembach havde arbejdet som præst. Hvad der er fup og hvad der er fakta i dette, vil jeg være usagt.

## GÄSTEHAUS HOHER GÖLL

Gästehaus, eller gæstehus, Hoher Göll var stedet, hvor Martin Bormann havde sit kontor, når han opholdt sig i Obersalzberg. Udover at fungere som kontorfaciliteter var huset også indrettet som gæstehus, som blev benyttet af de nazister og andre besøgende der ikke havde eget hus i Obersalzberg. Efter Tysklands annektering af Østrig i 1938, valg-te man herefter at benytte Schloß Kleßheim som gæstehus i stedet. Schloß Kleßheim lå mellem Salzburg og Freilassing. Haus Hoher Göll blev ødelagt under bombardementerne i krigens sidste dage. Ruinerne af Haus Hoher Göll blev revet ned i 1995, kun bunkeranlægget blev bevaret. Det er på denne grund, hvor Dokumentation Obersalzberg blev opført og indviet i oktober 1999.

## STANGGASS - DET LILLE RIGSKANCELLI

Over indgangsdøren til et hus i Bischofswiesen bydelen Stanggaß finder man en Rigsørn, eller Reichsadler, der under Anden Verdenskrig også bar et hagekors, men hagekorset blev fjernet efter krigens afslutning. Huset fungerede under Anden Verdenskrig, som det lille Rigskancelli, Hitlers andet hovedkontor udenfor Berlin, som han benyttede, når han opholdt sig i Obersalzberg. Fra 1933 til 1945 blev der vedtaget og underskrevet 125 love og vedtægter, herunder de love, der førte til fratagelse af stemmeret og drab på millioner af mennesker. En afdeling af Rigskancelliet i Stanggaß var en nødvendighed, for at kunne varetage de daglige opgaver. Huset blev opført fra 1936 til 1937, desuden blev der gjort plads til Værnemagtens overkommando i huset ved siden af det lille Rigskancelli. Huset blev i maj 1945 besat af den amerikanske hær, som benyttede huset indtil 1995. I 1996 blev ejendommen overgivet til den tyske Forbundsrepublik, som solgte den til private investorer, som indrettede huset til beboelse.

## Klaushöhe

Klaushöhe, lidt udenfor Berchtesgaden, bestod af fire rækker med hver otte huse, der hver indeholdte to til tre lejligheder. Alle lejligheder havde moderne køkkener og badeværelser. Her boede de højest rangerende embedsmænd. Det var det første egentlige forsøg i at få nazi-tilhængere til at bosætte sig i Obersalzberg. Det vil sige folk, der var Hitler-tro og ikke mindst Bormann-tro. Huslejen i lejlighederne var bestemt af, hvor tro man var mod Hitler og Bormann. Oprindelig blev Klaushöhe benyttet som lagerplads for en stor mængde koks. 30.000 Zentner af det allerbedste koks lå på lager her. Lagret med koks blev sat i brand, da de allierede tropper indtog Obersalzberg i 1945. Lagret med koks ulmede i hele seks måneder. Klaushöhe blev hårdt ramt af de allieredes bombardementer den 25. april 1945. Mange bygninger blev ødelagt, blot et par huse klarede sig uden de værste ødelæggelser. Efter krigens afslutning blev de benyttet af hjemstavnsforviste tyskere, det vil sige tyskere, der var fordrevet fra tidligere tyske landområder, som eksempelvis Königsberg, det nuværende Kaliningrad i Rusland.

## Buchenhöhe

Buchenhöhe er den anden største bosættelse i Obersalzberg. Officielt var området deklareret som hemmeligt, kun den nazistiske bygge-

---

**Zentner**
*1 Zentner = 50 kg*
*30.000 Zentner = 1.500.000 kg*

---

ledelse kendte til bosættelsen. Det var besværligt at bygge huse her, da det skete på klippegrund. Derfor var man nødt til at gå dybere ned i undergrunden samt benytte mere stål for at få stabile fundamenter. Der blev bygget cirka 40 beboelseshuse med to til fire lejligheder i hvert hus. Lejlighederne bestod af fem til otte værelser. Desuden blev der bygget en købmand med kølerum, et gæstehus, børnehave, friluftsbad, skole, sportshal, stor garage, transformerstation samt et stort varmeværk, der kunne forsyne alle lejligheder med centralvarme og varmt vand. Martin Bormann var byggeleder på projektet, men på grund af krigen var det svært at skaffe byggematerialer, og de byggematerialer man kunne få fat i, var dyre. Albert Speer, Hitlers foretrukne arkitekt og Rigsminister, bad flere gange Martin Bormann om at stoppe byggerierne i Buchenhöhe. Men Martin Bormann skulle bare løfte røret og ringe til Hitler for at få lov til at fortsætte byggerierne. Men bombeangrebet, den 25. april 1945, satte et endeligt punktum i byggerierne i Buchenhöhe.

## Hintereck

Hintereck er beliggende i bydelen Obersalzberg, som under naziregimet var en lukket enklave kun for Hitler og hans aller nærmeste embedsfolk. På adressen Hintereck nummer 9 boede Hermann Görings adjudant. Huset blev opført af arkitekt Alois Degano i 1938. På adresserne Hintereck 11, 13 og 15 finder man tre ud af fire boliger, som blev opført mellem 1937 og 1940 af arkitekt Roderich Fick. Boligerne blev benyttet af nazisternes tjenestefolk.

## ANTENBERGWEG

Antenbergweg er beliggende i bydelen Obersalzberg. På adressen Antenbergweg 1 lå Albert Speers atelier. Albert Speer var Hitlers foretrukne arkitekt samt Rigsminister. Huset blev opført i 1936 i typisk nazi-hjemstavnsstil. På adressen Antenbergweg 2 finder man kunstner Georg Waltenbergers tidligere hjem. Huset blev ombygget i 1894 til kunstnerhjem. I 1930erne overtog nazisterne boligen, hvorefter huset blev ombygget i 1939 og Albert Speer flyttede ind.

## EICKERBICHEL

På Eickerbichel blev det amerikanske flag, meget symbolsk, hejst den 5. maj 1945 af den 3. Infanteridivision. Eckerbichel blev også kaldt for Adolf-Hitler-Hügel eller Göring-Hügel. Hejsningen af det amerikanske flag på bakken afsluttede Hitlers perfide ide om at skabe et tusind år gammelt imperium. Tidligere havde franske og amerikanske soldater været i et tæt kapløb om at nå frem til Obersalzberg og Berchtesgadener Land først. Berchtesgaden overgav sig uden kamp den 4. maj 1945. De første der nåede frem var ja... de amerikanske tropper, hvilket de stadig er stolte af. I 2008 blev der

afsløret et mindesmærke på stedet, hvor de amerikanske tropper kunne hejse det amerikanske flag i maj 1945, og siden har man fejret befrielsen af Obersalzberg flere gange. Eckerbichel befinder sig i nærheden af Hotel Kempinski i Berchtesgaden.

## OBERSALZBERG BOMBES

I løbet af 1943 skete det oftere og oftere, at tyske byer blev bombet af de allieredes bombefly. I Obersalzberg frygtede man, hvornår turen kom til dem. Særligt nazisterne frygtede at blive bombet, derfor begyndte man i august 1943 at bygge et beskyttelsesanlæg under jorden i Obersalzberg. Særligt Førerens sikkerhed og bunkerne, var noget alle talte om, selv i Obersalzberg. I en vældig hastighed blev der udfærdiget planer om opførelsen af bunkeranlæg. I løbet af cirka otte uger blev der anlagt godt 130 meter underjordiske gange og tilhørende rum.

Under Obersalzberg blev der opført bunkeranlæg, der fyldte et areal på cirka 4.000 m². I en af bunkerne i Obersalzberg kan man finde ord som *BUCO* der er skrevet på væggene. *BUCO* er et italiensk ord for *hul*, samtidig er der en pil der peger mod et hul i væggen, som i mellemtiden er blevet lukket. Men hvorfor skrive på italiensk i en tysk bunker? Inskriptionen stammer fra tiden, hvor bunkerne blev bygget i årene 1943-1945, hvor op til 6.000 personer arbejdede på Obersalzbergs mange byggerier, mange af dem var tvangsarbejdere samt italienske militærinternerede. De tidligere italienske soldater blev deporteret til Tyskland efter Italien forlod alliancen med Hitler i september 1943, som straf blev de sat til at arbejde, tvangsarbejde. Under byggeriet af bunkeren blev de brugt til de hårde og tunge opgaver, som eksempelvis at lave huller i væggene, huller til kabler og rør, omgivet af støv og varme.

Hvis man tror, at det var det bare var en betonbunker uden luksus, så må man tro om igen. Der var møbleret værelser med gulvtæpper, polerede trægulve, luksus møbler og lysekroner. Til sidst, men ikke mindst, blev der installeret badeværelser. I forbindelse med byggeriet af bunkeranlægget skrev Martin Bormann, den 14. december 1944, følgende til sin hustru Gerda: *Du aner ikke, hvor lykkelig jeg er, når gangsystemerne her er færdige, så bygger jeg videre... 100 meter overdækket gange! Man ved jo ikke om fremtidens krige bringer overraskelser med sig. Englænderne efterligner jo allerede vores V1 bomber. Så jeg vil hellere være på forkant.*

Bunkeranlæggene ved Obersalzberg blev aldrig bygget helt færdige. Arbejderne, tvangsarbejderne, skulle først sprænge sig gennem klipper. Derefter skulle klippestykkerne transporteres væk med vogne og lastbiler. Herefter blev klippevæggene pudset op med beton, så de var op til 60 centimeter tykke. Uden på betonen blev der muret op med mursten, såkaldte halvmursten, som kunne føre vand væk til drænrøre-

ne. Et særligt isolerende lag sikrede bunkeren for den nødvendige sikkerhed mod eventuelle uvedkommende i at trænge ind. Ovenpå det lag kom yderligere to lag mursten, som til slut blev pudset og malet med kalkmaling eller belagt med fliser. Det siges endda, at værelserne i bunkerne under Hitlers Berghof var beklædt med træ.

Bunkeranlæggenes forrådskamre blev fyldt godt op med vin, snaps og chokolade. Varer som ikke var til at få for den menige tysker. Spisekammeret i Bormanns bunker var desuden fyldt med smør, sukker samt mange andre luksusvarer. Det siges, at spisekammeret var så fyldt, at Martin Bormann og hans familie kunne overleve i 200 år! Uden nogensinde at forlade deres bunkeranlæg!

Der blev desuden bygget flere flaktårne, og på Roßfeld blev der udstationeret 500 soldater fra Waffen-SS, der skulle forhindre fjendtlige fly i at nærme sig Obersalzberg. Det menes, at de allierede tropper allerede tidligt i krigen havde planer om at bombe Obersalzberg, men hvorfor man ikke udførte disse planer vides ikke med sikkerhed. Muligvis fordi man ikke præcist vidste, hvornår Hitler var på Berghof eller ej. Man ønskede ikke at blive til grin, hvis det viste sig, at Hitler ikke havde været tilstede på sit landsted på tidspunktet for bombardementet. Hvis han havde været til stede, ønskede de allierede heller ikke, at Hitler skulle blive martyr for de mange tilhænge-re. I slutningen af krigen var en stor del af Hitlers stab, cirka 80 personer, i Obersalzberg, mens Hitler selv opholdte sig i Førerbunkeren i Berlin. Det var på trods af, at mange af hans nærmeste medarbejdere ønskede, at han ville trække sig tilbage til Berghof. Men Hitler nægtede, da han mente, at folk ville opfatte ham som kujon, hvis han flygtede til Obersalzberg, når de tilbageblevne i Berlin ikke havde samme muligheder.

I slutningen af Anden Verdenskrig opgav den amerikanske general og øverstbefalende Dwight D. Eisenhower sine planer om at erobre Berlin, da han frygtede, at SS og andre elitesoldater skulle flygte ud af Berlin og forskanse sig i det man formodede var en Alpefæstning i Berchtesgadener Land. Derfor gik man i stedet mod syd for at forhindre de tyske soldater i at trække mod Obersalzberg. Men selvom Berchtesgaden og regionen var Hitlers andet regeringssæde udenfor Berlin, blev regionen forskånet for de helt store ødelæggelser under Anden Verdenskrig. Der var mellem den 16. oktober 1944 og 1. maj 1945 rundt regnet 16 bombeangreb rundt i Berchtesgadener Land, hvor de allierede havde smidt mere end 6.000 bomber. Under de 16 bombeangreb døde 531, over 900 blev såret og 14.563 miste-de deres hjem. 461 bygninger blev totalt ødelagte og 2.812 blev lettere eller svært ødelagte.

I april 1945, da Obersalzberg lå begravet i sne kom det mest alvorlige bombeangreb, som man oplevede under Anden Verdenskrig. Det var om formiddagen, den 25. april 1945, da luftalarmen lød i Obersalzberg, det var blot få dage før Hitler begik selvmord i sin bunker i Berlin. Der var blevet spottet bombefly fra de allierede styrker. 275 britiske Lancaster- og Mosquitos bombefly fra Royal Air Force, RAF, samt 98 Mustang bombefly fra det amerikanske U.S. Air Force, fløj i to bølger, over Obersalzberg. Den første luftalarm kom klokken 9.30 med varslet om, at de allieredes fly var på vej. De ansatte og beboerne i Obersalzberg gik ned i beskyttelsesrummene. Halvanden time efter alarmen var gået kom det første angreb. Det var britiske Lancasterfly der overfløj Obersalzberg og områderne omkring Klaushöhe og Buchenhöhe. Sneen gjorde det svært for piloterne at kende forskel på husene. Derfor valgte piloterne, efter at have kastet nogle få bomber, at afbryde første angrebsbølge.

Da anden angrebsbølge nåede frem til Obersalzberg var man mere præcis med bomberne, der nemt kunne veje op mod 5.000 kilogram. Anden angrebsbølge varede en time, hvor man fik held med at få ram på Berghof, Bormanns og Görings går-de samt store dele af SS-kasernen. Hotel Platterhof blev hårdt ramt og delvist ødelagt, mens Hotel Zum Türken var helt udslettet. Kun Kehlsteinhaus slap for skader. Berchtesgaden slap mirakuløst for alvorlige skader under bombardementet.

Godt 1.300 bomber, med en samlet vægt på 1.232 tons, blev sendt ned over Obersalzberg, og samtlige bygninger i det afspærrede Führergebit blev ramt, nogle blev ødelagt mere end andre. De bygninger i Obersalzberg, der ikke blev ramt hårdt af bombardementerne den 25. april 1945 blev sat i brand af SS-soldater for at forhindre lokalbefolkningen i at plyndre husene. De tilbageværende personer i Obersalzberg, cirka 3.500, nåede i sikkerhed i beskyttelsesrum, kun få døde. Avisen Berchtesgadener Anzeiger skrev den 30. april 1945, at 31 var blevet dræbt under bombeangrebet, dog blev Berchtesgaden samt Kehlsteinhaus forskånet. Det var takket være de mange, solide, beskyttelsesrum, at *kun* 31 blev dræbt i Obersalzberg, dertil blev utallige maskiner og køretøjer ødelagt.

Få timer efter bombardementerne af Obersalzberg faldt de første bomber over Bad Reichenhall, hvor 224 døde. Om aftenen blev området omkring Freilassing ramt, og 76 civile blev dræbt. Først adskillige timer efter bombardementerne kunne man bese de skader, som bomberne havde forårsaget. Trods ødelæggelserne og dødsfaldene har jeg hørt, at flere af de oprindelige beboere i Obersalzberg var glade for de ødelæggelser som de allieredes bomber forårsagede. *Endelig fik de det som de havde fortjent. De ødelagde så meget for os, da de tvang os væk fra vores hjem, nu smager de deres egen medicin.* Fortalte en af de tidligere bebo-

ere i Obersalzberg i en dokumentarfilm, som jeg så under mit besøg på Dokumentation Obersalzberg.

Hitler og Bormann var begge i Berlin, Göring overlevede i sin private bunker. Det var herfra, at Göring kunne telegrafere nyheden til Hitler om bombardementet og at han selv betragtede sig selv som Hitlers efterfølger, i overensstemmelse med et tidligere dekret. Da telegrammet nåede Hitler, blev han rasende og fratog Göring alle hans embeder og fik ham anholdt. Göring forlod Obersalzberg, som fange, den 27. april 1945. Den 4. maj 1945 kunne amerikanerne indtage Berchtesgaden og overtog Obersalzberg. Hotel Moritz/Platterhof blev til Hotel General Walker. Bormanns gods blev omdannet til Hotel Skytop Lodge. Resterne af Berghof blev sprængt bort i 1952.

## MODSTANDEN I BERCHTESGADEN

Fra sit hus bag Stiftskirken i Berchtesgaden kunne slotstjener Alois Fuchs se direkte til Hitlers afspærrede enklave i Obersalzberg. Dog havde han, gartner Karl Sommer, murer Michael Hallinger og jernbanearbejder Anton Pfnür intet at gøre med nazisterne, men i april 1939 mødtes de med repræsentanter fra Harnier-gruppen i Fuchs' lejlighed. Men hvad de talte med den monarkistiske modstandsgruppe om den dag er uvis. Men nogle få måneder senere blev de fire mænds hjem ransaget, hvor Gestapo beslaglagde nogle billeder af kronprins Rupprecht. De billeder var nok til, at de fire mænd blev anholdt. De blev afhørt flere gange uden, at de kunne fortælle noget. Men trods alt, blev de alle fire fængslet og sendt til KZ-lejren Dachau, hvor de sad indtil august 1940. Alois Fuchs blev dog først løsladt i maj 1941. Et af medlemmerne fra Harnier-Gruppen, som havde været til stede i Fuchs' lejlighed, blev senere henrettet af nazisterne.

## Ofre for nazisterne

Der findes rigtigt mange historier om folk, der ikke ville sælge deres ejendomme, mistede deres arbejde og flere blev enten truet med at blive sendt til eller endte med at blive sendt til KZ-lejren Dachau. I Obersalzberg drejede det sig om i alt 57 grundejere, mest bønder, der blev tvunget til at sælge deres ejendomme og jorde. Godt 400 mennesker blev fordrevet, tvangsforflyttet, fra Obersalzberg. Selv skovforvaltningen måtte afgive 670 hektar skov til Bormann og nazisterne. Efter nazisterne havde overtaget gårdene og bygningerne, blev de revet ned, for at give plads til nye bygninger, der alle blev opført i den stil som nazisterne foretrak. Dette var med til at ændre landsbyens udtryk og karakter. Nogle bygninger fik lov til at blive, men de blev dog alle ombygget og ikke mindst udvidet for at leve op til nazisternes krav.

## Obertallehen

En af disse bygninger var Obertallehen. Den eksisterer ikke længere, men på en træhytte langt væk fra turistmyldret mindes man på en mindetavle, at Obertallehen var et af de ældste bondehuse i Obersalzberg, hvor en familie havde levet i flere generationer. I 1937 måtte familien, som alle andre i Obersalzberg, sælge deres ejendom til nazisterne. Nazisterne rev ejendommen ned for at give plads til en baraklejr til arbejderne. I slutningen af krigen blev barakkerne beboet af tvangsarbejdere, der skulle færdiggøre nazisternes bunkerbyggerier. De underjordiske gange mellem områdets bunkere blev gravet fra to sider, herunder også de underjordiske gange under Hitlers Berghof. Bunkersystemet skulle være cirka 3 km langt, og ligge op til 200 meter under jordoverfladen. Men selvom der var mangel på byggematerialer og det nok havde været klogere at bygge bunkere til befolkningen i hele Tyskland i stedet, blev der alligevel bygget op mod 1,5 km bunkeranlæg i Berchtesgadener Land. Ingeniørerne betegnede hele projektet som *Wahnsinn*, *det rene vanvid*.

## Marosenlehen

En anden bygning er Marosenlehen. Huset blev opført i 1592, og lå ikke langt fra Obersalzbergs centrum. Huset er i dag at finde på frilandsmuseet Glenleiten. Under nazitiden tjente husets familie penge på at leje værelser ud til de mange turister, der kom til Obersalzberg for at se Hitler. Dog blev en af familiens niecer offer for nazisternes tvangssterilisationsprogram fordi hun var døv.

## Eutanasi

Nazisterne benyttede selv bevidst ordet *eutanasi*, som er et græsk ord/oldgræsk for *god død*, når de skjulte deres morderiske handlinger, som endte med at koste cirka 300.000 personer med psykiske og fysiske handicap livet. Denne handling havde absolut intet at gøre med en god død. Personerne blev indkvarteret på det som lignede plejehjem, men var centrale drabscentre, hvor plejepersonalet og lægerne, indtil 1941, myrdede folk med overdoser af medicin og/eller omsorgssvigt. Aktionen blev også kaldt for *T4*.

## Aktion T4

T4 var forkortelsen for *Tiergarten-straße 4*, som også var adressen for hovedkvarteret for den *Almennyttige Fond for Institutionel Pleje*, tysk: *Gemeinnützige Stiftung für Anstaltspflege*. T4-programmet var et betegnelsen for Hitler regimets systematiske udryddelse af mere end 100.000 fysisk og psykisk handicappede i årene 1939-1941. Programmet var en parallel til udryddelse af jøderne, hvor det tyske folk skulle *renses* for fysisk og psykisk handicappede. For ikke at gøre institutionen alt for synlig var den placeret i Hitlers personlige sekretariat, organisationen blev ledet af chefen for *KdF* (Kraft durch Freude) Philipp Bouhler samt Hitlers personlige læge Karl Brandt.

T4-programmet var et hemmeligt program, da Hitler selv anså sit program for at være for radikalt for den almindelige tysker. Diskussioner om eutanasi var på dagsordenen i Obersalzberg i ugevis. Hitlers ledsagende læge, Karl Brandt, og lederen af *Führer-kancelliet*, Phillip Bouhler, blev i et dokument bemyndiget af Hitler til at give *nådedød til uhelbredeligt syge mennesker*. Dette brev gav de to ordre til at planlægge drabet på mennesker med fysiske og psykiske handicap og sygdomme. Hitlers underskrift blev dateret til 1. september 1939, således at datoen faldt tilbage til krigens begyndelse, fordi orderen på mord skulle være givet i forbindelse med krigen.

Officielt blev programmet stoppet i 1941 efter kraftige protester fra den romersk-katolske kirke, men uofficielt fortsatte programmet i det skjulte. Philipp Bouhler afprøvede forskellige aflivningsmetoder heriblandt systematisk underernæring, bevidste fejlmedicineringer og gas. De mange afprøvede aflivningsmetoder blev i 1943 overført til udryddelseslejrene, hvor det nu gik udover jøder, romaer, socialdemokrater, homoseksuelle og andre uønskede. Ved krigens afslutning menes det, at omkring 250.000-300.000 fysisk og psykisk handicappede var blevet ofre for T4-programmet.

## 3. december

3. december er en international dag for folk med udfordringer, fysisk såvel som psykisk, dagen hedder *Day of people with disabilities*. Under naziregimet var disse mennesker *uønskede* og blev myrdet i stor stil af nazisterne. Den såkaldte *Euthanasie-*

*befehl*, groft sagt *aflivningsordreren* blev givet af Hitler i oktober 1939 under et ophold i Obersalzberg. Herefter skulle læger og plejepersonale gennemføre loven... om de ville eller ej. Det førte til at cirka 300.000 i det Tyske Rige og i det besatte Europa blev myrdet.

## JOHANN HANSI BRANDNER

Det var ikke blot jøder, fysisk og psykisk syge, der blev ofre for nazismen, for blandt ofrene var også personer og familier, der nægtede at sælge deres ejendomme eller virksomheder til nazisterne. En af dem der nægtede at sælge til nazisterne til deres fastlagte pris var fotografen Johann Brandner, også kaldet Hansi Brandner. I marts 1937 skrev Johann *Hansi* Brandner et brev til sin nabo, Adolf Hitler. Johann *Hansi* Brandner havde profiteret på Hitlers navn, da han fotograferede nazisterne og de valfartende turister til Hitlers Berghof. Fotografierne solgte Johann *Hansi* Brandner i sin kiosk nogle få hundrede meter fra Berghof. Som alle andre beboere i Obersalzberg skulle Johann *Hansi* Brandner også sælge sin ejendom og virksomhed til nazisterne, således de kunne få plads til at udvide deres område, det vil sige det lukkede Obersalzberg.

Men Johann *Hansi* Brandner ønskede ikke at sælge sin ejendom eller virksomhed, derfor skrev han et brev til Hitler. Johann *Hansi* Brandner ventede på vejen til Hitler kom kørende forbi og smed brevet ind i bilen, hvorefter Hitler eftersigende

skulle have sagt: *Den Mann soll geholfen werden,* dansk: *den mand skal hjælpes.* Hvilken hjælp Hitler tænkte på, viste sig straks senere samme dag, da Johann *Hansi* Brandner blev tilbageholdt, fængslet og sendt til KZ-lejren Dachau, mens familien forsøgte at få ham løsladt blandt andet ved at skrive til naziledelsen, desværre uden held. Der gik to år, før Johann *Hansi* Brandner blev løsladt fra KZ-lejren. I de to år var han blevet mishandlet og havde knapt nogle tænder tilbage. Efter løsladelsen fra Dachau arbejdede han som hjælpearbejder, inden han i 1941 meldte sig til militærtjeneste og blev sendt til fronten, hvor han blev dræbt i januar 1945, blot 31 år gammel.

## JOHANN KURZ

Johann Kurz havde altid en paraply med sig på sine gåture gennem Berchtesgaden. Han var tidligere bjergfører, han boede på en social institution og led af en psykisk lidelse. Under naziregimet passede personer som Johann Kurz ikke længere ind i samfundet. I 1934 kom Johann Kurz på plejeanstalten Gabersee, og i 1941 kom han til Hartheim i Linz, Østrig, hvor han officielt døde af et hjertetilfælde, dette var dog en løgn. Han var ikke blevet sendt til Hartheim og han døde heller ikke af et hjertetilfælde. Derimod blev Johann Kurz sendt sammen med 130 andre med samme transport mod dødsanstalten Hartheim, hvor de straks ved ankomsten blev myrdet af giftgas. For at dække over massekriminaliteten opfandt lægerne naturlige dødsårsager, hvorefter deres lig blev brændt. Mere end 300.000 - herunder mange børn - blev aflivet, nazisternes såkaldte *eutanasi* under aktion T4. *Læs om T4 på side 48.*

## ANNA GRASSL

Anna Grassl blev født i Schönau am Königssee den 11. december 1906. Selvom hun var døv, levede hun i begyndelsen et normalt liv med sine forældre og to søskende. Efter forældrenes tidlige død blev Anna Grassl anbragt på et plejehjem, og fra 1937 boede hun på St. Paulusstiften i Neuötting. I midten af marts 1941 blev Anna Grassl myrdet som led i den såkaldte *nazistiske dødshjælp.* Hun var glemt i familien, svært at forestille sig i dag, men dengang var det svært at opretholde langdistancekontakt, men også fordi familierne kun måtte følge deres pårørende til de mellemliggende institutioner. I marts 1941 blev Anna Grassl overført til *mellemistitutionen* Eglfing-Haar ved München.

Forholdene på sanatorierne og plejehjemmene var for det meste umenneskelige, da den nazistiske regering allerede i 1933 havde skåret bevillingerne ned. En række patienter/beboere måtte sove på halmsække. Omsorgspersoner mishandlede eller forsømte dem ofte eller gav ikke dem tilstrækkelig lægehjælp. Besøg fra familiemedlemmer var stærkt begrænset eller endda helt forbudt. Det videre forløb af patienternes liv blev i første omgang bestemt af *eksperter,* som aldrig hav-

de set den syge i deres liv. Set fra nationalsocialisternes perspektiv var mennesker, der led af uhelbredelige sygdomme anset for uegnede til at arbejde, uegnede til at leve. Såkaldte *registreringsskemaer* blev udfyldt af de behandlende sygeplejersker, som *evaluatorerne* i Berlin brugte til at afgøre, om patienten skulle leve eller dø. Selvom Eglfing-Haar officielt blev kaldt for et plejehjem, men det var mere et *opsamlingssted* for patienter, der blev klassificeret som *ubrugelige* og måtte vente på at blive overført til Hartheim - herunder Anna Grassl.

Hartheim Slot, nær Linz i Østrig, var et af det nazistiske regimes seks *eutanasicentre.* Indtil marts 1940 fungerede slottet som sanatorium og plejehjem, men blev derefter anvendt af nazisterne til deres *racehygiejne*-formål. Omkring 30.000 mennesker, der ikke opfyldte de nazistiske standarder, blev myrdet der. De pårørende modtog trøstebreve, men der blev løjet for dem om omstændighederne omkring ofrenes død. Med drabene ønskede det nazistiske regime at spare omkostninger og skabe et *sundt tysk nationalt organ.* Anna Grassl blev myrdet i Hartheim omkring fem uger efter, hun blev bragt hertil fra Eglfing-Haar. Der blev også løjet omkring hendes død overfor hendes familie, for Anna Grassl døde ikke den 9. maj 1941, og hun døde heller ikke af lungebetændelse, som familien fik at vide. Ikke engang den urne, der blev begravet i Berchtesgaden, indeholdt hendes aske. Mindet om Anna Grassl og de andre ofre for de nationalsocialistiske dødshjælpsprogrammer bør sikre, at sådanne forbrydelser aldrig sker igen.

## KLARA DAPPER

Den 9. november 1938 er en af de sorteste dage i historiebøgerne, for denne dag blev jøderne udsat for systematisk terror fra nazisternes side. I Bayerisch Gmain boede Klara Dapper, hun var jøde, hun var enke og 67 år gammel. Hun oplevede, hvordan jøderne blev terroriseret, jødiske forretninger, synagoger med videre blev ødelagt og sat i brand. Denne dag/nat kaldes også for Krystalnatten eller Reichspogrom, og disse angreb mod jøder, som hende, gjorde hende angst og bange. I begyndelsen af december 1938, blev der skubbet en seddel ind under hendes dør. På denne seddel stod der: *Alle Juden endlich einmal heraus!* Dansk: *Alle jøder endelig ude!* Men hvem der skubbede sedlen ind under hendes dør vides ikke. Men hun blev ramt af et angstanfald og tog som konsekvens af dette en overdosis af sovepiller. Hun blev fundet, men kunne ikke blive behandlet på sygehuset i Bad Reichenhall, fordi hun var jøde, og da lægerne endeligt valgte at tilkalde en jødisk læge, Dr. Gustav Ortenau, så var det allerede for sent. *Læs om Dr. Gustav Ortenau på side 293.*

## PHILIPP GIFT

Philipp Gift havde måske ikke det bedste efternavn, når man var læge, man han havde trods alt et godt ry som læge i Marktschellenberg. I 1933 åbnede Dr. Philipp Gift sin praksis på torvet i Marktschellenberg, blot få kilometer fra Adolf Hitlers enklave i Obersalzberg. Philipp Gift var katolik, men hans far var jøde, derfor blev Philipp Gift antaget for at være halvjøde. Selvom han var læge, blev han chikaneret og vinduerne i hans hus blev knust, og der blev malet antisemitiske slogans på facaden. I 1937 opgav Philipp Gift sin praksis i Marktschellenberg og flyttede fra byen. Efter flere flytninger endte han i Straubing, hvor han valgte at begå selvmord i 1948.

## IRMA RAFAELA TOLEDO

Den 23. august 1910 blev der født en pige i Laufen, der fik navnet Irma Friedman. Hun var jøde. I 1933 flygtede hun med sin ikke-jødiske mand og børn til Salzburg for at undslippe nazisterne. Pigen, som nu hed Irma Rafaela Toledo, boede med familien i Salzburg, indtil nazisterne i marts 1938 annekterede Østrig og Salzburg, hvorefter de blev udsat for chikane fra de østrigske nazister. Hendes mand nægtede at lade sig skille fra Irma og blev herefter idømt tvangsarbejde, ligesom Irma. Da Gestapo troppede op på familiens adresse i 1944 for at deportere Irma, var familien ikke hjemme. Det var nemlig lykkedes dem at flygte til et såkaldt *Zuhäusl, et skjulested*, hos en bonde på Schlenken på bjerget Rengerberg, hvor de tidligere havde holdt flere ferier. Selvom bjerget var et populært sted for nazistiske grupper, formåede familien at forblive i fred der indtil krigens afslutning. Irma overlevede Anden Verdenskrig og nazisternes regime, mens størstedelen af hendes slægtninge blev myrdet i KZ-lejre. I 1945 begyndte hun at male, og opnåede en succesrig kunstnerkarriere.

## DORA REINER

Dora Reiner ejede Hirschenlehen i Schönau am Königssee. Hun blev tvunget til at forlade Schönau i 1938, men selvom hun ikke havde været medlem af det jødiske samfund i årevis, blev hun alligevel anset for at være jøde af nazisterne. I 1941 blev hun interneret i en såkaldt jødelejr i München. Senere blev hun sendt til Litauen, hvor hun i november 1941 blev skudt og dræbt af SS. I januar 1942 gik politibetjente, skatteembedsmænd samt en lokal antikhandler ind i hendes hjem i Schönau, hvor de satte pris på hendes ejendele. Et bord blev sat til 7 Reichsmark, to stole skulle koste 3 Reichsmark og 3 spande skulle koste 2 Reichsmark. Pengene fra indbo og ejendom gik direkte ned i Rigets pengekasse. Mange af hendes naboer fik mulighed for at gøre en god handel, da alt blev solgt på auktion... Alt... ja, inklusiv private billeder.

## THERESE HERZENBERGER

Det er ikke noget nyt, at nazisterne udslettede hele familier. En af disse familier var sangerinde Therese Herzenberger og hendes fem børn, Wilhelm, Rudolf, Rosa, Anton og Agathe. De blev alle sendt til KZ-lejren

Maxglan i efteråret 1940. Maxglan var en KZ-lejr, som lokale sintier og romaer blev sendt til. Man ved fra sigøjnerlejrens hovedarkiv/-register, at familien blev sendt videre til Auschwitz og Therese Herzenberger var højgravid. Hun fødte en datter, Sonja Herzenberger, den 17. april 1943 i Auschwitz. Sonja levede i blot cirka 13 døgn. I måneder der fulgte, blev hele familien udslettet. Der var ingen billeder, breve eller andre personlige ejendele, der overlevede krigen.

## USÆDVANLIG FODBOLDKAMP

I oktober 1943 blev der spillet en usædvanlig fodboldkamp på sportspladsen Breitwiese, da 11 spillere fra Berchtesgaden spillede mod 11 tvangsarbejdere fra Obersalzberg. Årtier senere huskede den tjekkiske Karel Rádl stadig resultatet af fodboldkampen... 3-1 til Berchtesgaden. Men for ham, og sikkert også de øvrige tvangsarbejdere, var kampen en afveksling i deres daglige hårde arbejde. Karel Rádl arbejdede i Obersalzberg fra oktober 1942 til maj 1945. Han boede i lejren Antenberg, i barakker, sammen med mange andre tvangsarbejdere. Der boede 16 personer i et lille rum. Sengene var fulde af utøj. Maden måtte de sluge stående i de korte pauser i deres arbejde, maden smagte forfærdeligt. To af Karel Rádls venner døde under det hårde arbejde. Karel Rádl forsøgte selv at flygte flere gange, men blev fanget hver gang. Han blev efterfølgende tævet eller sat ind i en celle for selv de mindste forseelser.

Derfor havde han ingen gode minder om den vagt der engang forrådte ham.

## JØDISKE BØRN EFTER ANDEN VERDENSKRIG

Ved Anden Verdenskrigs afslutning boede der cirka 13.000 jødiske børn i Tyskland. Deres forældre var blevet myrdet i KZ-lejre eller forsvundet. Børnene havde indtil maj 1945 levet i skjul eller havde overlevet ophold i KZ-lejre. 200 af disse børn levede fra sommeren 1946 i Bayerisch Gmain. Ved det tidligere Hotel Forst i nærheden af Bad Reichenhall blev der skabt en jødisk landsby med skole og fritidstilbud, hvor børnene nød deres nye frihed efter mange år med forfølgelser, selvom deres fremtid fortsat var usikker. Størstedelen af børnene stammede oprindeligt fra Tyskland. I juli 1947 blev 64 børn, der ønskede at komme til Palæstina på skibet Exodus, bragt tilbage til Tyskland af britiske soldater. I sommeren 1948 lykkedes det alle børn at emigrere, de fleste af dem til Israel. Hotellet var dengang et rehabiliteringscenter for syge jødiske fordrevne personer indtil 1950.

## KRIGEN ER SLUT

I begyndelsen af maj 1945 nåede de allierede til Berchtesgadener Land. Berchtesgaden og Bad Reichenhall overgav sig uden kamp, mens SS-tropper befandt sig i Schneizlreuth. De ønskede at stoppe de allieredes fremrykning ved at sprænge den vigtige bro over Saalach i luften. Landsbyens borgmester forsøgte at forhindre denne meningsløse ødelæggelse og håbløse kamp. En præst rapporterede om, at borgmesteren var gået mod de amerikanske tropper med et hvidt flag. Men da han var på vej over broen, valgte SS at sprænge broen i luften. Om borgmester Schwaiger blev et tilfældigt offer eller om det var et planlagt attentat mod borgmesteren, vides ikke med sikkerhed. Der var en kort skudveksling, hvor tre døde, inden krigen endeligt sluttede i Schneizlreuth. Det var formodentligt et af de sidste slag i Bayern i Anden Verdenskrigs døende dage. I nærheden af broen kan man i dag finde en mindetavle for den modige borgmester.

Karl Theodor Jacob var Landrat, øverste statsembedsmand, i Berchtesgadener Land. Han kunne tidligt forudse, hvilken mand Adolf Hitler var og ikke mindst, hvor farlig han og hans partikammerater var, da Karl Theodor Jacob havde oplevet, hvad de udrettede af ting i Obersalzberg. Derfor valgte Karl Theodor Jacob efter Hitlers selvmord at trykke et flyveblad, der blev kastet ud til befolkningen i Berchtesgadener Land den 4. maj 1945. På flyvebladet informerede han befolkningen om, at man i Berchtesgaden og i Bischofswiesen havde overgivet sig betingelsesløst og uden kamp til de amerikanske tropper. Man ønskede, at befolkningen ville gøre det samme. Samme information blev også givet til de allierede styrker. Karl Theodor Jacob kørte mod de amerikanske tropper med det hvide kapitulationsflag oppe, og ved jernbaneoverskæringen i landsbyen Winkl i nærheden af Hallthurm blev Berchtesgaden overgivet til kommandøren af pansergruppen. Med sig i bilen havde Karl Theodor Jacob ingeniør Georg Grethlein, der var chef for sammenslutningen af håndværkerne i Obersalzberg. Sammen kørte de tilbage til Berchtesgaden, hvor der blev afholdt et møde, derefter kørte de til Obersalzberg, hvor SS-kommandanten, der længe havde været mod Hitler og regimet, holdt sit ord overfor Karl Theodor Jacob, og overgav kommandoen over Obersalzberg betingelsesløst og uden kamp til amerikanerne. I de kommende dage blev de amerikanske soldater indkvarteret omkring i Berchtesgadener Land, og militærkommandoen flyttede ind på det kongelige slot i Berchtesgaden. Georg Grethlein blev, dagen efter overdragelsen, skudt af fulde franske soldater, det gav lidt uro, men amerikanske soldater fra Berchtesgaden fik ro på folk igen. De amerikanske tropper indsatte Landrat Jacob og borgmester Sandrock i byrådet, og den 7. maj 1945 blev juristen Karl Kollmann indsat som ny borgmester i stedet for Sandrock. Den 28. maj 1945 blev han afløst af den lokale videnskabsmand Rudolf Kriß, som under krigen havde været modstandsmand og kritiker af regimet, og havde været fængslet i en længere periode. Karl Kollmann blev viceborgmester.

I tiden efter bombardementerne af Obersalzberg blev de fleste bygninger plyndret for alt, hvad der var af værdi, for at stoppe disse plyndringer valgte den amerikanske militæradministration at indføre et adgangsforbud til det nu tidligere spærrede område. Dette adgangsforbud fortsatte frem til 1949, vel at bemærke på trods af, at Obersalzberg og de tidligere nazistlandområder officielt allerede blev overgivet til den bayerske stat i 1947.

Efter fredsforhandlingerne blev Tyskland delt op i fire besættelseszoner, hvor Berchtegadener Land og Bayern blev en del af den amerikanske besættelseszone, og de amerikanske styrker blev en del af Berchtesgadener Land. Efter krigens afslutning gjorde man en stor indsats for at finde frem til de tidligere beboere i Obersalzberg, således at de kunne flytte tilbage til deres tidligere hjem, men Obersalzberg blev ikke genopbygget som landsby. Det var kun det tidligere Hotel Zum Türken der blev givet tilbage til den oprindelige ejer. *Læs mere om Hotel zum Türken på side 56.* Flere af de bygninger i Obersalzberg, som var sluppet for de største ødelæggelser, blev efter krigens afslutning overtaget af de amerikanske tropper. Blandt bygningerne var *Hotel Platterhof*, der ændrede navn til *Hotel General Walker*, Arkitekt Speers atelier blev til *Evergreen Lodge* og det tidligere gods blev anvendt af de amerikanske soldater i fritiden. Martin Bormanns store gods blev omdannet til et hotel, der fik navnet *Skytop Lodge*, der senere blev revet ned og ersattet af skilifte og en golfplads. Andre bygninger, såsom Berghof, SS-kasernen samt Görings og Bormanns hjem blev i 1952 enten sprængt eller revet ned. Dette skete for at forhindre, at det blev til samlingssteder for tilhængere af regimet. Man kan dog stadig finde fundamentet af Berghof, men ellers er området blevet beplantet af træer. Kun banegården i Berchtesgaden, Kehlsteinhaus, Roßfeldstraße, Kehlsteinstraße og dele af Deutsche Alpenstraße er resterne af nazisternes mange byggerier i Berchtesgadener Land.

Afslutningen på krigen betød også modtagelsen af flygtninge fra de tidligere tyske områder, blandt andet Bøhmen og Schlesien. Med ankomsten af flygtningene skete der en ændring i befolkningssammensætningen. De nyankommne blev indkvarteret i tidligere arbejderbarakker, i nyoprettede flygtningelejre, hvor de fleste boede indtil 1960erne. En af disse lejre lå i Vockenbichl ved Oberau, en lejr der oprindelig var opført til SS-soldater og som senere blev overtaget af den amerikanske hær. Andre flygtninge blev indkvarteret hos private. I landsbyen Winkl ved Bischofswiesen blev der, i 1944, opført en baraklejr til den tyske Værnemagt, en lejr der i 1945 blev benyttet som tysk krigsfangelejr. Lejren blev fra 1947 anvendt til flygtninge. I 1947 boede der 1.186 flygtninge i lejren, et tal der i 1952 steg til 1.229 flygtninge. I løbet af 1950erne blev der i landsbyerne

opført adskillige nye lejlighedskomplekser til flygtningene. Mange ejendomme og tilhørende jorde i Berchtesgadener Land, der tidligere havde været ejet af nazisterne overgik i 1947 til delstaten Bayern. Den amerikanske hær benyttede herefter flere af grundene og tilhørende bygninger, blandt andet blev der i 1953 indrettet et af i alt tre rekreationshjem for amerikanske soldater, de såkaldte Armed Forces Recreation Center (AFRC) i Berchtesgaden.

## DOKUMENTATION OBERSALZBERG

*Salzbergstraße 41*
*83471 Berchtesgaden*
*www.obersalzberg.de*

Mange vælger at kombinere et besøg på Kehlsteinhaus med et besøg på Dokumentation Obersalzberg, der er opført på området, hvor Hitler og hans topfolk levede under deres ophold i Obersalzberg. Til Dokumentationscentret, som drives af Institut für Zeitgeschichte, i München, hører også det store netværk af underjordiske bunkere som man valgte at opføre i slutningen af Anden Verdenskrig, i håbet på, at Hitler ville trække sig væk fra Berlin til sikkerhed i Obersalzberg. Dokumentationscentret er et lærerigt sted, hvis man er interesseret i at lære mere om, hvordan livet var for den almindelige tysker under nationalsocialismen. Desuden fortælles der om Anden Verdenskrig, Hitlers Tredje Rige, Holocaust samt Hitler og nazisternes forhold til Berchtesgaden og Obersalzberg. Det store netværk af bunkeranlæg og underjordiske gange, der oprindelig blev opført for at beskytte nazisterne, blev faktisk også redningen for mange civile tyskere. Man mener omkring tusind civile søgte tilflugt i bunkerne, da de allierede bombede Obersalzberg den 25. april 1945.

Når man besøger bunkerne under Dokumentationscenter Obersalzberg, kan man høre vand dryppe, særligt når det regner, hvor vandet siver ind i bunkerne flere steder. Man hører det tydeligt i skakten, der er over 30 meter dybt. Skakten var forbindelsen mellem bunkerne ved Höher Gölls gæstehus (som i dag er en del af Dokumentationscenter Obersalzberg) og Hitlers private bunker under Berghof. Skakten havde desuden en godslift, der blev benyttet i forbindelse med konstruktionen af bunkeren. Man kan i dag stadig se afbøjningsrullen i bunkerens loft. Der var oprindeligt en trætrappe i skakten, men den rådnede og kollapsede i årene efter 1945.

Afsæt mindst et par timer af til besøget. Dokumentationscentret er beliggende i nærheden af busholdepladsen, hvorfra shuttlebusserne kører op til Kehlsteinhaus. Dokumentation Obersalzberg blev indviet i 1999, og blev i 2023 genåbnet efter det i en længere periode havde været lukket på grund af en udvidelse af udstillingsområdet samt skabelsen af en ny udstilling. Det var oprindeligt meningen, at det nye udstillingshus skulle stå færdig i 2020, men så kom pandemien og problemer med at skaffe byggematerialer, så byggeriet blev forsinket, men i efteråret 2023 blev det *nye* Dokumentation Obersalzberg indviet. I forbindelse med byggeriet blev man ved med at finde nye bunkere i området. Man formoder, at der kunne være op til 3.000 personer i bunkeranlæggene, som via et netværk af gange havde direkte adgang til nazisternes private hjem, Gestapos hovedkvarter og SS-kasernen, hvor Hitlers tusind mand store livgarde hørte til.

*Bus RVO 838 fra Berchtesgaden standser ved stoppested Dokumentation Obersalzberg.*

## HOTEL ZUM TÜRKEN
*Hintereck 2 • 83471 Berchtesgaden*

Et andet spændende sted, bare 5 minutters gang fra Dokumentation Obersalzberg, er Hotel Zum Türken. Hotellet, der udefra ligner et typisk idyllisk alpehotel, gemmer på en dyster historie. Hotellets historie kan spores tilbage til 1630erne, da der lå et landbrug på stedet, som i mange år var kendt som Jacobsbichllehen. Gården var ejet af det tidligere Klosterstift i Salzburg. I 1683 måtte gårdens lejer drage i krig for sine herremænd for at kæmpe mod tyrkerne. Efter krigen blev Jakobsbichllehen blot kaldt for *Türkenhausl*. Omkring 1911 blev ejendommen erhvervet af Karl Schuster, der også ejede hytten Purtschellerhaus på Hohen Göll. Karl Schuster omdannede gården til et lille gæstgiveri og eget slagteri. Sammen med den nærliggende Pension Moritz blev Hotel Zum Türken til et yndet mødested for en del prominente personligheder, såsom Prinsregent Luitpold, Johannes Brahms, Clara Schumann, Peter Rosegger, Richard Voß samt kronprinsesse Cäcilie og kronprins Wilhelm af Preussen. Karl Schuster var ikke tilhænger af det nye tyske regime og et par uheldige bemærkninger gjorde, at han kom i besværligheder med nazisterne. Karl Schuster blev anholdt og sat i fængsel i tre uger, da han nægtede at sælge sit hotel til nazisterne. Efter tre uger i KZ-lejren Dachau blev Karl Schuster tvunget til at sælge til en pris, som Martin Bormann mente var en fair pris. I forbindelse med udvidelsen af det spærrede område omkring Hitlers bolig, Berghof, blev RSD, *Reichsicherheitssdienst,* dansk: *Rigets sikkerhedstjeneste*, kriminalpolitiet samt vagtmandskabet, der blandt andet stod for Hitlers private beskyttelse, indkvarteret på Hotel Zum Türken. Hotellet beholdt sit navn, og indtil krigens afslutning i 1945 stod Martin Bormann som hotellet egentlige ejer.

Den 25. april 1945 blev hotellet sammen med resten af Obersalzberg bombet. Hotellet blev svært ødelagt. Selvom Frau Therese Partner, Karls Schusters datter, gjorde alt for at forhindre uvedkommende i at nærme sig huset, var hendes kamp forgæves og huset blev plyndret. Efter Anden Verdenskrigs afslutning ønskede den bayerske delstatsregering, at menige tyskere atter skulle etableres sig i Obersalzberg, dog ønskede man ikke folk som havde haft tilknytning til nazistpartiet. Man valgte dog at gøre en undtagelse med *Hotel Zum Türken*, der før krigen, havde været ejet af Karl Schuster, som i 1933 var blevet tvunget til at sælge til nazisterne. I slutningen af 1945 blev hotelgrunden givet tilbage til den oprindelige ejer, men i mellemtiden var Karl Schuster død, så det blev i stedet hans datter Therese Partner der fik overdraget grunden. Herefter begyndte Frau Therese Partner at reparere huset, mens hun forsøgte at undgå, at det forfaldt mere, men hun kunne blot for at se hjælpeløst da huset blev plyndret endnu engang i 1947. Efter dannelsen af Vesttyskland kunne Frau Partner, i december 1949, købe grunden af den bayerske stat for 69.000 DM. Hun valgte at få bygget et hus, hvorfra der kunne drives en pension, som i starten blot havde fire værelser, i 1958 blev bygningen udvidet. Indtil januar 1971 var det Therese Partner der tog i mod gæsterne, efter Frau Partner overtog hendes datter Ingrid Scharfenberg hotellet. Fra februar 2013 var det Monika Scharfenberg-Betzien, der bød gæsterne velkommen, som fjerde generation. Hotel Zum Türken var, som dengang, et yndet hotel i Berchtesgadener Land. Til hotellet hørte et originalt bunkeranlæg fra den gang nazisterne huserede i området. Bunkeranlægget under hotellet var/er en del af det store netværk af bunkere, som nazisterne opførte under krigen, der skulle eftersigende have været direkte adgang til Berghof fra hotellet. Hotellets bunkeranlæg er kun delvist tilgængeligt for offentligheden, og er desuden det eneste der vidner om det sorte kapitel i hotellets lange historie. Hotellet blev lukket og sat til salg i 2019 og solgt i 2021. Men om den nuværende ejer ønsker at genåbne huset som hotel er uvis, derfor er hotel samt bunkeranlæg lukket.

Ved vejen foran Hotel zum Türken finder man et lille vagthus. I nazitiden stod dette vagthus ved porten ind til den lukkede enklave Obersalzberg og Hitlers Berghof. Hele området blev overvåget af SS-soldater, der siden 1933 havde været udstationeret på hotellet. Det nuværende vagthus er dog noget nyere, da det tidligere var revet ned. Man genopførte, formodentligt, vagthuset for at give turister den korrekte autentiske *nazi-oplevelse*. Dette passer ind i den langvarige ureflekterede tilgang til historien på Obersalzberg. Fra 1950erne til 1990erne blev bjergets nazistiske fortid markedsført på fordøjelige måder. De nazistiske forbrydelser talte man ikke højt om.

### STENBRUDDET ZILL

Stenbruddet Zill ligger på grænsen mellem Tyskland og Østrig. under naziregimet arbejdede mere end 100 tvangsarbejdere, både vinter og sommer, med at bryde rosafarvet marmor til det nærliggende Obersalzberg og Hitlers bygninger. Mændene kom fra Tjekkiet og Italien. En af disse mænd var tjekken Zdeněk Hůlka, der fra 1942 og cirka 2 år frem arbejdede i stenbruddet. Arbejdet var hårdt og mændene arbejdede i 10-timers vagter under ekstreme arbejdsbetingelser. Ved et uheld kom Zdeněk Hůlka svært til skade med sine hænder.

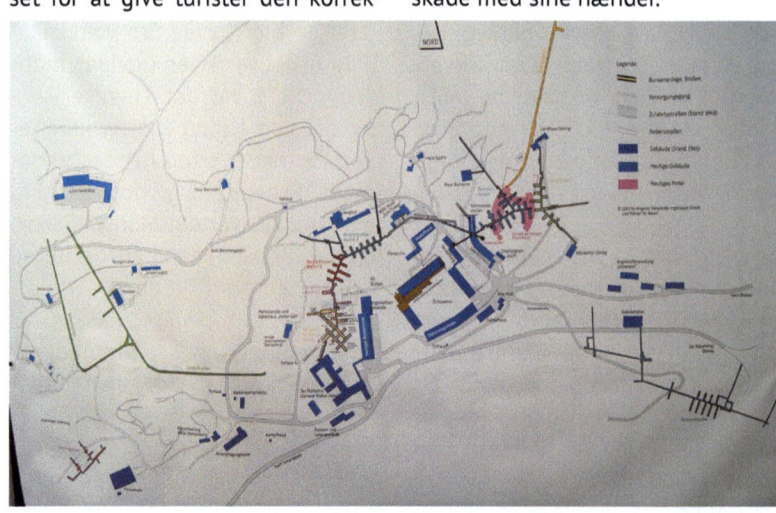

*Oversigt over bunkeranlæggene i Obersalzberg*

# DET HVIDE GULD

Når man siger Berchtesgadener Land, må man ikke glemme at sige salt, eller det hvide guld som det også bliver kaldt. Regionen og saltudvindingen hænger uløseligt sammen. Saltet har gennem århundreder bundet Berchtesgadener Land sammen, men hvem skulle tro, at Bayern og Østrig også har været forbundet på grund af saltet? Men det er ganske sandt for landegrænsen mellem Salzburg, Østrig og Berchtesgadener Land er beliggende ved landsbyen Bad Dürrnberg i nærheden af Hallein.

Salt var, og stadig er, et livsnødvendigt mineral for mennesket, der har brug for dette mineral for, at kroppen kan fungere optimalt. Salt var tilbage i historien endnu vigtigere end i dag, så menneskene lærte at udvinde salt på flere måder på grund af dets uundværlighed. Der var to metoder til at fremstille brugbart salt på, enten ved at lade havvandet fordampe i store fade, også kaldet Saliner, eller ved at koge havvandet i krukker, således at der blev dannet en blok af salt, som man fik ud ved at slå krukken i stykker. Andre steder, eksempelvis i Europa, kunne man bryde stensalt i miner eller skovle saltet direkte op fra jorden. I Middelhavsområdet var det eksempelvis almindeligt at indkoge havvand for at få salt. I de områder, hvor man ikke havde den naturlige fremkomst af salt i undergrunden, måtte man rejse for at købe det af andre.

Nogle af dem der var afhængig af at kunne købe salt var vikingerne. I starten var det salt de gæve vikinger drog på togt for at købe, først senere blev det helt andre ting de blev berygtet for. Man fandt hurtigt ud af, at salt kunne bruges til at salte kød eller fisk, så det kunne holde længere (der var jo engang, hvor køleskabet endnu ikke eksisterede). Egypterne benyttede salt til at mumificere deres døde. I Kina fandt man på at anvende salt i den daglige madlavning, nemlig i fremstillingen af soyasauce. Indtil engang i 1800-tallet anvendte man primært saltede produkter i madlavningen, herefter blev det mere normalt at have salt på spisebordet. Men saltet blev også anvendt på en anden måde, nemlig teraputisk, da man tidligt opdagede, at salt havde en terapeutisk virkning på en lang række sygdomme.

Tidligere var salt en kilde til rigdom og magt, men også et betalingsmiddel for andre varer og ydelser. Desuden kunne salt anvendes som en betalingskilde i de lande, hvor salt var en mangelvare. Derfor blev salt også kaldt for *det hvide guld*, da det ofte havde mere værdi end guld. Man benyttede også salt som ren valuta i international handel, ordene *salær* og det engelske *salary* stammer direkte herfra. I dag er saltproduktionen en vigtig industri i Berchtesgadener Land, der skaber mange arbejdspladser i regionen. Ordet salt møder vi i dag i mange sammenhænge. Selve ordet *salt* er stort set ens i hele verden, her i Europa findes følgende varianter for ordet: *Salt, Sel, Salz, Salere, Selle* og så videre. Men også andre ord har forbindelse med salt, eksempelvis stammer ordene *sauce* eller *sovs* fra det latinske ord *salsa,* som betyder *noget der er krydret med salt.* Andre fødevarer som *sylte* eller *syltetøj* kommer også fra ordet *salt.* Det gør ord som *salami* eller *salat* desuden også. *Salami* stammer fra en latinsk betegnelse, mens ordet *salat* er en direkte efterkommer af ordet *salt.* Hvad har salat med salt at gøre? Jo, forklaringen er simpel... Romerne saltede nemlig den salat, som de spiste til deres middagsmad. Særligt i det germanske sprog finder man ord som *hal, hall, sal, alz* og *salz.* Disse ord er udsprunget af de latinske betegnelser for *salt.* Byer som eksempelvis Hallstadt, Hallein og Salzburg finder man ordene *Hall* og *Salz,* ord der dækker over gamle betegnelser for, at netop disse byer havde et stort udbud af salt. Det passer jo fint med, at det netop var i disse områder man udvandt salt.

I dag, særligt i Tyskland, er det skik og brug at tage brød og salt med, når man besøger nogen som er flyttet. Hvorfor så det? Jo, for ifølge tysk tradition er netop salt og brød to ting der aldrig må mangle i et hjem. Hvis man er overtroisk, er det normalt, at man kaster nogle saltkorn over skulderen for at afværge ulykker. Dette gøres i håb om at ramme djævlen i øjnene med saltet for at forhindre ham i at lave flere ulyk-

ker. I middelalderens England kunne man se folks sociale status, blot ved at se, hvor han/hun var placeret ved et bord i forhold til saltet. Hvis en person var placeret tæt på saltkarret, hed det *above the salt,* betød det, at *han/hun var en vigtig person.* Hvis personen derimod sad langt væk fra saltet, hed det *below the salt,* så betød, at *personen var en ubetydelig/ikke-vigtig person.* Selv Biblen nævner salt, for et sted i Biblen siger Jesus til sine disciple, *at de skal være jordens salt,* hvilket betyder, *at de skal være ærlige, rene og forhindre verdens og menneskenes fordærv.*

## SALTETS BETYDNING FOR BERCHTESGADENER LAND

Det var kelterne, der opdagede saltforekomsterne i undergrunden ved Hallein. I 1190 begyndte man at udvinde salt i Berchtesgadener Land, særligt i området omkring Hohen Göll og det nuværende Marktschellenberg, men da Hohen Göll samtidig lå i nærheden af grænsen til Salzburg opstod der stridigheder mellem klostrene i Berchtesgaden og biskopperne i Salzburg. I 1211 blev den første Saline taget i drift, som blev benyttet indtil 1805. I det 16. århundrede oplevede regionen et opsving i forbindelse med, at der blev fundet store saltforekomster i undergrunden. Efter udvindingen nærmest havde stået stille i årevis, begyndte man atter at udvinde salt, det hvide guld, i 1517, i Berchtesgadens undergrund i nærheden af Salzberg, nordøst for byen. I 1555 blev der indgået en kontrakt der sikrede, garanterede om man vil, en fastpris på salt. Det betød, at Bayern købte saltet fra Berchtesgaden til en pris, der knapt dækkede produktionsomkostningerne. I 1564 blev der opført en Saline, saltsyderi, Frohnreuth, i nærheden af den nuværende banegård i Berchtesgaden. Men man producerede kun salt her i 20 uger om året. Det var ikke noget som Bayern kunne acceptere, men saltsyderiet benyttede argumentet, at man manglede træ til de store sydepander. Men det fik ikke stridighederne, der var en handelskrig mellem Bayern og Ærkebiskop Wolf Dietrich fra Salzburg, til at slutte.

## SALTETS VEJ FRA UNDERGRUND TIK ÆGGEMAD

Undergrunden i Berchtesgaden bestod af en blanding af ler, kalksten, anhydrit og dolomit, så var det ikke muligt at udvinde saltet direkte. Man var nødt til at anvende store mængder ferskvand for at udvinde saltet i undergrunden. Det højtkoncentrerede saltvand, også kaldet *Sole*, blev herefter ledt fra minegangene til underjordiske lagre, der også blev kaldt for *Laugkammern*, saltkamre. Efter 25-30 dage i de kunstige lagre havde saltlagen opnået et saltindhold på 26,5 procent. Saltindholdet i saltminen i Berchtesgaden var derimod på godt 50 procent. Saltvandet fra de underjordiske lagre blev saltvandet pumpet videre til saltsyderierne, de såkaldte Saliner, hvor man sydede saltet, det vil sige at koge vandet væk fra saltet. For hver kubikmeter sole fik man cirka 320

> **Sole / Saline**
> Sole = saltlage, koncentreret saltvand
> Saline = saltudvindingsanlæg/saltsyderi

kilogram salt. Til udvinding af et kilogram salt skulle der fjernes godt tre liter vand. I 1526 blev der produceret cirka 80 til 130 tons salt pr. sydepande, som nemt kunne være op til 17 meter i diameter og lavet af støbejern. Til brændsel brugte man træ. Hver Saline benyttede mellem 630 og 660 rummeter træ pr. uge eller godt 17.000 rummeter pr. år, eller 60.000 Klafter, det vil sige favne. Et favn er det samme som 3,38 m³. Sagt på en anden måde, så blev der årligt brugt en brændestabel der var 1 meter bred, 1 meter høj og 180 kilometer lang. Det store forbrug af træ udløste endnu en stridighed mellem saltminerne og skovejerne, ja faktisk var striden om træet tæt på at udløse en krig mellem Bayern og Salzburg. Stridighederne blev lagt i dvale, da man valgte at indgå en statslig kontrakt om rettighederne, *Salinenkonventionen, saltkonventionen. Læs mere om saltkonventionen på side 63.*

Men for at få saltvandet fra minen til saltsyderiernes pander måtte man bygge særlige rørledninger, da det var længe før lastbilerne var opfundet. Den første rørledning blev bygget mellem Gollenbach og Salinen i Schellenberg, det nuværende Marktschellenberg, rørledningen var 8 kilometer lang. I 1617-1619 blev

61

en endnu længere rørledning bygget mellem Reichenhall via Weißbach, Inzell og Siegsdorf til Traunstein. En strækning på 31 kilometer. Dertil blev der brugt 8.400 trærør, såkaldte *Deicheln*, der hver havde en længe på fire meter, træet der blev benyttet var grantræ. Dertil blev der opført syv brøndhuse, der skulle sørge for at pumpe saltvandet over de højdeforskelle der var i landskabet. Rørledningen mellem Reichenhall og Traunstein var i drift indtil 1912.

## GEORG FRIEDRICH VON REICHENBACHS VIDUNDER

I 1810, da Berchtesgadener Land blev en del af delstaten Bayern, bad den bayerske konge, kong Max den Første, ingeniør Georg Friedrich von Reichenbach om at bygge endnu en rørledning, der kunne klare transporten af saltvandet fra mine til Saline. Den nye rørledning gik fra Berchtesgaden til Rosenheim, den var 81 kilometer lang og bestod af trærør og trykrør i støbejern. Salinen i Rosenheim var i drift mellem 1810 og 1958. Den tredje og sidste rørledning blev opført mellem 1816 og 1817 gik fra Berchtesgaden via Ramsau til Reichenhall. Dette skete efter, at saltminen i Berchtesgaden langt om længe havde fået forhandlet en brugbar kontrakt med Bayern om salg/køb af salt. Selvom den korteste strækning var via Bischofswiesen og Hallthurm, kunne man ikke bygge den nye rørledning den vej. Dette skyldes, at dette område hørte under biskoppen i Salzburg, som man på dette tidspunkt lå i

åben strid med. Derfor blev rørledningen lagt via Ilsank og Schwarzbachwacht. Det gav ingeniørerne og teknikerne store udfordringer, men chefingeniør von Reichenbach satte sig til tegnebrættet og konstruerede en egnet pumpe og opfandt løsninger, der kunne klare opgaven med at pumpe saltvandet fra Ilsank til Söldenköpfl, en højdeforskel på 358 meter. Von Reichenbachs pumpe, en såkaldt *vandsøjlemaskine Type III* blev kaldt for *vidunderet fra Ilsank*. Pumpen var i drift fra 1817 til 1927 uden væsentlige driftsforstyrrelser. I 1927 blev von Reichenbachs pumpe taget ud af drift og erstattet af en mere tidsvarende pumpe, og rørledningen var i drift indtil 1960. I dag er von Reichenbachs berømte pumpe udstillet på Salzbergwerk i Berchtesgaden. Efter Salinerne, saltsyderierne, i Schellenberg (1805), Traunstein (1912), Frohenreuth (1928) og Rosenheim (1958) blev taget ud af drift, var der kun Salinen i Bad Reichenhall tilbage. Derfor valgte man at bygge en ny og mere moderne rørledning direkte fra Berchtesgaden til Bad Reichenhall via Hallthurm. Denne rørledning er stadig i drift, her løber der cirka 60.000 liter saltvand gennem rørledningen, i timen, hvilket svarer til 530 millioner liter saltvand om året fra saltminen, Salzbergwerk, i Berchtesgaden til Neue Saline i Bad Reichenhall, der eftersigende skulle være den mest moderne saltfabrik i Europa, hvor man producerer det, som svarer til godt 50 fuldt lastede lastbiler hver dag,

## SALTKONVENTIONEN MELLEM BAYERN OG ØSTRIG

Saltkonventionen fra 1829 er den ældste og stadig gældende statslige kontrakt i hele Europa. Grundlaget for kontrakten mellem Bayern og Østrig skyldes de store saltforekomster i Bad Dürrnberg ved Hallein, som er beliggende på grænsen mellem Berchtesgadener Land og Salzburg. Saltminerne og Salinerne i Berchtesgadener Land havde behov for store mængder træ, når der skulle sydes salt. De store mængder træ var noget som østrigerne kunne levere. Samtidig var det tæt på at være slut med at udvinde salt i minerne i Bad Dürrnberg, da man var ved nå ind i den bayerske del af minen. Derfor var det nødvendigt med en aftale mellem de to stater, således at man kunne undgå en eskalering af en århundrede gammel strid mellem ejerne af de bayerske saltminer og de østrigske skovejere. Aftalen gik ud på at Berchtesgadener Land fik leveret træ fra Pinzgau i Østrig og østrigerne fik tilladelse til at grave ind i den bayerske del af saltminen i Bad Dürrnberg. Aftalen betød, at man endeligt kunne begrave stridsøksen forevigt.

## DET TERAPEUTISKE SALT

Som nævnt tidligere har saltet en terapeutisk virkning på en lang række sygdomme, primært luftvejssygdomme. Tidligere blev det koncentrerede saltvand fra saltkilderne under Bad Reichenhall sendt direkte til forarbejdning i Alte Saline. I dag er Alte Saline ikke længere et aktivt saltsyderi, men et museum. Det saltvand, med et saltindhold på 26,5 procent, som man i dag henter op fra kilderne sendes direkte til byens kurbade og til Gradierhaus. I mange år har Bad Reichenhalls kurbade til-

*Gradierhaus, Bad Reichenhall*

trukket mange prominente gæster, heriblandt var Wolfgang Amadeus Mozart og kong Maximilian den Anden, der alle nød godt af virkningen fra det forstøvede vand i Gradierhaus. I dag kommer der stadig mange berømtheder fra politik og showbiz til Bad Reichenhall for at nyde en timeout fra deres travle hverdag. Det terapeutiske saltvand stammer fra kilder dybt i de bayerske alper, kilder der er mere end 250 millioner år gamle.

Vandet fra dybderne samles i naturlige hulrum under Bad Reichenhall uden indvirkning fra menneskets hånd. Saltvandet eller AlpenSole, som det også kaldes er rigt på sunde mineraler helt uden kemikalier. Der er forsket i AlpenSoles sunde virkning for krop og sjæl, både til at bade i, inhalering, drikke samt til skylning af hals og næse. Særligt inhalering af det forstøvede saltvand har positive indvirkninger for luftvejssygdomme, allergier, bronkitis, astma, KOL samt forkølelser. Men AlpenSole har også positive påvirk-

*Alte Saline, Bad Reichenhall*

ninger på sygdomme og smerter i bevægelsesapparatet samt hudsygdomme. Med fare for at blive upopulær blandt de der mener, at salt ikke er godt for kroppen og at man helst skal undgå det, så har kroppen behov for salt for at fungere rigtigt, men alt med måde.

## SALT- OG SOLERØRLEDNINGS VANDREVEJE

Man kan næsten ikke bevæge sig rundt i Berchtesgadener Land uden at gå i saltets historiske spor. Lige fra den kongelige kurpark i Bad Reichenhall til de historiske minegange i det historiske industrianlæg Alte Saline og den aktive saltmine i Berchtesgaden og ikke mindst langs de historiske rørledninger af træ, der gennem mange år transporterede det højtkoncentrerede saltvand fra saltmine til Saline. I dag finder man flere vandreruter langs de historiske steder. I Bad Reichenhall og Bayerisch Gmain er det Kleiner Salinen Rundweg, Rundt om Antoniberg. Historisk byvandring gennem Bad Reichenhall samt Wald-Idyll-Pfad am Maisweg. I Berchtesgaden er det Stollenweg, historisk byvandring gennem Berchtesgaden samt Solerørledningsvejen mellem saltmine og Haus der Berge. I Ramsau er det Höhen-Soleleitungsweg. I Schneizlreuth finder man ruterne Weißbacher Salinen-Rundweg I og II. I Laufen drejer det sig om historisk byvandring gennem Laufen og Oberndorf. *Mere information omkring vandreruterne findes i kapitlet om vandreruter fra side 235.*

I Bayern er størstedelen katolikker, men der findes også en mindre gruppe protestanter, ikke-troende eller folk med andre trosretninger. Store dele af befolkningen i Berchtesgadener Land er stærkt troende, hovedsageligt katolikker. I dag er godt 80 procent i Berchtesgadener Land troende, en procentsats der kun var på hundrede procent omkring 1803. Men om man er katolik eller protestant kan man ikke sige Bayern/Berchtesgadener Land uden også at nævne deres kirker og deres tro. For religion er en elementær del af deres liv, både til hverdag og fest. Mange af deres traditioner og fester er koordineret med kirkekalenderen. På grund af deres stærke tro kan man derfor finde mange klostre, kirker, små kapeller samt kors ved vejene. Derudover har regionen flere kendte pilgrimsruter, såsom Jakobs- og Sankt Rupert Pilgrimsveje. Ikke nok med, at de er troende, er traditioner en stor del af deres hverdag.

## DEN EVANGELISKE - LUTHERANSKE KIRKE

Omkring år 1808/1809 blev der på ordre fra den bayerske konge, Maximilian den Første Joseph, grundlagt en evangelisk-luthersk kirke i Bayern. I Berchtesgadener Land betød det, at flere protestantiske kirker blev opført, men på trods af det, var der indtil 1899, et rum, kaldet *Dormitorium*, på det kongelige slot i Berchtesgaden, som blev benyttet som protestantisk bede- og kirkerum. I 1951 blev Insula-Kirche i Strub indviet, som i dag er en del af de nærliggende pensionist- og ældreboliger. Kirken *Zum Guten Hirten* blev indviet den 27. juli 1958 og er i dag en del af den evangeliske-lutheranske menighed i Berchtesgaden. Hubertuskapellet blev oprindelig indviet som et romersk-katolsk gudshus i 1761 og 1797, men kapellet blev i 1860 solgt til en privat ejer, der benyttede kirkebygningen til andre formål. Hubertuskapellet har siden 1957 atter været benyttet som kirke, til den evangeliske-lutheranske menighed i Berchtesgaden. Menigheden fik i 2010 mulighed for at købe bygningen, hvorefter de gennemrenoverede den. Desuden findes der evangeliske-lutheranske kirkebygninger i Bischofswiesen, Ramsau, Schönau am Königssee samt i Bad Reichenhall.

## CHRISTUSKIRCHE

*Ludwig-Ganghofer-Straße 28*
*83471 Berchtesgaden*
*www.berchtesgaden-evangelisch.de*

I dag har den evangeliske-lutheranske menighed i Berchtesgaden til huse i *Christuskirche. Christuskirche, Kristuskirken*, der er beliggende for enden af Ludwig-Ganghofer-Straße, blev opført mellem 1897 og 1899 af August Thiersch fra München. Det er den første og hidtil eneste evangeliske-lutheranske kirke i Berchtesgaden. Kirken blev opført med marmor fra Kälberstein stenbruddet. Pengene til kirkebyggeriet kom fra indsamlinger blandt kirkens menighed. Et vindue i alterrummet fortæller historien om Jesus Kristus' fødsel, død og genopståelse. Julevinduet til venstre viser Maria med kristusbarnet i stalden. Over begge vinduer finder man himlen med ledestjernen og på den mørke nat blå himmel svæver Guds Ånd. I 1923 blev der opført en mindetavle over faldne fra Første Verdenskrig, senere er der opført to mindeplader over de faldne fra Anden Verdenskrig. I 1969 blev det gamle orgel udskiftet med et nyt orgel fra firmaet Walcker i Ludwigsburg.

## EVANGELISCHE STADTKIRCHE
*Kurstraße 1 • 83435 Bad Reichenhall*
*www.bad-reichenhall-evangelisch.de*

Den evangeliske kirke i Bad Reichenhall blev opført i 1881 efter planer af Ludwig Hoffstadt i ny gotisk stil. Kirken i Bad Reichenhall var efter den evangeliske kirke i Großkarolinenfeld ved Rosenheim, blot den anden protestantiske kirke i det sydøstlige Bayern. Man kan måske undre sig lidt over, hvorfor der blev opført en så stor evangelisk-protestantisk kirke midt i Bad Reichenhall, når der på dette tidspunkt blot boede 30 protestanter i hele Bad Reichenhall. Nå ja, og en masse evangeliske kurgæster. Derfor blev der i kursæsonen ofte afholdt gudstjenester i bedesalen, der var beliggende i det, vi i dag kender, som Alte Saline. Den lille menighed og kurgæsterne samlede penge ind i hele Tyskland således, at der kunne blive råd til egen præst samt opførelsen af en kirke i nærheden af byens kuranstalt. I 1877 havde de samlet nok penge sammen til, at man kunne ligge grundstenen. Kirken stod færdig i 1881 og blev indviet med lokale og gæster udefra. I dag kommer der stadig gæster for at se kirken, finde ro eller deltage i gudstjenester eller musikarrangementer. Siden opførelsen i 1800 tallet har kirken gennemgået mange forandringer, kun kirkerummet og træbænkene stammer fra 1881. Til kirken hører også en pavillon, hvor menigheden og gæster kan finde et sted til at mødes. Den ottekantede pavillon med billederne *Schöpfung und Wüste*, på dansk: *Skabelsen og Ørkenen*, indbyder netop til dette, på solrige dage kan man sidde på den lille plads mellem pavillonen og sakristiet og nyde vandet risle i åkandebrønden.

*Franziskanerkirche, Berchtesgaden*

## ROMERSKE-KATOLSKE KIRKER

Blandt de katolske kirker i Berchtesgadener Land finder man flere romersk-katolske kirker, herunder Sankt Andreas, Heilige Familie (Au), Sankt Nikolaus i Marktschellenberg, klosterkirken Sankt Peter og Johannes Døberen (Stiftskirke Sankt Peter und Johannes der Täufer), klostre, kapeller samt valfartskirker.

## FRANZISKANERKIRCHE

*Franziskanerplatz 5*
*83471 Berchtesgaden*
*www.franziskaner-berchtesgaden.de*

Kloster og kirke blev opført omkring år 1394 som nonnekloster til søsterordenen Augustiner, oprindelig under navnet *Unsere lieben Frau am Anger*. Omkring år 1550 var det slut med nonneklostret. Efter nonnerne havde forladt klostret blev det i 1695, på opfordring fra kurfyrsten i Köln og stiftsprovst i Berchtesgaden, Joseph Clemens, lavet om til et munkekloster til brødre af Franciskanerordenen. I 1835 blev klostret, på opfordring fra Kong Ludwig den Første, bedt om at tage sig af de fattige i Berchtesgaden. Efter afslutningen på Første Verdenskrig og afslutningen på det bayerske monarki blev der dannet en forening *Freunde der Franziskaner*, der stod for at beholde klostret. Under den økonomiske krise, 1930-1934, hvor mange mistede deres arbejde, hjalp munkene på klostret med at uddele såkaldt *Klostersuppe* til de mange arbejdsløse borgere i Berchtesgaden. Den 9. april 1941 tvang nazisterne munkene til at forlade deres munkeceller, kun præsten fik lov til at beholde få rum i præsteboligen. Først efter krigens afslutning fik munkene lov til at vende tilbage til klostret. I 1985 måtte klostret lukke efter 290 år på grund af manglen på mænd, der ønskede at være munke. I 1986 begyndte man at lede efter Franciskanermunke rundt i Europa, dem fandt man i Polen, derfor kunne man i maj 1987 atter åbne klostret og tilbyde sjælesorg. Noget af klostret blev omdannet til Nationalparkhus med blandet udstillinger. Nationalparken blev i klostret indtil 2013, hvor man flyttede til Haus der Berge i udkanten af byen. I 2015 flyttede organisationen Caritas ind i klostret. Munke, jo, det er der stadig, hele fire styks, som tager sig af klostret og kirken. Den toskibede kirke med tilhørende kapel har sengotiske hvælvinger med kalkmalerier fra den tidlige renæssance. Kirkens indre er gennem tiden blevet ændret i forhold til tiden, det nuværende inventar er nygotisk.

## KALVARIENBERG KAPELLET

*Soleleitungssteg*
*83471 Berchtesgaden*

Højt hævet over Berchtsgaden finder man Kalvarienberg kapellet. Kapellet blev opført af fyrsteprovst Michael Balthasar von Christalnigg i 1760. Det gjorde han på trods af, at provstiet havde en stor gæld. Kapellet består af fire kapeller, hvor man finder de fire strofer fra den smertelige rosenkrans. De fire strofer lyder noget i retningen af *Jesus, som svedte blod for os. Jesus, der blev skræmt for os. Jesus, som blev kronet med torne for os. Jesus, der bar det tunge kors for os.* En femte strofe viser Jesus på korset, som her er det store korsfæstelseskapel.

### KIRCHLEITNKAPELLE
*Am Lockstein 1*
*83471 Berchtesgaden*

På Ponnzenzenbichl finder man kapellet Kirchleitnkapel, som er målet for meditationsvejen med de otte lovprisninger. Kapellet er desuden et stop på kirkevandringsruten *Berchtesgadener Emmaus-Weg*. Kapellet *Kapelle der Seligpreisungen* kaldes også for *Kirchleitnkapelle*, da kapellet befinder sig på *Leitn*, en skråning, over præstegården Sankt Andreas, hvorfra man har et blik over Berchtesgadens fire kirker, over Berchtesgaden og Watzmann, det sagnomspundne bjerg. Kapellet er i dag et af Berchtesgadens vartegn.

### PFARRKIRCHE ZUR HEILIGEN FAMILIE
Sognekirken i bydelen Au ved Berchtesgaden blev bygget færdig i 1908 efter et tilskud af penge fra Franz Rank. Siden 1992 har kirken været en del af sognet under Franziskanerkirche. Pengedonationer fra de lokale borgere har ført til opførelsen af yderligere kirkebygninger, herunder Maria am Berg, som blev opført i bydelen Metzenleiten i 1929-1932, samt Kapelle der Seligpreisungen, der også kaldes Kirchleitnkapelle, der i 2007-2009 fik ni bronzeskulpturer.

### SANKT ANDREAS
*Rathausplatz 6*
*83471 Berchtesgaden*
*www.stiftsland.de*

Kirken Sankt Andreas blev opført af Berchtesgadens indbyggere i 1397. Den romanske-barokke kirkesal er domineret af et stort alter. Dens nuværende udseende fik kirken i

*Kalvarienberg, Berchtesgaden*

*Stiftskirche Berchtesgaden*

forbindelse med en ombygning i år 1480 samt i årene 1698-1700. Højaltret, der stammer fra år 1703-1705, er fremstillet af lokale kunstnere. De to sidealtre stammer fra første halvdel af det 17. århundrede, helt til venstre finder man Marie-altret og til højre finder man Anna Selbdritt. Indtil 1803 var Sankt Andreas en del af klosteret i Berchtesgaden, men efter opløsningen af klostret, blev det en selvstændig katolsk kirke.

### STIFTSKIRCHE SANKT PETRUS UND JOHANNES DER TÄUFER
*Schloßplatz • 83471 Berchtesgaden*
*www.stiftskirche-berchtesgaden.de*

Stiftskirche Sankt Petrus (Sankt Peter) und Johannes der Täufer (Johannes Døberen), eller blot Stiftskirche Berchtesgaden, blev opført omkring år 1122 af munke der kom fra Rottenburg og blev indviet af Ærkebiskop Konrad af Salzburg. Klostret var fra 1380 til 1559 beboet af munke fra Augustinerordnen. I midten af det 13. århundrede fik klosterkirken en korsgang, en forhal samt de to tårne. I slutningen af det 13. århundrede skete der ombygninger i kirken, og under ledelse af provst Johann Sax von Saxenau blev der tilføjet et nyt kor i tidlig gotisk stil. Siden år 2015 har kirken haft udstillet den salige fader Kaspar Stanggassingers relikvie på Augustinusaltret. Skrinets guld skinner gennem dørene, der er udformet som en tekst i livets historie. Kirkens senromanske korsgang øst for kirken er beliggende overfor kirken, og korsgangen er

en af de smukkeste i hele Tyskland. Stiftskirken var indtil opløsningen af klostret i 1803 en del af klostret, og er i dag en del af den katolske kirke Sankt Andreas. Fra den oprindelige romanske klosterkirke eksisterer der i dag kun fundament, kor og et langhus. Blandt kirkens seværdigheder er Madonna-figuren samt provstegravstederne.

### SANKT SEBASTIAN
*Im Tal 82 • 83486 Ramsau*
*www.kirche-ramsau.de*

Kirken Sankt Sebastian finder man i Ramsau, den betegnes som en af de mest kendte kirker i hele Bayern, da den gennem tiden har været et yndet motiv for kunstmalere, der forevigede kirken på deres lærreder. I dag er det fotografer, professionelle såvel som turister, der knipser løs af kirken. Kirken er i dag Ramsaus vartegn. Kirken blev opført i 1512

*Sankt Sebastian, Ramsau*

under fyrsteprovst Gregor Rainer til ære for de hellige Sankt Sebastian og Fabian. Kirken blev udbygget til den nuværende størrelse i 1610-1611. I 150 år var det en præst fra Berchtesgaden, der afholdte alle kirkelige handlinger i kirken, men i 1657 fik kirken sin første faste sognepræst og i 1659 blev der opført en sognegård. Kirken er mest kendt for de smukke træfigurer af Jesus Kristus og de 12 apostle fra det 15. århundrede. I starten var der kun elleve apostle, den sidste og tolvte stammer fra det 17. århundrede. Kirkegården, Bergfriedhof, rummer mange tragiske historier om folk der er faldet i døden på ture i bjergene. Kirken og den nærliggende kro, Gasthof Oberwirt, er begge beliggende langs den gamle salthandelsvej mellem Schellenberg og Lofer. Gasthof Oberwirt har en over 500 år lang historie bag sig, og da kirken blev opført benyttede mange handelsrejsende og pilgrimme kroen til at overnatte, spise og drikke.

## KLOSTER HÖGLWÖRTH
*Klosterweg • 83454 Anger*

Klosterkirken Höglwörth med det tilhørende tidligere kloster, er beliggende på en halvø i Höglwörther See. Både kloster og kirke er i dag blandt de smukkeste i det østlige Oberbayern. Det var Augustinermunke, der i det 11. århundrede var på udkig efter et smukt sted at opføre et kloster, stedet fandt de i Anger. Dermed blev Klosterkirken Höglwörth, der også hedder Sankt

Peter & Paul, grundlagt og opført i 1125 under Ærkebiskop Konrad den Første von Salzburgs regeringstid. Kirken har en smuk stuk, der stammer fra omkring 1765, som er udført af Benedikt Zöpf. Loftsmalerierne er malet af Franz Nikolaus Streicher, der også har malet loftsmalerierne i kirken Sankt Peter i Salzburg. Altertavlen stammer fra omkring år 1600, og viser Jesus' forvandling, altertavlen er malet af Mester Francesco Vanni fra Sienna.

Klostret og tilhørende kirke tilhørte, indtil 8. juli 1817, Augustinermunkeordenen, der gennem 600 år og 41 provster blev opløst af kongen af Bayern på opfordring af klostrets sidste provst. Salget af det nu tidligere kloster blev først afsluttet i 1824. Klosterkirken blev en del af Anger Sogn og skoven omkring klostret blev overdraget til staten Bayern, der kunne bruge træerne til i saltsyderiet i Bad Reichenhall. Bryggerfamilien Wieninger købte klostrets bryggeri i 1821, familien ejer stadig klosterbryggeriet. Stiftskirken fra 1689 hører i dag under sognekirken i Anger. En af de smukkeste og største hellige grave i Bayern finder man i klosterkirken Höglwörth. Her er der tradition for at genopbygge den hellige grav hvert tredje år. Det sker i dagene op til påske, næste gang er i april 2026. Den hellige grav tiltrækker over titusinder besøgende til kirken hver gang. Den nuværende form af den hellige grav kan dateres tilbage til 1836. Graven er fem meter bred, seks meter lang og otte meter høj. Der lyser 81 glaskugler, efter en nøje planlagt plan, i graven. Alle glaskuglerne er fyldt med farvet vand. Den største kugle indeholder intet mindre end 62 liter vand, og med hjælp fra bagvedstående olielamper spreder der sig et sparsommeligt mystisk lys ud i kirkerummet. Alle informationer om den hellige grav i klosterkirke Höglwörth fås hos turistinformationen i Anger.

## STIFTSKIRCHE LAUFEN
*Spannbruckerplatz 4-6 • 83410 Laufen*

Klosterkirken i Laufen, Maria Himmelfahrt, er det mest betydningsfulde kirkebyggeri i Sydtyskland samt den ældste gotiske kirke i Bayern. Den nuværende kirke blev opført i 1330, men indeholder stadig et tårn fra den oprindelige kirke. Omkring år 1600 blev der oprettet et såkaldt Kollegiatstift, det vil sige et kloster, der ikke tilhørte nogen bestemt munkeorden, og kirkens udseende blev fuldstændigt ændret. Det oprindelige højalter fra 1655 blev taget ned omkring år 1800 og et nyt alter i tidlig klassicistisk stil blev opført i stedet. I kælderen under klostret finder man hvælvinger med gamle søjler, der stammer fra den tidligere kirkebygning, der blev opført omkring år 1150. Til kirken hører også en kirkeskat, *Laufener Stiftsschatz*, som er en omfangsrig seværdig samling af kunstgenstande, samt krybbespillet, *Laufener Barockkrippe*, som kan opleves fra juleaften til kyndelmisse, den 2. februar.

## MICHAELSKAPELLE
I den sydvestlige del af Stiftskirche i Laufen finder man Sankt Michaelkapelle. Kapellet og stiftskirken er forbundet med en korsgang. På den tidligere kirkegård, der blev benyttet indtil 1828, finder man ved siden af det runde kapel også de sengotiske dødelanterner.

## KORSGANG
Korsgangen omslutter stiftskirken mod nord, vest og syd og har en forbindelse med Sankt Michaelskapelle. De barokke loftsmalerier viser via gamle håndværksskilte til begravelsesstederne for bagere og møllere. Det var nemlig sådan, at både borgerlige og adelige familier, i det tidlige 16. århundrede, kunne blive begravet på dette sted. Derfor findes der i dag omkring 200 marmorgravmindesmærker, der alle stammer fra det 14. århundrede til det tidlige 19. århundrede. Dette gør, at Laufen i dag findes på listen, sammen med byer som Passau og Salzburg, over steder med disse betydningsfulde gravmindesmærker.

## PFARRKIRCHE SANKT NIKOLAUS
*Nikolaiweg 3 • 83435 Bad Reichenhall*
*www.kath-stadtkirche-badreichenhall.de*

I Bad Reichenhall finder man sognekirken Pfarrkirche Sankt Nikolaus. Kirken blev opført mellem 1181 og 1190 som et treskibet basilika, efter forbillede af Sankt Lorenzo i Verona. Kirken er blevet delvist ødelagt af brande flere gange, men hver gang er kirken blevet genopført. Freskerne over altret stammer fra omkring år 1862, de er malet af maler Moritz von Schwind, og viser Trinitatis samt skytshelgene Sankt Georg, Sankt Nikolaus, Sankt Korbinian og Sankt Pankraz. Da kirken er opført i nærheden af floden Saalach blev Sankt Nikolaus valgt som kirkens skytshelgen, som skulle beskytte kirken mod højvande samt beskytte byens helbredende saltkilder. Sankt Nikolaus er skytshelgen for sømænd og sejlere.

## MÜNSTER SANKT ZENO

*Hubertusstraße 1*
*83435 Bad Reichenhall*
*www.kath-stadtkirche-*
*badreichenhall.de*

Domkirken og kloster Sankt Zeno, der også kaldes for Münster Sankt Zeno, er beliggende i Bad Reichenhall, stammer fra det 12. århundrede. Det tog mellem 80 og 100 år at opføre både kirke og kloster. Kirken er 90 meter lang, 30 meter bred og 16 meter høj. Ved kirkens vestlige indgangsparti finder man den Hellige Zeno og Rupert. Det nu tidligere Augustinermunkekloster blev grundlagt i 1136 og indeholder en lang række kunstskatte, blandt andet det kendte vægrelief af Kejser Barbarossa, der var en af stiftets protektorer. Domkirken Sankt Zeno er et af de største kirkebyggerier i hele Oberbayern. I en del af det nu tidligere kloster finder man en realskole, kun for piger, der ledes af Ærkebiskoppen for München og Freising. Andre dele af det tidligere kloster benyttes af mellemskolen Sankt-Zeno-Schule samt af et specialpædagogisk uddannelsescenter samt Steigenbergers hotel- og restaurantskole.

## BRUNNHAUSKAPELLE

*Alte Saline 9 • 83435 Bad Reichenhall*
*www.alte-saline.de*

I det historiske industrianlæg, Alte Saline, i Bad Reichenhall, finder man i hovedbrøndhuset Brunnhauskapelle, brøndhuskapellet, eller Salinenkapelle, som det også hedder. Kapellet er beliggende på første sal og er indviet til den Hellige Rupert af Salzburg, der er tæt forbundet med saltindustrien i Bad Reichenhall og er samtidig skytshelgen for Reichenhall. Kapellets indre er indrettet i romansk-byzantinsk stil og udsmykket af Joseph Anton Schwarzmann. I kapellets apsis finder man tre glasvinduer med Kristus, den hellige Rupert (det er ham med saltfadet) samt den hellige Virgil (ham med modellen af domkirken i Salzburg).

## ANTONIKAPELLE

Antonikapelle er beliggende på Antoniberg ved Antonibergtunnel i Bad Reichenhall, nærmere præcis på vejen mod Thumsee, ved den nuværende statsvej 2101. Kapellet er beliggende i 650 meters højde og for at komme til kapellet og det nærliggende informationscenter skal man først forcere 162 trappetrin. På informationscentret kan kan informere sig om saltrørledninger, salt-udvinding og mængden af træ, der blev benyttet som brændsel i salt-syderiet. Der, hvor man i dag finder kapellet, var der tidligere et såkaldt vejkapel af træ. Vejkapellet blev al-lerede omkring år 1800 vist på vej-kort med navnet Antonikapelle. Om-kring år 1827 blev det nuværende kapel opført for at ære brøndvogter Maximilian Strobel og hans hustru. Kapellet blev tilegnet den hellige Antonius. Kapellet blev renoveret i 1957 og i år 2000 blev der lagt nyt tag på. I starten af 1960erne blev den oprindelige statue af den Helli-ge Antonius med Jesusbarnet stjålet og blev erstattet af en gipsudgave. Den oprindelige statue blev sene-re fundet og i dag hjemhørende på Hjemstavnsmuseet i Bad Reichen-hall.

## Sankt Ägidiuskirche

*Poststraße 18*
*83435 Bad Reichenhall*

Sankt Ägidiuskirche i Bad Reichen-hall er opført for at minde og ære eneboeren og nødhjælperen, den hellige Sankt Ägidius. Kirken blev opført omkring år 1159 i romansk stil, men blev i det 15. århundrede ombygget i gotisk stil. Efter den sto-re bybrand i 1834 fandt man kirkens indre totalt udbrændt, selvom byens brandvagt fra sit vagttårn havde alarmeret brandværnet om brand i kirken. I forbindelse med nedriv-ningen af en nabobygning, i 1978, opdagede man, at kirkens ydremure var blevet ødelagt under den store bybrand i 1834. Kirketårnet mistede, ved nedrivningen af nabobygningen, sin støtte, og truede med at styrte

*Sankt Ägidiuskirche - mindetavle for bombardementet 25. april 1945*

> **Valentin**
> Valentin betyder raske og sunde på latin, desuden er Valentin skytshelgen for kærestefolk og epileptikere.

sammen. Derfor valgte man at rive kirketårnet ned og genopføre det på ny. I 1980 stod det genopført med sine gamle sten. Udenfor kirken finder man i dag et stort vægmaleri, der er malet til minde om de 224 der blev dræbt under de allieredes luftangreb over Bad Reichenhall den 25. april 1945, blot få dage før Anden Verdenskrigs afslutning.

## SPITALKIRCHE SANKT JOHANNES DER TÄUFER
*Poststraße 35*
*83435 Bad Reichenhall*

Sankt Johannes der Täufer, Johannes Døberen, eller blot Johanneskirche, er den ældste kirke i Bad Reichenhall. Det menes, at den blev indviet omkring år 788 under navnet Sankt Johannes der Täufer, også bedre kendt som Spitalkirche. I dag er kirkens romanske mure bevaret, det samme er kirkens gotiske orgel. I anden halvdel af det 18. århundrede blev kirkens indre renoveret til barokstil. Kirken er beliggende ved den tidligere bymur, på det der engang var byens grænse. Dette fandt man ud af år tilbage, i forbindelse med, at man fandt rester af den tidligere bymur bag kirkens apsis i Salzburger Tor. Som nævnt kaldes kirken også for Spitalkirche, dette skyldes, at der fra 1481 til 1981 lå et hospital i forlængelse med kirken i retning mod

vest. *Spital* er det tyske ord for *hospital*. Oprindelig var hospitalet opført til at give husly til syge og gamle medarbejdere fra byens saltmine.

## SANKT VALENTIN
*Schloßberg 11*
*83435 Bad Reichenhall*

I Marzoll, der er en del af Bad Reichenhall, finder man kirken Sankt Valentin. Kirken blev indviet i år 789, i første omgang blev kirken tilegnet den hellige Laurentius. Men i 1142 valgte biskop Hartmann von Brixen, at kirken skulle opkaldes til ære for den hellige Sankt Valentin, som stadig er kirkens skytshelgen. Sankt Valentin hed oprindeligt Valentin von Terni, som var biskop i den italienske by Terni. Biskop Valentin nåede, inden han blev henrettet, at helbrede flere syge i Rom samt overtale flere romere om, at kristendommen var det eneste rigtige. Men da den kristelige tro var forbudt i det romerske rige, blev Valentin taget til fange i år 268 og døde som martyr.

Der findes også en anden Valentin, den hellige Valentin, han var præst i Rom under kejser Claudius den Andens regeringstid. Ifølge legenderne havde kejser Claudius problemer med at rekruttere soldater til sin hær og forbød derfor alle forlovelser og ægteskaber i Rom. Men præsten Valentin gik mod kejseren og viede de par som ønskede det, i al hemmelighed. Naturligvis blev det opdaget og kejser Claudius fik Valentin arresteret, straffen var at blive slået ihjel med køller og efterfølgende få hovedet hugget af. Mens Valentin sad i sit fangehul og ventede på sin straf, nåede han at blive gode venner med fangevogterens datter, og inden han blev halshugget, nåede han at skrive et brev til hende, et brev som blev underskrevet *din Valentin*. Dog er man ikke helt klar over om biskoppen og martyren Valentin samt præsten Valentin er to personer eller om der er tale om den samme person, da der findes adskillige overleveringer af historien. Dødsdommen blev udført den 14. februar 269, en dag som senere er blevet til Valentinsdag, en dag hvor det, for mange, er blevet en tradition at give sin kære blomster. Mange ser det som noget amerikansk, men faktisk kan man spore traditionen med at give sin kære blomster den 14. februar helt tilbage til antikken, hvor man gav gudinden Juno, der var gudinde for ægteskabet og familien, blomster for at ære hende. Kirken Sankt Valentin i Marzoll er beliggende ved siden af Schloß Marzoll midt i Marzoll.

## Sankt Pankraz

*Schmalschlägerstraße 20*
*83435 Bad Reichenhall*

I Bad Reichenhaller bydelen Karlstein, nærmere præcis på en klippe højt over byen, finder man kirken Sankt Pankraz. I dag benyttes kirken kun sjældent til gudstjenester. Men på grund af den smukke udsigt samt beliggenheden ved flere vandrestier mellem Bad Reichen-

**INSIDERTIP**

*Fra kirken Sankt Pankraz er der kun få minutters vandring til borgruinen Karlstein.*

hall og Thumsee, er kirken et yndet sted at besøge for mange. For at besøge kirken skal man først betræde 300 trappetrin, da kirken er beliggende på en klippe godt 145 meter over Bad Reichenhall. Indtil for 15 år siden var der 365 trappetrin, et trin for hver dag i året, men så forbedrede man adgangen til kirken, og antallet af trin blev reduceret til de 300 trin, som man i dag skal forcere. Kirken blev opført i det 17. århundrede, i 1980erne blev den gennemrenoveret. Men det var ikke nemt at få byggematerialerne op til kirken, hverken i det 17. århundrede eller i 1980erne, da alle materialer skulle bæres op til kirken. Kirken er lukket om vinteren, dog lige med undtagelse i forbindelse med advent og til julemessen. Sne er ingen hindring, selvom degnen må skovle sneen med håndkraft, klares det altid, da der altid er nogen, der kommer og hjælper til, frivilligt. Sne juleaften skulle eftersigende gøre turen til kirken helt særlig, da der tændes fakler og hornblæsere byder kirkegængerne velkommen. En anden tradition er når en i Karlstein dør, ringes der med kirkeklokken. Man ringer også med kirkeklokkerne på røgelsesnatten, Hellige Trekonger, for at mindes de afdøde.

Jobbet som degn i den katolske kirke går i arv fra far til søn, lige nu er det femte generation af familien Heckel der er degn i kirken på klippen, og sjette generation... jo, den findes allerede, og træder gerne til, når degn Helmut Heckel er forhindret. Jobbet som degn er kun et bijob, så til daglig arbejder Helmut Heckel ved en statslig genbrugsplads. Tidligere var det sådan, at degnen, mindst en gang om dagen, skulle op til kirken for at justere kirkeuret. I dag foregår både justeringen af kirkeuret og ringningen med kirkeklokkerne med hjælp af automatik, og godt for det, for klokkerne lyder hvert kvarter mellem klokken seks om morgenen og klokken seks om aftenen.

## SANKT GEORG
*Steinhögl 36 • 83454 Anger-Steinhögl*

Kirken Sankt Georg befinder sig i landsbyen Steinhögl, i nærheden af Anger, ved den nordvestlige del af bjerget Högl, i 575 meters højde. Kirken hører under sognekirken i Anger. I nærheden af Sankt Georg finder man valfartskirken Vachenlueg. I 1897 fandt man i nærheden af den nuværende kirke resterne af et gravsted, der beviser at der tidligere har eksisteret en anden kirke i Steinhögl. Gravstedet fandt man på jorde, der tidligere, omkring det 12. århundrede, havde været ejet af bispeklostret Sankt Peter i Salzburg og jordene blev dyrket af det nærliggende Augustinerkloster Höglwörth. Omkring år 1325 nævnes bosættelsen Steinhögl for første gang, det er muligvis der omkring, at man har opført kirken, som er tilegnet de

hellige Georg og Leonhard. Dog ved man præcist, at kirkens apsis er fra omkring 1440, indgangen mod syd og forhallen med kapel stammer fra det sene 17. århundrede. Tilegnelsen af kirken til de hellige Georg og Leonhard ved man præcis skete i 1443, da dette er dokumenteret i et afladsbrev. Kirken er opført i sandsten.

## SANKT JAKOBUS
*Kirchenstraße 21 • 83454 Anger*

Kirken Sankt Jakobus er beliggende i Aufham ved Anger, nærmere præcis ved bjergkæden Staufen, hvor der mellem det 6. og 8. århundrede opstod en bosættelse, der senere udviklede sig til en landsby omkring salthandelsvejen, der gik gennem Aufham. I dag går motorvej Autobahn A8 ikke langt der fra. I Aufham opførte man i 1312 en kirke, der var 14 meter lang og 5,4 meter bred. I 1470 om- og udbyggede man kirken til den nuværende størrelse. Bag ud- og ombygningen stod byggemester Christian Intzinger og hans søn, der også senere også var byggemester på Margarethenkapellet på kirkegården ved Sankt Peter i Salzburg samt ledede byggeriet af Augustinerklostret Sankt Zeno i Reichenhall. Senere er kirken udvidet flere gange, senest i 1929, da det nordlige sideskib blev bygget på kirken. Ved kirkens alter finder man en engel med våbenskjoldet for Augustinerklostret i Höglwörth (til venstre) og til højre finder man Katharina Pflanzmanns våbenskjold, som man mener betalte for kirkens udsmykning. Højaltret stammer fra 1724 og er et værk af billedhugger Johann Schwaiger (1654-1734) fra Reichenhall. I kirken finder man statuen af den hellige Jakobus med stav, pilgrimshat og rejseflaske, til venstre for ham finder man Christophorus og til højre finder man Sebastian. Desuden finder man to mindre figurer, det er biskopperne Rupert og Virgil. Fra 1312 til 1817 hørte kirken til Augustinerklostret Höglwörth, herefter kom kirken til at høre under sognekirken i Anger, fra 1920 en underafdeling til kirken i Anger, fra 1965 værgekirke og fra 1995 som sognekirke.

## SANKT NIKOLAUS VON DER FLÜE

*Reichenhaller Straße 5*
*83457 Bayerisch Gmain*
*www.kath-stadtkirche-*
*badreichenhall.de*

Sognekirken Sankt Nikolaus von der Flüe er beliggende i Bayerisch Gmain. Kirken er ikke så gammel, man startede opførelsen af kirken i 1957. Den stod færdig i 1959 som en selvstændig kirke. Kirken er tilegnet den hellige Nikolaus von der Flüe, der var en indflydelsesrig schweizisk bjergbonde, soldat, eneboer, asket og en mystiker, der blev kendt som sjælesorger og gejstlig rådmand. Kirken Sankt Nikolaus von der Flüe danner hvert år den første søndag i advent ramme om et arrangement, hvor folkemusikanter og sangere fra Berchtesgadener Land og Salzburger Land synger julemåneden ind.

## SANKT LAURENTIUS

Sankt Laurentius, beliggende i bydelen Kirchberg, er Ainrings sognekirke. Man ved ikke med sikkerhed, hvornår den første kirke i Ainring blev opført. Nogen siger, at det var i 1150, mens andre mener, at det først var i det sene 13. århundrede eller i det tidlige 14. århundrede. Under en renovering af kirken i 1976-1977 fandt man spor i kirken, der kan spores tilbage til det sene 14. århundrede. Omkring 1490 blev kirken delvist revet ned for at give plads til en udvidelse af kirken. Sakristiet stammer fra 1672, kapellet er fra 1685, altret stammer fra 1657. I 1729 blev kirketårnet forhøjet og der blev tilføjet en løgformet kuppel. I 1730erne udvidede man kirken med cirka 3,5 meter. Til kirken hører der også en tidligere skole, præstegård samt kirkeadministration.

## SANKT ULRICH AM ULRICHHÖGL

Den nuværende kirke, Sankt Ulrich, der er opført på ruinerne af det oprindelige borgkapel, Burgkapel, er tilegnet den hellige Ulrich. Man formoder, at kirken er indviet i 1030. Det nuværende kapel er opført i det 11. eller i det 12. århundrede, samtidig med, at der blev opført flere borge i området. Kirkens langhus har man kunne datere til det sene 13. århundrede. Det eneste man, med sikkerhed, kan datere er sakristiet, der blev nyopført i 1671 på kirkens sydlige side, i 1758 fik kirken et nyt kirketårn og i 1823 blev kirken gennemrenoveret. Til kirken Sankt

77

Ulrich finder man en hellig grav, Ulrichshögler Grav, der sammen med den hellige grav i Höglwörth Klosterkirke, er de mest betydningsfulde i hele Rupertiwinkel. Den hellige grav opbygges i løbet af ugen op mod påske, noget man har gjort siden 1407. Opbygningen af den hellige grav udføres af lokale bønder og deres hjælpere. Det tager dem mindst en hel dag at opbygge graven, der består af samtlige hellige figurer fra højaltret, 200 lamper, 70 farvede kugler, der er malet og fyldt med vand. Indtil 1930 benyttede man olielamper, i dag benyttes elektriske lamper. Figurerne viser Jesus lidelser i påsken. Der er kun adgang til den hellige grav Langfredag, Karfreitag, og påskelørdag, Karsamstag.

## DE GLEMTE JØDISKE GRAVE PÅ ULRICHHÖGL FRIEDHOF

De glemte jødiske grave på Ul-richhögl Friedhof er stedet, hvor der blev begravet flere fordrevne jødiske flygtninge, der opholdte sig på DP-lejren i Ainring efter Anden Verdenskrig og døde mellem 1946 og 1947. Ikke alle dødsfald er afklaret. Der findes sagsmapper i de kommunale arkiver i Ainring, som nævner to ulykker og et røveri som dødsårsag. Der er desuden flere spædbørn, der døde ved fødslen i enten DP-lejren Ainring eller DP-lejren i Bad Reichenhall, men som blev begravet her.

## PFARRKIRCHE SANKT RUPERTUS

*Martin-Oberndorfer-Straße 3*
*83395 Freilassing*

Den romersk-katolske kirke Sankt Rupertus i Freilassing, indviet i 1926, er i dag en af de største kirker i Berchtesgadener Land. Selve kir-

*Sankt Bartholomä*

ken blev tegnet af Adolf Muesmann fra Dresden, tårnet blev først gjort færdig i 1935. Under Sankt Rupertus hører flere mindre kirker, såkaldte filialkirker, herunder er den gamle sognekirke Mariä Himmelfahrt der blev opført mellem det 7. og 17. århundrede samt kirken Sankt Peter, der også kaldes Peterskirche, der er beliggende i Salzburghofen.

## PFARRKIRCHE SANKT KORBINIAN

I 1961 blev der grundlagt endnu en menighed i den sydlige del af Freilassing, den 23. juli 1972 kunne man indvie et nyt menighedscentrum og en ny kirke, Sankt Korbinian, der fra 1. januar 1976 blev et selvstændigt sogn.

## VALFARTSKIRKER

I mange landsbyer i Berchtesgadener Land tegnes billedet ofte af en landevej, kroen og en kirke. Det er ofte valfartskirker, som gennem historien har tiltrukket pilgrimme. I dag er det mest turister, der søger roen og stilheden i disse kirker, som er med til at gøre disse små landsbykirker til små spirituelle steder.

## VALFARTSKAPELLET SANKT BARTHOLOMÄ

Mange turister kender kapellet Sankt Bartholomä, der er beliggende på halvøen Hirschau for foden af den østlige side af Watzmann, fra sejlturene på Königssee. Kapellet eller valfartskirken med sine to røde løgformede kupler er et vartegn for regionen. Kapellet og det tidligere

jagtslot er et yndet sted for mange turister og fotografer. Kapellet blev opført omkring år 1134. Den nuværende kirke blev dog først opført mellem 1697 og 1698, hvor kirken fik sit nuværende barokke udseende og sine to røde løgformede kupler. Kapellet er sammen med Stiftskirken i Berchtesgaden blandt de ældste kirker i Berchtesgadener Land. Oprindelig hed kapellet/kirken *Basilica Chunigesse*, men i 1522 blev det til *Hellige Bartholomeus*, da den hellige Bartholomeus var bjergbøndernes, sæterhyrdinderne og hyrdernes skytshelgen. Valfartskirken og det tidligere jagtslot har siden det 18. århundrede været forbundet med Wittelsbach-slægten. Maleriet ved højaltret er malet i 1698 af Johannes Degler, der var hofmaler i München.

I mange år har pilgrimme fra blandt andet Pinzgau vandret over Steinerne Meer til Sankt Bartholomä, på den første lørdag efter 24. august. Den 24. august er nemlig Bartholomäus Tag, Bartholomeus dag. Pilgrimmene starter deres pilgrimsvandring tidligt om morgenen fra østrigske Maria Alm og går over Steinerne Meer til Sankt Bartholomä i Königssee. *Læs mere om pilgrimsvandringen på side 84.* I dag er kirken og øen Sankt Bartholomä et yndet udflugtsmål for både turister og lokale, cirka en million gæster pr. år. Især er vandringen til Iskapellet, Eiskapelle, for foden af den østlige side af bjergmassivet Watzmann, et sted hvor vinterens is og sne samles efter at være styrtet ned fra Watzmann, et hit blandt mange. Iskapellet når man efter cirka en times vandring fra Sankt Bartholomä kapellet. Iskapellet er ikke en bygning, men et område med evig sne og gletsjersne. Andre *nøjes* med at vandre cirka et kvarter til kapellet Sankt Johann & Paul, et lille skovkapel der blev opført mellem 1617 og 1620. Sankt Bartholomä, Eiskapelle og det lille skovkapel er kun mulig at nå med skib fra Königssee Seelände, se sejltider på hjemmesiden *www.seenschifffahrt.de*

## VALFARTSKIRKE MARIA ETTENBERG

*Vorderettenberg 9*
*83487 Marktschellenberg*

Kirken Maria Ettenberg, eller Mariä Heimsuchung, er beliggende i Ettenberg, for foden af Untersberg i nærheden af Marktschellenberg. Allerede omkring år 1698 blev der opført et lille trækapel her. Det skete efter man i 1695 havde anbragt et billede af Maria med Jesusbarnet på armen på det store lindetræ på Ödenperg. Da det lille kapel blev opført var det første større kirkebyggeri med hele tre altre. Men det lille kapel blev hurtigt for lille, da der var mange pilgrimme, der opsøgte det lille kapel. Derfor begyndte man i 1723 at planlægge opførelsen af den nuværende valfartskirke. Den nuværende kirke, som er en romersk-katolsk kirke, blev opført i 1724-1725 på ordre af Fyrsteprovsten Julius Heinrich von Rehlingen i efterdønningerne

af Reformationen. Maria Ettenberg er som andre Maria-valfartskirker i Berchtesgadener Land (Maria Gern og Maria am Kunterweg), opført i rokokostil, dog i første omgang uden kirketårn, det blev først opført mellem 1834 og 1836. Kirkens byggemester var murermester Peter Schaffner fra Berchtesgaden, stukarbejdet blev udført af Joseph Höpp fra Burghausen og freskerne blev udført af kunstneren Innozenz Anton Warathi fra Burghausen. Man formoder, at det var Ærkebiskoppen af Salzburg, Franz Anton Fürst von Harrach, der stod for indvielsen af valfartskirken. Kirken fik sit første orgel i 1746, man formoder, at det var orgelbygger Johann Christoph Egedacher, der byggede orglet, men man er ikke helt sikker, da det også kan være bygget af en af Salzburgs orgelbyggerfamilier. Overfor orgelet finder man figuren Christophorus, der stammer fra det 17. århundrede. Christophorus er skytshelgen mod den pludselige død. Skytshelgenen fejres i Ettenberg på Mariä Heimsuchung, som er den 2. juli.

Det siges, at kirken blev opført på det sted, hvor pilgrimme siden 1670 har valfartet til for at se billedet af den hellige Anna, der var Jomfru Marias moder, Maria som var mor til Jesus. I 1746 stiftede den blinde enke Maria Euphrosina Knoblachin fra Salzburg den såkaldte 40 timers bøn, som i dag er forkortet til en enkelt dag, nemlig til den første søndag efter Annentag, der er den 26. juli. Det har udviklet sig til en fast tradition i Berchtesgadener Land, at man i forbindelse med Annentag også afholder *Ettenberger Annafest.* Kirken, som i dag er fredet, er en del af sognekirken i Marktschellenberg.

## KREUZWEG KALVARIENBERG
*Vorderettenberg 9*
*83487 Marktschellenberg*

Kalvarienberg i Marktschellenberg er et yndet sted for pilgrimme og vandrere. Korsvejen, Kreuzweg, er fornyligt blevet renoveret, og der er smukke stop undervejs. Turen starter og ender ved den barokke valfartskirke Maria Ettenberg, ved foden af det sagnomspundne Untersberg. Det tager cirka halvanden til to timer at gå turen.

## MARIA HILF
*Thanngasse • 83483 Bischofswiesen*

Valfartskirken Maria Hilf er beliggende i Loipl i nærheden af Bischofswiesen. Man formoder, at kirken blev opført som kapel omkring 1798-1799 af bønder fra Loipl. Kapellet blev indviet, eller *benediziert,* som betyder velsignet, af Reichsstifts-Kapitular, den romerske-katolske præst, Franz Xaver Graf von Berchem, i 1800. Kapellet udviklede sig i 1805 til en valfartskirke, der i det 19. og 20. århundrede tiltrak mange pilgrimme til. Tusind mænd og kvinder deltog i 1915 i en pilgrimsvandring der gik til Loipl. I kirkens højalter er det centrale billede en fremstilling af Maria Hilf, som i dag er en kopi, men oprindelig udført af maleren Lukas Cranach. Desuden er der i kirken tyve figurer, herunder de 12 apostle.

## PFARRKIRCHE HERZ-JESU
*Rathausplatz 1*
*83483 Bischofswiesen*

Sognekirken Herz-Jesu i Bischofswiesen blev opført i 1926 af arkitekt Georg Metzendorf fra Essen.

## VALFARTSKIRKE MARIA GERN
*Kirchplatz Gern 1*
*83471 Berchtesgaden*

Mange har gennem tiden valfartet til Maria Gern, så mange, at man omkring år 1709 opførte et lille kapel i landsbyen Maria Gern lidt udenfor Berchtesgaden. Det er et kapel, der med tiden har udviklet sig til valfartskirken Maria Gern. I dag er kirken et yndet sted at blive gift. Fra bakken, hvor kirken er beliggende, er der en smuk udsigt over Berchtesgadener Land og til bjerget Watzmann. I kirken kan man desuden opleve det store religiøse maleri af Johann Zick fra Augsburg, malet omkring år 1740 samt den smukke stuk. Desuden findes der en lang række offertavler.

## VALFARTSKIRKE MARIA AM KUNTERWEG
*Kunterweg • 83486 Ramsau*
*www.kirche-ramsau.de*

I Ramsau finder man, ude midt i en skov, valfartskirken Maria am Kunterweg, som er et ægte helligt klenodie. Kirken blev opført i 1731 under ledelse af fyrsteprovsten Julius Heinrich von Rehlingen for hyrder og hyrdinder. Tidligere blev dyr ført forbi dette sted på vej fra Ramsau til sæterne eller omvendt. Man kan komme til kirken til fods via Kunterweg fra Ramsau, det tager cirka et kvarters tid. Kunterweg finder man i midten af Ramsau, cirka 100 meter bag kroen Oberwirt, ved siden af sognekirken Sankt Sebastian, drejer man til højre.

## PFARRKIRCHE MARIA HIMMELFAHRT

*Kirchweg 7 • 83317 Teisendorf*
*www.erzbistum-muenchen.de/pfarrei/maria-himmelfahrt-weildorf*

I landsbyen Weildorf, der er en del af Teisendorf, finder man valfarts- og sognekirken *Maria Himmelfahrt*, der blev opført omkring i 1420erne og indviet i år 1429 i gotisk stil. Mariastatuen, der stammer fra 1429, er et besøg værd, det samme er de sengotiske loftsmalerier.

## VALFARTSKAPEL VACHENLUEG

*Vachenlueger Straße 36*
*83454 Anger*

Kapellet Vachenlueg *Zu unserer lieben Frau* gemmer på en begivenhedsrig historie. Kapellet blev opført tilbage i 1413, da skibsrederen, fra Laufen, Michael von Haunspergs to sønner erhvervede Godset Vachenlueg. De to sønner begyndte straks at opføre en borg med tilhørende borgkapel. Martin von Vachenlueg,

der var gift med Wandula Trauner, afsluttede i 1427 byggeriet af borg og tilhørende borgkapel. Både borg og borgkapel, det senere slotskapellet, blev fra starten ment for at ære Maria, Jesus' moder. Dagen, hvor man ærer skytshelgen, Mariä Opferung, er den 21. november. Jakob den Første, gift med Barbara von Paulsdorf, flyttede i 1489 dog kirkens indvielsesdag til mandagen efter anden søndag efter påske, hvor den siden har ligget fast. Han fik også lov til at opbevare det allerhelligste i Borgkapellet. Oprindelig lå kapellet på slottets første sal, og det gjorde det svært for mange udenfor slottet at benytte kapellet. Provst Johann Baptist den Første Zacherl ytrede et ønske om, at kapellet skulle være tilgængeligt for alle, derfor blev kapellet i 1826 flyttet ned i stueetagen. I 1848 blev kapellet genopført. Den 4. maj 2014 kunne man fejre 600 året for opførelsen af det oprindelige kapel, hvor Biskoppen fra Sankt Peter Kirken i Salzburg, Korbinian Birnbacher, stod for afholdelsen af festgudstjenesten. Valfartskapellet Vachenlueg er én af de smukkeste valfartskirker i Berchtesgadener Land, hvor man også kan finde en lang række minde- og offertavler, rundt regnet 30 styks i det hele. Desuden kan man opleve relieffer og historiske billeder ved orglet og i altertavlen. En af kirkeklokkerne stammer fra 1666, som er det ældste fra tiden med slægten Haunsperger. Navnet *Vachenlueg* betyder *en afgrænset, afsidesliggende plads med en god udsigt*. Det passer godt til kirkens placering ved en sø i nærheden af kirken Sankt Georg i Steinhögl.

## KIRKER OG KAPELLER I SCHÖNAU

Den mest kendte kirke i Schönau er med størst sandsynlighed valfartskirken Sankt Bartholomä, et af regionens vartegn og et sted, hvor tusindvis af turister kommer hvert eneste år. Men udover Sankt Bartholomä findes der også mange andre kapeller og små kirker. Herunder Hubertuskapelle samt Sankt Johann und Paul som også kendes som Eiskapelle, den er beliggende cirka en kilometer vest for valfartskirken Sankt Bartholomä. Kapellet blev opført mellem 1617 og 1620, et byggeri der blev betalt af de penge som de valfartende havde doneret. I Unterstein finder man den romersk-katolske sognekirke, som hedder *Mariä Sieben Schmerzen*. Grundstenen til kirken blev lagt den 21. august 1932, man formoder, at det var Biskop Johannes Schauer der lagde stenen. Kirken blev indviet den 26. marts 1933, formodentligt af kardinal Michael von Faulhaber. Det siges, at det var materialer fra den gamle kirke, Graf-Arco-Kirche, der blev benyttet til opførelsen af den nye kirke. Den nye kirkes indre er det samme som den gamle. Man mener, at det var grundet finansielle problemer, der fik dem til at vælge denne løsning.

Dertil kommer der en lang række kapeller. Heriblandt er mindekapellet *Bergopfer-Gedenkkapelle Sankt Bernhard, der* blev opført på Kühroint den 11. september 1999 til minde om de, der har mistet livet i bjergene.

*Oberau Kirche*

Brandner Kapelle på Jenner-bahnstraße i Königssee.

Widlbrand-Kapelle i Richard-Voß-Straße i Königssee, kapellet blev opført af Georg Lenz i 1928 og renoveret af Josef Lenz i 1992.

Desuden findes der: Graben-Kapelle i Schönau, Unterartenreitlehen-Kapelle i Schönau, Grutschen-Kapelle i Königssee, Spinnerlehen-Kapelle samt Vorderbrand-Kapelle.

## BJERGSPIRITUALITET OG PILGRIMSVANDRINGER

Hvis der er noget bayrerne er gode til, så er det at feste, om det er den store Oktoberfest i München eller de mindre byfester eller kirkelige fester, arrangementer og pilgrimsvandringer, så møder man op og deltager i det omfang man kan. For mange er en vandretur i skoven den rene medicin, mens andre finder ro ved at vandre i bjergene. Mange taler direkte om at tanke energi og kraft i bjergene eller Bergspiritualität, bjergspiritualitet, som de også kalder det. Det kender jeg for mig selv, jeg nyder roen, når jeg er på rejse i bjergene, jeg fyldes med energi. Selvom det er sjældent, sådan set aldrig, at jeg begiver mig ud på de vildeste bjergklatringer, så er der heldigvis andre måder at komme op i bjergene på, nemlig med svævebanerne. Jeg er ikke særlig religiøs, men kender godt til det at have følelsen af at være et lille stykke tættere på himlen eller Gud, når jeg opholder mig højt oppe. Jeg har

dog stadig min første bjerggudstjeneste til gode, men jeg ved, at der af og til afholdes særlige bjergmesser eller bjerggudstjenester sted rundt i bjergene i Berchtesgadener Land. Desuden findes der en lang række pilgrimsvandrestier rundt i Berchtesgadener Land.

## PILGRIMSVANDRING OVER STEINERNE MEER

I året 1635 ønskede en række personer fra Salzburg at takke Gud for den netop overståede pestepidemi, det gjorde de ved at gå fra Maria Alm i Østrig over bjergene, Steinerne Meer, til Sankt Bartholomä i Berchtesgadener Land. Men det var først i 1688, at man for første gang kunne læse om pilgrimsvandringen. Det skete på en lidt tragisk baggrund, da en åben træbåd, en såkaldt Landauer, med pilgrimme kæntrede og 71 omkom. Siden har op til 2.000 vandrere hvert år gået den godt ti timer lange pilgrimstur fra Maria Alm over Steinerne Meer til Sankt Bartholomä, som er den ældste bjergpilgrimsrute i Europa.

Vandringen sker altid på den første lørdag efter den 24. august, som også er Bartholomä-dag. Med på vandringen er der præster og musikere, som søger for stemningsfulde koncerter og bjergmesser undervejs. Man starter vandringen klokken fire om morgenen i Maria Alm am Hochkönig ved Saalfelden, Østrig. Den første bjergmesse, Bergmesse, afholdes ved Riemannhaus, hvorefter fortsætter man over bjergene til Kärlingerhaus am Funtensee, hvor der er pause og musik. Herfra går det via 30 hårnålesving på den legendariske *Saugasse* til valfartskirken Sankt Bartholomä på halvøen Hirschau i Königssee, hvor der er forfriskninger og en afsluttende andagt i valfartskirken, inden man sejler tilbage til *fastlandet*.

## EMMAUS RUNDWEG

I Berchtesgaden finder man Emmaus-vejen. Det er en vandrerute rundt til byens kirker og kapeller. I adventstiden er turen noget særligt, for så bliver Emmausweg til Lanternenweg, lanternevejen, da man opstiller 75 lanterner i overstørrelse langs vejen som i den mørke tid oplyser vejen stemningsfuldt. Det er Berchtesgadener Handwerks-

*Emmaus Rundweg, Berchtesgaden*

kunst, der har fremstillet de særlige lanterner. Emmaus er en landsby i nærheden af Jerusalem, landsbyen er indbegrebet med Jesus. Kort efter Jesus' død og genopstandelse, gik to af Jesus' venner til Emmaus mens de diskuterede. En ukendt person forklarede dem, hvorfor det var nødvendigt med Langfredag og med påsken. De to venner var dog begge enige om, at det måtte være Jesus der talte til dem. Emmaus-vejen i Berchtesgaden indbyder derfor til, at man giver sig tid til at reflektere over dagen og ens liv.

### RUTEBESKRIVELSE

Vandreturen starter ved Franziskanerkirche og kloster herfra går man videre til den evangeliske Christuskirche. Fra Christuskirche går man videre langs den historiske Solerørledning, altså den rørledning, hvor man tidligere transporterede det højtkoncentrerede saltvand fra saltminen i Berchtesgaden til saltsyderiet i Bad Reichenhall. Man følger den historiske rørledning til kapellet på Kalvarienberg, hvorfra der er udsigt til den centrale plads, Weihnachtsschützenplatz og Berchtesgadens gågade. Herfra går man videre til Kirchleitnkapellet på Ponnzenzenbichl, ved foden af Lockstein. Det lille kapel er et godt sted at meditere. Fra kapellet går det via serpentinervejen til Nonntal, som er den ældste del af Berchtesgaden, og til kirken Sankt Andreas. Fra Sankt Andreas går man nu mod turens sidste kirke, nemlig klosterkirken Sankt Petrus og Johannes der Täufer og den smukke slotsplads. Ruten er i alt tre kilometer lang, cirka 100 højdemeter, det tager cirka en times tid.

## SANKT RUPERTS PILGERWEG

Sankt Ruperts Pilgerweg, Sankt Ruperts Pilgrimsvej, går fra Altötting gennem Rupertiwinkel, Berchtesgadener Land og Bad Reichenhall til Salzburg. *Den Hellige Rupert* er *saltets beskytter* og kaldes også for *Bayerns apostel.* Pilgrimsvejen er opdelt i syv dagsetaper, hvoraf de tre går gennem Berchtesgadener Land. Pilgrimsvejen forbinder Bayern med Salzburg langs den historiske salthandelsvej og langs den historiske solerørledning. Hvis man følger Sankt Ruperts Pilgrimsvej føres man på sporene af et menneske, der levede i en tid med forandringer i den religiøse verden.

## SPIRITUELLE VANDRERUTER I BAD REICHENHALL

Selvom man måske ikke er så religiøs, så kan man godt følge sig lidt tættere på Gud, når man går ude i naturen. Det ved kirkerne også, derfor tilbyder de evangeliske-protestantiske og de katolske kirker også økumeniske arrangementer og gudstjenester. Desuden tilbyder man guidede vandreture i og omkring Bad Reichenhall på kryds og tværs af forskellige religioner. Økumeni er arbejdet for forståelse mellem verdens forskellige kristne kirker og trossamfund og tilligemed den teologiske disciplin, der beskæftiger sig med kirkens enhed og splittelse. På hjemmesiden *www.bergspiritualitaet.*

*de* kan man finde mere om bjergspiritualitet, vandringer med Gud i rygsækken samt mere.

## BJERGGUDSTJENESTER OG BJERGMESSER

I løbet af sommeren afholder man rundt i Berchtesgadener Land en lang række bjerggudstjenester og bjergmesser. Det betyder ikke nødvendigvis, at man skal klatre de stejleste bjergtinder for at deltage, de afholdes ofte på bjergenge, midt i naturen, ja på steder med ro, hvor mennesker mødes og i samlet bøn finder trøst og taknemmelighed. På denne hjemmeside: *www.berchtesgaden.de/veranstaltungskalender/bergmessen,* kan man finde datoerne for gudstjenesterne og messerne ude i ja... Guds frie natur. Der er katolske, evangeliske eller økumeniske gudstjenester.

## KIRKEN OG KROEN

Når man rejser rundt i Tyskland og ja Bayern, ser man ofte i landsbyerne, at kirken og byens kro/værtshus er beliggende ved siden eller overfor hinanden. Det er typisk bayersk, og sådan er det også i landsbyerne i Berchtesgadener Land. Sådan var det vel også tidligere i Danmark, hvem kender ikke ordsproget: *Det er bedre at sidde på kroen og tænke på kirken, end at sidde i kirken og tænke på kroen.* Men når det er sagt, så er der nu mange der går i kirke i Berchtesgadener Land, hvorefter mange af dem runder kirkegangen af på kroen med en øl eller frokost. Det er en del af deres tro og tradition, lige som det er med at i klæde sig Leder-hosen og Dirndl.

## BERCHTESGADEN

*Neuhaus Berchtesgaden*
*Marktplatz 1 • 83471 Berchtesgaden*
*www.edelweiss-berchtesgaden.com/*
*kulinarik/gasthof-neuhaus/*

Klosterkirken Sankt Petrus og Johan-nes der Täufer er ligesom Gasthof Neuhaus opført af munke fra Augu-stinerordenen tilbage i 1120erne. Klosterkirken og kroen Neuhaus er beliggende ved siden af hinanden. I nogle år tilhørte både kro og kirke fyrsteprovsten, hvor kroen blev be-nyttet som stiftets gæstehus. Men da klostret blev opløst var det også slut for Gasthof Neuhaus' tætte for-bindelse med kirken. Da klostret, det nuværende slot, blev overtaget af Wittelsbach-slægten, blev kloster-kirken til sognekirke og omdøbt til

Sankt Petrus & Johannes der Täufer. Klosterkirkens oprindelige tårne blev i 1860erne ramt af lynnedslag og man valgte efterfølgende at gen-opføre de to tårne et andet sted. Det gav plads til Neuhaus' Biergar-ten, som stadig eksisterer. Gasthof Neuhaus er gennem tiden blevet gennemrenoveret, og på varme sommerdage kan det være svært at finde en ledig plads i den store Bier-garten, hvor man kan få gode kolde øl fra Berchtesgadens Bryghus samt god mad til fornuftige priser.

## PIDING

*Gasthof Johannishögl*
*Johannishögl 3 • 83451 Piding*
*www.berggasthof-johannishoegl.de*

I Piding hører Sankt Johannes Kir-che og kroen Gasthof Johannishögl sammen. Kroen er beliggende på en bakke med udsigt over Salzburger

*Stiftskirken og Gasthof Neuhaus, Berchtesgaden*

Land og Salzburg. Kirken er beliggende for foden af bakken. Første gang Johannishögl blev taget i brug var i 1312, kirken Sankt Johannes, med dens fresker, sengotiske hvælvinger og barokke tårn, stammer fra det 14. århundrede. Johannishögl har gennem århundreder været et kultsted. Hvert år den 24. juni fejrer man kirkens skytshelgen. Efter en gudstjeneste går man videre til kroen Gasthof Johannishögl til kirkeindvielsesfest, inden man om aftenen tænder det traditionelle Johannisfeuer, sankthansbål. Tidligere var kroen hovedhuset på det kendte Gods Sanktjohannser, der var et landbrug. Men som et bierhverv til landbruget valgte ejeren, omkring år 1870, at åbne en kro, det tiltrak kirkegængerne, der gerne gik på kro efter kirkehandlinger og gudstjenester.

## ANGER

*Klosterwirt Höglwörth*
*Höglwörther Straße 21 • 83454 Anger*
*www.klosterwirt-hoeglwoerth.de*

I forbindelse med kloster og klosterkirke Höglwörth ved Höglwörther See, i Rupertiwinkel, finder man kroen Gasthaus Klosterwirt Höglwörth, der er indrettet i klostrets gamle bryghus.

## RAMSAU

*Gasthof Oberwirt*
*Im Tal 86-94 • 83486 Ramsau*
*www.oberwirt-ramsau.de*

I nærheden af Sankt Sebastian i Ramsau finder man kroen Oberwirt, hvis historie man kan spore mere end fem hundrede år tilbage. Ramsau lå på saltvejen mellem Schellenberg og Lofer. Efter opførelsen af kirken Sankt Sebastian kom der mange pilgrimme og handelsrejsende gennem Ramsau, som gjorde stop på den tidligere stiftsbeværtning. Beværtningen kunne tilbyde lidt at spise og drikke samt et tag over hovedet om natten. Stiftsbeværtningen udviklede sig til den nuværende Oberwirt.

## ETTENBERG

*Mesnerwirt*
*Vorderettenberg 9*
*83487 Marktschellenberg*
*www.ettenberg.de/*
*gasthaus-mesnerwirt/hausinfo.html*

Højt over byen Marktschellenberg finder man Ettenberg ved foden af det sagnomspundne Untersberg. I Ettenberg finder man valfartskirken Mariä Heimsuchung og den nærliggende kro, Mesnerwirt. Der er symbolet på det typiske bayerske ensemble, der består af kirke og kro. Grundstenen til kirken blev lagt i 1724, mens kroens historie går næsten lige så langt tilbage. Nemlig præcis til 1727, da Joseph Prantner i Ettenberg fik tilladelse af fyrsteprovsten til at brygge øl samt til at sælge det. Det har siden været et yndet sted for mange at holde en pause. Kroen spiller en centralrolle i den tyske TV-serie *Lena Lorenz*, hvor kroen dog bedst kendes under navnet *Wirtshaus Almwirt*.

I århundreder har befolkningen i Berchtesgadener Land værnet om deres mange traditioner, som i svære tider har været med til at bevare det tætte sammenhold. I Berchtesgadener Land bor man ikke blot geografisk, men også politisk, temmelig isoleret. De små landbrug har gennem generationer dårligt kunne brødføde deres ofte store familier, hvor det var ganske normalt, at man boede tre generationer under samme tag. Det er stadig svært for landbrugene at klare sig af det traditionelle landbrug. Mange var, og ikke mindst nu, er nødt til at arbejde ved siden af, nogen har måske udlejning af værelser, andre har et mindre pensionat eller noget helt tredje, det kunne eksempelvis at være ansat i saltminerne eller i skovene. Der findes traditioner med forskellige former for foreninger, der alle har

til formål at arrangere fester og ikke mindst bevare de gamle traditioner. Her er det ikke blot en enkelt i en familie, der deltager i foreningsarbejdet, men alle, fra vugge til grav, alle yder med det de kan, ung såvel som ældre. Beklædning, musik og måden at bygge huse på hører alle til traditionen. Til hver årstid er der tilknyttet en lang række traditioner, mange af dem følger kirkekalenderen. Traditioner som man har kendt til i århundreder, og som muligvis kun benyttes i Berchtesgadener Land.

## SERVUS VERSUS GRÜSS GOTT

*Grüß Gott* er forkortelsen af ordet *Grüß dich Gott*, hvor ordet *Grüßen* oprindelig havde meningen *at velsigne*. Det sjove bogstav, ß, udtales som dobbelt s. Der findes også et ord som *Pfiat di Gott*, som er forkortelsen af *Behüte dich Gott*, som benyttes

*De Hellige Trekonger Caspar, Melchior og Balthasar har været på besøg*

tilsvarende som en afskedshilsen. Ordene *Grüß Gott* blev udbredt af den katolske gejstlighed i det 19. århundrede, og benyttes derfor oftest i de katolske dele af Tyskland, Østrig og Schweiz. Dog benytter man ikke denne hilsen i Nordtyskland, her benytter man ordet *Moin* eller *Moin, Moin.* Hvis man alligevel kommer til at sige *Grüß Gott* i Nordtyskland, vil der blive set underligt på én. Det svarer lidt til at en sønderjyde siger *mojn* i København, tro mig, folk kigger mærkeligt på én. *Servus* derimod er typisk for Bayern og Østrig. Det er en mindre formelt og en mere kammeratlig hilsen end *Grüß Gott* og benyttes både som velkomst- og afskedshilsen, ligesom når sønderjyderne benytter ordet *mojn.*

## BERCHTESGADENER LAND FESTER

Hvis der er noget tyskere og ikke mindst bayerne er gode til, så er det at feste, og ikke blot til Oktoberfest. I løbet af året afholdes der en lang række traditionsrige fester og arrangementer rundt i Berchtesgadener Land. Traditionsrige arrangementer og fester er noget man gør meget ud af for at kunne deltage i, både ung såvel som gammel. I Bad Reichenhall fester man hvert år i de to første uger af juli, når man fejrer det Hvide Guld, saltet, ved en storslået Stadtfest, byfest. I Berchtesgaden fejrer man hvert år pinsesøndag, den såkaldte *Bergknappenfest,* som er en fest for saltminens medarbejdere, som fejres over hele byen. Selv i de mindre landsbyer fester man. I

Ettenberg fejrer man hvert år i juli *Ettenberger Annafest,* som er fast del af de traditionelle fester i Berchtesgadener Land. Til *Annafest,* til minde om den hellige Anna, Jomfru Marias moder, er der en messe i valfartskirken, der slutter med et fakkeloptog. I Ramsau er der flere traditionelle, såvel som kirkelige arrangementer, gennem året. En af disse er *Ramsauer Holzbier,* som er skovarbejdernes dag, skovarbejdere kaldes også *Holzknechte.* Dagen fejres hvert år på Rosenmontag, der er mandagen før askeonsdag eller 48 dage før påskesøndag. Desuden fejrer de i Ramsau også Sebastianitag, som er den 20. januar.

## HELLIGE TREKONGERS DAG

En vigtig dag i Berchtesgadener Land er Hellige Trekongers dag i starten af januar. På denne dag skulle de tre vise mænd kongerne Caspar, Melchior og Balthasar, ifølge Biblen, have fulgt en stjerne til Betlehem. I Berchtesgadener Land uddeler kirkerne allerede om formiddagen det såkaldte Hellige Trekonger vand, vierøg og kridt. Det hellige vand skulle eftersigende have helbredende kræfter, der blandt andet kan helbrede halsbetændelse. Andre benytter det særlige vand til at velsigne deres kvæg, før de sendes på sommergræs i bjergene. Vierøgen benyttes til velsignelse af bolig, stalde og lader. Tilslut benyttes kridtet til at skrive 20 C + M + B 25, C for Caspar, M for Melchior og B for Balthasar og 20 25 står for årstallet. Denne kombination af tal og bogstaver skrives over husets døre, og beviser at de tre hellige trekonger Caspar, Melchior og Balthasar har været på besøg.

## Sebastianitag

Den 20. januar er Sebastianitag, en dag, hvor man indtil Første Verdenskrig afholdte en valfartsprocession foran både Franziskanerkirche og Stiftskirche i Berchtesgaden, hvor alle lige fra murer til tømrer og snedkere, ja næsten alle håndværkerlaug deltog. I Ramsau blev dagen benyttet til at fejre sognekirken Sankt Fabian & Sankt Sebastians skytsengel. I dag fastholdes traditionen stadig i Ramsau og de der har mulighed for at tage en dag fri fra arbejdet, gør det, blot for at deltage i festlighederne.

## Maria Lichtmess

Maria Lichtmess eller Kyndelmisse er den 2. februar. I kirkerne tændes der om aftenen vokspinde, vægelys og andre lys der har målene cirka 15 centimeter lange og 0,5 centimeter i diameter.

## Fastelavn

Fastelavn er normalt noget man går meget op i Tyskland, men i Berchtesgadener Land spiller fastelavnen en mindre rolle. På *Foastpfinztag*, det vil sige torsdagen før fastelavn, afholdes der om eftermiddagen det såkaldte *Weiberball*, konebal, på en kro i Unterstein. Det er et populært bal blandt de lokale, der bor på landet. Festen har kun adgang for kvinder indtil dørene i løbet af aftenen åbnes, således at mændene også får adgang til festlighederne. De store fastelavnsoptog, som man eksempelvis kender til i Köln, var tidligere ukendt i Berchtesgadener Land.

## Fronleichnam

Fronleichnam er en vigtig dag i den katolske kirkekalender, og ikke mindst en vigtig festdag. På dagen fejres Kristi legeme - det vil sige brødets forvandling i den hellige messe - med processioner og gudstjenester. I Bayern har katolikker fejret Kristi legeme siden det 13. århundrede. Dagen starter allerede klokken seks om morgenen, når der affyres tyve skud fra de såkaldte *Böller*. Klokken syv følger flere skud. Det efterfølgende optog består af blomsterdekorerede vogne, der følges af kor og musik. I optoget går kirkens folk, såsom præster og messedrenge, borgere, samt repræsentanter fra de lokale foreninger med faner.

## Solhverv

I Berchtesgadener Land fejrer man solhverv, som også fejres den 23. juni, der er dagen før Sankt Johanni, eller Sankt Hans som vi kalder det her i Danmark. På udvalgte bjergtinder, eksempelvis Jenner, Hohen Brett, Untersberg og andre, tænder man bål, Johannisfeuer, for at fejre de lyse nætters kommen. En tradition man også kender her i Danmark, når vi den 23. juni tænder sankthansbålene, for at fejre midsommeren.

## Palmesøndag

Tiden op til Palmesøndag, søndagen før påskeugen, betyder noget særligt for familierne rundt på bondegårdene i Berchtesgadener Land. På denne dag skærer fædrene pilegrene, samler kviste og binder dem til *palmebuske*, der er til minde for Jesus' indtagelse af Jerusalem, der stadig velsignes i kirkerne på Palmesøndag. Mødrene og de ældre børn laver palmeudsmykning af farvede træspåner, udsmykning der også kaldes for *Gschabertbandl*. De kunstfulde udsmykninger består ofte af to eller tre farvede træspåner og ligner små trækharmonikaer (musetrapper som vi kender det i Danmark), som i Berchtesgadener Land kaldes for *Ziehmusi*, eller kugler, eller som de kalder dem *Ohrein* eller *Rollein* samt løse bånd. Palmesøndag morgen går familien hen for at få deres palmer velsignet, de går i procession hen til kirken og deltager i højmessen. De yngste drenge er såkaldte palmetræsbærere, og det er dem der går med palmetræerne. I kirken velsignes palmetræerne. Efter højmessen tages de velsignede palmetræer med hjem til gårdene og husene, som tak får drengene et påskeæg eller lidt penge. På gårdene stiller man ved middagstid en palmebusk ud på marken. Den sidste gård der får opstillet sit *palmetræ* får den nette titel som årets *Palmesel*, dansk: *Palmeæsel*. Mindre buske anbringes i hjørnet i stuen, samt der sættes palmebuske på familiegravstederne. Hvis det er muligt har drengene og mændene de korte Lederhosen på for første gang i det år, som er et tegn på, at foråret er kommet. Da landskabet i Berchtesgade-

ner Land ofte er sneklædt omkring påske og palmesøndag, er de farverige palmetræer med de hjemmelavede udsmykninger et smukt syn i det hvide landskab, som samtidig symboliserer at foråret er på vej. I påskeugen og særligt i påskeweekenden fejres den vigtigste kirkelige fest på året. De lokale går i kirke i deres farverige dragter. Ved gudstjenesterne påskenat og påskesøndag morgen bliver den medbragte mad velsignet i alle kirkerne i Berchtesgaden Land. Efter højmessen går det hjem til en traditionsrig påskemorgenmad.

## APERSCHNALZEN
*www.schnalzen.de*

Aperschnalzen eller *Apaschnorizn*, som det hedder på bayersk, er en gammel tradition i Bayern og i Salzburg. Det er en konkurrence, der går ud på at svinge en pisk så den giver et højt knald. Ordet *Aper* eller *Apa* er et bayersk ord og betyder *et areal der er fri for sne*. Pisken består af et håndtag af træ og et tov af hamp. Håndtaget er cirka tre centimeter i diameter og cirka 50 cm lang. Rebet består af flere tynde snore, der er hånddrejet til reb, der kan være op til fire meter langt. Grupper, eller Passen, på syv, ni eller elleve medlemmer (altid et ulige nummer) står på en række, mens de rytmisk bevæger deres reb til de giver et højlydt knald. Det er en holdindsats, så det er hele holdet, der skal yde godt for at vinde konkurrencen, den mindste mand på holdet starter og den største slutter holdets runde. Konkurrencen afholdes i perioden fra Stephanitag, den 26. december til fastelavnstirsdag. Rebets, der også kaldes for *Goaßln*, høje knald symboliserer fortrængningen af vinteren, og skal vække foråret. Mange bønder tror desuden på, at det giver frugtbarhed, og dermed en god høst på deres enge.

I 2012 deltog 68 ungdomshold og 124 blandede hold med i alt omkring 1.800 personer i konkurrencen i Teisendorf. I marts 2013 blev Aperschnalzen i Rupertiwinkel (den nordlige del af Berchtesgadener Land) optaget på UNESCOs liste over immateriel kulturarv. Traditionen med piskesvingningen går helt tilbage til år 1730. I 1829 kom det oveni købet til et forbud mod at *svinge pisken* i Laufen på grund af forstyrrelse af roen. I 1911 samlede en flok bønder, unge mænd og skoledrenge fra Siezenheim sig på Slotsengen i Kleßheim for at ære Ærkehertug Ludwig Viktor ved at *svinge pisken*. I 1924 blev piskene svunget i Bad Reichenhall. Siden har man hvert år mødtes for at svinge pisken, men interessen for at dyrke denne *sport* bliver mindre og mindre og i dag kan man kun finde grupper i Rupertiwinkel, der er cirka 1.700 aktive *piskesvingere* i Bayern og Salzburg. Siden 1954 har man en uge før fastelavnssøndag mødtes for at dyste om det store mesterskab i Aperschnalzen. Konkurrencen styres af syv dommere, der ikke ser, men hører om grupperne har den rigtige

rytme og lydstyrke i deres smæld med pisken, hvorefter dommerne kan afgive deres point. Det højeste antal point er 200.

## MAIBAUM

Når man kører rundt i Tyskland, og ja i Berchtesgadener Land, er det meget normalt, at se de majtræer, eller Maibaum som de også hedder. Træstammen, som det er, sættes op i byerne, særligt i landsbyerne, det sker oftest op til den første søndag i maj. Stammen er ofte udsmykket med kommunens våbenskjold, samt skilte for byens håndværkerlaug og byens foreninger har deres symboler. Nogle er bemalet i de bayerske blå-hvide farver, ja faktisk er det ternet som det bayerske flag, mens andre stammer, som i Berchtesgaden, bare er en stamme, hvor grenene og barken er fjernet, pånær toppen, dertil fire grankranse i forskellige størrelser. Landsbyerne er stolte af

*Maibaum, her i Berchtesgaden*

93

deres Maibaum, der står som et visitkort i midten af landsbyen. Bag hver stamme er der en fællesskabsfølelse og et sammenhold, der viser sig allerede, når træstammen sættes op samt til byfesten, når der er musik og dans under stammen. Det er nærmest skrevet ind i folks DNA, særligt blandt de unge mænd, der hvert år tager i skoven for at finde det højeste og smalleste grantræ.

Desuden er der altid en venskabelig dyst med nabolandsbyerne om at finde den allerbedste stamme. Den landsby der har fundet den bedste træstamme, skal passe på, at de andre landsbyer ikke sniger sig ind og stjæler deres stamme. Der findes faktisk særlige bayerske regler indenfor tyveri af stammerne. Det vigtigste punkt i reglerne er, at man må **IKKE** beskadige eller save træstammen i stykker. Efter lange og seje forhandlinger mellem den landsby, der har fået *stjålet* deres stamme, og tyvene, *dømmes* tyvene til at hjælpe landsbyen med at gøre stammen klar, både med at male eller afbarke stammen, udsmykke den og stille den op midt i landsbyen. Men det accepterer *tyvene* kun, hvis der er udsigt til rigelig mængder af mad og øl. På den måde består venskaberne mellem foreningerne og landsbyerne. Det er en tradition at gentage disse godmodige drillerier år efter år. Den allersidste regel er, at stammen skal være færdig og opstillet senest klokken 12 middag, præcis, for så ringer kirkeklokkerne og indkalder til bøn.

## BERGFEST I BECHTESGADEN

Bergfest eller skal man kalde det for saltfest? Ja, Bergfest i Berchtesgaden er en fest for arbejderne i saltminen i Berchtesgadens undergrund. Minearbejderne eller Bergknappen, som de også hedder, trækker hvert år til pinse i deres fineste tøj og fejres med et optog gennem Berchtesgaden og en koncert på Schloßplatz foran byens slot. Festlighederne sker pinsesøndag. Pinsemandag, der er den rigtige festdag, starter tidligt for de ansatte med reveille og morgenmønstring i deres kapel, hvorefter de går gennem Berchtesgadens gader. Morgenmønstringen, der starter klokken 6.30 i Kaiser-Franz-Sinkwerk, er kun for de ansatte i minen. Efter morgenmønstringen marcherer de gennem Berchtesgaden til Stiftskirken. Et optog der kan opleves af alle. I Stiftskirken venter en messe. Efter messen marcherer mændene videre gennem Berchtesgaden til saltminelederens bopæl, hvor dennes hustru får overrakt den traditionelle blomsterbuket, den såkaldte *Fahnenstrauß*. Herefter opløses optoget af minearbejderne/Bergknappen og musikere, der i dagens anledning er trukket i deres fineste uniform, hvorefter de går til en nærliggende restaurant for at spise og danse. Den ældste minearbejder, der stadig er i tjeneste, har den store ære at gå med *das Bergmanndl*, der er minearbejdernes symbol.

## ALMSOMMER

Almsommer er noget ganske særligt for bønderne i bjergene, også i

Berchtesgadener Land. Når kalenderen siger slut maj, betyder det at bønderne kan sende deres kvæg på sommergræs på højtliggende sætere i bjergene, dette gør man for at kunne høste græsset i dalene, som skal gemmes til vinterfoder. For mange turister er det et romantiske billede af en bjergbonde. Men egentlig er det for hyrderne et hårdt arbejde, hvor dagene er lange og kan være temmelig ensomme, men at sende kvæget til de højtliggende enge er en vigtig ting for at skaffe nok græs til dyrene gennem sommeren. For nogle bønder betyder det også en ekstra indtægt, når de byder bjergvandrere på en skive brød med hjemmelavet smør og ost og måske en kop øl eller et glas frisk mælk for en skilling. Et besøg på sæteren er ikke kun populært blandt de lokale bjergvandrere også turister synes godt om et besøg på en af de små sommerlandbrug oppe på de højtliggende sætere. *Læs mere om sæterne i kapitlet Almen på side 182.*

## ALMABTRIEB

I bjergene er sommeren kort, og allerede i september eller i starten af oktober er det tid til at trække kvæget hjem til gårdene i dalen. *Der Summa is' umma*, dansk: *sommeren er omme*, som de lokale siger. Allerede omkring 24. august, som også er Bartholomäus-Tag, begynder man at forberede kvægets hjemtur, som også kaldes for Almabtrieb. Tidligere var det nødvendigt at sende sit kvæg på sommergræs på de højere liggende græsgange på Almen/sæ-

> **Alm**
> *Alm er det tyske ord for en sæter eller alpegræsgang.*

terne, da græsset i dalen skulle benyttes til vinterfodring, sådan er det ikke så meget længere, men mange holder fast i traditionerne. Hvis ingen er kommet til skade i løbet af sommeren, særligt kvæget, må man udsmykke sit kvæg, eller som det hedder *Gekranzt*. Det vil sige, at kvæget bliver striglet og gjort rene og udsmykket med et såkaldt *Fuikln*, en særlig hovedudsmykning. En *Fuikln* laves fra bunden hvert år, og for at nå at blive færdige må *die Sennerin* eller *der Senner*, det vil sige den person, hyrden, mand/kvinde, der har passet kvæget hele sommeren.

En *Fuikln* består af fire sammenbundne kranse og en farverig stjerne af træspåner. En Fuikln består af *Fichtenwipfel*, som er toppen af grantræer med en længde på op til 1,5 meter, der bindes sammen til en kugleformet form og bundet på stammen, der bliver dekoreret med farvestrålende rosetter samt farverige træspåner, som dem man benytter til palmebusken til påske. Til en stor Fuikln bliver der benyttet op til 200 rosetter, så det tager tid at fremstille de små kunstværker, som er et ægte håndarbejde. Det tager nemt et sted mellem 25 og 30 timer at fremstille et styk hovedudmykning. Arbejdet med at lave hoveddekorationerne sker ved siden af det almindelige daglige arbejde på Almen. Hovedudsmykningen benyttes kun en enkelt gang, men da det er synd at smide kunstværkerne ud, stilles de ofte frem i stuen eller ved et af stuehusets hjørner. Når kvæget er gjort rene og har fået deres hovedudsmykninger på, går hyrden, som ofte er ledsaget af almbønder og hjælpere, med flokken af kvæg ned mod dalen til kvægets gårde. Turen foregår til fods, også på trafikerede veje. Men dagen, hvor kvæget hentes hjem er en festdag, der tiltrækker mange tilskuere.

I Berchtesgadener Land sker Almabtrieb på en lidt anderledes måde, da store dele af kvæget sendes på sommergræs på Saletalm eller på Fischunkelalm. Det lyder som enhver anden sæter, det er det sådan set også, bortset fra, at man kun kan nå frem til disse højtliggende områder pr. båd! Saletalm er beliggende i den sydlige del af Königssee og Fischunkelalm er beliggende ved Obersee, som kun kan nås ved at transportere kvæget med båd til Salet og lade kvæget gå til Obersee, som for os mennesker tager cirka et kvarters tid, til Fischunkelalm noget længere. Nu er det jo ikke sådan, at kvæget transporteres med de fine turistbåde, nej de transporteres med særlige transportbåde, der også kaldes for Landauere. Sejladsen sker i maj fra den nordlige ende af Königssee, samme sted som turistbådene sejler ud fra, og til Salet. Når sommeropholdet på sæterne er slut sejles kvæget retur til den nordlige ende af Königssee, hvorfra den sidste tur hjem til gårdene foregår til

fods… eller klov. Almabtrieb sker oftest i september.

## BRYLLUPSTID I BERCHTESGADENER LAND

De fleste bryllupper afholdes mellem påske og pinse samt om efteråret, indtil 25. november, en dag der også kaldes for *Kathrein*. Bryllupet afholdes oftest på en lørdag. Indbydelsen til bryllupet sker ved, at man går fra hus til hus og inviterer familie og venner til bryllupsfesten. Det kan tage ugevis at nå rundt til alle, men invitationsturen skal være afsluttet senest en uge før bryllupet afholdes. Tidligt på bryllupsdagen vækkes bruden og brudgommen af de samme skytter, Weihnachtsschützen, der normalt indskyder jul og nytår. Herefter serveres der mad og drikke til skytterne. Efter familiemedlemmerne har bedt en samlet bøn, kører man til stedet, hvor bryllupsfesten skal afholdes og hvor brudeparret opholder sig cirka en time før bryllupet. Et orkester sørger for musik og byder gæsterne velkommen. Fra kroen/restauranten går brudeparret nu sammen med deres gæster og musik til kirken. Efter vielsen går de retur til kroen for at spise, drikke og feste. Drikkevarer betaler gæsterne oftest selv, det er en tradition. Brudeparret forlader ofte festen omkring klokken 22.00, hvor orkestret følger dem ud, musikalsk, og sender parret godt på vej.

## BERCHTESGADENER STUCK

Et Berchtesgadener Stuck er et kugleformet bagværk med rug, korender og julekrydderier såsom nelliker og kanel. Bagværket fremstilles og sælges hovedsagligt i det sydlige Berchtesgadener Land. De blev oprindeligt solgt fra 1. november, Allehelgens dag, frem til Nikolaustag den 6. december, men i dag kan man flere steder allerede købe bagværket fra den første skoledag efter sommerferien, som er i midten af september (de har først sommerferie fra slutningen af juli). Bagværket kan sagtens spises uden smør eller andet tilbehør, men mange skærer den over som bolle og smører den med smør. Det søde bagværk hedder *Stuck*. Ordet *Stuck* stammer fra det højtyske ord *Stück*, men i Berchtesgadener Land hedder det *Stuck*.

Hver bagermester og husmor har deres egne opskrifter, så smagen kan være forskellig fra bager til bager, ikke kun i smag og farve, men også i antallet af rosiner. Tidligere var det sådan, at gudforældrene gav deres gudbørn penge på Allehelgensdag, således børnene kunne gå hen til bageren og købe et *Stuck*-bagværk. Historien bag bagværket kan spores tilbage til den tid, hvor det var fyrsteprovsten i Berchtesgaden der styrede regionen, her blev bagværket benyttet i forbindelse med Allehelgens dag den 2. november. Oftest var det de fattige, mest de ældre, der tiggede om et *Stuck*.

I 1731 forlyder det, at præsten i Schellenberg var en anelse sur, fordi folk benyttede den 2. november til at indsamle brød i stedet for at del-tage i gudstjenesten. Men i Berchtesgaden gjorde man det anderledes, her lagde man brødet på et bord i kirken. Brødet var ofte delt i to eller fire, dette skulle gøre det lettere for tiggerne at dele brødet. I dag giver de mest traditionelle indbyggere i Berchtesgadener Land deres gudbørn lidt penge på Allehelgensdag, penge der også kaldes for *Stuckgeld*.

## ADVENT

Man kan dårlig sige Tyskland uden også at nævne advent og julemarkeder. I Bayern og i Berchtesgadener Land hedder julemarkederne Christkindlmarkt, for her er det ikke julemanden, der kommer med gaverne, men *das Christkind*, altså *Jesusbarnet*. Adventstiden er lig med en masse traditioner, ikke blot Christkindlmarkt, som nævnt, men også krybbespil, Buttnmandl, juleskytter (Weihnachtsschützen), Klöcksingen, Nikolausdag og så videre.

## BERCHTESGADENER BERG ADVENT

*Mere information findes på: www.berchtesgadener-advent.com*

Berchtesgadener Berg Advent betyder, at den historiske bymidte i Berchtesgaden omdannes til en stemningsfuld kulisse til byens julemarked, Christkindlmarkt, hvor det mægtige bjerg Watzmann våger over de gamle traditioner, håndværkskunst og musik. Det er den tid, der også kaldes for *Stade Zeit*, som bedst kan oversættes med *tiden med boder*, som i Berchtesgaden ikke en floskel, men en hyggelig tid, som byder på en langrække af arrangementer for voksne og ikke mindst børn.

## Alpenstadt Advent

*Mere information findes på:*
*reichenhaller-christkindlmarkt.de*

Bad Reichenhall omdannes, ligesom Berchtesgaden, hvert år i tiden op mod jul til et julemarked, eller Christkindlmarkt. Det meste sker på Rathausplatz, hvor de små hytter byder markedets besøgende på en bred palette af regionale produkter af høj kvalitet. Naturligvis er der også boder med Glühwein og andre lokale specialiteter, der hører julen til. Hver dag, på nær den 5. og 6. december, på grund af Nikolaustag og Krampusløb, er det muligt at høre musik på markedet, både folkemusik, men også filharmoniske toner, når medlemmer af Bad Reichenhaller Filharmonikerne giver små kammerkoncerter. Desuden afholdes der et mindre julemarked på Burg Gruttenstein, der lokker mange til fra nær og fjern. Det er desuden en af de få gange om året, hvor man kan opleve den historiske borg. Det er dog ikke blot på Rathausplatz der jules, hele Bad Reichenhall trækker i julehyggen, flere steder rundt i byen finder man udsmykkede grantræer med røde kugler, der er julekrybber i den gamle Saline, Alte Saline, på Florianiplatz, i Nikolauskirche, i Spitalkirche samt i Sankt Zeno. Adventstiden i Bad Reichenhall strækker sig fra slutningen af november til 23. december.

## Juletræet

Den almindelige befolkning i Berchtesgadener Land tog først traditionen med det smykkede grantræ til sig omkring år 1900, selvom det andre steder i Tyskland allerede skete i starten af 1800-tallet. Der er ingen, der pynter deres juletræer ens, mange har glaskugler og ting af plastik på deres juletræer. I Berchtesgadener Land, og særligt i Berchtesgaden, er det mere normalt med træfigurer og træudsmykninger på deres juletræer. Mange bønder brugte de lange vinteraftener på at fremstille ting af træ, træfade, legetøj, musikinstrumenter eller den berømte *Arschpfeiffenrössl*, eller *pivirøvhest*, en træhest med en fløjte som hale, som ikke blot er en traditionel juleudsmykning rundt omkring i hjemmene i regionen, men også et hit blandt turisterne. Under Christkindlmarkt i Berchtesgaden finder man over tyve eksemplarer af de traditionelle træfigurer, der er blevet fremstillet i overstørrelse til en højde på op til to meter.

## Berchtesgadener Kinder Advent

*www.berchtesgadener-advent.de/*
*kinderadvent/*

Et Christkindlmarkt er ikke bare noget for voksne, i Berchtesgaden gør de meget for, at der også er noget for børnene. De kan forvilde sig ind i en juletræslabyrint, de kan male, måske en gave til mor eller far, eller være med til at bage, mens mor og far får et glas Glühwein. En gratis tur i hestevogn er også et stort hit for både store og små.

## NIKOLAUSTAG

6. december er Nikolaustag, en dag der fejres i Berchtesgadener Land. Nikolaus, eller Sankt Nikolaus, var biskop i Myra i det fjerde århundrede. Hans præcise fødselsdato er ukendt, men han døde i år 343. Hans dødsdag fejres hvert år den 6. december. I mange lande er det efterhånden blevet en tradition at give børn gaver i al hemmelighed på netop den 6. december. Det kan dog sættes i forbindelse med myten eller legenden om, hvordan Nikolaus anonymt skaffede tre fattige piger den medgift de skulle have med i deres giftemål, en medgift som de egentlig ikke havde råd til. Men da Nikolaus sørgede for at skaffe dem medgiften, kunne pigerne blive gift med deres udkårne og de slap dermed for at blive solgt til prostitution.

Men faktisk ved man kun ganske lidt om selveste Nikolaus, dog ved man, at mange pilgrimme i det sjette århundrede besøgte hans grav, og at han i det niende århundrede blev helgenkåret af Pave Nikolaus den Første. I dag er den hellige Nikolaus skytshelgen for Rusland, Grækenland og Sicilien samt for sømænd, bagere, apotekere samt jurister. Mere end 2.000 kirker verden over er indviet til ham og bærer hans navn. I Danmark er flere kirker også opkaldt efter den hellige Nikolaus, dog under det mere *danske navn* Nikolaj, så møder man en kirke med navnet Sankt Nikolaj Kirke, er den med stor sandsylighed opkaldt efter hellige Nikolaus. Der findes ofte en Sankt Nikolaj kirke i byer der er beliggende ud mod vandet, eksempelvis i min hjemby, Aabenraa. Men nu er det ikke kirker dette skal dreje sig om, men om traditionen med Nikolaus og det at give gaver på denne dag, og nej, Nikolaus er ikke julemanden.

Man fejrer Sankt Nikolaus den 5. december i byerne og den 6. december på landet. Fejringen sker oftest ved, at Nikolaus, som er en person klædt i bispeklæder, bispehue og en stav i hånden, kommer med gaver. Vel at bemærke, at det kun er de artige børn som får en gave. Nikolaus har følgeskab af Krampus, der straffer de uartige børn, der har lavet ballade. Krampus er ofte klædt i mørkt pelslignende tøj og en hovedbeklædning, der er lavet af enten sort stof eller lammeskind med to horn. Krampus tager de uartige og uvorne børn med i sin sæk, som han så tager med op til det højeste træ i regionen. I Berchtesgadener Land har Nikolaus følgeskab af både Krampus, eller *Kramperl*, som de kalder ham, samt Buttnmandl.

## BUTTNMANDL

Hvem er Buttnmandl? Jo, Buttnmandl er en mand, der er i klædt i lange strå, som bærer en tung koklokke på ryggen, der er bundet til hofterne. Desuden har manden en skind- eller træmaske på, en maske der har horn, lange tænder og en udadhæn-

99

gende tunge. Buttnmandl skal være i konstant bevægelse, således, at man kan høre koklokken hele tiden. Buttnmandl-figuren har desuden en kæp med sig, som han giver forbipasserende et lille slag med. Oftest er det unge piger der får et lille slag. Dette lille slag anses for at være et frugtbarhedssymbol. Ordet *Buttn* er et bayersk ord og der betyder at *ryste*, *rasle* eller *klirre*. Mens Krampus er følgesvend med Nikolaus i hele Berchtesgadener Land, så er Buttnmandl er kun en tradition i det sydlige Berchtesgadener Land.

## BUTTNMANDL OG KRAMPUSLØB

Flere steder i Berchtesgadener Land afholdes der hvert år de såkaldte Buttnmandlløb. Det går ud på, at en gruppe, bestående af Buttnmandl og Nikolaus, går fra hus til hus under råben og skrigen. Når de ankommer til et hus beder de alle om at komme udenfor, hvor den forsamlede familie mødes med en hilsen *Gelobt sei Jesus Christus*, dansk: *Vær hilset Jesus Kristus*. Herefter velsignes husets overhoved med vand. Efter velsignelsen går den hellige Nikolaus samt en eller to af gruppens Buttnmandl ind i huset for at jage de onde ånder væk fra dette hus. Børnene i husstanden synger, læser bønner eller digte op, i håb om at det kan formilde den hellige Nikolaus. Til belønning får børnene en gave, der tidligere var et æble, nødder og tørrede frugter. De uartige børn, derimod, vises ud af stuen og skubbes udenfor i sneen, hvis der

er sne... Herefter går gruppen videre til næste hus, hvor det hele gentager sig.

I Loipl sker det første søndag i advent, i Winkl er det anden søndag i advent og i Maria Gern sker det den 24. december om eftermiddagen. I resten af Berchtesgadener Land kan man møde Krampus og Buttnmandl i følgeskab med biskop Nikolaus den 6. december på Nikolaustag. Oprindeligt blev skikken benyttet i forbindelse med uddrivelsen af vinteren, som skete på de tre hellige *Rauhnächte*, dansk: *røgelsesnætter*, der var den 24. december, 31. december samt 5. januar. Men i forbindelse med indførelsen af kristendommen blev alt hedensk forbudt, valgte man at forbinde skikken med Buttnmandlløbene sammen med den hellige Nikolaus. Fra 1730erne blev skikken ført ind i adventstiden. Efter Anden Verdenskrig og frem til starten af 1960erne var der blot tre grupper, der udførte disse Buttnmandlløb. I 1963 besøgte den første Buttnmandlgruppe, der bestod af soldater fra kasernen i Strub, Berchtesgaden. Herefter blev flere grupper dannet, grupperne består kun af ugifte mænd over 16 år.

## KLÖCKLSINGEN

På de tre første torsdage i advent går hyrdeklædte børn og unge fra hus til hus, hvor de synger, beder bønner eller fremsiger ordsprog. Den tredje torsdag kaldes også for *Hexennacht*, dansk: *heksenatten, Losnacht* eller *Pertnacht*. Denne tradition kaldes for

*Klöcklsingen.* Traditionen der går helt tilbage til det 15. århundrede, hvor man går rundt for at ønske alt godt for den kommende tid, lidt ligesom når mange går rundt til vennerne og ønsker godt nytår. Tidligere var det de fattige, der benyttede tiden op til jul for at gå rundt og *tigge*, da man troede på, at folk var mere mildere stemt overfor tiggere i tiden op til jul. I starten fik de lidt nødder, madvarer, måske et par mønter eller *Kletzen*, som er tørrede pærer. I dag er det ikke så tit, at de unge får spiselige gaver, mange er gået over til at give lidt penge i stedet, penge som så gives til en god sag.

## THOMASTAG

Den 21. december har en stor betydning for de gifteklare unge kvinder. Netop på denne dag er den såkaldte *Bettstattentreten,* en dag, hvor det bestemmes, hvor deres seng fremover skal stå. På denne dag fremsiger de unge kvinder sætningen *Bettstatt i tritt'di, Heiliger Thomas, i bitt' di, lass mir erscheinen, den Herzallerliebsten meinen.* Det er et ordsprog, hvor de unge piger håber på, at den eventuelt kommende kæreste vil vise sig i deres drømme, mens de sover. Den 21. december, kaldes også for Thomastag, Thomas-dag, hvor man fejrer den hellige Thomas.

En anden tradition på Thomasdag er at kaste en sko. Traditionen går ud på, at kvinden kaster en sko over sin højre skulder, hvis lander skoen med skosnuden mod den kastende kvinde, skal kvindens kæreste fri til hende. Hvis skosnuden derimod vender modsat betyder det, at de går fra hinanden. Men heldigvis har kvinderne endnu en chance. De skal bære en bryllupssten (Heiratstein). Dette kan kun foregå på den, i dagens anledning, afspærrede vej mod Hirschbichl. Godt 100 meter før den første bro, finder man en cirka 25 kg tung sten, der er beliggende på en såkaldt basissten. Den store bryllupssten har to greb, der er cirka 2-3 centimeter dybe. Den kvinde som kan bære bryllupsstenen, 25 kg, tre gange eller syv gange rundt om basisstenen, skal den fremtidige ægtemand, ifølge gamle overleveringer, fri til, inden for samme år.

## WEIHNACHTSSCHÜTZEN

Det er ikke helt forkert at sige, at Berchtesgadener Land er traditionernes land. Endnu en tradition er den århundrede gamle tradition med at skyde julen ind, markere de kirkelige helligdage eller festdage. Mellem år 1666 og anden halvdel af det 19. århundrede var det ikke tilladt at skyde julen og nytåret ind, som man gør i dag. Men da Wittelsbach-slægten, den bayerske kongefamilie, kom til, fandt man interesse for traditionen, og jule- og nytårsskuddene blev genindført. I 1887 blev den første officielle forening grundlagt under navnet *Weihnachtsschützengesellschaft Oberherzogberg* og flere fulgte efter. Alle skytteforeninger i Berchtesgadener Land har siden 1925 været samlet under samme organisation *Vereinigten Weihnachtsschützen des Berchtesga-*

101

dener Land, dansk: *De Forenede Jule-skyttere i Berchtesgadener Land*, hvor deres fineste opgave er at sørge for, at traditionen overlever. Foreningen af Weihnachtsschützen har siden marts 2018 stået på UNESCOs liste over Immateriel Kulturarv i Bayern.

I dag findes der i Berchtesgadener Land godt 3.000 *Weihnachtsschüt-zen*, juleskytter, hvoraf cirka 1.100 er aktive, og de er organiseret i 17 foreninger fordelt over hele regionen. Fra den 17. december og frem til juleaften kan man i Berchtesgaden hver eftermiddag klokken 15 høre julen blive skudt ind, det sker samtidig med, at byens kirkeklokker ringer. Dette gøres for, at das Christkind, Jesusbarnet, bedre kan finde vejen til jorden. Traditionen med at skyde julen ind, Weihnachtsschützen, sker over hele regionen. Det er en gammel skik at fyre Böller af i dagene op til jul, da det sker for at melde Jesus-barnets fødsel. Man affyrer også salutter af den 24. december, det sker mellem klokken 23.30 og midnat, som optakt til midnatsmessen. Præcis klokken 24 bliver der stille. Til nytår, den 31. december, affyrer man en række skud klokken 15.00 for at tage afsked med det gamle år, mellem klokken 24 og 0.15 skydes der igen en række skud af for at hilse det nye år velkommen. Desuden affyres der også skud af den første januar, på forskellige tidspunkter, for at byde det nye år velkommen. Affyringen af salutter sker med særlige kanonlignende pistoler, de såkaldte *Böller*, eller de lidt tungere *Standböl-*

> **Zentner**
> En Zentner = 50 kg.
> 25 Zentner = 1.250 kg.

*ler*, der kan affyre et pund krudt af pr. skud. Hvert år bliver der affyret rundt regnet 25 Zentner krudt til jul og nytår.

På en af de såkaldte Böller, kan man eventuelt finde initialerne *RK*, som står for *Rudolf Kriss*, som oprindeligt ejede den. Rudolf Kriss ejede Hofbrauhaus Berchtesgaden og var desuden folklorist og æresmedlem af Weihnachtsschützen, skytteforeningen, der står for indskydningen af julen og andre festdage. Foreningen Berchtesgaden Weihnachtsschützen havde tidligere også Adolf Hitler som æresmedlem, og derfor blev der også skudt med Böller i Obersalzberg. Det var dog ikke alle medlemmer, der ønskede at deltage i skydningen i Obersalzberg, så det skabte konflikter i foreningen. Det skyldtes blandt andet, at skytterne var kristne og nægtede at skyde i forbindelse med nazistpartiets festligheder. En af kritikerne var Rudolf Kriss, og en enkelt kritisk bemærkning førte til, at han blev skrevet på nazisternes *fjendeliste*. Den berygtede præsident for Folkeretten Roland Freisler idømte Rudolf Kriss en dødsdom. Det var kun med en stor portion held, at Rudolf Kriss overlevede naziregimet. I dag er Rudolf Kriss' Böller en del af samlingen på Schloß Adelheim i Berchtesgaden. *Læs mere om Schloß Adelsheim på side 312.*

## AUER
## WEIHNACHTSSCHÜTZEN

Skytteforeningen i Au blev grundlagt pr. 1. januar 1922 i Gasthaus Pechhäusel. Før 1922, hvor der stadig ikke var nogen kirke i Au, gik skytterne til messeskydning, det vil sige midnatsgudstjenesten juleaften, i Berchtesgaden. Sammen med skytterne fra Untersberger Weihnachtsschützen skød de julen ind fra Anzengaß i nærheden af Malerhüsel. I dag foregår skydningen fra Stofflbichl i Au.

## RAUHNÄCHTE

Rauhnächte, eller røgelsesnætter, er en tradition, som benyttes omkring jul og nytår. Det er ikke overalt, at man gør det på helt samme måde, men oftest er den første såkaldte røgelsesnat natten mellem den 21. og 22. december, en nat der også kaldes Thomasnacht (Thomas' nat),

eller vintersolhverv. Den sidste er natten før Hellige Trekonger den 6. januar. I Berchtesgadener Land *røger* man kun tre nætter, nemlig juleaften, nytårsaften samt den 5. januar, natten før Hellige Trekonger. Man beder ved hjælp af Rosenkransen og afbrænder røgelse således, at man kan uddrive de onde ånder. Den sidste røgelsesnat er med til afslutte det gamle år og begynde på det nye, og forhåbentligt bedre år. Man benytter en metalbeholder med huller i, eller en *Rauchpfanne*, der er fyldt med hellig røg eller vievand, der svinges rundt. På røgelsesnætterne skal alle familiemedlemmerne være til stede, således at de der ikke er tilstede ikke *røges ud af huset*, som i overtro betyder, at vedkommende vil dø i nærmeste fremtid.

## DAS CHRISTKIND

Traditionen med Christkind, Jesus-

*Weihnachtsschützen med deres Böller*

barnet, ser man oftest i Syd- og Vesttyskland, i Alsass, Luxembourg, Østrig, Sydtyrol, den tysktalende del af Schweiz, Tjekkiet, Slovakiet, Ungarn, Slovenien samt i det sydlige Brasilien. Her er det nemlig ikke julemanden der kommer med gaverne, men Jesusbarnet, das Christkind. Det er ofte en pige, der er Jesusbarnet, til trods for, at Jesus er af hankøn. Netop den tyske tradition med, at das Christkind er en pige med lys i håret, kan muligvis have haft en indflydelse på udbredelsen af Lucia-skikken i Sverige, og senere også her i Danmark. I Sønderjylland har der været en tradition for at det er *Kingken*, eller *Kindchen*, barnet, der kommer med gaver eller godter til børnene. Om denne tradition stadig benyttes i det sønderjyske skal jeg være usagt, jeg har ikke oplevet *Kingken* i de mere end tyve år jeg har boet i Sønderjylland.

Nå men tilbage til Berchtesgadener Land, for tilbage i Middelalderen fik børnene gaver på Nikolaustag den 6. december eller på *de uskyldige børns dag*, der var den 28. december. Man fik dengang ikke gaver juleaften eller første juledag, som man gør i dag. Man mener, at det var efter Reformationen, at traditionen med at give gaver den 24. eller 25. december begyndte. I Schweiz fik man indtil det 19. århundrede først gaver Nytårsdag, altså den 1. januar, hvor das Christkind blev kaldt for Neujahrskind. Med tiden bredte den evangeliske tradition med gaver den 24. eller 25. december sig, senere

kom traditionen med adventskransen og juletræet også til Bayern og Berchtesgadener Land. Traditionen med, at det er Christkind, Jesusbarnet, der kommer med gaver holder man stadig fast i, selvom det mange steder er blevet *afløst* af den rødklædte julemand.

I dag er Christkind, såvel som Nikolaus eller julemanden, en symbolfigur. En figur der tager mod børnenes gaveønsker og kommer med gaverne. Tidligere var det også det engellignende Jesusbarn, der kom hjem til familierne med gaverne, som julemanden gør. Nogle familier fastholder de gamle traditioner, men desværre, som mange andre ting, er Christkind, som med julemanden, blevet et blikfang i de farverige blade og magasiner på skinnende blankt papir, oftest er det en pige med lyst hår og skinnende blå øjne, der sødt smiler til os alle i tilbudsbladene. Men som med julemanden, er der mange børn, der stadig tror på Christkind. Børnene skriver i tiden op til jul breve til Christkind, hvori de skriver deres ønsker. Christkindl, som Christkind også kaldes, har i Østrig sine egne postkontorer. I Oberösterreich har man siden 1950 modtaget børnenes breve, åbnet dem og ikke mindst svaret børnene tilbage. Fra postkontorerne afsendes der cirka to millioner forsendelser hvert år, alle forsendelser får det særlige stempel. Det højtbeliggende Christkindl-postkontor i Østrig er beliggende på Pitztaler Gletsjer i Tyrol i 3.440 meters højde, her kan børn hvert år fra den 20. til 23. december komme med deres breve. I Tyskland er det en ansat hos Deutsche Post, der tager i mod brevene til Christkindl. I Nürnberg går man lidt anderledes til værks. I forbindelse med byens Christkindlmarkt, er der også en Christkind. Fra 1933 til 1968 var det en skuespiller, der blev klædt ud som Christkind. Men siden 1969 har man, for to år af gangen, valgt en ung pige fra byen til Christkind. Pigen skal være mindst 16 år, og skal gennem de to år være med til at åbne Christkindlmarkederne i regionen samt deltage i jule- og adventsarrangementer. Det er også Nürnbergs Christkind, der åbner Christkindlmarkedet i Chicago.

## STILLE NACHT

Hvem kender ikke julesalmen *Stille Nacht, Heilige Nacht*? Hvert år er der mere end to milliarder mennesker over hele verden, der synger denne salme juleaften. Salmen, der er oversat til mere end 300 sprog, er optaget på UNESCOs liste over immateriel kulturarv. Salmen er for tyskere og østrigere indbegrebet med julen. Men hvem kender egentlig historien om netop *Stille Nacht, Heilige Nacht*? Selvom salmen blev komponeret i Oberndorf, Østrig, trækker den spor gennem Berchtesgadener Land, herunder Ramsau og ikke mindst Laufen, der er naboby til netop Oberndorf i Østrig. Laufen og Oberndorf er kun adskilt af floden Salzach, som også er grænsen mellem Berchtesgadener Land, Bayern, Tyskland og ja... Østrig.

Den oprindelige kirke, Sankt Nikolaus Kirche, hvor salmen blev til i 1818, blev ramt af oversvømmelser fra den nærliggende flod Salzach adskillige gange og var til sidst så ødelagt, at man i 1913 måtte rive kirken ned. I årene 1924 til 1936 skete der en lang række svære politiske og erhvervsmæssige begivenheder på netop stedet, hvor kirken havde stået. Man valgte derfor at opføre et kapel til minde om det frihedsbudskab som salmen er. Stille Nacht Kapelle, som kapellet hedder, er beliggende kun få hundrede meter fra den tysk-østrigske grænse og ja... Berchtesgadener Land. Man kan komme fra Laufen til kapellet til fods ved at benytte Länderbrücke over Salzach. Nu tilbage til salmens spor gennem Berchtesgadener Land. I 1815 blev Joseph Mohr, fra Salzburg, uddannet præst. Hans første job som præst førte ham til Ramsau og kirken Sankt Sebastian, hvor han i halvanden måned var hjælpepræst. Joseph Mohr skrev året efter, i 1816, teksten til Stille Nacht, Heilige Nacht. Kort før julen i 1818 spurgte Joseph Mohr læreren Franz Xaver Gruber fra Oberndorf om at skrive en passende komposition til hans tekst. Det sagde Franz Xaver Gruber ja til, og den 24. december 1818 spillede Franz Xaver Gruber Stille Nacht, Heilige Nacht for allerførste gang i Sankt Nikolaus Kirche i Oberndorf og en legendarisk salme var født.

## ANDRE TRADIOTIONSBUNDNE FORENINGER

Udover traditionerne med at skyde helligedagene ind, traditionen med Nikolausoptog på Nikolaustag i starten af december samt traditionen med at fremstille farverige palmebuske palmesøndag, så eksisterer der også en gruppe der står for fastelavnsoptog. Denne gruppe, *Berchtesgadener Faschingsgilde*, blev grundlagt den 24. februar 1958. Derudover findes der en hjemstavnsforening, *Verein für Heimatkunde des Berchtesgadener Landes*, der blev grundlagt den 26. november 1962. I forbindelse med deres 50 års jubilæum i 2012 blev foreningens navn ændret til *Heimatkundeverein Berchtesgaden e. V.* Foreningen har til opgave at indsamle og formidle regionens historie.

Desuden findes der en forening, *Berchtesgadener Tracht*, der har til opgave at udbrede kendskabet til regionens folkedragter. Folkedragter som vi måske *blot* vil sige er Lederhosen for herrerne og kjole, Dirndl, for kvinderne. En forening som *blot* tager rundt at viser deres dragter og

*Berchtesgadener War, pivirøvhest*

deres folkedanse til turisterne. Men jeg er bange for, hvis jeg sagde dette højt til de lokale, så skulle jeg nok skynde mig at pakke kufferten og skynde mig væk fra Berchtesgadener Land og aldrig i mit liv komme tilbage. For at tage Lederhosen og Dirndl på er ikke *bare* noget de gør for at underholde turisterne. Det er en tradition de er vokset op med, noget som ligger dybt i deres gener. Faktisk synes jeg godt om traditionen med, at man iklæder sig en folkedragt om søndagen samt på fest- og helligdage. Det kunne vi godt lære af her i det høje nord.

En gang om året, en søndag, mødes alle foreninger, *Trachtvereine* (foreningerne, der bedst kan betegnes som folkedansforeninger), skytteforeningerne (Weihnachtsschützen) og musikkapellerne i Berchtesgadener Land til en stor årsfest. Det oplevede jeg selv på min rejse til Berchtesgaden i 2018. Festlighederne starter klokken seks om morgenen ved at en gruppe skytter, de såkaldte Weihnachtsschützen, affyrer deres traditionsrige *Böller*. Affyringen af deres salutter sker fra Lockstein i udkanten af Berchtesgaden, hvorfra man kan høre det langt omkring, og er man ikke vågen, så bliver man vågen. I løbet af morgenen og formiddagen gentages salutteringen, inden foreningerne mødes om formiddagen på byens kroer og restauranter, inden de går til gudstjeneste i Stiftskirken. Efter gudstjenesten samles de og går i optog gennem Berchtesgadens gader.

## Lokalt håndværk

I Berchtesgadener Land er der en lang tradition med at lave kunsthåndværk, oftest er det produkter i træ. Men det omhandler også fremstillingen af Lederhosen, kjoler, instrumenter, instrumenter som eksempelvis de lange Alpenhorn, samt de særlige *Böller*, som blandt andet benyttes til at indskyde jul og nytår. Jeg har tidligere nævnt traditionen med at fremstille juletræsornamenter i træ.

## Alpehornbygger

*Alphornbau Alois Biermaier*
*Am Bahnhof 14*
*83483 Bischofswiesen*
*www.alphornbau-biermaier.de*

Alois Biermaier i Bischofswiesen bygger det særlige musikinstrument, alpehornet, som oprindeligt er et gammelt hyrdeinstrument. Produktionen startede i 1978, efter Alois Biermaier senior, Alois Biermaier junior og Sepp Auer startede gruppen Bischofswieser Alphornbläser, hvor man startede med at spille på horn der var 3,05 meter lange. I 1982 blev værkstedet optaget Guinness' rekordbog, da de havde fremstillet et kæmpe alpehorn der var 20,67 meter langt. I dag spiller orkestret på horn, der er 5,25 meter lange. Siden 2002 er der kommet yngre medlemmer i orkestret der spiller på 4,09 meter lange horn. De spiller til fødselsdage, firmafester og for turister. Alt bliver lavet på værkstedet i Bischofswiesen, som gerne tager mod besøg, hvor man kan få lov til at spille på et ægte alpehorn *Made in Bayern* som de siger. Alpehornet leveres i forskellige længder samt med eller uden motiver, malet på eller snittet ind i træet. Prisen for et alpehorn starter omkring 1.750 Euro, eller godt 13.000 danske kroner.

## Instrumentbygger

*Musik Leinbacher*
*Gmerk 19 • 83471 Berchtesgaden*
*www.lienbacher.de*

I et værksted i Berchtesgaden sidder musiker og instrumentbygger Anton (Toni) Lienbacher og arbejder med både nybygning og reparationer af instrumenter, han er specialist i blæseinstrumenter. Siden 1985 har han haft sit eget værksted, og tæller man hans læretid med, der startede i 1976, har Toni Lienbacher haft over 10.000 instrumenter i sine hænder.

## Böller

*Böller- & Kanonenbau Pfnür*
*Gerner Straße 12*
*83471 Berchtesgaden*
*www.boeller-pfnuer.de*

En Böller er en pistollignende kanon der benyttes til at affyre varselsskud eller salutter med. De er ofte graverede med motiver eller mønstre. De fås i mange størrelser, lige fra de helt små *håndböller*, der kan affyre otte gram krudtpulver, til de helt store håndholdte, der kan affyre op mod 40 gram krudtpulver af pr. ladning. Derudover findes der de mere kanonlignende Böller, der kan affyre fra 100 til 400 gram krudtpulver af pr. ladning. Dertil kommer de små kanoner der kan affyre mellem 30 og 350 gram krudtpulver af pr. ladning. De benyttes blandt andet i Berchtesgadener Land til indskydning af julen, Weihnachtsschützen.

## LEDERHOSEN & DIRNDL

*Engelbert Aigner*
*Metzgerstraße 1*
*83471 Berchtesgaden*
*www.lederhosen-aigner.de*

Man kan ikke sige Bayern/Berchtesgadener Land uden at nævne den traditionelle folkedragt, Lederhosen for drenge og mænd, samt Dirndl for piger og kvinder.

Mændenes traditionelle beklædning består ikke blot af læderbukserne, Lederhosen, men også af en hvid skjorte med randsyninger samt slips, eller *Bindl,* som det også kaldes. Bukserne, Lederhosen, er lavet af enten sort eller brunt læder, ofte hjorteskind, med grønne syninger. Om sommeren er bukserne korte, over knæene, om vinteren er bukserne længere. Dertil bæres der seler, også af læder, med et tværgående bredt læderstykke over brystet med syninger. Dog kan læderbukserne i forbindelse med højfestlige anledninger, som eksempelvis bryllupper, erstattes af sorte stofbukser.

Til de traditionelle læderbukser hører der også sokker, strikkede sokker i en lysegrå eller mørkegrå farve, der går op til knæene. Om somme-

ren kan man dog anvende såkaldte *Wadlstrümpfe* eller *Boa-Hösl,* en slags bredt strikket bånd lige under knæet samt *Füßlinge,* det vil sige strømper der kun lige når over skoens overkant. Skoene kaldes enten for *Haferlschue* eller *Allgäuer,* der er kraftige sorte snøresko. Jakken, der kaldes en *Bandljoppen,* er oftest lavet af lysegråt eller mørkegråt stof med revers.

Dertil en hat af enten filt eller velour, hvor der i båndet rundt om hatten ofte sidder en såkaldt *Hauptzier,* hattepryd, der er lavet af ryghårene fra en gemse, af hjortehår eller blot halen fra en urhane. En stor hattepryd af gemsehår kan snildt løbe op i 1.000 Euro eller godt 7.500 danske kroner. Dertil kommer resten af dragten, som heller ikke er billig. De bedste Lederhosen er fremstillet af hjorteskind, hvor der går to skind til et par bukser. Det tager cirka 25 - 50 timer at håndsy et par bukser, alt afhængig af omfanget af broderier. De fleste Lederhosen går i arv fra generation til generation, men produceres stadig rundt omkring i Berchtesgadener Land blandt andet hos firmaet Engelbert Aigner, hvor de går højt op i at bevare traditionen med håndsyede læderbukser i høj kvalitet.

Kvindernes beklædning, Dirndl, består af en hvid bomuldsbluse med pufærmer, et sort ærmeløs livstykke med grønne syninger. Nederdelen, der også kaldes en *Kittl* går til lige under knæene. Til højtider er farven enten sort eller mørkegrøn. Under nederdelen har kvinderne et underskørt, hvor der bruges fire meter stof. Dertil et halstørklæde, der er kvadratisk 80 x 80 centimeter, som er af enten silke eller af uld musselin. For at beskytte kjolen har man ofte et forklæde i samme farve som tørklædet. Ved at kigge på forklædet, er det muligt at aflæse om kvinden er gift eller ugift. Forklaring! Gifte kvinder har deres forklæde bundet foran til højre, mens ugifte kvinder har deres forklæder bundet foran til venstre. Kvinderne har sorte strømper på, mens pigerne har hvide strømper på. Dertil bærer kvinderne ofte en hat.

## BERCHTESGADENER WAR

*Schloßplatz 1 • 83471 Berchtesgaden*
*www.berchtesgadener-*
*handwerkskunst.de*

I 1535 blev der i Berchtesgaden lavet en såkaldt håndværksordning, som var med til at starte produktionen af trævarer. Varerne blev produceret rundt omkring ved spisebordene på gårdene, når dagens

*Berchtesgadener War*

andre opgaver var klaret, ofte var hele familien i gang. Der blev produceret varer som tallerkener, skeer, gafler, mindre møbler, drikkekar eller legetøj, men det kunne også ske, at der blev produceret arbejdsredskaber. Håndværksordningen gjorde det dermed muligt for bønderne at tjene en ekstra skilling eller to, som var nødvendige til at brødføde familien. Da produktionenen var på det højeste, havde dette håndværk en større betydning end saltproduktionen og landbruget. Varerne blev herefter solgt under varemærket *Perchtsgadener Waar*, som i dag kendes som *Berchtesgadener War*, eller *Berchtesgadener varer*. Særligt det farverige legetøj, som blandt andet var heste, trædukker, miniaturemøbler, fugle og fløjter var populære handelsvarer. I 1872 blev retningslinierne for fremstillingen af trævarerne ændret, hvilket sikrer, at man i dag stadig kan være sikker på, at de trævarer der sælges under varemærket *Berchtesgadener War*, er produceret i Berchtesgaden af lokale kunsthåndværkere.

Når bønderne havde produceret trævarerne, kom handelsmændene forbi, som købte varerne for at sælge dem videre. Det var længe før, der var noget der hed smarte sælgerbiler, ja endda længe før bilen overhovedet var opfundet. Derfor måtte de handelsrejsende bære deres varer på ryggen. De havde et særligt bærestativ, som kaldes for *Kraxen*, hvor varerne blev bundet fast. Derfor blev de handelsrejsende også kaldt for *Kraxenträger*. Herefter gik de handelsrejsende fra sted til sted for at sælge deres varer, den mest berømte var Anton Adner, der trods sit arbejde opnåede en alder på 117 år. *Læs mere om Anton Adner på side 123.*

Men det var ikke nemt for hverken Anton Adner eller de andre omvandrende handelsmænd at sælge deres varer, særligt ikke efter Østrig i det 17. århundrede indførte forbud mod at sælge udenlandske varer, herunder også trævarerne fra Berchtesgadener Land. I det 19. århundrede kom der nye materialer på markedet. Et af disse materialer var blik, der var et materiale, som man kunne benytte til masseproduktion af blandt andet legetøj. Senere kom plastik til. Med de nye materialer betød det, at salget af trævarerne fra Berchtesgaden faldt drastisk og store dele af befolkningen mistede en livsvigtig indtægtskilde. Dette førte til, at man omkring år 1858 åbnede den første håndværkerskole indenfor tømrer- og snedkerfaget. I starten af det 20. århundrede var salget af produkter fra *Berchtesgadener War* faldet yderligere. For at forsøge at stoppe den udvikling, mødtes en folk lokale kunsthåndværkere. Mødet havde kun et punkt på dagsordenen, *hvordan redder vi det gamle håndværk og tradition*. Konklusionen blev, at man ville gøre alt for at redde håndværket og ikke mindst traditionen, men det kunne kun ske ved at tænke på en ny måde. Derfor gik man i gang med at producere souvenirs, legetøj,

musikinstrumenter og juletræspynt, alt i træ eller ben. Produkterne solgte man under det kendte varemærke *Berchtesgadener War*. For at sikre fremtiden yderligere, fik kunstmaler Anton Reinbold i 1911 en fremragende ide. Han satte sig for at pynte et juletræ med miniaturefigurer af det i forvejen kendte trælegetøj fra *Berchtesgadener War*. Dermed var *Berchtesgadener Christbaum* en realitet og dermed også en fremtid for den gamle håndværkstradition. I 1924 blev der stiftet en forening til bevarelse af håndværket, samme år blev *Berchtesgadener War* en del af udstillingen på hjemstavnsmuseet på Schloß Adelsheim i Berchtesgaden. I 1952 blev foreningen overtaget af *Berchtesgadener Handwerkskunst*, der i dag står for salg og markedsføring af kunsthåndværket, som produceres af lokale kunsthåndværkere, nej... ikke noget med *Made in China* eller *Made in Taiwan* i bunden af deres produkter. Jo, man er stolt af sine håndværkstraditioner i Berchtesgadener Land.

## FILM OG TV

Berchtesgadener Land er en yndet filmkulisse. Både film og TV-serier er optaget her, film som eksempelvis *Wildschütz Jennerwein - Herzen in Not* fra 1929/1930 eller *Der Brandner Kaspar schaut ins Paradies* fra 1949. Blandt nyere TV-serier kan jeg nævne *Tierarzt Dr. Engel*, der blev sendt mellem 1997 og 2002 samt *Lena Lorenz*, som bliver optaget i Berchtesgadener Land. Serien er blevet vist på den tysk TV-kanal ZDF siden

2015. Et af optagestederne er Mesnerwirt i Ettenberg, der dog i serien hedder Wirtshaus Almwirt.

Desuden bliver ARD-tvserien *Watzmann Ermittelt,* der på dansk hedder *Mord i Alperne,* også optaget i Berchtesgaden, og politistationen i serien... er i virkeligheden også en politistation. Der er lavet en App med ruten til de originale steder, hvor serien *Watzmann Ermittelt* er optaget, den kan findes på denne hjemmeside: *www.filmregion-berchtesgaden. de/watzmann-ermittelt*

Filmskuespillerinden Magda Schneider (1909-1996) levede i flere årtier i Schönau am Königssee. Hendes datter, Romy Schneider (1938-1982), der blandt mange bedst kendes for sin rolle som Kejserinde Sisi, boede indtil 1949 hos sine bedsteforældre i netop Schönau am Königssee. *Læs mere om Romy Schneider på side 356.*

Flere scener af The Sound of Music er optaget i Berchtesgadener Land. Herunder åbningsscenen, hvor Julia Andrews danser rundt og synger *The Hills are alive.* Denne scene er optaget på bjerget Untersberg ved Marktschellenberg, eller mere præcist på Mehlweg. Det er vigtigt at påpege, at netop dette sted er ikke offentlig tilgængelig, da det er beliggende på privatgrund. Netop i åbningsscenen, der blev filmet på Untersberg, kan Julia Andrews høre klostrets klokker ringe, hvorefter hun standser sin sang og løber mod klostret, Nonnberg, hvor hun når

frem til i løbet af kort tid. Sikke en hørelse og sikke en fart, Ms. Andrews må have... Jo, der er godt 16 kilometer mellem Untersberg og Nonnbergklostret i Salzburg... Netop denne bemærkning, kom fra en guide under en rundtur til nogle af de berømte filmkulisser fra The Sound of Music, jeg var på for et par år siden. Det er iøvrigt en tur jeg kan anbefale. Turen starter og slutter i Salzburg, men den kommer desværre ikke til Berchtesgadener Land. Informationer vedrørende denne rundtur fås på hjemmesiden: *www.panoramatours.com/en/salzburg/tour/original-sound-of-music-tour-tour-1a-28/*

For at blive ved filmen The Sound of Music, blev filmens afslutningsscene, hvor familien flygter over bjerget, optaget omkring Roßfeld Panoramastraße. Her man kan finde informationstavler, der giver flere informationer om optagelserne til filmen. Königssee, Obersee og Höglwörther See og Höglwörth klostret er med i filmen, som en del af introdelen til filmen. Den sande historie om familien von Trapp, *Die Trapp-Familie - ein Leben für die Musik,* fra 2015 er optaget delvist i Berchtesgadener Land, blandt andet ved Sankt Sebastian Kirche og kirkegård i Ramsau, det kongelige Kurhaus i Bad Reichenhall, i Freilassing, i Saaldorf-Surheim samt i Marktschellenberg. Denne film er baseret på den ældste datter, Agnete von Trapps erindringsbog. Under optagelserne boede hele filmcrewet tre uger i Bad Reichenhall. Den tredje film om Indiana Jones, fra 1989, er delvist optaget omkring Roßfeld Panoramastraße.

## MUSIK

I det 18. århundrede komponerede Leopold Mozart, far til Wolfgang Amadeus Mozart og Anna Mozart, komponerede en Børnesymfoni, *Kindersinfonie*, melodien hed oprindeligt *Berchtesgadener-Musik*. Melodien er en hyldest til netop legetøjet fra Berchtesgadener War. I Bischofswiesen producerer man *Berchtesgadener Fleitl*, som er en sopran blokfløjte i tre dele.

Desuden findes der en lang række Blaskapellen, blæserorkestre. Det første var *Marktkapelle Berchtesgaden*, det blev grundlagt den 30. juni 1825. Dette orkester kan man blandt andet opleve på festdage. Det er eksempelvis medlemmer fra kapellet der benyttes som tårnblæsere i byens kirketårne. *Blaskapelle Maria Gern* blev grundlagt i 1946 af Johann Rasp. *Musikkapelle Ramsau* har eksisteret siden 1909, dem kan man opleve ved alle festlige begivenheder. *Jugendblaskapelle* blev grundlagt i 1974 af Johannes Regner. Mens forløberen for *Singschule Berchtesgaden* blev grundlagt omkring år 1800 af lærere, som blandt andet stod for kirkekoret. I 1881 blev den stadig eksisterende sangskole, Singschule, grundlagt af distriktsskoleinspektør Johann Bauer, der også støttede og finansierede sangskolen. I dag finansieres skolen af kommunen. Skolen underviser udover i sang også i instrumentundervisning.

Desuden findes der også en privat musikskole med lokaler fem steder i Berchtesgadener Land, der udover undervisning på de normale instrumenter som guitar og klaver, også tilbyder undervisning på traditionelle bayerske instrumenter såsom hakkebræt (Hackbrett) og citar. Blandt regionens folkemusikere, Volksmusikanten, kan man blandt andet finde *Die (Jungen) Ramsauer Sänger*. Musikeren, DJ'en, musikproducent og sangskriver Karl Bartos, tidligere medlem af gruppen Kraftwerk, er født og opvokset i Berchtesgaden. Karl Bartos anses for at være en af de mest succesfulde nulevende musikere, der har trådt sine barnesko i Berchtesgaden. Bandet Jaywalk, måske ikke så kendt af os nordboere, blev grundlagt i Berchtesgaden i 1998.

## BAD REICHENHALLER PHILHARMONIE
*Salzburger Straße 7*
*83435 Bad Reichenhall*
*www.bad-reichenhaller-*
*philharmonie.de*

Filharmonikerne i Bad Reichenhall blev grundlagt den 6. februar 1868 af den kongelige preussiske musikdirektør og komponist Josef Gung'l. Det var samme år som man opførte den kongelige kurhave/Kurgarten. Men allerede i 1846, da man åbnede den første kuranstalt, Achselmannstein, i Reichenhall, havde man behov for egnet musik til gæsterne, derfor opstod begrebet Harmonie-Musik i 1848. Et orkester på

18 professionelle musikere, herunder Josef Gung'l, spillede passende kurmusik for gæsterne. Det blev det orkester, som blev grundlaget for det filharmoniske orkester. Senere overtog Carl Hühn (1870-1878) og Gustav Paepke (1879-1921) ledelsen af orkestret, der udviklede orkestret, der nu var så stort, at det kunne kalde sig for et symfonisk orkester, der indtil udbruddet af Første Verdenskrig spillede for byens kurgæster. Orkesteret blev mellem 1922 og 1944 kaldt for *Staatliches Reichenhaller Kurorchester* under ledelse af kapelmester Florenz Werner. Efter afslutningen på Anden Verdenskrig blev der sammensat et nyt orkester, hovedsageligt med musikere der under krigen måtte forlade deres oprindelige hjemstavne. Den første koncert, efter Anden Verdenskrig, blev afholdt den 22. juli 1945 foran 1.200 publikummer. Orkestret, der i dag, hedder *Bad Reichenhaller Philharmoniker* er stadig et populært orkester, som i 2018 kunne fejre deres 150 års jubilæum. Selvom orkestret er mere end 150 år gammelt, formår de stadig at forny sig. Orkestret betegnes ikke blot som orkestret fra Bad Reichenhall eller Berchtesgadener Land, men et orkester for hele Sydøstbayern. Orkestret består af 40 fuldtidsmusikere, der giver mere end 350 koncerter om året, enten med hele orkestret eller i mindre ensembler og salonorkestre. Deres filosofi er at gøre den klassiske musik nærværende og til en oplevelse for publikum. De mest populære koncerter er deres kurkoncerter. Tjek deres hjemmeside for koncerter og hvor man kan købe billetter.

## SPORT

Man kan næsten ikke sige Bayern og Berchtesgadener Land uden at nævne sport, særligt vintersport. Men det er måske ukendt for de fleste, at regionen har fostret og stadig fostrer en lang række talentfulde sportsudøvere. På regionens uddannelser kan sportsudøvere kombinere skole og deres sport, som oftest er indenfor vintersport. Der er gode træningsmuligheder og netop det, har ført til, at flere af vintersportens tyske landshold har oprettet træningscentre i regionen. Et af disse anlæg finder man på bredden af Königssee, det er Isstadionet Königssee. Derudover finder man et skitræningsområde i skiområdet Götschen, et område perfekt for alpin og snowboard. Ved Kälberstein finder man skihopanlægget med fire anlæg (K 18, K 27, K 62 og K 90), der kan anvendes både sommer og vinter. På de to store anlæg træner udøverne i Nordisk Kombination samt specialspringerne. Ved bjerget Jenner finder man træningsområdet Krautkaser am Jenner, som i årevis har tiltrukket talrige Weltcup-løb inden for alpinski. Siden 1973 har det været træningsanlæg for de kommende talenter. Desuden finder man den internationale organisation *FIL*, *International Luge Federation*, som er den internationale kælke/slæde organisation, i netop Berchtesgaden.

Man har flere gange gennem tiden

113

forsøgt at få vinter-OL til Berchtesgadener Land og Bayern. I nyere tid har man forsøgt at få vinter-OL i 1992, men nej. Så forsøgte man at få vinter-OL til München og Berchtesgaden i 2018, men igen nej. Men når vinter-OL ikke vil komme til regionen, så må regionens sportsudøvere rejse til OL og vinde metal med hjem. I 1936 blev OL afholdt i Garmisch-Partenkirchen og her vandt Franz Pfnür, der var født i Au (en bydel til Berchtesgaden), guld i skisportsdisciplinen Alpin Skisport Kombination. Efter OL blev Franz Pfnür inviteret til kaffe hos Adolf Hitler i Obersalzberg, efterfølgende blev Franz Pfnür en del af SS, men det er en helt anden historie. Ved det seneste vinter-OL i 2022 vandt flere af de lokale sportsudøvere metal med hjem til Berchtesgadener Land. Så jo... de kan noget med sport i Berchtesgadener Land.

## SPORTSKLUBBER

Når man siger sport tænker mange på fodbold, håndbold, badminton og så videre, men i Berchtesgadener Land findes der sportsklubber for forskellige vintersportsdiscipliner, som bowling, vandreklubber, cykelklubber, drageflyveklubber, skakklubber og meget mere. Men de mest kendte er klubber som Rodelclub Berchtesgaden (RC Berchtesgaden) eller WSV Königssee. To klubber som beskæftiger sig med bobslæde og kælk, som har fostret mange talenter gennem tiden. Talenter som har deltaget ved vinter-OL, verdensmesterskaber og Europamesterskaber

og som har vundet en lang række medaljer. Her kan jeg nævne navne som Susi Erdmann, Georg Hackl, Felix Loch, Barbara Niedernhuber, Hans Stanggassinger og Franz Wembacher. Ukendte navne for de fleste danskere, men store navne i netop Berchtesgadener Land og i deres sportsgren. Skiklub Berchtesgaden (SKB), der blev grundlagt tilbage i 1906, tilbyder sine medlemmer discipliner indenfor skisport, Alpin, Biathlon og så videre. Denne klub har også haft medlemmer med til vinter-OL samt store mesterskaber. Friedl Däuber blev i 1932 verdensmester i slalom. Friedl Däuber og klubkammeraten Josef Ponn deltog begge i vinter-OL i 1936. TSV Berchtesgaden, grundlagt i 1883, er en sportsforening med breddeidrætten, som fodbold, gymnastik, basketball, volleyball, atletik, bowling, golf, dykning, vandring, drageflyvning, paraglidning, skisport, tennis, cykling med videre.

## EISARENA KÖNIGSSEE

*An der Seeklause 43-45*
*83471 Schönau am Königssee*
*www.eisarena-königssee.de*

For foden af Grünstein, på bredden af Königssee finder man den store isarena, EisArena Königssee, der blev opført i 1968. Isarenaen anses for at være verdens ældste kunstisstadion, men i forbindelse med VM i bobslæde i 2011, blev hele stadionet renoveret og ført up-to-date. Stadionet danner hvert år ramme for mange topatleter indenfor sportsgrene bobslæde og kælk, når de konkurrerer om metal i både nationale og internationale konkurrencer. Banen er 1.640 meter lang og har i alt 16 kurver af forskellige sværhedsgrader. Blandt de lokale atleter, der gennem tiden har lagt tusindvis af træningstimer for at blive blandt verdens bedste, er Georg Hackl, der også er bedre kendt som *Hackl Schorsch*, han vandt i sin aktive karriere tre OL-guldmedaljer, 2 OL-sølvmedaljer, tre VM-titler og syv gange kom han ind på anden pladsen ved VM.

Men i døgnene omkring den 17. juli og 18. juli 2021 blev den isarenaen ved Königssee alvorligt beskadiget, da der faldt store regnmængder, som førte til store og alvorlige oversvømmelser. Regnmængderne førte store mængder af sten og klippestykker med sig, som blandt andet ramte isstadionet ved Königssee. Bobslædernes starthus samt den øverste del af banen blev ødelagt, mens de øvrige bygninger, samt banens kø-

lerør forblev uskadt. Det formodes, at det kommer til at koste omkring 53,5 millioner Euro at genopbygge anlægget. I januar 2022 kunne man tage den nederste del af banen i brug, når vejret tillod det, da man var afhængig af vinterens kulde for at køre på anlægget, da det kunstige isanlæg var lukket af. Men det var muligt at træne børnene på det midlertidige anlæg, mens andre måtte køre til andre træningsanlæg. I april 2022 begyndte genopbygningen af bobslæde- og kælkebanen, da man demonterede de ødelagte dele af banen. I efteråret 2024 vil man gå i gang med at genopbygge banen, og i begyndelsen af 2025 satser man på at kunne gå i gang med starthuset. Lige nu håber man og krydser fingre for, at det er muligt at geninvie isarenaen i november 2025, og dermed byde atleterne velkommen tilbage til de mange konkurrencer fra sæsonen 2025/2026. EisArena Königssee har fået tildelt verdensmesterskaberne i 2028.

*EisArena Königssee*

115

Udover kendte sportsudøvere, har regionen også tiltrukket mange andre prominente personligheder indenfor litteratur, kunst og kultur til. Jeg forstår dem, det er et skønt område... Berchtesgadener Land. Indenfor litteratur kan jeg nævne personligheder som Ludwig Ganghofer, Richard Voß samt nordmændene Jonas Lie og Henrik Ibsen, der alle opholdte sig i regionen i kortere eller i længere perioder, og hvor de muligvis, blev inspireret af dem de mødte undervejs. Indenfor maleriet kan jeg nævne Caspar David Friedrich, der var landskabsmaler, grafiker og lavede kobberstik. I 1830erne var der ved Hintersee en kendt kunstnerkoloni, hvor man kunne møde kunstnere som Wilhelm Busch, Carl Rottmann, Ludwig Richter, Carl Schuch, Karl Hagemeister, Thomas Fearnley, Friedrich Gauermann, Ferdinand Waldmüller og Frederik Christian Kiærskou. Ved Königssee var der en anden kunstnerkoloni, som tiltrak kunstnere som Johann Baptist Isenring, Max Wolfinger og Arnold Forstmann, der var med til at male de første motiver der blev benyttet i regionens første *reklamemateriale*, der i slutningen af det 19. århundrede var med til at kickstarte turismen i Berchtesgadener Land. Men også kunstnere som Adalbert Waagen (1833-1898), Edward Harrison Compton (1881-1960) samt Friedrich Ludwig (1895-1970) har været inspireret af landskaberne i Berchtesgadener Land i deres motiver. Nogle af kunstnerne var født i Berchtesgadener Land, mens andre valgte at bosætte sig i regionen, hvor de boede resten af deres liv. Blandt disse var blandt andre Konrad Westermayr, Fritz Richter, Will Klinger-Franken og Gertrud von Kunowski. Mens andre blev stærkt betaget af regionen i deres bøger eller kunstværker, det var folk som Ludwig Ganghofer, Richard Voß samt Caspar David Friedrich. Her kommer et miniportræt af de kunstnere, om end det så er malerkunst eller skrivekunst samt miniportrætter af *turismens moder* Mauritia *Moritz* Mayer samt af den handelsrejsende Anton Adner.

## KONRAD WESTERMAYR

Konrad Westermayr blev født den 11. januar 1883 i Ramsau. Westermayr var tysk maler og benyttede ofte motiver fra sin hjemegn eller mennesker, ofte sig selv, sin far og søster, sin hustru eller hendes familie i sine malerier. Konrad Westermayr var blot 14 år gammel, da han startede i lære hos glaskunstneren Karl Ule i München, hvor han også gik et semester på billedkunstakademiet. I 1907 fik Konrad Westermayr et stipendium til Bruno Paulsches kunsthåndværkerskole i Berlin. I 1910 forlod Konrad Westermayr skolen og levede herefter skiftevis i Berlin og i Ramsau. Hans første udstilling åbnede i januar 1914 hos *Graphischen Kabinett J. B. Neumann* i Berlin. 1914 var også året, hvor Første Verdenskrig brød ud, kort før krigens udbrud giftede Konrad Westermayr sig med købmandsdatteren Sofie Fleischmann den 28. juli 1914 i München. I februar 1915 blev Konrad Westermayr indkaldt til den tyske hær, blot få måneder senere, i juni, blev hans datter Barbara født. Efter to år i garnisonstjeneste blev Konrad Westermayr i foråret 1917 sendt til fronten, og faldt i kamp ved Ieper i Flandern den 2. august 1917.

## FRITZ RICHTER

Fritz Richter blev født den 19. december 1904 i Salzburg, men levede fra 1931 og indtil sin død den 20. maj 1981 i Berchtesgaden. Fritz Richter var tysk maler og grafiker, han arbejdede dog mest som træbilledskærer. Fritz Richters forældre, kunsthandler Eugen Richter og fru Margarete, stammede oprindeligt fra Dessau. Fritz Richter har i sin biografi skrevet, at skolen i Salzburg gav ham dårlige karakterer i tegning, mens byen senere gav ham en sølvmedalje for sin virken. Heldigvis lyttede Fritz Richter ikke til sin tegnelærers ord, ord der stemplede ham som en elendig tegner, for senere blev han optaget på Akademiet for grafisk kunst i Leipzig under Georg Belwe. Senere kom Fritz Richter til at arbejde som selvstændig kunstner indenfor grafik og som træbilledskærer. Efter et kort ophold i München flyttede Fritz Richter i 1931 til Berchtesgaden, hvor han blev boende indtil sin død. Fritz Richter var af og til på studierejser til både Italien, Frankrig og Balkan. Under Anden Verdenskrig var Fritz Richter indkaldt til militæret, men man ved dog ikke om det var som soldat eller sygepasser. I 1955 måtte Fritz Richter, grundet sygdom, stoppe med at udføre træskærerarbejde, men han fortsatte med at male og tegne, blandt andet akvareller af sine omgivelser i Berchtesgadener Land. Indtil 1970erne havde Fritz Richter sit atelier ved siden af Franziskanerkirche i Berchtesgaden, hvorfra han fremstillede og solgte aftryk af sine træskærearbejder. Blandt hans værker var *Groteske einer Stadt*, *Und über uns der Himmel* eller *Das Saxophon spielt der Tod*. Senere lavede han også værker med filosofiske temaer, eksempelvis til Goethes Faust. Mange af hans værker findes i dag rundt omkring på alverdens museer i München, Salzburg eller på Metropolitan Museum New York samt Museum of Art Rhode Island.

## WILL KLINGER-FRANKEN

Will Klinger-Franken, født 21. september 1909 i Veitshöchheim, var tysk kunstmaler. Will Klinger-Franken blev allerede som seks årig undervist i tegning af den impressionistiske maler Peter Würth. I 1923 blev Will Klinger-Franken uddannet som kirkemaler i Würzburg samtidig med han modtog undervisning af professor Heiner Dikreiter på kunstskolen. I 1925 åbnede Will Klinger-Franken sit første atelier i Würzburg. I 1930 drog han til München, hvor han startede på et ti årigt langt studium på Akademiet for billedkunst. I 1935 og 1937 var han på studieophold i Italien. Ved siden af arbejdede Will Klinger-Franken som konservator hos professor Schmuderer i München. Will Klinger-Franken blev i 1941 gift med Anita Mueller, der kom fra Bremen. Efter hans atelier blev ødelagt af de allieredes bombardementer i 1944 blev parret evakueret til Benediktbeuern i nærheden af Bad Tölz. I 1946 flyttede Will Klinger-Franken, hans hustru og lille datter, Eva, til Worpswede og 1948 til Veitshöchheim, hvor sønnen, Thomas, blev født i 1951. Will Klinger-Franken havde været på besøg i Schönau am Königssee for første gang i 1936, det havde han åbenbart syntes godt om, for fra 1948 tilbragte han og hans familie sommeren enten i Chiemgau eller i Berchtesgadener Land. I 1960 valgte han og familien at opføre et hus i Ramsau, hvor han boede indtil sin død den 31. marts 1986. Hans børn Eva Klinger-Römhild og Thomas Klinger har fulgt i faderens kunstneriske fodspor, Eva som billedhugger samt keramiker og Thomas som fotograf.

**GERTRUD VON KUNOWSKI**

Gertrud von Kunowski, født Eberstein, blev født den 24. april 1877 i Bromberg. Gertrud von Kunowski var tysk maler. Hun modtog undervisning på Breslauer Kunstskole og fra 1895 modtog hun undervisning på Münchener Damenmalschule, hvor hun mødte manden, Lothar von Kunowski (1866-1936), som hun blev gift med i 1902. I 1901 grundlagde hun en malerskole i München. I 1904 bosatte hun sig i Rom og i 1905 rykkede hun videre til Berlin. I

1909, da hendes mand blev professor og leder af en kunsthåndværkerskole i Düsseldorf, flyttede Gertrud von Kunowski med, hvor hun blev boende indtil mandens død i 1936. Herefter flyttede Gertrud von Kunowski til Schönau am Königssee, hvor hun boede og arbejdede indtil sin død den 17. juni 1960.

**CASPAR DAVID FRIEDRICH**

Caspar David Friedrich blev født den 5. september 1774 i Greifswald, der på dette tidspunkt var under svensk herredømme. Caspar David Friedrich var den sjette ud af ti børn. Faderen Adolf Gottlieb Friedrich var lysestøber og sæbekoger. Allerede som ganske ung begyndte Caspar David Friedrich at interessere sig for kunst. I 1790 modtog han privatundervisning hos kunstneren Johann Gottfried Quistorp på universitetet i Greifswald. Quistorp tog ofte sine studerende med ud på udflugter for at lære dem at tegne udendørs, og Caspar David Friedrich blev derved tilskyndet at tegne efter naturen i en ung alder. Caspar David Friedrich studerede fra 1794 til 1798 på Det Kongelige Danske Kunstakademi i København. I januar 1798 modtog han undervisning på modelskolen, der var under ledelse af Andreas Weidenhaupt, Johannes Wiedewelt og Nicolai Abildgaard. Efter Kunstakademiet i København slog han sig ned i Dresden. I 1805 vandt Caspar David Friedrich en pris ved en konkurrence i Weimar, der var organiseret af forfatter, digter og dramatiker Johann Wolfgang von Goethe, dette var sandsynligvis med til at grundlægge Caspar David Friedrichs rygte som kunstner.

Caspar David Friedrich blev den 21. januar 1818 gift med Caroline Bommer, der var datter af en farver fra Dresden. Parret fik tre børn. Omkring år 1820 besøgte Storfyrste Nikolaj af Rusland Caspar David Friedrichs atelier. Storfyrsten bragte efterfølgende en lang række malerier med sig hjem til Sankt Petersborg. Kort efter lærte Caspar David Friedrich den russiske digter Vasilij Zjukovskij at kende. Zjukovski var lærer for Alexander den Anden, og Zjukovski hjalp Caspar David Friedrich med den fortsatte kontakt til de russiske kongelige, der købte flere af hans værker. Selv den danske kongefamilie er i besiddelse af flere af Caspar David Friedrichs værker.

Caspar David Friedrich var tysk romantisk landskabsmaler, han blev af mange betegnet som den vigtigste kunstner i sin generation, og den franske billedhugger David d'Angers (1788-1856) omtalte Caspar David Friedrich som en mand der havde opdaget *landskabets tragedie*. På trods af dette faldt Caspar David Friedrichs arbejde i unåde senere i hans liv, og Caspar David Friedrich døde i glemsel. Ifølge kunsthistorikeren Philip Miller var Caspar David Friedrich til sidst en anelse *halv gal*, i dag vil man nok kalde ham excentrisk og melankolsk. Caspar David Friedrich er i dag mest kendt for sine landskabsmalerier, som han malede i midten af sin karriere. Malerier der viser eftertænksomme figurer i silhuet mod natteskyer, morgentåge, nøgne træer eller ruiner. Caspar David Friedrich blev inspireret fra naturen omkring Østersøen, herunder Rügen, men også Bøhmen og Harzen var blandt hans yndlingsrejsemål. I slutningen af hans liv levede Caspar David Friedrich mere og mere som en eneboer, og mange betegnede ham som *den mest ensomme af de ensomme*. Han levede i dyb fattigdom og overlevede kun på grund af vennernes godhed. Han levede isoleret, og tilbragte mange timer med at vandre alene gennem skove og marker. Oftest startede hans vandringer allerede ved solopgang og oftere endda før solopgang.

Caspar David Friedrich blev i juni 1835 ramt af sit første slagtilfælde, der gav mindre lammelser i hans lemmer og begrænsede hans evner til at male. Derfor måtte han opgive at male med oliemaling og kun fortsætte med vandfarve. Hans syn forblev godt, mens styrken i hånden blev svagere og svagere. Caspar David Friedrich døde den 7. maj 1840. Hans død blev knapt bemærket i kunstnersamfundet, da hans ry og berømmelse var stærkt falmet på dette tidspunkt. I slutningen af 1800-tallet bevægede Tyskland sig i retning mod modernisme, hvor der opstod en slags følelse af hastværk i kunsten, det betød, at Caspar David Friedrichs malerier blev set på som et produkt af fortiden. I begyndelsen af det nye århundrede, 1900-tallet,

119

opdagede man atter hans malerier. I 1906 blev 32 af Caspar David Friedrichs malerier og skulpturer udstillet i Berlin for første gang. I 1920erne blev hans kunst opdaget af ekspressionisterne og i 1930erne og i starten af 1940erne fandt surrealisterne og eksistentialisterne inspiration i hans kunstværker. I 1930erne, da nazismen blomstrede opnåede Caspar David Friedrich en opblomstring af popularitet, selvom manden havde været død i næsten hundrede år. Men populariteten blev afløst af en nedtur, da Caspar David Friedrichs kunstværker blev sat i forbindelse med nationalismen og misfortolket af mange som for at være nationalistiske. Det var først i slutningen af 1970erne, at Caspar David Friedrich genvandt sin position som ikon for den tyske romantiske bevægelse og som maler af international betydning. Caspar David Friedrich var en flittig kunstner, det menes at han har fremstillet over 500 værker.

Men hvad har Caspar David Friedrich og Berchtesgadener Land med hinanden at gøre? Jo, udover at være fascineret af de hvide kridtskrænter på Rügen, var Berchtesgadener Land også et yndet sted for Caspar David Friedrich. Han malede i 1824/1825 et maleri af regionens vartegn, bjerget Watzmann. Det var et oliemaleri på lærred i størrelsen 136 x 170 cm, et af de større malerier fra Caspar David Friedrich. Nu skriver jeg jo, at Berchtesgadener Land var et yndet sted for Caspar David Friedrich, men faktisk har han aldrig været der. Det store maleri af Watzmann malede han efter en akvareltegning, der i øvrig var tegnet af en af hans elever. Maleriet er i dag udstillet på Alte Nationalgalerie i Berlin.

## LUDWIG GANGHOFER

Den tyske digter og forfatter Ludwig Ganghofer blev født den 7. juli 1855 i Kaufbeuren. Ludwig Ganghofer var søn af en skovfoged, dermed voksede den unge Ludwig Ganghofer op forskellige steder i Bayern. Det lå ikke lige i kortene, at unge Ludwig Ganghofer skulle blive hjemstavnsdigter og forfatter, for efter sin gymnasietid arbejdede han fra 1873 på en maskinfabrik som maskinarbejder og montør, og i 1875 startede han på maskinkonstruktørskolen i München. Dette studium blev senere skiftet ud med litteraturhistorie og filosofi, også i München, senere fortsatte studierne i både Berlin og Leipzig. I 1880 skrev Ludwig Ganghofer sit første skuespil Der Herrgottschnitzer von Ammergau til Münchner Gärtnerplatztheater, hvor det blev spillet 19 gange, i Berlin blev det opført mere end hundrede gange. Ludwig Ganghofer arbejdede samtidig på Wiener Ringtheater, som freelancemedarbejder på familiebladet Die Gartenlaube samt som redaktør på avisen Neuen Wiener Tageblatts kulturelle sider.

I 1883 var Ludwig Ganghofer på ferie med sin hustru, Kathinka, og datter Charlotte, i Ruhpolding. Den 7. juli var de taget på udflugt til Königssee i Berchtesgadener Land, her blev Ludwig Ganghofer fascineret af den storslåede natur omkring Königssee. Han blev faktisk så fascineret af stedet, at han omgående flyttede sin feriedomicil fra Ruhpolding til Königssee. Fra 1883 til 1885 tilbragte han og familien deres sommerferie på Hotel Schiffmeister, der stadig eksisterer, og som er beliggende direkte ned til Königssee, som for Ludwig Ganghofer var grandios og en hellig skinnende skønhed. Den bayerske forfatter var blot en af mange kreative mennesker, som fandt plads i Berchtesgadener Land til at udtrykke sig på skrift eller i billedsprog. Ludwig Ganghofer (1855-1920) udtalte således: *Herr, wenn du lieb hat, den lättest du fallen in dieses Land!* På dansk: *Herre, hvis du elskede, ville du blive forelsket i dette land!*

Ludwig Ganghofer skrev syv romaner, hvor Berchtesgaden og Berchtesgadener Land havde en central rolle i handlingen. Det er romanerne *Die Martinsklause*, *Klosterjäger*, *Der Mann im Salz*, *Schloß Hubertus*, *Der Jäger vom Fall*, *Edelweißkönig* samt *Der Ochsenkrieg*. Under Første Verdenskrig (1914-1918) arbejdede Ludwig Ganghofer som krigsreporter. Ludwig Ganghofer døde den 24. juli 1920 ved Tegernsee, blot 65 år gammel. Han er i dag begravet i Rottach-Eggen ved siden af en anden tysk forfatter, nemlig Ludwig Thoma.

Ludwig Ganghofers romaner er blandt de mest filmatiserede blandt tyske forfattere. Særligt i 1920erne blev hans hjemstavnsromaner filmatiseret. Flere af hans bøger er endda blevet filmatiseret flere gange, eksempelvis er romanen *Der Jäger vom Fall* blevet filmatiseret hele fem gange. Ofte var det Ludwig Ganghofers ven, Peter Ostermayr, der var grundlægger af Bavaria Filmstudios og den tyske filmskole i München, der stod bag filmene. Peter Ostermayr skulle eftersigende havde produceret mere end tredive af Ludwig Ganghofers film. I dag vises filmene med jævne mellemrum stadig i biografer og i fjernsynet. I dag er Ludwig Ganghofer, såvel som Peter Ostermayr, æresborgere i Berchtesgaden. I byens Kurgarten ved kongreshuset kan man finde en statue af de to mænd. Selv på terrassen på hotellet Kempinski Berchtesgaden kan man finde et mindesmærke over den berømte forfatter. I Berchtesgaden er der ligeledes opkaldt en gade efter forfatteren, og en gang om året holder butikkerne i Berchtesgaden åbent en søndag, dagen kaldes for *Ganghofer Sonntag*, dansk: *Ganghofer søndag*.

## RICHARD VOSS

Richard Voss, eller Voß, var tysk forfatter. Han blev født den 2. september 1851 på Gods Neugrape i Pommern. Richard Voß rejste meget i sine unge år, især til Italien. I krigen mod Frankrig 1870-1871 var Richard Voß indkaldt til militærtjeneste, men blev såret. Herefter studerede han i Jena og senere i München. Fra 1874 levede han delvist i nærheden af Königssee og delvist i Frascati ved Rom i Italien. I hans villa *Bergfrieden* var der ofte besøg af kunstnere og adelige. I hans villa, *Villa Falconieri*, i Frascati, havde han blandt andet besøg af Wilhelm den Anden. I 1884 blev Richard Voß bibliotekar på borgen Wartburg ved Eisenach. Selvom Richard Voß blev gift med Melanie von Glenck i 1878, levede han et dobbelt liv med kærlighedsforhold til mænd. Richard Voß var kendt for at have homoseksuelle forhold og samlejer med mænd fra adelen, herunder Ernst von Wildenbruch og Prins Georg von Preußen. Det var ildeset og gav også Richard Voß problemer.

Under et kurophold i Bad Reichenhall lærte Richard Voß Mauritia Mayer at kende. Mauritia Mayer var i Berchtesgadener Land bedre kendt som Moritz Mayer, som ejede Pension Moritz i Obersalzberg. Selvom der var en aldersforskel på atten år, forblev de gode venner indtil hendes død. I sin bog *Zwei Menschen* fra 1911 var der en hovedperson med navnet Judith Platter, hvis karakter og personlighed mindede om *Moritz Mayer*. I 1916 forslog Richard Voß, at der skulle hugges en overdimensioneret bayersk løve ind i Falkenstein-klippen ved Königssee, som skulle være et krigsmindesmærke. Men i stedet blev forløberen for Nationalpark Berchtesgaden oprettet i stedet. Richard Voß døde den 10. juni 1918 i Berchtesgaden, hvor han blev begravet på den gamle kirkegård, Altes Friedhof, ved Franziskanerkirche i Berchtesgaden.

## MAURITIA MORITZ MAYER

Mauritia Johanna Georgia *Moritz Mayer*, blev født den 25. september 1833 i Unterwössen, og døde den 1. marts 1897 i Obersalzberg. Mauritia Mayer, der også blev kaldt for *Moritz*, var ejeren af Pension Moritz i Obersalzberg. Mauritia Mayer anses for at være pioner og grundlægger af den turisme, som Berchtesgadener Land i dag er kendt for. Mauritia Mayers forældre havde en pension i Bad Reichenhall, hvor hun som ung mødte den yngre Richard Voß, som hun udviklede et livslangt venskab med. Mauritia Mayer blev husholder for en plejekrævende kvinde, Frau von Lindwart. I en alder af godt 40 år erhvervede Mauritia Mayer i 1873 en gård i Mitterbach for 6.000 Gulden. Samme år blev der indrettet værelser i en sidebygning, som hun lejede ud til betalende gæster, for at tjene lidt ekstra til husholdningen, da det var lidt svært at leve af landbruget.

Men Mauritia Mayer havde problemer med en af naboerne, som var syg, så gården i Mitterbach blev solgt i 1875, hvorefter Mauritia Mayer formodentlig rejste til Meran, men vendte retur til Berchtesgadener Land i 1877, hvor hun købte gården *Steinhauslehen* og tilhørende sæter Kehlalpe i Obersalzberg. Hun ombyggede gården, og åbnede sin pension, Pension Moritz. Senere overtog hun også Gästehaus Hoher Göll. Hendes lille pensionat blev hurtigt et yndet sted for mange prominente gæster, såsom Richard Voß, Clara Schumann, Johannes

Brahms, Ludwig Ganghofer, Carl von Linde og mange flere. Senere købte Mauritia Mayer også ejendommene Lacknermühle og Riemerlehen i Resten samt en skov. Den 1. marts 1897 faldt Mauritia Mayer om med et slagtilfælde og døde. Hun blev begravet på Altes Friedhof ved Franziskanerkirche i Berchtesgaden, hendes gravsted finder man i kirkegårdens sydøstlige ende. *Læs om Pension Moritz på side 18.*

## ANTON ADNER

Anton Adner, der blev født i 1705 i Schönau. Anton Adner døde som 117 årig i 1822, og er i dag begravet på kirkegården ved Franziskanerkirche i Berchtesgaden. Anton Adner var en såkaldt *Kraxenträger*, som kort betyder en omvandrende handelsmand der bar sine varer, *Kraxen*, på ryggen, mens han gik fra hjem til hjem, i håbet om at sælge sine varer, heriblandt Berchtesgadener War. Anton Adner var den mest berømte af de omvandrende handelsmænd i Berchtesgadener Land, og i en alder af 114 år gik han hele vejen fra Berchtesgaden til München, næsten 160 kilometer, for at bestige kirketårnet i Frauenkirche. *Læs mere om det lokale kunsthåndværk Berchtesgadener War på side 109.*

*Anton Adners gravsted på kirkegården ved Franziskanerkirche, Berchtesgaden*

# DET KULINARISKE

Man kan ikke sige Bayern uden også at nævne **ØL**! Og **MAD**! Derfor kommer her et lille indblik i, hvad man som gæst i Berchtesgadener Land kan forvente at kunne smage, om end det er mad, øl eller snaps.

## ØL

I begyndelsen af det 19. århundrede var der cirka 30.000 bryghuse og bryggerier i hele Bayern, i dag er der *blot* 620 tilbage. I Berchtesgadener Land er der 5, som stadig brygger efter Reinheitsgebot, renhedspåbudet. Det er Bürgerbräu i Bad Reichenhall, Privatbrauerei M.C. Wieninger i Teisendorf, Hofbrauhaus i Berchtesgaden, Weißbräu i Freilassing samt Brauerei Schönram. Egentlig er bryghuset Schönram ikke hjemhørende i Berchtesgadener Land, men mange lokale drikker denne øl, derfor er dette bryghus nævnt her i bogen. Selvom de private bryghuse måske ikke er så kendte blandt os danskere, så forstår de at brygge god kvalitets øl. De kan deres håndværk og tit går bryghusenes historier mange hundrede år tilbage. Bryggerne gør meget ud af at benytte gamle familieopskrifter og de allerbedste råvarer, således at de fortsat kan levere noget af det bedste øl i hele Bayern, og øl fra Berchtesgadener Land er blandt det bedste øl i Bayern. Lige meget hvad man mener om øl og om Bayern, så er øl bare en vigtig del af livet i Bayern, især når det gælder fester, for når man fester i Bayern så drikker man øl, og helst de lokalt bryggede øl. På gæstgiverierne og restauranterne bliver der serveret det lokale øl, så hvis du foretrækker en Carlsberg eller Tuborg... så må du kigge langt efter de to bryggerier i Berchtesgadener Land. Ja, øl og Bayern hører sammen.

## REINHEITSGEBOT

Reinheitsgebot, eller renhedspåbudet, er en lov om ølbrygning, som blev indført i 1516 i Bayern af den bayerske Hertug Wilhelm den Fjerde. Han sagde, at al øl skulle brygges som øllet blev brygget på landet. Både sommer og vinter. Siden bredte loven sig til at gælde i hele Tyskland. Men allerede i 1493 blev der lavet en lignende lov for byerne Augsburg, Nürnberg, Landshut samt München. Det har dog senere vist sig, at saltbyen Reichenhall (den nuværende Bad Reichenhall) også havde sin egen øllov, som hver brygger i byen skulle følge. Loven blev kaldt for *Reichenhaller Reinheitsgebot*. Det betød, at alle der ville brygge øl, skulle afgive en ed om, at de ville brygge øl af godt og korrekt fremstillet malt og humle, samt at de kun ville tilsætte vand i brygningsprocessen. Da loven blev indført var det delvist for at forebygge priskonkurrencen på hvede og rug mellem bryghusene og bagerierne.

Loven var en af verdens første fødevareregulerende love og pålagde bryghusene kun at lade vand, malt, humle og gær indgå i ølbrygningen.

Ved at lade byg være den eneste tilladte korntype, kunne man opretholde en lavere pris på brød, da det dyrere hvede og rug blev reserveret til bagerne. Ved at begrænse de tilladte ingredienser førte det til udryddelse af mange brygtraditioner og lokale ølspecialiteter, såsom den nordtyske krydrede øl og kirsebærøl, loven førte til pilsnerøllens dominans. Kun få regionale ølsorter som *Kölner Kölsch* eller *Düsseldorfer Altbier* overlevede lovens gennemførelse.

I den oprindelige lovtekst var gær ikke nævnt som en af de tilladte ingredienser. Det blev dog tilføjet i 1800-tallet, da Louis Pasteur havde lavet sine opdagelser af gærens betydning for øllet. Loven fastsatte også prisen på øl til 1-2 Pfennig per Maß, det vil sige pr. liter. En bayersk Maß er dog 1,069 liter. Loven indeholdte også en bestemmelse om, at bryghuse der bryggede *urent* øl, kunne få deres øl konfiskeret uden kompensation. Forordninger, der svarer til Reinheitsgebot, blev indarbejdet i forskellige regler og lokale love i hele Tyskland, eksempelvis blev loven indarbejdet i de vesttyske love *Biersteuergesetz*, dansk: *ølskatteret* og *Vorläufiges Biergesetz*, dansk: *foreløbige øllov*, i 1952. Mange bryggerier gjorde indsigelse mod de nye regler, men mest på grund af størrelsen af skatten end på ingredienskravene. Efter der i 1984 blev indgivet en klage til Europa-Kommissionen, besluttede EF-Domstolen i 1987 at ophæve Reinheitsgebot loven mod at sælge øl med andre ingredienser, da de så det som en strid med loven om varernes frie bevægelighed i EU. Selvom loven ikke gælder længere, mærker de fleste tyske bryghuse stadig deres øl som værende brygget i henhold til *das Deutsche Reinheitsgebot*. Årsagen hertil kan være, som mange siger: *Reinheitsgebot - renhedspåbudet - er en garanti for kvaliteten af vores øl!*

*Bürgerbräu, Bad Reichenhall*

## BÜRGERBRÄU BAD REICHENHALL

Waaggasse 1-3
83435 Bad Reichenhall
www.buergerbraeu.com

I Bad Reichenhall finder man det privatejede bryghus Brauerei Bürgerbräu. Deres historie går helt tilbage til år 1633, på dette tidspunkt rasede Trediveårskrigen, men det var også på dette tidspunkt, at Bayern blev til Bierland, ølland. Indtil da havde man drukket vin. Dokumenter har dog senere vist, at der i det 15. århundrede, omkring år 1494, allerede eksisterede et familieejet bryghus i Bad Reichenhall. Det vil sige kort efter, at loven om Reichenhaller Reinheitsgebot blev indført i 1493. Det nuværende bryghus har dog *kun* rødder tilbage til 1633. I starten havde bryghuset navn efter indehaveren, men i 1901 overtog Kommerzienrat August Röhm bryghuset og omdøbte bryghuset til Bürgerbräu. I dag er det August Röhms tipoldebarn, Christoph Graschberger, der er fjerde generation, ejer og brygmester på det gamle bryghus.

Under de allieredes bombeangreb over Bad Reichenhall i april 1945, blev bryghuset hårdt ramt af bombardementerne. Men bryghusets ejer formodede hurtigt efter krigen at genopbygge bryghuset og samtidig udkonkurrere byens andre bryghuse, således at Bürgerbräu var det eneste overlevende. Selvom bryghuset har mere end 380 år bag sig, går de meget op i at forny sig,

> **Kommerzienrat**
> Kommerzienrat er en tysk ærestitel der indtil 1919 blev givet til personligheder i erhvervslivet.

derfor brygger de en øl, der hedder *Alpenstoff*, der går for at være den unge øl i bjergene. *Alpenstoff* indeholder råstoffer af høj kvalitet, der alle kommer fra lokale producenter, samt af klart kildevand fra bjergene omkring bryghuset, derfor brygges denne øl under mottoet *Fra regionen til regionen*. I dag produceres der i alt 19 forskellige øl, på bryghuset, hvoraf flere er blevet præmieret i flere konkurrencer.

## PRIVATBRAUEREI M. C. WIENINGER

Poststraße 1 • 83317 Teisendorf
www.wieninger.de

Brauereigasthof Alte Post Teisendorf
Marktstraße 9 • 83317 Teisendorf
www.braugasthof-alte-post.de

Det private bryghus i Teisendorf, i den nordlige del af Berchtesgadener Land, blev grundlagt tilbage i 1666. Oprindeligt blev bryghuset kaldt for *Hofpruyhaus Deisendorf*, og ejet af ærkebiskoppen i Salzburg. Siden 1813 har bryghuset været ejet af familien Wieninger, nu i syvende generation. Familien Wieninger ejer ikke blot bryghuset, men også flere gæstgiverier i Berchtesgadener Land, herunder Braugasthof Alte Post, der er beliggende ved siden af bryghuset. Braugasthof Alte Post, hvis historie går mere end fire hundrede år tilbage, er indrettet i en stor gammel poststald, som i dag er en historisk bygning. Hos naboen, bryghuset, går brygmesteren stadig op i at brygge efter århundrede gamle håndværksmæssige traditioner med gode lokale råvarer, kildevand, lidenskab, hjerteblod og ja... deres eget produceret ølgær. Når man kommer til Teisendorf, er bryghuset nemt at finde, for bryghusets tårne er nemlig højere end tårnet på byens kirke.

Det er muligt at deltage i en rundvisning på bryghuset, det sker hver onsdag klokken 10.00 samt torsdag klokken 17.30, med undtagelse af helligedage. En rundvisning varer cirka 1,5 time. I forbindelse med bryghuset finder man bryghusets butik, Brauereiladl, hvor man kan købe bryghusets produkter. Butikken har åbent mandag - torsdag mellem kl. 08.00 og 16.00, fredag mellem kl. 08.00 og 12.00.

## WEISSBRÄU FREILASSING
*Bräuhausstraße 5*
*83395 Freilassing*
*www.weissbraeu-freilassing.de*

I Freilassing finder man bryghuset Weißbräu, der i generationer har brygget den bedste Weißbier, hvedeøl, efter de gamle brygregler, Reinheitsgebot fra 1516. Bryghuset blev opført i 1910, som det første og eneste bryghus i Freilassing. De sidste fire årtier er det familien Kuhn, der har drevet bryghuset samt nærliggende hotel og gæstgiveri. Brygmester Bernhard Kuhns øl be-

står af regionens bedste råvarer, og alle hans øl er ufiltrerede, dermed bevarer øllet dens vitaminer og mineralstoffer, derfor er holdbarheden også begrænset til blot tre måneder. Det er kun muligt at købe deres øl i bryghusets gæstgiveri enten fra fad eller på flaske.

## BRAUEREI SCHÖNRAM
*Salzburger Straße 17*
*83367 Petting/Schönram*
*www.schoenramer.de*

Egentlig er bryghuset Schönram ikke hjemhørende i Berchtesgadener Land, men i nærheden af Traunstein, men mange lokale drikker denne øl, derfor har jeg valgt at omtale bryghuset her i bogen. Landbrauerei Schönram blev grundlagt af Jakob Köllerer tilbage i 1780. Jakob Köllerer var landmand, men for at tjene en ekstra skilling valgte han at åbne en kro og et bryghus i en af sine stalde. Hans lille beværtning trak hurtigt folk til, og beværtningen blev hurtigt til et yndet stop for kusken på posttransporten mellem Salzburg og München. I 1836 overtog Anton Köllerer kro og bryghus i Schönram. I 1852/1853 fik han og hans hustru, Maria, opført en lille kirke i landsbyen, således at bryggeriets medarbejdere ikke skulle tage turen til den nærliggende landsby Petting for at gå i kirke. Det var vel at bemærke kun bryggerimedarbejderne, der måtte benytte den lille kirke i Schönram, byens andre beboere måtte stadig tage turen til Petting. Dette skyldes, at man ikke ønskede, at indtægterne i Pettings kirkekasse skulle reduceres. Samtidig ønskede man, at bryggeriets medarbejdere kunne vende tilbage til deres arbejde hurtigere end hidtil efter endt gudstjeneste. Bryghuset har siden maj 2012 været ejet af selskabet *Private Landbrauerei Schönram GmbH & Co. KG*, ejerne skulle eftersigende være efterkommerne til den oprindelige ejer Jakob Köllerer. Bryghuset producerer godt 100.000 hektoliter øl pr. år. Det skulle være nok til selv de mest tørstige gæster. Det er muligt at få en rundvisning på bryghuset, det sker mandag, torsdag og lørdag, mere information samt tilmelding sker på deres hjemmeside. På rundvisningen kan man følge bryghusets produktion fra en tilskuerplatform. Efter rundvisningen kan man købe en øl i bryghusets Biergarten. Cykelruten *Moor und Moos Radweg* går lige forbi bryghuset.

> **Hektoliter/liter**
> *1 hektoliter = 100 liter*
> *100.000 hektoliter = 10.000.000 liter*

## HOFBRAUHAUS BERCHTESGADEN

Bräuhausstraße 15
83471 Berchtesgaden
*www.hofbrauhaus-berchtesgaden. shop*

Hofbrauhaus Berchtesgadens historie går tilbage til år 1645, næsten 380 år. Før bryghuset Hofbrauhaus Berchtesgaden blev grundlagt var der ingen bryghuse i Berchtesgaden. Byens befolkning fik deres øl fra bryggeriet Kaltenhausen. I 1645 overtog Hertug Ferdinand von Bayern Preustat zu Pfister, byens kongelige slot og indrettede et bryghus. Til det kongelige slot hørte også ejerskabet af kroen Bier Adam i midten

*Øltid... altid... Hofbrauhaus Berchtesgaden - Berchtesgadener Dunkel...*

af Berchtesgaden, som stadig eksisterer, samt en kro i Nonntal. Nonntal er den ældste bydel i Berchtesgaden. Det betød dog ikke, at man kunne gå ind på bryghuset og købe et glas kold øl, det var nemlig ikke lovligt for bryghuset at udskænke øl på glas og sælge dem, man måtte kun sælge hele fade. Fra år 1645 til ophævelsen af klostret i Berchtesgaden i 1803 var bryghuset ejet af fyrsteprovstiet Berchtesgaden. Fra 1803 til 1808 var bryghuset ejet af klostrets nye ejere. Siden 1808 har bryghuset været i privateje. Indtil 1890 var det kun et bryghus. I 1890 blev der opført et gæstgiveri direkte ved siden af bryghuset.

Først blev gæstgiveriet blot kaldt for *Brauhaus*, dansk: *Bryghuset*, men i blev hurtigt til *Hofbrauhaus*, dette må for alt i verden ikke forveksles med det kendte Hofbräu i München, de har nemlig intet med hinanden at gøre. Det var en turistbrochure der havde *omdøbt* bryghuset til Hofbräuhaus. Men udskænkningsstuens (Bräustüberl) forpagter, Martin Oberhauser, var en klog mand, han ansøgte officielt om et punktafgiftslicens, som gav ham lov til at udskænke øl i glas. På dette tidspunkt var det Marianne Kriß, der ejede bryghuset. I 1901 overtog Frau Kriß' søn, Rudolf, bryghuset. Rudolf Kriß fik i 1906/1907 tilladelse til at opføre et nyt bryghus med tilhørende udskænkningsstue. Byggeriet stod på indtil 1910, derfor fremstår årstallet 1910 som grundlæggelsen af det nuværende udskænkningssted

Bräustüberls. I april 2002 overtog Walter Bankhammer værtsskabet på Bräustüberl Berchtesgaden. Østrigeren Walter Bankhammer er både vært, slagter og musikant og en garanti for bayersk-salzburgisk gæstfrihed i Berchtesgaden. Bryghuset er stadig privatejet, der siden 2010 har været et aktieselskab.

## TEISENDORFER BIERWANDERWEG

Bierwanderweg...? Er det ikke? Jo, det er en ølvandrerute! Ølvandreruten er beliggende i Teisendorf, hvor udgangspunktet ved Brauerei Wieninger. Ruten er 12,4 km lang og har ti stationer undervejs, hvor man får informationer alt lige fra kunsten i at brygge øl til historien omkring Brauerei Wieninger. Jo, det er muligt at få smagsprøver undervejs. Det anbefales at man afsætter fire til fem timer af til vandreturen. Turen slutter i Höglwörth. Det er muligt at tage bus 829 retur fra Höglwörth til Teisendorf. De ti stationer/stop undervejs er: *Bryghuset Wieninger, Teisendorfer Hopfengarten* (humlehaven), *Teisendorfer Eisweiher* (isdammen), *Quellwasser* (kildevand), *Bier & Glaube* (øl og tro), *Brau-Gerste* (brygbyg), *Gutshof Ramsau, Energiequelle Wald* (energikilde skov), *Brauhaus Höglwörth* og *Heimat* (hjemstavn).

*Himlen på flaske*

## BERG- UND ENZIANBRENNEREI GRASSL

*Salzburger Straße 105*
*83471 Berchtesgaden*
*www.grassl.com*

I mine forberedelser til min første rejse til Berchtesgadener Land i sommeren 2017 stødte jeg på destilleriet Berg- und Enzianbrennerei Grassl. Det lød spændende og var et af de steder som jeg blev nødt til at besøge på rejsen. For mig er ensian en blå blomst, og hvordan pokker kunne man lave snaps og likør på blomster? Min nysgerrighed var vakt. Enzianbrennerei Grassls hovedafdeling er beliggende cirka fem kilometer fra Berchtesgaden i retning mod Salzburg, bus 840 fra Berchtesgaden i retning mod Salzburg har stoppested lige udenfor hovedindgangen, stoppestedet hedder *Enzianbrennerei*, nemmere kan

det ikke være. Det er ikke blot nemt, det er også praktisk, da der ved destilleriet ikke er mange parkeringspladser og så er der gratis smagsprøver i butikken. Så vil man undgå at køre promillekørsel, er bussen et godt valg, især når nogle af produkterne smager som solbærsaftevand, dog blot med masser af procenter i. Nu smagte jeg ikke alle deres produkter, da jeg havde andre planer for dagen, men nøj... de var gode, dem jeg smagte. *Himlen på flaske* er jeg så modigt at kalde deres produkter. Hvis man ikke lige er til spirituosa, kan man også købe chokolade eller slik med et touch af ensian, det er også godt. Jeg anbefaler, at man sætter mindst en time af til besøget. Deres udstilling om fremstillingen af deres produkter er gratis at besøge, og det er ikke nødvenigt at reservere på forhånd, da den har åbent hele dagen i butikkens åb-

*Berg- und Enzianbrennerei Grassl, hovedafdeling*

ningstid. Først får man et blik ind i en del af produktionen, nemlig der hvor man destillerer de forskellige produkter samt destillieriets historie, der kan spores tilbage til den 28. marts 1692, da en krovært fik lov til at brænde og sælge snaps og brændevine. Desuden er der en film, der viser ensianrodens vej fra bjergene til færdigt produkt.

Der findes over 200 variationer af ensianplanten, men som sagt, benyttes kun fire. Det er ikke blomsterne de anvender, men rødderne... Rødderne, der hovedsageligt består af frugtsukker, graves op oppe i bjergene, fra cirka tusind meters højde og op efter. De samler rødder ind fra Roßfeld til hele Nationalparken, ja faktisk helt til Kallbrunnalm i Pinzgau, der er beliggende på den østrigske side af grænsen. Medarbejderen, Bergbrenner, tager kun det øverste af roden, hvorefter de lukker den resterende rod til med jord igen. Således bevares planten, således at man år efter år kan nyde blomsterne og medarbejderne kan høste roden igen året efter. Det siges, at man kan fortsætte med at høste fra samme plante i syv til femten år. En rod kan veje op mod to kilogram og være op mod en meter lang. En medarbejder kan indsamle op mod hundrede kilogram om dagen. De op til 50 kilogram tunge sække bæres ned til hytterne, hvor rødderne vaskes og hakkes i mindre stykker, ægte håndarbejde, inden de kommes i kogekarret med kildevand og gær. Dette arbejde foregår i destilleriets fem

såkaldte Brennhütten, brændehytter, der er beliggende oppe i bjergene, hvor Bergbrenner, også bor i sæsonen. Han bor på skift i de fem hytter, nogen gange op til et par uger i hver hytte. De fem hytter finder man rundt i Berchtesgadener Nationalpark, blandt andet på Priesbergalm i nærheden af bjerget Jenner, ved foden af Teufelshörner samt ved Funtensee, der er kendt for at nå en temperatur på minus 45,9° Celsius om vinteren. Bergbrenner bliver i hytterne ind til den første sne falder, herefter transporteres produkterne ned til destilleriet i dalen. Tidligere blev produkterne fra hytterne transporteret ned med enten æsler eller ved at medarbejderen slæbte de tunge tønder ned. I dag sker det med hjælp fra helikoptere. På destilleriet i dalen, som også er hovedafdelingen, gennemgår mæsken flere processer inden det hældes på træfade og køres på lager i destilleriets underjordiske kældre et sted i Berchtesgaden. Fra rødderne er gravet op til den færdige likør/snaps kommer på flaske og sat til salg i butikkerne kan der gå op mod ti år.

Ved hovedafdelingen, den jeg besøgte, finder man også en af disse brændehytter, den har kun åbent fra maj til oktober. Efter rundturen rundt i deres lille udstilling og efter filmen, når man til butikken, hvor man kan smage på likører og snaps samt købe deres produkter. Det var super interessant at besøge destilleriet, at få historien fortalt, se historiske billeder samt se og ikke mindst smage på varerne. Det er værd at fortælle, at hver en dråbe der løber gennem deres destilleri samt i deres hytter tælles og oplyses til toldmyndigheden. Dette gøres for at undgå mistanke om hjemmebrænderi.

### GRASSL'S BUTIKKER

*Grassl - Berchtesgaden*
*Weihnachtsschützenplatz 10*
*83471 Berchtesgaden*

*Grassl - Berchtesgaden*
*Weihnachtsschützenplatz 2½*
*83471 Berchtesgaden*

Udover destilleriet og butikken godt fem kilometer udenfor Berchtesgaden, eksisterer der også to butikker på Weihnachtsschützenplatz i Berchtesgaden. Udover Grassl's sortiment af snapse, likører med videre, finder man også et stort udvalg af vine, whiskys, spiritus samt slik, eksempelvis de fineste chokolader fra et belgisk firma. Det er ikke kun på Grassl's hovedafdeling man kan prøvesmage de himmelske dråber, det er også muligt i butikkerne midt i Berchtesgaden, gratis naturligvis. Min favorit er Waldbärlikör, skovbærlikør. Jeg smagte på min seneste tur også på en hasselnøddelikør, den var også god, og jeg blev da hurtig enig med butikkens medarbejder, at den ville være super god på en god vanilleis på en varm sommerdag.

### BRENNHÜTTE AM PRIESBERGALM

I nærheden af Priesbergalm finder man en af Grassl's fem hytter. Hytten er beliggende i 1.352 meters højde, man når nemmest frem til hytten ved at vandre fra parkeringspladsen Hinterbrand. Man skal regne med cirka en times vandring. Medarbejderen, Bergbrenner, opholder sig i området fra juni til oktober, dog mest mandag til fredag. Hvis han er til stede ved hytten fortæller han gerne om fremstillingen af de himmelske dråber.

### BRENNHÜTTE AM FUNTENSEE

I 1.601 meters højde i nærheden af Funtensee finder man Grassl's højst beliggende hytte. Der er ingen veje til Funtensee, så medarbejderen må vandre tre timer for at nå frem til hytten. Derfor indsamles der kun ensianrødder i et begrænset område, og man destillerer kun i begrænset i omfang. Tidligere måtte medarbejderen selv slæbe rødder eller beholdere med snaps på ryggen, senere

*Grassl Brennhütte ved hovedafdelingen*

skete det med æsler, i dag tager man helikoptere i brug.

## BRENNHÜTTE AM ECKERLEITEN

Hytte nummer tre finder man direkte ved Roßfeld Höhenringstraße ved Eckerleiten i 1.200 meters højde. Når vejret driller og de andre hytter ikke kan benyttes, særligt i foråret samt i efteråret, benyttes hytten her til at destillere produkter som Enzian, Meisterwurz og Bärwurz.

## BRENNHÜTTE AM WASSERALM

Hytten på sæteren Wasseralm er beliggende i 1.418 meters højde. Hytten er beliggende i forlængelse med en af foreningen Alpenvereins hytter, derfor benyttes hytten af og til også af foreningen. Det sker af og til, at man destillerer produktet Meisterwurz i hytten.

## BRENNHÜTTE AM KALLBRUNNALM

Hytten på Kallbrunnalm benyttes som overnatningssted af de medarbejdere, som indsamler ensianrødderne. Hytten er beliggende på den østrigske side af grænsen, men sæteren ejes af den bayerske stat. Dette udsædvanlige skyldes en gammel statslig kontrakt mellem Østrig og Bayern, som skulle sikre træ nok til Salinen i Bad Reichenhall.

## KULINARISKE SPECIALITETER

Når man rejser synes jeg, at det er vigtigt at smage de lokale madvarer og madretter. Der er intet i vejen med pasta og kødsovs eller pizza, men det kan man jo få hjemme hver dag, hvis det var det. Derfor forsøger jeg altid på mine rejser at prøve de lokale retter, det er dog ikke alt som falder lige godt ud, eksempelvis bryder jeg mig ikke om surkål, Sau-

*Kaiserschmarrn*

133

erkraut, men jeg har smagt det. Det kan godt være, at der på menukortet står nakkefilet, eller anden form for steg. Ja, det får man også hjemme, men mange gange er retten tilberedt efter gamle familieopskrifter med produkter fra lokalområdet, der smager en smule anderledes end, hvad man normalt får heroppe mod nord. Der er intet bedre end at få nyrøget skinke (Speck), skinke der ikke har været vakuumpakket i ugevis i supermarkedets kølediske, eller frisklavet ost, eller friskkværnet smør eller så frisk mælk, at det er tæt på at sige muh... Produkter man kan spise sammen med lunt nybagt brød fra den gamle stenovn, som har været benyttet i generationer. De lokale fødevareproducenter arbejder hårdt for at udvikle gode lokale produkter af højeste kvalitet, samtidig med, at de er med til at udvikle ernæringsrigtige opskrifter som enhver hobby-kok kan forsøge sig med hjemme.

## WIINDBEUTELBARON

*Gasthaus Café Graflhöhe*
*Scharitzkehlstraße 8*
*83471 Berchtesgaden*
*www.windbeutelbaron.de*

I Harzen bor *Der Windbeutelkönig*, men i Berchtesgadener Land bor *Der Windbeutelbaron, vandbakkelsesbaronen.* Men det er ikke de små vandbakkelser med creme eller flødeskum, som de fleste kender til. Nej, der skal noget mere til for at kunne kalde sig vandbakkelsesbaron. De findes i mange varianter lige fra dem med is, flødeskum og kirsebærsauce til de helt store, Riesenwindbeutel, der er fremstillet efter en original berlinsk opskrift. Windbeutelbaron, som også hedder Café Graflhöhe, er beliggende i tusind meters højde i nærheden af Obersalzberg. Fra parkeringspladsen ved Dokumentation Obersalzberg er der en god times vandring til caféen. Fra Dokumentation Obersalzberg går man til rundkørslen i retning mod Scharitzkehl, hvorfra der er cirka tre kilometer til Windbeutelbaron, der er beliggende på højre side. Man kan også tage med Obersalzbergbahn fra Berchtesgaden og gå fra bjergstationen til caféen. Det var familien Ebners oldefar, der i 1930erne grundlagde Milchstube Graflhöhe i en ægte bayersk hytte. I 1992 blev hytten gennemrenoveret og udvidet. Fra caféen er der en god udsigt over bjergene i Berchtesgadener Land, når vejret ellers er godt.

## KAISERSCHMARRN

Kaiserschmarrn, eller Kejserpandekage, er en østrigsk og sydtysk dessert, der tilberedes af pandekagedej. Dejen hældes i et tykt lag på en stegepande og steges i smør til undersiden er fast. Derefter skæres den i mindre stykker inden den serveres med et drys flormelis. Syndig, men god... Prøv det. Nogle laver desserten med rosiner, andre laver den uden rosiner, nogle steder kan man da heldigvis selv vælge om man vil have desserten med eller uden rosiner. Nogle steder serveres desserten med frugtkompot, nogle serverer den med frisk frugt, mens andre igen bare serverer desserten helt uden tilbehør.

## MARKEDSDAGE I BERCHTESGADEN

Hver fredag kan alle, lokale såvel som turister, gå på opdagelse blandt boderne på ugens markedsdag. Her kan man eksempelvis købe friske og regionale kødprodukter, fisk, grøntsager, frugt, bagerbrød, oste, kunsthåndværk og blomster. Markedsdagene afholdes på Weihnachtsschützenplatz midt i Berchtesgaden fra klokken 8.00 til 12.00. Udover den ugentlige markedsdag er der hver anden fredag, anden og fjerde fredag, i måneden Berchtesgadener Bauernmarkt, hvor det er muligt at købe produkter fra fem lokale bønder. Produkter som bacon, pølsevarer, salater, grøntsager, krydderurter, frugt med videre. Alt produceret lokalt i Berchtesgadener Land.

## MARKEDSDAGE I BAD REICHENHALL

Hver fredag fra klokken 7.00 til klokken 12.00 summer Rathausplatz i Bad Reichenhall af lokale fødevareproducenter, der forsøger at sælge deres produkter til de lokale og ikke mindst turisterne. Man kan finde produkter fra hele regionen, såsom honning, frugt, grøntsager, æg, kød, brød, kager, ost, afskårne blomster og meget meget mere.

## GÅRDBUTIKKER

Regionale produkter direkte fra bondegården, jo dette er muligt i Berchtesgadener Land, for udover markedsdagene rundt omkring i regionen, har flere bondegårde deres egne gårdbutikker, hvorfra man som enten lokal eller turist kan købe ind til fair priser. Jeg vil være lidt provokerende at sige *Klø den ko bag øret, som du ønsker på din tallerken.* Mange af gårdene tilbyder også bondegårdsferie enten værelser eller ferielejligheder. Tjek åbningstider på deres hjemmesider.

### Paulbauernhof

Gausburg 47
83416 Saaldorf-Surheim
*www.hofladen-paulbauernhof.de*
Produkter: Ost, røgvarer

### Hofhammers Hofcafé

Alte Reichenhaller Straße 16
83317 Teisendorf
*www.hofhammer.de*
Produkter: Æg, likør, marmelader, friskbagt brød, hjemmelavede nudelspecialiteter, æggelikør, ost, pølsevarer, bondegårdsis, vin.

### Eisenbichler Hof

Am Eisenbichl 1
83435 Bad Reichenhall
*www.hoellenbachalm.de/ eisenbichler-hof/*
Produkter: kød (både okse- og svinekød), ost, røgvarer, pølsevarer, smør og ost

### Landmetzgerei Wittscheck

Niederheining 8
83410 Laufen
*www.direkt-ab-hof.de/anbieter/heidi- und-otto-wittscheck/*

Produkter: Okse- og svinekød, pølse-varer, røget skinke, skinke- og pølse-tallerkener, honning, æg med videre.

## Bergbauernmilch Milchladen

Am Gänslehen 4
83451 Piding
*bergbauernmilch.de/de/einkaufen/ milchladen.html*
Hos mejeriet Molkerei Berchtesga-dener Land produceres der mælke-produkter under betegnelsen Berg-bauernmilch, det vil sige mælk fra bjergbøndernes gårde. Deres pro-dukter kan købes i deres mælkeud-salg, Milchladen.
Produkter: Oste, mælkeprodukter, olier, krydderier, delikatesser, gave-kurve med forskellige delikatesser.

## TRADITIONEL BAYERSK KOGEKUNST

Siden 2001 har otte spisesteder i Berchtesgadener Land arbejdet sammen under brandet *Weiß-Blauen Wirtshäusern*, dansk: *De blå-hvide re-stauranter*, hvor man laver traditionel bayersk mad med regionale produk-ter af allerbedste kvalitet, mad der serveres i hyggelige omgivelser. De arbejder blandt andet sammen med *Hofbrauhaus Berchtesgaden, Privat-brauerei M. C. Wieninger i Teisendorf, Bürgerbräu Bad Reichenhall, Berg- & Enzianbrennerei Grassl, Adelholzener Alpenquelle* samt *Andi's Obstkiste*.

### De otte spisesteder er:
### Gasthaus Goldener Bär
Weihnachtsschützenplatz 4
83471 Berchtesgaden
www.gasthof-goldener-baer.de

## Gasthaus Bier Adam

Marktplatz 22
83471 Berchtesgaden
www.bier-adam.de

## Wirtshaus Wachterl

Alpenstraße 159 • 83486 Ramsau
www.wirtshaus-wachterl.de

## Wirtshaus im Zauberwald

Im Zauberwald 5 • 83486 Ramsau
www.ramsau-zauberwald.de

## Gasthaus Schusterstein

Königsseer Straße 71
83471 Schönau am Königssee
www.schusterstein.de

## Gasthaus Brunneck

Im Weiherermoos 1
83471 Schönau am Königssee
www.brunneck.de

## Gasthaus Kugelmühle

Kugelmühlweg 18
83487 Marktschellenberg
www.gasthaus-kugelmuehle.de

## Gasthaus Oberkälberstein

Oberkälberstein 25
83471 Berchtesgaden
www.oberkaelberstein.de

## BIER ADAM

*Marktplatz 22 • 83471 Berchtesgaden*
*www.bier-adam.de*

Midt på Marktplatz i Berchtesgaden finder man *Bier Adam*, ja sådan hed-der gæstgiveriet. Normalt kommer jeg i mine bøger ikke med anbefalin-ger på hoteller, restauranter og den slags. Men på mine rejser til Berchtesgaden, er jeg kommet til at holde af at komme hos Bier Adam. Her kan jeg lige sidde og tænke over dagen, skrive lidt og slukke tørsten med en god øl, en kop god kaffe eller stille sulten. *Bier Adam* er efterhånden et gammelt hus, da der allerede tilbage i 1546 lå et *Pierhaus* her, som var et særligt sted, som havde lov til at udskænke og sælge øl. Senere blev det kendt som Bier Adam, et navn de stadig har. Siden 1930erne har Bier Adam været ejet af den samme familie, nemlig familien Huber. Man får god mad til fornuftige priser,

*Bier Adam, Berchtesgaden*

gode øl og ikke mindst god betjening. Jeg er vild med deres filosofi. Filosofi er måske ikke det rigtige ord at bruge, men inde i restauranten hænger et skilt med teksten: *Wir Lassen uns nicht Hetzen, Wir sind hier um zu Arbeiten, und nicht auf der Flucht*! Dansk: *Vi lader os ikke jage, vi er her for at arbejde og ikke på flugt!* Dette siger jeg bare for at eventuelle andre - jer - ikke bliver sure på personalet, hvis det tager lidt tid før maden kommer. Men helt ærlig, jeg venter gerne på maden, det tager jo tid til at lave god mad... Gør det ikke hjemme hos jer? Det gør det ihvertfald hos mig! Det her er en restaurant! Maden kommer ikke fra en vakuumpakket æske nede fra supermarkedets kødedisk, og hvis den gjorde, så ville de jo ikke kunne samarbejde med konceptet *Weiß-Blauen Wirtshäusern*, vel?!

Husk nu for pokker på, at der er andre gæster end jer! Jeg hader at komme med løftede pegefingre og *lege* moralens vogter. Når det er sagt så oplevede jeg ingen lange ventetider eller langsomt personale, jeg oplevede venlighed... Og nej, jeg bliver ikke betalt for at skrive dette, det er min ærlige mening. Jeg er heller ikke madanmelder, jeg skriver om rejser og gode oplevelser. Hvorfor skriver jeg dette? Det gør jeg, fordi jeg oplevede flere gange, at folk ytrede sig, højlydt, eller hundsede med det i forvejen hårdtarbejdende personale, der både skulle sørge for betjening ude og inde. Slap nu af, nyd livet... I er på ferie!

## BERGBAUERNMILCH

*Am Gänselehen 4 • 83451 Piding*
*www.bergbauernmilch.de*

Ideen til Berchtesgadener Lands mejeri, Bergbauernmilch, opstod tilbage i 1927, da flere bønder ikke ønskede at sælge deres råmælk til de store mejerier. De ønskede at være selvstændige og producere produkter som man altid havde gjort. Derfor grundlagde man andelsselskabet *Milchwerke Berchtesgadener Land*. Dengang, som nu, er det kærligheden til de traditionelt fremstillede mælkeprodukter der kæmper side om side med de mange andre mælkeprodukter på supermarkedets hylder i kødisken. Mejeriet fremstiller økologiske produkter. I efteråret 2017 tog de skridtet helt ud, da de forbød deres 1.800 andelshavere at anvende herbicider og glyphosat i deres produktion af korn og græs. Ved mejeriet har de deres eget mælkeudsalg, der har åbent mandag til fradag klokken 8.00-18.00. Udover mælkeprodukter fra mejeriet, herunder forskellige oste, er det muligt at købe olier, krydderier og specialiteter, der alt er produceret i regionen. *Læs mere på side 136.*

## BAD REICHENHALLER MINERALVAND

*Fischzuchtstraße 3*
*83435 Bad Reichenhall*
*www.bad-reichenhaller-mineralwasser.de*

Vandet til Bad Reichenhaller Mineralvand kommer direkte fra kilder

> ### Herbicid og Glyphosat
> *Et herbicid eller ukrudtsmiddel er et pesticid til bekæmpelse af ukrudt eller uønsket plantevækst. Et 'selektivt ukrudtsmiddel' der dræber bestemte typer af planter og forskåner andre. Glyphosat er et bredvirkende systematisk ukrudtsmiddel, der optages gennem plantens blade og skud. Det mest kendte er Round-Up.*

i bjergene og tappes på flasker i Karlstein ved Bad Reichenhall. Bad Reichenhaller Mineralwasser GmbH blev grundlagt tilbage i 2013, fordi man ønskede at tilbyde sine kunder førsteklasses mineralvand fra Berchtesgadener Lands bjerge. Man anvender udelukkende glasflasker og naturligt kulsyre, og tappehallens energi stammer udelukkende fra vandkraft.

## SÜDSALZ BAD REICHENHALL

*Reichenbachstraße 4*
*83435 Bad Reichenhall*
*www.salzwerke.de*

Som tidligere nævnt i bogen, er salt, det hvide guld, en vigtig industri i Berchtesgadener Land, ikke blot i saltminen i Berchtesgaden, men også på saltfabrikken Neue Saline i Bad Reichenhall. Der arbejder omkring 1.100 medarbejdere i firmaet Südsalz GmbH for, at vi andre kan få salt til vores blødkogte æg eller anden madlavning. Südsalz er den største producent af saltprodukter i Tyskland. Til firmaet hører også det historiske industrianlæg, Alte Saline, i Bad Reichenhall.

# SAGN OG MYTER

Som mange andre steder, er Berchtesgadener Land også fyldt med sagn, myter og overleveringer af historier fra generation til generation.

## KÖNIG WATZMANN

Et sted sydøst for Salzburg strækker et bjerg sig med ni bjergtinder. Bjerget med den evige sne er Watzmann på 2.713 meter. Bjerget med de ni bjergtinder fortæller en historie om en kongefamilie, der blev forstenet på grund af deres grusomhed. En historie som de lokale har fortalt gennem generationer.

Der var engang en barsk og vild konge der hed Watzmann. Han var en ond og grusom tyran, historier fortæller, at han allerede som spæd drak blod fra hans moders bryst. Kærlighed og menneskelig medfø-

lelse var fremmedord for kongen. Han elskede at tage på jagt og dræbe. Folket sitrede af frygt, når kongen kom rasende gennem skoven med larmen fra jagthornene og gøende hunde. Efter kongen kom hans lige så frygtindgydende kone og hans syv børn. Dag og nat raserede kongens jagtselskab gennem skovene, over markerne, gennem kløfterne, mens de forfulgte det generte vildt og ødelagde de spæde spirer på markerne og dermed al håb for sine landsmænd. Guds overbærenhed gjorde det muligt for kongen og hans følge at fortsætte med de onde gerninger. En dag kom kongen og hans jagtfølge til en åbning i skoven, hvor en flok dyr græssede og hvor der var en hytte til hyrden. Foran hytten sad hyrdinden i det friske hø, mens hun holdt sit soven-

*Watzmann - fra venstre: Watzmannfrau - Watzmannkinder - König Watzmann*

de spædbarn i sine arme. Ved siden af hende lå hendes trofaste hund, i hytten hvilede hendes mand, hyrden, sig. Larmen fra kongens jagtselskab ødelagde den stille fred i skoven. Hyrdehunden sprang op for at forsvare sin flok og hyrder, men af kongens mange hunde sprang på hyrdehunden og bed den i struben. Andre af kongens bidske hunde bed sig fast i spædbarnet og en tredje rev den skræmte hyrdinde til jorden, alt i mens kongen blot stod og så på, mens han lo. Inde i hytten var hyrden nu vågnet og havde opdaget, hvad der skete udenfor. Hyrden sprang ud af døren og dræbte en af de bidske hunde, det var desværre kongens yndlingshund. Kongen blev rasende og hersede med sin egen hustru, Hussa, og beordrede sine tjenere og de resterende hunde til at angribe hyrden. Hyrden var nået hen til sin bevidstløse hustru og holdte hende mod sit bryst, mens han magteløst forsøgte at nå til sit døde barn. Men snart faldt også hyrden til jorden, overfaldet og skambidt, mens han tiggede og bad til Gud i himlen om barmhjertighed. Men den blodtørstige konge lo og frydede sig over, hvad der var sket. Men alt har sin ende, og endelig fik Gud også øjnene op for kongens tyranni. Pludselig kom der et vældigt drøn, det lød som torden og lyn der bredte sig. Det var hævnens ånd der var kommet til stedet. Ånden hev fat i kongens bidske hunde, der nu vendte sig mod kongen, dronningen og deres syv børn og kvæstede dem alle, så deres blod flød ned i dalene,

hvorefter de styrtede ned af bjerget, ned i afgrunden. Der hvor de styrtede ned, opstod der et enormt bjerg, der blev kaldt for König Watzmann, Kong Watzmann, hvor man på toppen altid kan finde evig sne.

Overfor kongens bjergtop finder man bjergtoppen *Watzmannfrau*, dronningens bjergtinde, mellem de to bjergtinder finder man syv mindre bjergtinder *Watzmannkinder*, kongens syv børn. Ved foden af bjergmassivet finder man i dag to søer, hvor den grusomme herskers blod engang flød. Den ene er Königssee og den anden er Obersee. Der hvor kongens bidske hunde faldt ned kaldes i dag for *Hundstod*. Dermed blev kong Watzmann straffet for sine grusomme gerninger og kongeriget fandt sin afslutning.

## VARIATIONER

Som så mange andre sagn, myter og eventyr, findes der flere fortolkninger af sagnet om Watzmann. En af de versioner som jeg har set, lyder historien således, at det var en bondefamilie, der havde en hyrdehund, der med sin flok blev ofre for kongens rædsler, hvorefter bondekonen jagede kongefamilien på flugt og fik hjælp fra Gud til at forstene den forhadte kongefamilie. Gud skulle have forstenet kongefamilien i deres flugt, da de var på vej gennem dalen lige udenfor Berchtesgaden. Der hvor kongens hund styrtede i døden, blev senere kendt for *Hundstod*. Blodet fra kongefamilien flød derefter mod dalen og dannede Königssee og Obersee. Ludwig Ganghofer, den berømte hjemstavnsdigter, har blandt andet fortolket disse sagn og myter i sin roman *Die Martinsklause*.

## SAGNET OM KEJSER KARL

Der er ikke kun Watzmann hvortil der tilknyttes sagn og myter, også Untersberg, på grænsen til Østrig, har sine sagn og myter. Netop bjerget her skulle ifølge et sagn være bolig for kejseren. Lidt afhængig af hvilken fortælling man læser, var det enten Kejser Karl den Store (Karl der Große) eller Kejser Friedrich Barbarossa der i dødslignende søvn venter på dommedag. Det mest kendte sagn om Untersberg handler om Kejser Karl den Store, Karl der Große.

Sagnet fortæller, at kejseren sover en dødslignende søvn et sted i en af Untersbergs mange huler. Men en gang hvert hundrede år vågner han fra sin dybe søvn, blot for at tjekke om ravnene stadig flyver rundt om bjerget. Hvis dette er tilfældet ligger kejseren sig ned og sover videre i atter et hundrede år. I disse et hundrede år passer de såkaldte *Untersberger Mandln*, dansk: *dværgene fra Untersberg*, på kejseren. Hvis ravnene ikke længere flyver rundt om Untersberg, betyder det uro i hans rige. Udover den sovende hær skulle der også bo kæmper, eller de såkaldte *Wildfrauen*, dansk: *de vilde kvinder*, der hjalp *Heinzelmännchen* med gode tjenester og gav hjem til dværgene, der også kaldes for *Untersberg Mandln*.

---

**Heinzelmännchen**

*Heinzelmännchen blev kendt som at være et folk der gjorde deres arbejde om natten, når folk sov. Men da de blev overvåget, forsvandt de for evigt. Heinzel-folket var små mennesker på størrelse med dværge og nisser, de havde også små spidshuer på.*

---

## VARIATIONER

Som så mange andre sagn findes der også andre fortolkninger af sagnet om kejseren, der sover dybt nede i Untersberg. Lidt ligesom vores Holger Danske på Kronborg, der eftersigende skulle vågne når der er ufred i verden. Den anden fortolkning af sagnet om Untersberg handler ikke om Kejser Karl den Store, men derimod om kejser Friedrich Barbarossa. Han skulle, eftersigende også, sove en dødslignende søvn i en af Untersbergs mange huler. Friedrich Barbarossa var kendt for at have et stort skæg. Netop denne variation af sagnet om Untersberg, berettes der om, at Friedrich Barbarossas skæg vokser, har nu har nået en længde, så det kan nå hele to gange rundt om bordet. Sagnet beretter også om, at når længden på hans skæg når tre gange rundt om bordet, er det ensbetydende med verdens undergang. Desuden siges det, at der efter Friedrich Barbarossa aldrig mere ville komme en god kejser. Ligegyldig hvilken version man læser, har det store betydninger for alle. For den dag kejseren vågner og forlader Untersberg, vil det sidste store slag finde sted blandt menneskeligheden.

Sagnet beretter, at det sidste altafgørende slag mellem de gode og de onde vil foregå på ved pæretræet på Walserfeld i nærheden af Salzburg. Hvis de gode, forhåbentligt, er dem der vinder over de onde, siger sagnet at der vil opstå en ildstorm, og kejseren vil rejse sig fra jorden og samle menneskeligheden.

## REITER ALPE

Når man taler om Reiter Alpe, må man ikke glemme djævlen, *Der Teufel*, og ikke mindst Teufelskopf. Teufelskopf er en klippevæg på Reiter Alpe. Djævlen har efterladt sine spor samt en lang række ånder i bjergene der passer på bjergene og på de druknede sjæle i søerne, og en gang i mellem inviterer djævlen til et spil kegler i spøgelsesriget.

## BERCHTESGADEN

Der er tilknyttet en lang række sagn og myter til Berchtesgaden. En af disse myter er sagnet om sagnfiguren *Berchta* eller *Perchta*, som den også kaldes. *Berchta* er et synonym for sagnfiguren *Frau Holle* eller *Mor Hulda*. *Frau Holle* er et tysk folke-

---

### Pæretræet ved Walserfeld

*Som en bonusinformation, så kan jeg fortælle, at pæretræet på marken ved Walserfeld, der nævnes i sagnet om Kejser Karl eksisterer i virkeligheden. Det første pæretræ blev plantet tilbage til romertiden, cirka år 476. Historien fortæller, at dette pæretræ er stamfader til alle pæretræer i hele Tyskland. Omkring år 1870erne visnede*

---

*pæretræet på Walserfeld. Det døde pæretræ blev skåret op og der blev fremstillet et skab, der blev givet i bryllupsgave til Kronprins Rudolf og Kronprinsesse Stephanie i 1881. Skabet blev fremstillet af A. Baumann fra Hallein. Desuden er der blevet fremstillet en brevpresse som Kejser Wilhelm fik under et ophold i Gastein. Desuden kan man finde en trærod fra pæretræet på Salzburg Museum, det tidligere Carolino Augusteum. Det nuværende træ blev plantet den 3. december 2015, da forgængeren gik til grunde på grund af en svampesygdom. Indtil det 19. århundrede troede man på, at den der fældede pæretræet på Walserfeld, ville dø en unaturlig død og det samme ville ske for alle fremtidige mandlige efterkommere. Andre påstår, at dette pæretræ er symbolet på frugtbarhed. Et andet sagn fortæller, at kurfyrsten af Bayern under sit sidste slag på Walserfeld skulle have hængt sit våbenskjold på pæretræet. Som en yderligere en bonusinformation, kan jeg nævne, at der har været et krigsslag på marken ved Walserfeld, som også kaldes for Slaget ved Salzburg. Slaget skete under den Anden Koalitionskrig, eller den første Napoleonskrig. Slaget skete fra 12. til 14. december 1800, da en deling fra den kejserlige hær under ledelse af Ærkehertug Johann var i stand til at sejre over en deling af den franske hær (Første deling Lecourbe) i området mellem Wals, Siezenheim og Saalachspitz.*

---

eventyr, der blev nedskrevet af Brødrene Grimm. Det er et eventyr om en kvinde, der har to døtre, den ene er en smuk og flittig steddatter, den anden er en grim og doven biologisk datter. Frau Holle elsker *naturligvis* sin egen datter mest, på trods af hun er doven og grim. Et andet sagn om Berchtesgaden handler om en *Berchtold*, som var blevet vist på vej af en havfrue fra Königssee. Havfruen skulle have vist manden vejen til Berchtesgaden og sørget for, at han fik et job som minearbejder i saltminen.

## DEN SOVENDE HEKS

Som mange andre steder i Berchtesgadener Land, findes der også sagn omkring *Die Schlafende Hexe*, dansk: *den sovende heks*. Mange bjerge ligner en sovende heks, men i nærheden af Bad Reichenhall og Predigtstuhl, ved Steinerne Agnes, finder man netop den sovende heks, som dette sagn omhandler. I mere end tusind år har der levet en heks, helt ensomt, i bjergene omkring Bad Reichenhall. Heksen havde valgt at leve alene langt oppe i bjergene, så hun ikke kunne gøre menneskene fortræd. Tit mødte hun mennesker, særligt de troende, når de var på vandring over passet ved Hallthurm mod den hellige Zenos grav. Når hun mødte mennesker var hun altid venlig og imødekommende. Men hendes venlighed var kun på overfladen, for når hun tilbød de vandrende noget at drikke, kunne man være 110 procent sikker på, at drikken var forgiftet. Med den forgiftede drik havde heksen mange uskyldiges menneskers liv på samvittigheden. Andre gange ledte hun folk af en sti, hvor der var stor risiko for stenskred eller fare for at falde ned fra de stejle klipper. Hver gang frydede heksen sig over,

*Die Schlafende Hexe, set fra Königssee*

143

at der nu var en mindre blandt de kristne, ja, hun nærmest nød at dræbe. Heksen ønskede nemlig ikke, at borgerne i Berchtesgadener Land skulle blive kristne. Da missionæren Martinus var på vej over passet ved Hallthurm for at nå frem til befolkningen i Berchtesgadener Land, hvor han ville forkynde Guds ord, skubbede heksen en tung klippesten ned mod stien, hvor Martinus gik. Martinus nåede at springe i sikkerhed inden den tunge klippesten ramte stien. Men det fik bare heksen til at smide endnu en sten mod ham. Det fik Martinus til at tage sit store kors, som han havde hængende om halsen, og rakte det mod heksen. Kort efter lød der en skælven og buldren, som var det tusindvis af tordenbrag. Med en uimodståelig kraft blev heksen kastet mod jorden og forvandlet til sten. Derefter kunne Martinus drage videre på sin færd. Den forstenede heks med sin opretstående hage kan man stadig se, når man kører fra Bad Reichenhall over Hallthurmpasset på vej mod Berchtesgaden.

## VARIATION

En anden variation af sagnet fortæller, at den sovende heks en gang var en god pige, selvom hun ikke mere var ung og oveni købet havde tabt flere tænder. Men hun passede sit arbejde ihærdigt. Pludselig døde den gamle bondemand og arvingen var et rigtig brushoved, en temperamentsfuld mand. Gennem forbandelser og skideballer forsøgte han at bevise, at det nu var ham som var

Herren. En dag var det så varmt i vejret, at gårdens unge medhjælper, havde bestemt, at den gamle udmattede pige, skulle blive i sengen for at hvile. Det fik landmanden til at skælde ud, hvor til pigen blot havde sagt (ja undskyld sproget) *Du kan kysse mig i røven, jeg sover!* Ja, og hun sover stadig.

## STEINERNE AGNES

Naturligvis, var jeg ved at sige, findes der også et sagn om Steinerne Agnes. Agnes var en gudfrygtig og kysk hyrdinde, der blev forstenet for at beskytte hende fra tilnærmelser fra djævlen. Med en anelse fantasi kan man i klippeformationen fornemme hyrdinden med hendes hat. Steinerne Agnes står ved foden af Schlafende Hexe, som er et regionens andre sagnomspundne steder.

## SAGNET OM TOTEN MANN

På bjerget Toten Mann, i nærheden af Ramsau, står hytten Bezoldhütte. På netop denne hytte finder man en informationstavle der informerer om, hvordan det hidtil navnløse bjerg fik sit lidt bizarre navn *Toten Mann*. Sagnet lyder således... Engang for længe siden ville en fremmed vandringsmand gå tværs over den godt 1.400 meter høje bjergkam mellem Berchtesgaden og Ramsau. Det var vinter og manden ville ikke høre på de råd, som de lokale gav ham. Råd, hvor de rådede ham til at opgive sin vandring. Manden gav sig af sted op ad bjerget, jo højere op han kom, jo dybere blev sneen. Snart sank manden ned i sneen, men han kæmpede og kæmpede sig gennem den hoftehøjde dybe sne. Pludselig forsvandt alle mandens kræfter, han besluttede sig for at holde en lille pause for at samle kræfter, inden han drog videre. Men det var blevet sent og han havde ingen kræfter til at gå tilbage, så han satte sig op af et grantræ, snart efter faldt han i søvn, men grundet kulden sov han stille ind. Da sneen smeltede og vinter blev til forår kom to jægere over bjergkammen og pludselig blev den ene kridhvid i hovedet og pegede i retning mod det store grantræ, hvor den døde vandringsmand sad op af træets stamme. De to jægere bjærgede den døde mand og bragte ham ned i dalen, hvor hans lig blev begravet. Det hidtil navnløse bjerg har siden den dag heddet *Der Toten Mann*.

## SAGNET OM HOCHSTAUFEN OG STEINERNEN JÄGER

En af de mest benyttede veje til toppen af Hochstaufen sker via Steinernen Jäger, netop denne rute har et sagn tilknyttet. Sagnet lyder således... Der var en gang to jægere, som var på jagt i bjergene. De var begge troende, da de hørte kirkeklokkerne kalde til bøn nede i dalen, ville de gå mod kirken. Men i det samme kom en gemse, som de forsøgte at skyde, hvorefter de glemte alt om kirketid og bøn. Gemsen forvandlede sig til djævlen, jægerne forsøgte at flygte, men blev fanget i tågen og man hørte nu kun et halvkvalt skrig. Da tågen var lettet, fandt man de to jægere forvandlet til klipper, der i dag stadig er at finde der, hvor de blev forvandlet til klipper af... ja, gæt hvem... djævlen.

*Reiter Alpe*

145

Berchtesgadener Land er stedet for dem der elsker naturen og et rigt dyreliv. Man skal ikke køre langt for at komme ud i naturen. Der skulle eftersigende være mere end 700 dyrearter, heriblandt større pattedyr som hjorte, kronhjorte, gemser, stenbukke (der blev genindført i 1930erne) samt mindre pattedyr som murmeldyr, sneharer og mus. Desuden er der mere end hundrede fuglearter, heriblandt ørne, ugler, jærper, urhøns, tjur, ryper, ravne, alliker, skovskader, gribbe med flere. Dertil 16 arter af amfibier og krybdyr, herunder udrydningstruede arter som hugorme, snoge, salamandere, ildsalamandere samt forskellige arter af padder. 15 forskellige fiskearter herunder ørreder og foreller. Dertil kommer en række insekter samt intet mindre end 116 arter af edderkoppefamilien, deraf 34 arter som står på Tysklands røde liste samt tre arter, der indtil nu ikke er observeret andre steder end i Bayern (det skal dog siges, at den seneste opgørelse over edderkoppearter er fra 2001). Tidligere levede der også vilde bisonokser, los, brune bjørne, ulve og fiskeoddere i Berchtesgadener Land. I dag kan man ikke påvise, at der er store bestande af disse arter i regionen, da der af og til kommer en af disse arter ind i regionen fra områder, der grænser op til Berchtesgadener Land, men opdræt og udsætning af disse arter er ikke planlagt. Udover et rigt dyreliv findes der også et rigt og varieret planteliv i Berchtesgadener Land.

Der er skove med løv- og grantræer, hedeområder, sætere og landsbrugsområder. Især på sæterne, Alme, finder man et bredt og rigt planteliv såsom arnika, tidsler, alperoser (der også kaldes for *Almrausch*) samt ensian. Forekomsten af mosarten *Arnellia fennica* er normalt begrænset i Tyskland, men i Berchtesgadener Land kan man finde arten på grund af den kalkholdige jord, som arten foretrækker at vokse i.

## NATIONALPARK BERCHTESGADEN

Nationalpark Berchtesgaden, oprettet i 1978, er med sine 210 km² den første og eneste tyske nationalpark i alperne. Siden oprettelsen har de arbejdet for at beskytte naturen, ved at forske og uddanne. I dag findes der mere end 250 kilometer med vandreruter. Naturbeskyttelseszonen er godt 21.000 hektar stor, der indeholder uberørt natur med en enestående dyre- og planteverden med arter som man troede ikke længere var i regionen. Nationalparkens ansatte arrangerer året rundt vandreture i Nationalparken samt sørger for vinterfodring af vildtet, tidspunkter for disse ture oplyses hos turistinformationerne eller hos Nationalparken. Nationalparken strækker sig over et område i det sydlige Berchtesgadener Land (markeret med mørkegrønt på kortet, *se side 147*) fra den sydøstlige del af Berchtesgaden til Ramsau og Schönau am Königssee. Til Nationalparken hører den otte kilometer

Berchtesgadener Land - med nationalpark

147

lange Königssee, den eneste fjord-lignende sø i Midteuropa, Hintersee samt Funtensee, der er beliggende i 1.600 meters højde, der om vinteren er Tysklands koldeste sted. Søerne er omkranset af bjergmassivet Steiner-ne Meer, hvor man finder Watzmann, Tysklands tredje højeste bjerg, 2.713 meter. Nationalpark Berchtesgaden har siden 2014 arbejdet sammen med den amerikanske Nationalpark Yosemite Valley, der er USAs næst-ældste nationalpark. Selvom der er forskelle i naturen, er der alligevel mange ligheder mellem de to natio-nalparker, herunder måden man for-midler informationer til sine gæster, stenskred, vegetation, skove, vand med videre. Man udveksler blandt andet viden og forskningsresultater. Der blev skabt et plantebeskyttel-sesområde på den sydligste bred af Königssee fra år 1910 af en forening, der stod for pleje og beskyttelse af

Alperne. Netop dette område blev forløberen for det Naturbeskyttel-sesområde, der blev udpeget i 1921, der i 1973 blev til Nationalpark Berchtesgaden.

## VILDTFODRING

*Klausbachtal - mødested:*
*Hirschbichlstraße 26 • 83486 Ramsau*
*www.nationalpark-berchtesgaden.*
*bayern.de*

Hver vinter har man valgt at fodre kronvildtet i de højere beliggende områder i Nationalparken. Dette skyldes, at vildtet har svært ved at finde nok foder. Tidligere var det ikke et problem for der kunne vildtet gå længere ned i dalen for at finde foder, men dette er ikke længere en mulighed på grund af vores byggeri af veje og boliger. Derfor har man valgt at fodre, delvis for at forhindre dyrene sulte, men også for at forhin-

*Klausbachtal*

dre dyrene ødelægger træerne i jagten på at finde føde. Et af stederne, hvor man har valgt at fodre vildtet er i Klausbachtal. Vildtet kommer hvert efterår frivilligt til dette område, da de ved, at der er foder nok hele vinteren, ligegyldig hvor streng den bliver. Det 45 hektar store vinterfodringsområde er indrettet så gæster i Nationalparken, på afstand, kan opleve skovens konge, kronvildtet, komme til fodrepladserne, som oftest sker omkring middagstid. Fodringspladsen kan nås til fods eller med kane/hestevogn fra Klausbachhaus, en tur på godt 35 minutter. Fra besøgerplatformen kan man opleve op mod 65 hjorte.

## NATIONALPARKZENTRUM HAUS DER BERGE

*Hanielstraße 7 • 83471 Berchtesgaden*
*www.nationalpark-berchtesgaden.*
*bayern.de/infostellen/haus_der_*
*berge/*

Fra 1988 til 2013 kunne man i nærheden af Franziskanerklostret i Berchtesgaden finde Nationalpark-Haus. Det blev den 24. maj 2013

afløst af det helt nye udstillings-, informations- og uddannelsescenter Haus der Berge. Haus der Berge er beliggende i Berchtesgaden med udsigt til Watzmann. Her kan man få information om Nationalparken, naturen, dyre- og plantelivet. Haus der Berge har en god og lærerig udstilling samt adskillige film om Nationalparken, dyrelivet med videre. Et besøg kan varmt anbefales til både børn og voksne. Selvom man ikke kan tysk, kan man sagtens få noget ud af et besøg her. Nationalparkens ansatte tilbyder et bredt program og gratis ture både sommer og vinter, tjek informationer på hjemmesiden. Bus 839 og 841 kører fra Busbanegården i Berchtesgaden direkte til Haus der Berge, stoppested *Haus der Berge.*

## INFORMATIONSSTATIONER

Udover Haus der Berge findes der fem informationsstationer fordelt rundt i Nationalparken. Nogle steder har ansatte på stedet til at fortælle om Nationalparken, mens andre er ubemandede. Man finder informationssteder følgende steder:

*Haus der Berge, Berchtesgaden*

**Nationalpark-Informationstelle
Hintersee**
Hirschbichlstraße 26
83486 Ramsau am Hintersee
Åbningstider:
Dagligt kl. 9.00 - 17.00
*Gratis entré*

**Nationalpark-Informationstelle
Wimbachbrücke**
Wimbachweg 2 • 83486 Ramsau
Åbningstider:
Dagligt kl. 8.30 - 18.00
*Informationsstedet har ingen ansatte
på stedet*

**Nationalpark-Informationstelle
St. Bartholomä**
Halbinsel St. Bartholomä
83471 Schönau am Königssee
Åbningstider:
Maj - oktober:
Dagligt kl. 10.00 - 16.00
November - april: 11.00-15.00

*Naturen*

**Nationalpark-Informationstelle
Kühroint**
Auf der Kühroint-Alm
83486 Ramsau
Åbningstider:
Maj - oktober:
Dagligt kl. 9.00 - 17.00
November - april: Lukket
*Informationsstedet har ingen ansatte
på stedet*

**Nationalpark-Informationstelle
Engert Holzstube**
Im Klausbachtal - retning mod
Hirschbichl Pass
83486 Ramsau
Åbningstider:
Maj - oktober: 9.00-17.00
November - april: Lukket
*Dette informationssted er beliggende
ved en spærret vej, som man kan kun
nå med AlmErlebnisBussen eller til
fods fra Informationsstedet Hintersee
(Klausbachhaus), cirka en times van-
dring.*

**Nationalpark-Informationsstelle
Jennerbahn Bergstation**
Jennerbahnstraße 18
83471 Schönau am Königssee
*Gratis entré*

**ALPENPARK BERCHTESGADEN**
I forlængelse med Nationalpark
Berchtesgaden finder man Alpen-
park Berchtesgaden, som er 259
km² stor og strækker sig fra Ramsau,
Schönau, Berchtesgaden, Bischof-
swiesen til Marktschellenberg. Na-
tionalpark Berchtesgaden og Alpen-
park Berchtesgaden dækker samlet
et areal på 467 km². Allerede tilbage

i 1921 var området omkring Königssee et naturbeskyttelsesområde. I 1978 blev det udnævnt til en beskyttet naturpark, som består af to dele Naturpark og Nationalpark. Alpenpark Berchtesgaden blev den 20. november 1990 tildelt æresbetegnelsen *UNESCO Biosphärenreservat*, dansk: *UNESCO biosfærereservat*, der siden 2010 har det været en del af *Biosphärenregion Berchtesgadener Land*, dansk: *biosfæreregion Berchtesgadener Land*.

## BIOSPHÄRENREGION BERCHTESGADENER LAND

Biosfærereservat Berchtesgadener Land og Biosfæreregion Berchtesgadener Land er en af Tysklands 16 naturreservater. Projektet med de særlige naturreservater blev startet tilbage i 1971, der i 1990erne blev det en del af UNESCOs program *Man and the Biosphere*, som senere er slået igennem på internationalt plan. I dag er der cirka 738 biosfærereservater fordelt på 134 lande, hvoraf de 16 findes i Tyskland, og altså også i Berchtesgadener Land. Biosfærereservater adskiller sig fra de traditionelle beskyttede områder, da de kombinerer kerneområder, der er underlagt strenge restriktioner, med områder eller zoner, hvor der forefindes bæredygtigt erhverv. Men samtidig er det en opfordring til et harmonisk samliv mellem menneskerne og naturen. I Berchtesgadener Land finder man Tysklands eneste biosfærereservat i Alperne. Her går uberørt natur, storslåede bjerge, de grønne bjergenge, de store bjergskove, de krystalklare bække og dybe søer, hånd i hånd med dyrelivet, plantelivet og de mennesker der bor her. De familiedrevne landbrug sørger ikke blot for produktionen af fødevarer, men også for bevarelsen og plejen af naturen, som vi som gæster kan nyde godt af.

Biosfærereservatet Berchtesgadener Land er 840 km² stort, eller det samme som hele Berchtesgadener Lands areal, det er derfor med rette, at de har selvudnævnt sig til Biosfæreregion Berchtesgadener Land. Biosfærereservat Berchtesgadener Land er beliggende i Berchtesgadener Alperne, i den sydøstligste del af Bayern på grænsen til Østrig. Biosfærereservatet, er opdelt i zoner, kernezonen af reservatet er Nationalpark Berchtesgaden. Kernezonen er 139 km² stor, dertil kommer der såkaldte pleje- og bufferzoner på 69 km² samt en udviklingszone på 632 km². I alt otte kommuner, Ramsau, Berchtesgaden, Bischofswiesen, Schönau, Marktschellenberg, Bayerisch Gmain, Schneizlreuth og Bad Reichenhall, har en stor andel i, at den sydlige del af Berchtesgadener Land blev udnævnt til Biosfæreregion. Siden 2010 har den nordlige del af Berchtesgadener Land, også kaldet Rupertiwinkel, med kommunerne Laufen, Saaldorf-Surheim, Teisendorf, Freilassing, Ainring, Anger og Piding, også været en del af Biosfæreregion Berchtesgadener Land.

Man arbejder ud fra den filosofi, at naturen i Nationalparken og Biosfærereservatet ikke skal være som en udstillingspark, men et sted, hvor naturen skal have lov til at være natur. Det vil sige, vælter der et træ skal det have lov til at blive liggende, hvis det ikke er til fare for eventuel trafik. På den måde bliver de væltede træstammer til hjem for insekter, dyr og planter. Derfor er det vigtigt at vide som gæst i National-parken, at alle planter er kun til at **SE** på og ikke til at tage med sig. Så derfor fingrene væk, tag et billede og gå videre! På den måde kan andre også få glæde af planten! Det er faktisk **ulovligt** at indsamle planter i Nationalpark Berchtesgaden.

## MARZOLLER AU

*Parkering: på hjørnet af Rainthalstraße/An der Schanz i Schwarzbach*
*83435 Bad Reichenhall*

I den nordlige del af Bad Reichen-hall finder man resterne Tysklands sydligste flodeng, Marzoller Au. Det er et naturbeskyttet område, der har sin egen naturoplevelsessti, hvor man undervejs informeres om områdets betydning og dyre- og planteliv. I det 19. århundrede blev floden Saalach, som mange andre floder, ændret. Vandstanden i floden blev gjort dybere, det førte til, at områderne omkring floden ikke blev oversvømmet så ofte som tidligere. Dette påvirkede grundvandspejlet, dyre- og plantelivet. I 1980erne erkendte man problemet, men det var bare for sent, det var ikke længere muligt at føre Saalach tilbage til sit oprindelige forløb. Man valgte derimod at grave bække og kanaler på den tyske del af Saalach, vandet herfra blev ført til flodenge, som den i Marzoll. Det førte til, at grund-vandspejlet hævede sig og de na-turlige oversvømmelser førte til en mere mangfoldig natur. I dag benyttes området af mange til vandreture eller cykelture på de anlagte cykel- og vandreruter.

*Bdd Reichenhall bybuslinie 1 kører ud til området, benyt stoppested Weißbach/Obermühle eller Schwarz-bach/Endhaltestelle.*

*Naturen*

# BJERGE

Berchtesgadener Land er omkranset af bjerge, Berchtesgadener Alpen. Til bjergene hører også kløfter, slugter, sætere, vandfald, søer og floder. Der er de ukendte bjerge og så er der hele Berchtesgadener Lands vartegn, Watzmann, der er Tysklands tredje højeste bjerg, der rager 2.713 meter mod himlen. Der er bjerge for alle, både de gode klatrere og så os som bare vil nyde udsigten fra en svævebane, der fragter os op til toppen.

## NATURPARADIS

Natur, natur og atter natur lige så langt som øjet rækker. Man kan ikke komme uden om naturen, når man rejser rundt i Berchtesgadener Land. Der er noget for hele familien og mange af vandreruterne er velegnede til familier med børn, også selvom de sidder i klapvogn eller i barnevogn. Der er temaveje, om bier samt temaveje med eventyrfigurer, jo vandring er for hele familien, ung såvel som gammel. Ja, selv kørestolsbrugere kan få noget ud af en vandretur med familien, da flere vandrestier er gjort handicapvenlige. Selv de firbenede familiemedlemmer kan få noget ud af at være på ferie i Berchtesgadener Land, da der findes mange muligheder for at få gode vandreoplevelser med sin hund, om end den er stor eller lille, blot man husker følgende, det er **lovpligtigt** at føre sin hund i snor i Nationalpark Berchtesgaden, samt at man samler hundens efterladen-

skaber op! Flere steder skal hunden dog også bære mundkurv, så det er en god ide at have det med i turtasken, lidt snack samt vand... også til hunden!

Plastik, dåser og papir er ingen pryd til bjergene Hvis du bærer dem hele vejen hertil, vil de ikke være tunge, når du tager hjem. Respekter bjergene, naturen med deres skønhed og farver. Det, der tæller på bjerget, er gensidig hjælp og fællesskab, som er vigtigere end den perfekte selfi på bjergtoppen. Tag ikke nogen risiko. Du vil jo stadig gerne kunne fortælle dine historier, når du kommer hjem. Tag mere affald med hjem, end du tager med til bjergene. Vær med til at beskytte den skrøbelige natur, efterlad ingen affald, efterlad kun dine fodaftryk. Bjergenes økosystem er skrøbeligt og genopretter sig kun langsomt.

## BERCHTESGADENER ALPEN

Berchtesgadener Alperne dækker et område på godt 1.000 km², til alperne hører bjergmassiver såsom Watzmann, Lattengebirge, Untersberg, Göllstock, Hagengebirge med Steinerne Meer, Hochkönig, Hochkalter, Reiter Alpe, Schwarzbachwacht og Hirschbichlpass. Berchtesgadener Alperne er en del af de Bayerske Alper, hvor det højeste punkt er Tysklands højeste bjerg, Zugspitze (2.962 meter), samt de nordlige Kalkalper, der strækker sig ind over grænsen til Østrig, Salzburgerland.

153

Bjergbestigere kalder området for Berchtesgadenern. Området består af 9 bjergmassiver fra Saalach i vest til Salzach i øst. Den sydlige grænse går ved Saalfelden ved Zeller See, Dienten, Mühlbach am Hochkönig, hovedbjergmassivet finder man omkring Watzmann. Bjergene Lattengebirge, Untersberg, Göllstock, Hagengebirge, Steinerne Meer, Hochkönig, Hochkaltergebirge samt Reiter Alpe er også en del af Berchtesgadener Alperne.

## WATZMANN

Watzmann, der er Berchtesgadener Lands vartegn, er det mest dominerende bjerg i de tyske alper. Watzmann eller König Watzmann, som bjerget også kaldes, er med sine 2.713 meters højde ikke blot Berchtesgadener Lands højeste bjerg, det er også Tysklands tredje højeste bjerg, det højeste er som bekendt

Zugspitze, der er 2.962 meter højt. Når man står og ser mod bjergmassivet ser man ni bjergtinder. Hovedbjerget, som består af tre bjergtinder (Hocheck 2.651 meter, Mittelspitze 2.713 meter samt Südspitze 2.712 meter). Südspitze, der også kaldes for Schönfeldspitze, symboliserer kongen. Bjergtinden overfor Mittelspitze, Kleiner Watzmann, 2.307 meter, kaldes også for Watzmannfrau, den symboliserer dronningen (Watzmannfrau). De fem mellemliggende bjergtinder symboliserer de syv kongebørn (Watzmannkinder). Selvom sagnet siger syv børn, er det faktisk kun de fem *børn*, som er genkendelige som uafhængige bjergtinder. Øst for Watzmann finder man Watzmannkar med resterne af Watzmann-gletsjeren.

Bjergklatring er en populær aktivitet i regionen. Første gang Watz-

*Watzmann Ostwand*

mann, Mittelspitze, blev besteget var helt tilbage i 1799, af Valentin Stanič fra Slovenien. Ramsaueren Johann Grill, der også blev kaldt for *Der Kederbacher*, var den første der krydsede Watzmanns tre bjertinder i 1868. De tre bjergtinder kaldes også for *Watzmannkönig* eller *Watzmannüberschreitung*, der bedst kan oversætte som o*vergangen af toppen af Watzmann*, er en af de mest kendte bjergruter i de bayerske alper. Siden har mange forsøgt det samme, men mere end et hunderede bjergbestigere er aldrig vendt retur fra turen i live. Det første dødsfald på Watzmann skete i 1890, da Christian Schöllhorn fra München styrtede ned. Derfor kaldes Berchtesgadens højeste bjerg også for *Der Schicksalsberg*, dansk: *skæbnebjerget*. Trods dette har Magasinet *Bergsteiger* endda kaldt *Watzmann for det smukkeste bjerg i verden*, på linie med Machapucharé i Nepal, Drei Zinnen i Dolomitterne, Italien, K2 i Karakorum, Kina/Pakistan og Cerro Torre i Patagonien, Argentina/Chile.

Man behøver ikke at være professionel toptrænet bjergklatrer for at prøve kræfter med Watzmannmassivet. Der er ruter for både toptrænede bjergbestigere og for øvede vandrere i alle sværhedsgrader. Men det anbefales **altid** at have en erfaren lokalkendt bjergfører med sig, inden man bevæger sig mod toppen. En vandrer, med god kondition og i godt vejr, kan klare turen til Watzmannhaus på godt fire timer, det anbefales dog, at man tager i over-natning i hytten, inden man dagen efter tager turen retur til dalen. Man kan også vælge en vandretur på fire dage, hvor man går fra hytte til hytte. Turen går via Watzmann via Wimbachgries til Steinernen Meer, undervejs overnatter man i følgende bjerghytter Watzmannhaus, Wimbachgrieshütte og Kärlingerhaus ved Funtensee. *Læs sagnet om Watzmann på side 139.*

## WATZMANN OSTWAND

Smuk ser den ud, den østlige klippevæg, Ostwand, når den troner op langs Königssee og halvøen Sankt Bartholomä. Klippevæggen som er 1.800 meter høj, er den højeste og længste klippevæg i de østlige alper. Men man skal ikke lade sig narre, den er svære at bestige end den ser ud til, det er også her de fleste bjergbestigere gennem årene har mistet livet, muligvis på grund af, at mange undervurderer klippevæggens længde, der er med til at gøre bestigningen besværlig. Derfor finder man, i 2.380 meters højde, en orange bivuak, der kan give ly til bjergbestigere der fanges i uvejr på klippevæggen. Bjergbestigere der begiver sig ud på at bestige Ostwand starter bag valfartskirken Sankt Bartholomä i Königssee. Derfor kaldes Ostwand også af og til for Bartholomä-Wand, Bartholomä-klippevæggen. For foden af Ostwand finder man *Die Eiskapelle*, iskapellet.

Den første, der besteg Ostwand var skovarbejderen og bjergføreren Johann *Der Kederbacher* Grill fra

Ramsau. Sammen med Otto Schück, fra Wien, besteg Johann Grill, som de allerførste, Ostwand. Det var den 18. juni 1881, de brugte 14 timer til at bestige klippevæggen. Dermed skrev de historie. Deres rute kaldes i dag for *Kederbacherweg*. Siden er den rekord slået flere gange. Natten mellem 28. februar og 1. marts 1953 besteg den legendariske bjergbestiger Hermann Buhl Ostwand, som forberedelse til sin Nanga-Parbat ekspedition. Han klarede Ostwand på blot ni timer, vel at bemærke i snevejr. I efteråret 1988 klarede Albert Hirschbichler, fra Bad Reichenhall, turen på to timer, ti minutter og 12 sekunder. Den 27. august 2015 slog Philipp Reiter og Martin Schidlowski den rekord, da de klarede turen fra Königssee til Watzmann Südspitze på blot to timer, to minutter og 53 sekunder. Manden der har besteget Ostwand flest gange

er bjergfører Heinz Zembsch (født i 1943) fra Berchtesgaden, i september 2013 nåede han milepælen, med 400 gange op ad Ostwand. Før Heinz Zembsch var det Franz Rasp, der var kongen af Ostwand. På sin 295. bestigning af Ostwand, den 1. januar 1988, styrtede Franz Rasp, der var sammen med en anden bjergbestiger, ned og blev dræbt.

Hvis man vælger at bestige Ostwand, er der flere ruter. De meste kendte ruter er *Der Berchtesgadener Weg*, *Der Kederbacherweg*, *Der Müncher Weg*, *Der Salzburger Weg*, *Der Frankfurter Weg*, *Der Polenweg* og *Der Franz Rasp Gedächtnisweg*. Farerne ved at bestige Ostwand er ikke de forskellige ruters sværhedsgrader, men derimod længden og orientering, derfor er det vigtigt at påpege, at man er dumdristig, hvis man begiver sig ud på bjerget, hvis man ikke

*Watzmann Ostwand*

har erfaring eller lokalkendt. Derfor skal man **altid** have en lokalkendt bjergfører med sig. Jeg nævner det gerne ofte, men kun en tåbe frygter ej bjergene.

## EISKAPELLE

Eiskapelle er ikke, som man tror, et kirkekapel af is, men det lavest beliggende sneområde med evig sne og is i de tyske alper. Selvom snegrænsen går ved godt 2.000 meters højde om sommeren, eksisterer Eiskapelle året rundt, dette skyldes, at det er her de store mængder sne, der falder på Ostwand, samt hvor sneen fra de talrige laviner, ender. En gletsjer tilfører området is. Det er under gletsjeren man finder indgangen til iskapellet. Eiskapelle er beliggende i 800-1.000 meter over havets overflade ved foden af Watzmann-Ostwand. Eiskapelle er, alt afhængig af årstiden mellem 2,5 til 7 hektar stor, med en istykkelse på mellem 30 og 100 meter. Inden i kapellet er der forskellige skakter og gange, der om sommeren kan være over 30 meter brede og 15 meter høje. Men når sneen falder og med tiden smelter, ændres indgangene. Iskapellet består af smeltevand, der i løbet af sommeren løber fra Ostwand via et netværk af små bække. Vandet dannes til is, når den tungere kolde luft kommer ind i hulen, en effekt der også kaldes for kamineffekten. Luftindtaget sørger også for kolde faldvinde i hulen. Om vinteren er der næsten ingen luftcirkulation og dermed fryser vandet til is. Iskapellet mistede sin status som gletsjer

mellem år 1920 og 1950, og selvom vi næsten dagligt hører om klimaforandringer, tilføjes der ny is til Eiskapelle hvert år.

Den nemmeste måde at komme til Eiskapelle er via halvøen Sankt Bartholomä. Det vil sige med skib over Königssee til stoppestedet Sankt Bartholomä. Fra anløbsbroen går man i retning mod Nationalparkens informationsstander, herfra viser skilte vejen over bækken til Kapellet Sankt Johann und Paul. Fra kapellet bliver stien stejlere og går gennem et lille stykke skov. Efter skoven er der udsigt til den mægtige Watzmann Ostwand. Herfra går man langs den ofte udtørrede bæk til området ved iskapellet. Dog kan bækken være fyldt med vand efter kraftige regnskyl samt når sneen smelter i foråret. Derfor kan stien, i perioder, være ufremkommelig. Det er en cirka seks kilometer lang vandretur fra Sankt Bartholomä til Eiskapelle. Man skal afsætte mindst to timer til turen, der er en højdeforskel på godt 250 meter. Det anbefales, at man **IKKE** går ind i hulen, da der er nedstyrtningsfare. Det anbefales, at man har solidt fodtøj på, særligt da der på den sidste tredje del af ruten er fare for ujævnt terræn.

## WATZMANNHAUS

*www.alpenverein-muenchen-oberland.de/huetten/ alpenvereinshuetten/watzmannhaus*

På Hocheck, en af de tre bjergtin-

157

der på Watzmann, finder man Watzmannhaus, der er beliggende i 1.930 meters højde. Watzmannhaus er den største hytte i Berchtesgadener Alperne, med over 200 sovepladser. Hytten er ejet af den tyske alpeforening DAV, *Deutschen Alpenverein*, sektion München. Mange benytter hytten til overnatning på deres bjergvandringer. Man finder nemmest Watzmannhaus ved at starte sin vandring ved Wimbachbrücke i Ramsau og gå via rute AV-Weg 631 eller fra Hammerstiel i Schönau via rute AV-Weg 632. Begge ruter skulle eftersigende være uproblematiske, men det anbefales, at man har en god kondition og en erfaring med at vandre i bjergene. Det er ikke tilladt køre på mountainbike hele vejen til Watzmannhaus, dog kan man cykle til Schapbachalm, hvor det er muligt at parkere sin cykel. Fra Watzmannhaus kan man følge den skiltede rute AV-Weg 441 til toppen af Hocheck, 2.651 meter. Det anbefales, at man afsætter cirka tre timer af til opstigningen. Herfra kan man fortsætte videre over Mittelspitze og Südspitze. Det er vigtigt at påpege, at turen til toppen af Hocheck, og videre, **KUN** er for erfarende bjergbestigere.

## UNTERSBERG

Untersberg er det nordligste bjergmassiv i Berchtesgadener Land. Mange betegner netop dette bjergmassiv for det mest sagnomspundne bjerg i hele alperegionen. Første gang man hørte navnet *Untersberg* var den 28. juni 1306. Siden har mange kaldt bjerget for *Berg des Lichts*, dansk: *Lysets bjerg*. Dette kan skyldes den måde solen og lyset oplyser bjerget på. Untersberg har flere kælenavne, lokalbefolkningen kalder bjerget for *Wunderberg*, dansk: *mirakelbjerget*, *Magischer Berg*, dansk: *det magiske bjerg*, eller *Heiliger Berg*, dansk: *det hellige bjerg*. Mange tilhængere af buddhismen og Esoterismen nyder at besøge Untersberg, dette skyldes muligvis, at selveste Dalai Lama under et besøg i Salzburg, tilbage i 1992, betegnede Untersberg som *Europas Hjertechakra*. Bjerget er beliggende på grænsen mellem Berchtesgadener Land og Salzburg, Østrig. Ja, faktisk er to tredjedele af Untersberg beliggende på bayersk grund, dermed også i Berchtesgadener Land. Statsgrænsen mellem Bayern, Tyskland, og Østrig går gennem den nordlige del af bjergmassivets tinder, nemlig mellem Hirschangerkopf, Ochsenkopf, Mitterberg og Salzburger Hochthron. Untersbergs højeste punkter er Berchtesgadener Hochthron (1.972 meter), Rauheck (1.892 meter), Gamsalkopf (1.888 meter), Salzburger Hochthron (1.853 meter), Mitterberg (1.840 meter) og Geiereck (1.805 meter). Bjergmassivet dækker et areal på 70 km² eller fem kilometer i retning nord-syd. I bjergmassivet findes der talrige huler, herunder besøgshulen Schellenberger Eishöhle samt Riesending-Schachthöhle, der med sine 19,5 km lange gange og op til 1.148 meters dybde er en af de dybeste huler i hele Tyskland. Untersbergs mange huler rummer også sagn og myter, *læs mere på side 141.*

Untersberg er et yndet udflugtssted for mange, både lokale og turister, derfor findes der også mange vandrestier til toppen. Hvis man ikke ønsker at gå, er det også muligt at tage svævebanen, der kører til bjergtinden Geiereck. Untersberg er besteget mange gange, den første der nåede toppen var munken Eberwin i første halvdel af 1100-tallet. Eberwin var munk på Augustinerklostret i Berchtesgaden. Der er også skrevet en opera, *Der Untersberg*, der er opkaldt efter bjerget. Operaen blev skrevet af Johann Nepomuk (1783-1865) tilbage i 1829. Untersberg har også gennem tiden været benyttet som filmkulisse, den muligvis mest kendte film er *The Sound of Music*. Her danner Untersberg kulissen til åbningsscenen, hvor Maria (Julia Andrews), danser og synger, indtil hun hører klokkerne fra klostret, hvorpå hun løber alt, hvad hun kan tilbage til Nonnberg-klostret inde i Salzburg. Jeg skulle ellers hilse og fortælle, at det er godt hørt og ikke mindst godt løbet, der er nemlig godt 16 kilometer fra Untersberg til klostret i Salzburg.

## SCHELLENBERGER EISHÖHLE
*www.eishoehle.net*

Schellenberger Eishöhle, ishule, er Tysklands største ishule. Det er en verden af vand, is og klipper. 60.000 kubikmeter is, der flere steder er mere end 30 meter tyk. Schellenberger Eishöhle er en af mange huler i Untersberg. Hulen er beliggende højt over Marktschellenberg i 1.570

> **Karbidlamper**
> Karbidlamper kaldes også for acetylenlamper. Det er en lyskilde, hvor udsendelsen af lys sker ved, at der forbrændes acetylen ($C_2H_2$). $C_2H_2$ acetylen indeholder en stor mængde kulstof, der ved forbrænding udsender et kraftigt lys. Denne type lampe har gennem tiden været benyttet som cykellygter og til lys på andre køretøjer. Karbidlamper fik en renæssance under Anden Verdenskrig, da der var knaphed på andre lyskilder. Karbidlamper er efterhånden blevet fortrængt af elektrisk lys, men benyttes stadig i forbindelse med udforskning af underjordiske huler, dette skyldes lampens stærke lys, lave omkostninger, lav vægt samt stor robusthed.

meters højde. Man opdagede hulen tilbage i år 1826. I 1874 begyndte man at udforske hulen, inden man i 1925 åbnede hulen op for offentligheden. Man kan takke Thomas Eder for åbningen af ishulen for offentligheden. Ishulen er i alt 3.621 meter lang, hvoraf blot de fem hundrede meter er tilgængelig for offentligheden. Hulen er en ud af blot to huler i hele Tyskland uden elektrisk lys, derfor bliver de besøgende udstyret med karbidlamper. Man kan kun nå frem til hulen ved at vandre dertil. Det er en cirka tre timers vandretur fra Marktschellenberg over Toni-Lenz-Hütte til indgangen i 1.570 meters højde. En alternativ rute er med Untersbergbahn efterfulgt af en vandretur via Thomas-Eder-Steig, som er en vandretur på godt to timer. Adgang til hulen kan kun ske i forbindelse med en guidet rundvisning i hulen. Der gives kun guidede rundvisninger i sommermånederne mellem klokken 10.00 og 16.00. Rundvisningen tager cirka 45 minutter, men en ting er værd at huske på, at rundturen foregår i en temperatur på mellem minus 0,5 og plus 1 grad celsius, selv på den varmeste sommerdag. Derfor er det vigtigt at medbringe varmt tøj og solidt fodtøj.

**Kørselsvejledning - bil:**
Fra Tyskland - følg B 305 i retning mod Salzburg til Marktschellenberg. Cirka 2 km udenfor landsbyen er der på højre side en parkeringsplads, *Hauptstraße - 83487 Marktschellenberg*, og lige overfor finder man stien mod ishulen.

**Kørselsvejledning - bus:**
Bus 840 eller 836 *www.rvo-bus.de* stoppested *Eishöhle*, eller bus 25 fra banegården i Salzburg, stoppested *Grödig Untersbergbahn*.

## STÖHRHAUS
*www.stoehrhaus.de*

Højt oppe på Untersberg, i nærheden af Berchtesgadener Hochthron, finder man Stöhrhaus i 1.894 meters højde. Her kan man købe et måltid mad på sin vandretur eller tage en overnatning. Mens man holder et velfortjent hvil kan man nyde udsigten til Watzmann, Hochkalter, Steinerne Meer og Hohen Göll. Mange kombinerer en overnatning på Stöhrhaus

med oplevelsen af en stemningsfuld solnedgang over Berchtesgadener Land. Stöhrhaus er et knudepunkt for en lang række vandreruter på Untersberg. Stöhrhaus kan nås fra blandt andre *AV-Weg 417* fra Maria Gern (cirka 4-5 timer), *AV-Weg 464* fra Bischofswiesen-Winkl via Reissensteig og Zehnkaser-Alm (cirka 4-5 timer), *AV-Weg 465* fra Bischofswiesen-Winkl via Niernthalweg og Zehnkaser-Alm (cirka 4-5 timer), *AV-Weg 466* fra Hinterettenberg via Rosslandersteig og Scheibenkaser (cirka 4-5 timer), fra Marktschellenberg gennem Almbachklamm via Scheibenkaser til Stöhrhaus (cirka 6-7 timer), fra Marktschellenberg via Toni-Lenz-Hütte, Thomas-Eder-Steig og Die Mittagsscharte (cirka 6-9 timer), via bjergbestigerruten over Berchtesgadener Hochthron (cirka 7-8 timer), fra Untersbergbanens bjergstation (cirka 3-4 timer) eller fra Glanegg i Østrig via Dopplersteig (cirka 6-8 timer). Stöhrhaus er kun åbent fra midten af maj til midten af oktober, tjek deres hjemmeside for ændringer.

## KOLOWRATZ-GAMLÖCHER HÖHLENSYSTEM
Schellenberger Eishöhle er ikke den eneste hule i Untersberg. Bjergmassivet Untersberg er fyldt med huler, dog er Eishöhle den eneste der er tilgængelig for offentligheden. Kolowratz-Gamslöcher-hulesystem er 36 kilometer lang. I 1995 faldt en huleforsker fra Bad Cannstadt ned i et skakthul i nærheden af Stöhrhaus. Det førte til, at man i de følgende

år udforskede flere huler i området, herunder Riesending, der med sin 1.058 meter dybe skakt og over 18 kilometer længde er Tysklands længste hulesystem.

## BERCHTESGADENER HOCHTHRONSTEIG

På den østlige Berchtesgadener Hochthrons klippevæg finder man en stigning, der blev anlagt med hjælpetove og sikringsbøjler i 2007. Hjælpetove og sikringsbøjler der skal hjælpe bjergbestigere med at bestige klippevæggen på en mere sikker måde. Klippevæggen er kun for erfarende bjergklatrere med god kondition. Stigningens længde er 600 meter, klippevæggen er 400 meter, der er 1.200 højdemeter, man skal afsætte 7-8 timer af til turen. Man når nemmest frem til klippevæggen, hvis man parkerer på parkeringspladen *Hinterrossboden, Ettenberger Straße i Marktschellenberg*, følger AV-Weg 466 til Scheibenkaser, hvor man går til højre ved hytten. Det er en cirka to timers vandring fra parkeringspladsen til klippevæggen.

## TONI-LENZ-HÜTTE
*www.toni-lenz-huette.de*

På den østlige side af Untersberg finder man Toni-Lenz-Hütte i 1.450 meters højde. Hytten er beliggende i nærheden af Schellenberger Eishöhle, derfor kaldes hytten også for Eishöhlen-Hütte. Man kan nå frem til hytten på flere måder, enten fra den gratis parkeringsplads Schel-lenberger Eishöhle på Alpenstraße i Marktschellenberg. Overfor parkeringspladsen starter stien op ad Untersberg. Det tager cirka tre til fire timer at vandre til Toni-Lenz-Hütte. Man kan også starte turen i Glanegg ved Grödig, Østrig, vandre over Christian Doppler Steig og Schellenbergsattel, en tur på cirka 4 timer. Den sidste mulighed er at tage med Untersbergbanen til Geiereck, derfra gå via Salzburger Hochthron og Thomas-Eder-Steig, en tur på cirka 3 timer. Toni-Lenz-Hütte er åben fra maj til oktober. Fra Toni-Lenz-Hütte er der blot en vandretur på 20 minutter til Schellenberger Eishöhle.

## THOMAS-EDER-STEIG

Thomas-Eder-Steig er en prøvelse for kun øvede klatrere med god kondition. Stigningen er betegnet med betegnelsen KS 1. Man renoverede og sikrede stigningen tilbage i 2004. Man kan vælge at følge hele rundturen, her er udgangspunktet ved Untersbergbanens bjergstation, hvorfra man følger AV-Weg 417 over Salzburger Hochthron, videre via Mittagsscharte, hvor man kommer til Thomas-Eder-Steig (AV-Weg 463) beliggende på venstre side. Her går turen via trapper og tunneller til Schellenberger Eishöhle og herfra videre til Toni-Lenz-Hütte. Fra Toni-Lenz-Hütte følger man den smalle AV-Weg 462 til venstre via Schellenberger Sattel og ved næste sving på ruten følger man stien til venstre, derefter går turen via den stejle Dopplersteig (AV-Weg 460) til Zeppezauerhaus og slutter tilbage ved Untersbergbanens bjergstation. Ruten er 6,4 km lang, der er 600 højdemeter, det anbefales at man sætter mindst 4-5 timer af til turen.

## Hvem var Toni Lenz og Thomas Eder?

Toni Lenz og Toni-Lenz-Hütte er tæt forbundet med den nærliggende Schellenberger Eishöhle. I 1874 blev ishulen udforsket for første gang og i 1879 anlagde man to veje til netop ishulen, Eishöhle. Toni Lenz og hans kammerat Thomas Eder grundlagde i 1925 *Verein für Höhlenkunde*, dansk: *Foreningen for huleforskning*. Det var denne forening, der stod bag åbningen af ishulen som en besøgshule. I 1934 blev stigningen via Mittagscharte anlagt med gennemgange og trapper, en stigning der i dag kaldes for Thomas-Eder-Steig. I 1936 blev der opført en hytte, som blev benyttet som et sted, hvor man kunne søge ly i dårligt vejr. Hytten blev i årevis drevet af Toni Lenz, som ikke blot var en venlig mand, han var også en god kok, særligt Kaiserschmarrn, ærtesuppe og Heringsbutter var blandt de retter der gjorde ham kendt blandt mange. I 1950, da huleforeningen kunne fejre 25

*Reiter Alpe*

års jubilæum, blev Toni Lenz æret, derfor besluttede man, at hytten skulle opkaldes efter Toni Lenz, Toni-Lenz-Hütte.

## Steinerne Meer

Steinerne Meer er beliggende på grænsen mellem Berchtesgadener Land og Østrig. Steinerne Meer er et plateau mellem bjergmassivet Watzmann, Königssee, Hochkönig, Hagengebirge og Hochkalter. Navnet Steinerne Meer skyldes, at området ligner et oprørt hav, men blot med sten i stedet for vand. Det er et yndet mål for mange vandrere. Der er mange hytter og markerede ruter, hvilket gør det til et godt område at tage på en flerdages tur i. Steinerne Meer dækker et areal på mere end 100 km² med omkring 50 bjergtinder. Det er det største bjergmassiv i Berchtesgadener Alperne. De ni af bjergtinderne befinder sig i Berchtesgadener Land, bjergtinder der alle er over 2.000 meter høje. Den mest markante bjergtinde er den 2.653 meter høje pyramide-lignende Schönfeldspitze. Schönfeldspitze kan også ses fra Berchtesgaden, som også kaldes for Berchtesgadens Matterhorn, og er et af Berchtesgadener Lands vartegn. Den højeste bjergtinde er den 2.655 meter høje Selbhorn. Brandhorn på 2.610 meter danner rammen om tre regioner, Berchtesgadener Land, Pinzgau samt Pongau, der er beliggende på den østrigske side af grænsen.

For bjergbestigere er Funtenseetauern (2.578 meter) og Große Hundstod

(2.593 meter) yndede steder at klatre. Hundstod er også kendt i sagnet om König Watzmann, som der hvor hans hunde styrede ned, *læs sagnet på side 139.* Steinerne Meer og Hagengebirge hører sammen og grænsen mellem de to bjergmassiver går ved Röth, mere præcist ved Blühnbachtörl (2.022 meter). Steinerne Meer har, som Hagengebirge, en hemmelighedsfuld undergrund. I 1959 blev der opdaget et antal saltgravhuller i Simetsberg. I dag har man fundet omkring 10.000 meter underjordiske huler fordelt på omkring 800 registrerede huler. Vandet i hulerne stammer fra Funtensee og Grünsee. Der er ingen offentlig adgang til hulerne. Der er adskillige vandre- og bjergbestigerruter rundt ved Steinerne Meer. Den længste af vandreruterne, der går gennem Steinerne Meer, hedder Große Reibn. *Reibn* betyder *runde.* Vandreruten er godt 40 kilometer lang, hvor man undervejs passerer mere end 3.000 højdemeter. Bjergmassivets fire største hytter er Ingolstädter Haus i 2.119 meters højde, Riemannhaus i 2.177 meter, på den østrigske side, Kärlingerhaus i 1.630 meters højde samt Peter-Wiechenthaler-Hütte i 1.752 meters højde.

## KÄRLINGERHAUS AM FUNTENSEE
*www.kaerlingerhaus.de*

Direkte ved Funtensee i 1.638 meters højde finder man Kärlingerhaus, som kan danne ramme for vandring på Steinerne Meer. Man kan nå frem til Kärlingerhaus enten via Sankt Bartholomä og ruten *Die Saugasse,* cirka 3-4 timers vandring, eller fra Salet via Sagereckersteig eller fra Ramsau via Wimbachgries og Trischübel, cirka 6-7 timers vandring. Det er værd at nævne, at mange kalder også Kärlingerhaus for Funtenseehaus, dette skyldes hyttens placering ved Funtensee. Fra Kärlingerhaus er der gode muligheder for at nå frem til flere bjergtinder, eksempelvis Feldkogel, Funtenseetauern, Schönfeldspitze, Schottmalhorn, Viehkogel eller Große Hundstod. Kärlingerhaus er en af de største hytter i Berchtesgadener Alperne med 160 sovepladser. Dog er det nødvendigt at reservere plads i hytten, hvis man vil være sikker på en soveplads, når man når frem, da der i højssæsonen ofte er fyldt, så vær ude i god tid. Brug kontaktformularen på hjemmesiden til at booke plads i hytten. Normalt er hytten kun åben om sommeren, men hvis vejret tillader det, åbnes der også i påskeferien. Dog findes der et rum, der kan benyttes om vinteren.

## INGOLSTÄDTER HAUS
*www.dav-ingolstadt.de/ ingolstaedter-haus*

Hytten Ingolstädter Haus finder man ved foden af Große Hundstod i 2.119 meters højde. Hytten hører til i kategorien I, dette betyder, at det er en af de vigtigste hytter i området ved Steinerne Meer. Man kan nå frem til Ingolstädter Haus via flere vandreruter, enten fra Pürzlbach, ved Lofer, via Kallbrunnalm, Dießbachstausee og Mitterkaser, vandretid er cirka 4-5 timer. Fra Dießbach via Dießbachstausee og Mitterkaser, vandretid cirka 4-5 timer. Fra Ramsau via Wimbachbrücke, Trischübelpass og Hundstodgatterl, vandretid på 6-7 timer. Eller fra Sankt Bartholomä via Trischübelpass og Hundstodgatterl, vandretid cirka 6 timer. Hytten har åbent fra juni til oktober. Booking af soveplads kan kun ske online.

## RIEMANNHAUS
*www.dav-ingolstadt.de/riemannhaus*

Riemannhaus er beliggende i 2.177 meters højde mellem Sommerstein og Breithorn på den østrigske del af Steinerne Meer, nærmere præcis i nærheden af Saalfelden og Maria Alm am Hochkönig. Hytten benyttes af mange bjergvandrere grundet dens centrale beliggenhed i Steinerne Meer. Fra Berchtesgadener Land kan man nå hytten fra Sankt Bartholomä og Kärlingerhaus i løbet af 7 til 8 timers vandring, ved at gå via Maria Alm eller Saalfelden kan man nå frem til hytten en anelse hurtigere. Hvert år i august, præcis den første lørdag efter den 24. august, vandrer mange fra Maria Alm til Sankt Bartholomä ved Königssee. Dette kaldes *Almer Wallfahrt über das Steinerne Meer*, dansk: *Valfartsvandring over Steinerne Meer, læs mere på side 84.* Riemannhaus er vandrernes første stop på pilgrimsvandringen, de når frem tidligt om morgenen og afholder en gudstjeneste her, inden de vandrer videre. Hytten er åbent fra cirka midten af juni til starten af oktober. Booking af hytte skal ske pr. online via deres hjemmeside.

## FUNTENSEETAUERN
Funtenseetauern er beliggende midt i Steinerne Meer, mellem Kärlingerhaus og Wasseralm, hvor man fra det højeste punkt, 2.578 meter, kan få et storslået vue rundt. Funtenseetauern er et yndet skibjerg, hvor man om vinteren kan komme med på turen *Skitour Große Reibn*. For blot et par år siden var Funtenseetauern ukendt af de fleste, med undtagelse af bjergbestigere. Men i dag kender mange til stedet, dette skyldes muligvis de gode billeder fra deres foto-webcam, der siden 2014 har gjort det muligt for alle at nyde området hjemmefra computeren. Billederne er i bedste kvalitet, da det er et spejlreflekskamera der tager billederne. Kameraet (et Canon EOS 1100 D) er monteret i et vandfast hus med et standard objektiv (EF-S 18-55 mm) og selv om natten bliver der leveret billeder i højkvalitet. Kameraet er placeret i 2.520 meters højde på Stuhljochgrat for foden af Funtenseetauerns bjergtinde. Kameraet er derfor udsat for områdets ekstreme vejrbetingelser. Ja, så blev der også lidt til fotonørder, sådan nogen som mig selv.

## HOCHKÖNIG
Hochkönig (2.941 meter) er det højeste bjerg i Berchtesgadener Alperne. Bjergkæden er egentlig beliggende i Østrig, 42 kilometer syd for Salzburg og vest for Bischofswiesen.

Bjergmassivet danner grænse til Bayern og Berchtesgadener Land, hvor det hænger sammen med Steinerne Meer, kun adskilt af bjergpasset Torscharte, der er 2.246 meter højt. Hochkönig omfavner ferieregionen omkring de østrigske byer Maria Alm, Dienten og Mühlbach. Toppen af Hochkönig er næsten dækket af gletsjeren Übergossene Alm, hvor der i 1898 blev opført en hytte af den østrigske turistforening. Den nuværende hytte er fra 1985 og kan huse godt hundrede bjergbestigere. Om vinteren er det et yndet skisportsområde, og om sommeren et yndet vandreområde.

## HOCHSTAUFEN

Hochstaufen er beliggende mellem Bad Reichenhall, Piding og Anger. Hochstaufen er det østligste bjerg i Chiemgauer Alperne og en del af bjergmassivet Staufen. Det højeste punkt er 1.771 meter højt, hvorfra der er en god udsigt over Berchtesgadener Land. I 1600-tallet var der minedrift i bjergkæden, hvor man udvandt både bly og zink. Den mest kendte minegang var Doktor-Oswald-Stollen, som var beliggende blot 60 meter under toppen. Minedriften sluttede i midten af det 18. århundrede. Bjergets navn *Staufen* kommer fra det middelhøjtyske ord *Stouf*, som betyder *en stejlt opadragende klippe*. Mellem cirka år 1350 og 1810 forløb grænsen mellem Bayern og Salzburg henover toppen. I dag er bjergmassivet et yndet bjerg for mange bjergbestigere. I 1.750 meters højde finder man

bjerghytten Reichenhaller Haus, der drives af den tyske alpeforening, *Deutschen Alpenverein*. Det er den højest beliggende hytte i Chiemgauer Alperne, hvorfra man i godt vejr kan nyde solnedgangen over Chiemsee eller nyde Salzburg og lufthavnen. En af de mest benyttede veje til toppen af Hochstaufen sker via Steinernen Jäger, netop denne rute har et sagn tilknyttet. *Læs mere på side 145*. På Hochstaufen finder man et lille kapel i nærheden af Reichenhaller Haus. Kapellet vedligeholdes af foreningen *Verein der Staufenfreunde*. Kapellet benyttes blandt andet til Staufenmesse, en bjerggudstjeneste, som mange troende og vandrere gerne deltager i. Staufenmessen afholdes altid en søndag omkring solhverv. Aftenen før gudstjenesten tændes der talrige bål omkring kapel og bjergtop. Da der ikke er træer på bjergtoppen, fragtes brændet til de mange bål op af foreningens medlemmer der, som optakten til bjerggudstjeneste, vandrer op til kapellet. På Hochstaufen kan man af og til opleve små jordskælv. For at kunne forske i disse skælv har seismologer opstillet seismometerstationer flere

*Hirschbichlstraße*

steder på bjerget. Jordskælvene er svage skælv, med centrum en til fire kilometer nede i undergrunden, skælvene kan oftest opleves, når det regner kraftigt. Den 3. august 1921 oplevede man i skovene ved Hochstaufen omkring Bartlmahd en stor skovbrand, der ulmede i to uger.

## REICHENHALLER HAUS

*www.dav-badreichenhall.de/huetten-kletteranlagen/reichenhaller-haus*

I 1.750 meters højde, blot få meter under bjergtinden, finder man hytten Reichenhaller Haus eller som nogen kalder hytten Staufenhaus. Det er den højest beliggende hytte i Chiemgauer Alperne. Der er ingen veje til Reichenhaller Haus, ikke engang en svævebane til materialer og forsyninger. Det er derfor lidt omsonst at få forsyninger frem til hytten. De store indkøb bliver i dag bragt til hytten med helikopter, tidligere brugte man trækdyr til at bære indkøbene op til hytten. De mindre indkøb klarer hytteværten selv ved fastgøre dem på en såkaldt *Kraxe*, der er stativ, hvor varerne fastgøres til og bæres på ryggen, hvorefter han vandrer ad den nordlige rute til hytten, der er sikret med reb.

Den værste tragedie, man muligvis nogensinde har oplevet på Hochstaufen, skete den 23. september 1993, da værtsparret på Reichenhaller Haus blev myrdet under et røverisk overfald. Hen mod aften kom to unge mennesker ind i den mennesketomme skænkestue i hyt-

ten. De to unge, 16 og 18 år gamle, bestilte noget at drikke. Da værtinden kom med deres drikkevarer, blev hun skudt. Hendes ægtemand kom hende til hjælp, men han blev stukket ned og faldt sammen på gulvet, hvorefter han blev skudt. Gerningsmændene viste sig efterfølgende, at være to unge, der var stukket af fra en kroatisk opdragelsesinstitution. De var begge efterlyst og havde flere røveriske overfald bag sig, men denne gang udviklede røveriet sig til drab. De to unge fik 1.500 DM og nogle få fødevarer med sig. Udover værtsparret på Hochstaufen havde de to unge også et andet drab på samvittigheden. Før drabet på værtsparret havde de to unge dræbt en 79 årig i sit hjem i Pidinger bydelen Urwies, samt begået et indbrud på Kochalm. De to unge blev anholdt i Zagreb to uger efter drabet. De fik domme på otte og fjorten års fængsel, men på grund af en procedurefejl kunne de ikke udleveres til yderligere retsforfølgelse i Tyskland. I dag finder man en mindetavle i hytten over værtsparret, der gav det dyrebareste de havde, nemlig livet. Det fredelige Hochstaufen har for altid mistet dets uskyld. Ved en bjergmesse, i Hubertuskapellet, ikke langt fra Reichenhaller Haus, mindes man hvert år den 3. oktober det dræbte værtspar.

Hytten på Hochstaufen er åbent fra midten af maj til midten af oktober, dog alt afhængig af vejret. Der er i alt tre *hovedveje* til toppen og til hytten. Den nordlige rute går fra Urwies, fra øst går man via Steinerne Jäger eller fra syd fra Padinger Alm via Barthlmahdweg. Mange starter deres vandring fra vandreparkeringspladsen mod *Padinger Alm, Nonn 79, 83435 Bad Reichenhall*, fra parkeringspladsen *Staufenbrücke, Alte Reichenhaller Straße, 83451 Piding* eller fra parkeringspladsen *Piding-Urwies, Almweg 10, 83451 Piding*. Men tjek hjemmesiden for eventuelle ændringer.

## HOCHKALTER

I skyggen af den mægtige König Watzmann finder man det 2.607 meter høje Hochkalter, der dog i manges øjne, betegnes for at være *bjergenes konge, König der Berge*. I Berchtesgadener Land må Hochkalter *nøjes* med at være *bjergenes kronprins*. Hochkalter har meget at byde sine bjergvandrere, da man ved foden af bjergmassivet finder Zauberwald og Hintersee, to skønne naturområder. Lidt længere oppe i højden finder man Blaueishütte, der er berømte... eller berygtet for sine gode kager, det har jeg dog endnu til gode at opleve. Hytten er opkaldt efter gletsjeren Blaueis, der er beliggende mellem Hochkalters bjergtinder. Blaueisgletsjeren er den nordligst beliggende gletsjer i alperne, og den eneste i Nationalpark Berchtesgaden. Hochkalter bjergmassivet er delt op i tre grupper. Man skal kun begive sig ud som bjergbestiger her, hvis man er en erfaren bjergbestiger. De tre grupper er Hochkalter Gruppe, Hocheis Gruppe og den sydlige Wimbachkette. Hochkalter Gruppe er centreret omkring bjergmassivets alt dominerende top, Hochkalter (2.607 meter) samt Schärtenspitze (2.153 meter). Hocheis Gruppen er at finde omkring bjergtinderne Kammerlinghorn (2.448 meter) samt Hocheisspitze (2.523 meter). Den sydlige Wimbachkette er forbindelsen mellem Hochkalter og Hundstod i Steinerne Meer. Det er her man finder Kallbrunnalm, som er beliggende ved foden af den 2.321 meter høje Seehorn. Kallbrunnalm er den største sæter/alm i hele Berchtesgadener Alperne.

## BLAUEISHÜTTE

*www.blaueishuette.de*

1.651 meter oppe ad Hochkalter ved foden af Blaueisgletsjeren finder man Blaueishütte. Blaueisgletsjeren er den nordligste gletsjer i alperne og den eneste gletsjer i Berchtesgadener Land. Den nuværende hytte erstattede den første Blaueishütte i 1962. Den oprindelige hytte blev opført i 1923. Nytårsnat 1955 blev denne hytte ødelagt af en lavine, man valgte efterfølgende at opføre den nye hytte hundrede meter fra den oprindelige hytte. Den oprindelige hytte eksisterede indtil 1946. Det var en hytte, som den tyske hær, Wehrmacht, havde benyttet under krigen. I maj 1946 opstod der brand og hytten brændte ned til fundamentet. Senere kom det frem, at brandstifteren var skovfoged Georg Küßwetter, der ikke blot havde sat ild på hytten, han havde efterfølgende også forsøgt at sprænge fundamentet væk, således, at hytten ikke længere kunne opføres. Årsagen var, at Georg Küßwetter ikke ønskede, at hytten blev brugt af jægere, da han var modstander af al jagt. Han ønskede heller ikke, at der skulle opføres en ny hytte, som vandrere og turister kunne få glæde af, for dem kunne Küßwetter heller ikke lide. Brandstiftelsen og sprængningen af den tidligere hytte førte i 1952 til en retssag, som blev afholdt på det kongelige slot i Berchtesgaden og Küßwetter blev idømt 2½ års fængsel for hans ugerning. Men på trods af brand, laviner med mere, lykkedes det alligevel foreningen at få opført en ny hytte. Det tog dog flere år at opføre den nye hytte. Indtil den var klar, havde man en mindre hytte. Denne hytte benyttes i dag til overnattende gæster, der kan *nøjes* med en madras at sove på. Den nye Blaueishütte stod klar til indvielse den 28. juli 1962, hvor Ærkebiskop Julius Kardinal Döpfner fra München, stod for den åndelige indvielse af hytten. Den lille hytte, som man i dag benytter til overnattende gæster, blev i 1994 renoveret. Den store hytte blev totalrenoveret og ombygget i 2011-2012, således at den nu kan rumme 80 overnattende gæster. Hytten er et godt udgangspunkt fra vandre- og klatreture i Hochkalter-bjergmassivet. Blaueishütte kan nås på cirka 2-3 timer fra Hintersee, eller fra Ramsau via Pfeiffenmacherbrücke på cirka tre timer. Hytten er siden 1928 blevet drevet af familien Hang. I dag er det tredje generation af familien Hang fra Ramsau, der driver hytten. Familien Hangs kogekunst og kager er kendt vidt omkring, ønsker man et lille stykke kage... Ikke muligt, der findes kun store stykker kage, har jeg hørt. Hytten er åben, alt afhængig af vejret, fra midten af maj til midten af oktober.

## BLAUEISGLETSCHER

Blaueis-gletsjeren er den nordligst beliggende gletsjer i alperne og den eneste i Nationalpark Berchtesgaden. Gletsjeren er beliggende på den nordlige side af Hochkalter mellem Blaueisspitze (2.480 meter), Hochkalter (2.607 meter) og Kleinkalter (2.513 meter), midt i Nationalpark Berchtesgaden. I 1820, da man målte gletsjerens areal første gang, var den 25 hektar stor. I 1884 var den skrumpet til 19,4 hektar, i 1953 var den 13,1 hektar. Siden midten af 1980erne er gletsjeren kun blevet mindre år for år. I 2009 var der kun 7,5 hektar tilbage, nogle steder var den 13 meter tyk og andre steder blot mindre end fire meter. Man anslår, at gletsjeren blot har 400.000 $m^3$ is tilbage, målt i 2009, så den kan sagtens være endnu mindre nu. Første gang gletsjeren blev besteget var tilbage i 1874 af den legendariske bjergfører, Johann *Der Kederbacher* Grill fra Ramsau.

## HIRSCHBICHL

*Alpengasthof Hirschbichl*
*Hintertal 6 • A-5093 Hintertal*
*www.hirschbichl.at*

Hirschbichl er beliggende på grænsen mellem Berchtesgadener Land/Bayern og Salzburger Land/Østrig i 1.183 meters højde. Første gang man benyttede vejen over Hirschbichl var i år 14 før Kristi Fødsel. Fra år 1240 blev passet udvidet således, at man kunne transportere salt fra saltminerne i Dürrnberg ved Hallein via Berchtesgaden og Hirschbichl til Pinzgau. Dengang skete al transport med hestetrukne vogne, som sørgede for, at salthandlerne og deres last kom over det stejle pas. Det pas man i dag kan passere, skal man ikke takke salthandlerne for, men derimod saltsmuglerne, der i det 16. århundrede forsøgte at smugle det hvide guld, som saltet også blev kaldt, over grænsen. For at få plads til det beslaglagte salt, måtte tolderne bygge større bygninger i stedet for deres små vagthuse. I 1759 blev der opført et sted, udover toldbygningerne, hvor man kunne sælge øl til de mange, der passerede passet og grænsen. Snart blev grænseovergangen et sted, hvor man tog et hvil på sin rejse. Gennem historien er det ikke kun salt, der er blevet transporteret ulovligt over grænsen. Nej, passet har været benyttet af smuglere til at smugle mange typer af varer over den lille grænsepassage. Det kunne være værdifulde varer som, rom, cigaretter, vin, værktøj, ja sågar teddybjørne (ja, legetøj) blev smuglet over grænsen. Nogle gange lykkedes det at få varerne over uden at blive opdaget, andre gange gik det knapt så godt, og varerne blev beslaglagt af stedets toldere. Indtil Anden Verdenskrig boede i alt fire tyske og østrigske tolderfamilier på Bergheim.

I starten af det 19. århundrede udbrud der en bitter kamp omkring grænseovergangen ved Hirschbichl.

*Hirschbichl - grænseovergangen*

Det var en kamp mellem Frankrig og Bayern. Det førte til, at grænseområdets bygninger blev ødelagt. Efter afslutningen på kampene, overgik ejendomsretten af grænsebygningerne til familien Kofler, som er forfædre til nutidens ejere af ejendommene, nemlig familien Hohenwarter. I 1847 valgte værten på Hirschbichl at opføre et kapel, Lourdesgrotte, for egne penge, et sted som man stadig kan opleve, det nuværende kapel stammer fra 1895. Her afholdes der hvert år en gudstjeneste for de folk der passer sæterhytterne. I over 625 år har bønder benyttet sæterne i perioden fra juni til september, i dag benyttes sæterne ved Hirschbichl af 16 bayerske bønder og 14 bønder fra Pinzgau i Østrig.

Det var ikke kun i det 17. århundrede, at Hirschbichl-passet var et strategisk punkt mellem Bayern og Østrig, det var passet også under Anden Verdenskrig. I 1940 blev Bergheim omdannet til feriehjem for medarbejdere hos kemivirksomheden Chemiefirma Wacker. I slutningen af Anden Verdenskrig, da de allierede rykkede ind i Berchtesgadener Land, var der kun en vej væk for de tyske tropper, nemlig via Hirschbichl mod østrigske Weißbach. Da de tyske soldater nåede til grænseovergangen mellem Bayern og Østrig efterlod mange af soldaterne deres våben og deres køretøjer ved grænsebommen og fortsatte til fods. SS-soldater og officerer fra Hitlers stab indtog Gasthaus Mooswacht, i nærheden af Hirschbichl, hvor de brugte natten på at brænde dokumenter, som de ikke ønskede, at de allierede tropper skulle få fat på. De blev forstyrret, da en marokkansk hærdeling, der var en del af den franske hær, ankom til kroen. Der udbrød kampe mellem SS og den marokkanske hærdeling, mange blev såret og der blev oprettet et mindre lazaret, der blev ledet af to tyske militærlæger. På Kallbrunnalm blev tolv tyske generaler tilbageholdt. I krigens døende dage blev en ung østrigsk soldat og en fransk soldat dræbt i nærheden af Hirschbichl, mens en tysk soldat blev skudt på grund af en falsk soldaterbog. Han blev begravet bag det lille kapel. Resterne af hans lig blev gravet op i 1957 og genbegravet på kirkegården i Berchtesgaden. I slutningen af Anden Verdenskrig overtog de østrigske toldere grænsebevogtningen ved passet, hvor de blev indtil 1976, herefter blev toldposten kun benyttet som et overvågningssted, inden man i 1995 nedlagde grænseposten i forbindelse med, at Østrig blev medlem af EU og dermed en del af Schengensamarbejdet. Den tidligere toldbygning benyttes i dag som restaurant, Alpengasthof Hirschbichl, som har åbent fra starten af maj til midten af oktober. I nabohuset kan man overnatte på Bergheim Hirschbichl, hvor der er mulighed for at lave mad selv, eller købe mad hos Alpengasthof Hirschbichl. Bergheim har åbent fra 1. maj til midten af oktober. Den nemmeste måde at nå frem til Hirschbichlpasset på er med AlmErlebnisBussen, der kører fra Hintersee i retning mod Hirschbichl og Lofer på den østrigske side af grænsen. Man kan også vælge at gå, det tager cirka fire timer fra Klausbachhaus i Klausbachtal. På den anden side af passet finder man Naturpark Weißbach, der er et stort område med almhytter, herunder Kallbrunnalm, Kammerlingalm og Litzlalm. I Naturpark Weißbach er der faktisk hele 30 såkaldte Kaser, almhytter, der er åbne for offentligheden, hvilket gør det til den største alm i regionen.

## RODELBAHN ECKAUALM

I den nordlige del af Hochkalter-bjergmassivet finder man en kælkebakke, der kan få mange børn og barnlige sjæles øjne til at lyse op, som var det juleaften. Man skal blot vide, at man skal gå til sæteren Eckaualm, det tager cirka halvanden time, men så bliver man også belønnet med kælkebakke der er 3,2 kilometer lang, med en højdeforskel på 410 meter. Kælkebakken betegnes til at have en sværhedsgrad på middel til svær. Kælketuren tager cirka femten minutter. Kælkebanen er gratis at benytte. For at nå frem til Eckaualm skal man parkere ved Pfeiffenmacherbrücke i Ramsau.

## REITER ALPE

Mellem Berchtesgaden og Saalachtal finder man Reiter Alpe eller Reiter Alm, som bjergkæden også kaldes. Navnet Reiter Alpe stammer fra den lille landsby Reit mellem Unken og Lofer. Reiter Alpe strækker sig over et areal på 100 km² mellem Ramsau og de østrigske landsbyer Unken, Lofer og Sankt Martin, der er beliggende i Saalachtal. Den højeste bjergtinde er Stadelhorn (2.286 meter), Wagendrischlhorn (2.251 meter), Großes Häuselhorn (2.284 meter), Schottmalhorn (2.045 meter), Edelweißlahner (1.953 meter), Große Weitschartenkopf (1.979 meter) og Große Bruder (1.864 meter). Den østlige del af Reiter Alm hører til Nationalpark Berchtesgaden. Tidligere var der store skovområder her, men i 1829 blev disse skovråder en del af den aftale, som skulle skaffe træ til brug i saltindustriens store produktionsanlæg, Alte Saline, i Bad Reichenhall. Man kan i den nordlige del af området stadig finde gamle cembrafyrtræer. På sæteren kan man finde et større udvalg af alpine blomsterarter, såsom edelweiß, ensian, akelejer med videre. Desuden er der et rigt dyreliv med blandt andet kronhjorte, gemser samt sneharer, som dog efterhånden er et sjældent syn. Den nemmeste måde at bestige Reiter Alm på er via Wachterlsteig fra Ramsau eller via Schrecksattel fra Oberjettenberg til Neue Traunsteiner Hütte. Fra landsbyen Reit i Østrig kan man gå via Alpasteig til Reiter Alpe. De lidt mere svære vandreruter er Böslsteig og Schaflsteig. I den nordlige del finder man det militære øvelsesterræn for bjergtropperne, Gebirgsjägern, med skydeterræn og områder, hvor de har mulighed for at træne bjergredning. Det er primært hærdelinger fra Oberjettenberg, der træner her. De driver også bjergbanen Reiter Alpe, der dog ikke er tilgængelig for offentligheden. Vandreruten til Schrecksattel går tværs over det militære øvelsesterræn, derfor kan området været spærret i forbindelse med øvelser.

## Neue Traunsteiner Hütte
*www.traunsteinerhuette.com*

Man finder adskillige bjerghytter, eller almkaser, som de hedder i regionen. En af dem er Neue Traunsteiner Hütte, som mange benytter som udgangspunkt for ture på Reiter Alm. Den gamle Alte Traunsteiner Hütte er ikke længere offentlig tilgængelig. Den nye, Neue Traunsteiner Hütte kaldes også for Karl-Merkenschlager-Haus, som er beliggende i 1.560 meters højde. Det er muligt at overnatte i hytten. Den gamle hyttes historie går tilbage til 1901, men i 1933, blev det besluttet at indføre et gebyr på tusind Reichsmark for at krydse grænse til Østrig, dette skyldes, at nazisterne ønskede at svække den østrigske turisme. Indførelsen af gebyret betød enden for driften af hytten. Dette skyldtes, at den gamle hytte lå på den østrigske side af grænsen. I alpeforeningen, Alpenverein sektion Traunstein, var der en formand, Karl Merkenschlager, der ikke lod sig stoppe, han stod i spidsen for beslutningen om, at der skulle opføres en hytte på den tyske side af grænsen. Derfor blev der opført en ny hytte, i 1.570 meters højde, der fik navnet Neue Traunsteiner Hütte. Hytten blev indviet den 4. september 1938. Siden er den løbende blevet moderniseret og udstyret med det nyeste teknik. Hytten har åbent i påsken, samt fra maj til slutningen af oktober. Det er ikke helt nemt at komme til hytten, da der ikke er nogen vej eller bjergbane, men vandrerute AV-Weg 474 går fra Oberjettenberg via Schrecksattel til hytten, vandretid 3-4 timer. AV-Weg 470 går fra Schwarzbachwacht via Wachterlsteig til hytten, vandretid 3-4 timer. AV-Weg 470 går fra Reit ved Unken via Alpasteig til hytten, vandretid 3-4 timer. Den svære AV-Weg 472 går fra Hintersee via Böselsteig til hytten, vandretid cirka 6 timer. Den svære AV-Weg 473 + 473 A går fra Obermayrberg ved Lofer via Mayrbergscharte til hytten, vandretid cirka 6 timer.

## Stadelhorn
Stadelhorn er med sine 2.286 meter den højeste bjergtinde i bjergmassivet Reiter Alm. Man kan nå toppen fra både østrigsk og bayersk side. Den mest spektakulære vej er fra Klausbachtal via den meget svære Schaflsteig og Maybergscharte. Men den, eftersigende, nemmeste rute er via Wachterlsteig og Schrecksattel. Men ligegyldig, hvilken rute man vælger, anbefales det altid at tage en overnatning på Neue Traunsteiner Hütte, og eventuelt lave det til en flere dages vandretur.

## Schwarzbach og Schwarzbachloch
Schwarzbach udspringer ved Wachterl i 770 meters højde på Reiter Alm. Dette særlige sted kaldes også for Schwarzbachloch. Reiter Alms

geologiske opbygning gør, at regnvand og sneens smeltevand forsvinder ned i kløfter og sprækker, derved fyldes Schwarzbachlochs grundvandsmagasin, vand der herefter flyder videre til Schwarzbach. Om vinteren er vandstanden lavest, mens Schwarzbach om sommeren er fyldt med regn- og smeltevand. Schwarzbach udmunder, efter godt seks kilometer, i floden Saalach ved Unterjettenberg, i nærheden af byerne Schneizlreuth og Weißbach.

## GÖLL

Bjergmassivet Göll, kaldes også for Hohen Göll eller Göllstock. Göll er 2.522 meter højt, og beliggende sydøst for Berchtesgaden. Göll er også det bjergmassiv, hvor man finder bjergtinden Hohe Brett på 2.340 meter, bjerget Jenner samt det historiske Kehlsteinhaus, som gemmer på en mørk og dyster historie. *Læs mere fra side 31.* Udover bjergtinderne Hohen Göll og Hohe Brett, finder man også Hintere Freieck, Kuchler Kamm samt Roßfeld. Mod nord finder man Roßfeld, mod vest finder man Kehlstein og mod syd finder man Jenner. For bjergbestigere på bjergmassivet er de vigtigste punkter på deres rute hytterne Purtschellerhaus, der er beliggende mod nord, samt Stahlhaus, der er beliggende mod syd. Mange vandrere væger desuden at benytte hytten Schneibsteinhaus ved overgangen til Hagengebirge som støttepunkt på deres vandretur. En del vandrere benytter bussen til Kehlsteinhaus, til at gøre vandreturen mod Göll-Brett overgangen kortere.

## HOHE BRETT

Hohe Brett er den mest kendte bjergtinde i bjergmassivet Hohen Göll. Fra toppen af Brettgabel (1.805 meter) er der et godt vue over Königssee. Mange vælger at benytte vandreruten over Brettgabel til Jenner og hytten Stahlhaus. Dog er denne stigning temmelig, hvis ikke, meget stejl. Her må man absolut ikke undervurdere dens sværhedsgrad. Den nemmeste vej, hvis man kan kalde den det, er med bjergbanen, Jennerbahn, til toppen af Jenner, derfra er der cirka to timers vandring til Hohen Brett via Carl-von-Stahl Haus, Stahlhaus, på Torrener Joch.

## PURTSCHELLERHAUS

*www.purtschellerhaus.de*

Purtschellerhaus er beliggende i 1.692 meters højde på den nordlige side af Hoher Göll. Hytten er, grundet den forhøjede lavinefare, lukket om vinteren, men alt afhængig af snesituationen har hytten åbent fra midten af maj måned. Historien om denne hytte startede tilbage i 1899, da man startede byggeriet af hytten, allerede et år senere, den 22. juni år 1900 kunne man indvie hytten med fem værelser og 12 senge, samt to værelser på loftet med 7 sovepladser. Det ene værelse var til gæster, det andet var til bjergguiden.

Oprindelig skulle hytten blot hedde *Hütte am Hohen Göll der sektion Sonnenberg*, dansk: *Hytten på Hohen Göll sektion Sonnenberg.* Men kort før indvielsen af hytten i juli 1900 døde Ludwig Purtscheller, der var en af den tids mest betydningsfulde bjergbestigere. Derfor valgte man at opkalde den nyopførte hytte efter ham. Efter Anden Verdenskrig kunne *DAV, Deutschen Alpen Verein, sektion Sonnenberg* ikke længere forvalte og drive hytten, derfor overgik driften til foreningen i Hallein i Østrig.

I 1909 besøgte over 2.000 personer huset og 810 bjergbestigere besteg Hoher Göll. Efter Anden Verdenskrig blev området ved Sonnenberg, hvor huset er beliggende, en del af den sovjetiske besættelseszone. For at beholde huset overtog de tyske og de østrigske alpeforeninger ledelsen af huset i fællesskab. I 1946 var der 22.000 overnatninger.

Den 600 km lange grænse til Østrig var lukket land, al kontakt og samvær var umuligt, med en undtagelse... nemlig ved Purtschellerhaus. En tredjedel af huset er beliggende i Bayern, mens resten er beliggende i Østrig. Siden 1951 har hytten været drevet af foreningens bayerske afdeling. Hvorfor så lige dette skifte? Jo, Purtschellerhaus er nemlig beliggende direkte på grænsedragningen mellem Salzburger Land, Østrig og Berchtesgadener Land, Bayern, Tyskland. Det havde i slutningen af Anden Verdenskrig stor betydning, da de allierede styrker ikke tillod borgerne i at krydse grænsen mellem Østrig og Tyskland. En kridtstreg inde i huset markerede grænsedragningen. Halvdelen af køkkenet og de bagerste borde i spisesalen til-

hørte Bayern, mens salens ovn stod i Østrig.

Purtschellerhaus blev hurtigt til et mødested for familier, pårørende samt kærestepar fra begge sider af grænsen, men også forretningsfolk og smuglere benyttede huset. Bjergkæden Göll, som var 6 km af grænsen var et berygtet smuglerområde mellem Salzburgerland og Bayern. Purtschellerhaus var stedet, hvor der blev udvekslet varer i stor stil, og tolderne... jo, de kunne nemt overtales til at vende det blinde øje til. Smuglervarerne var under Første Verdenskrig ofte kaffe og tobak, men også heste og køer. Efter Anden Verdenskrig blev grænsen lukket af de amerikanske soldater, og smuglerierne mellem Salzburg og Bayern blev en anelse mere besværligt og skete mere i det skjulte, og det var dybt ulovligt at smugle selv de allermindste ting. Men alligevel lykkedes det at smugle elektriske apparater, som bilradioer, dokumenter, smykker, værdigenstande og endda mælkemaskiner over grænsen via huset på bjerget. Blandt de mest varme og populære varer fra Østrig var Strohrum med en alkoholprocent på 80%, som slet ikke var muligt at købe legalt i Tyskland. Men også folk flygtede over grænsen i huset. Først da grænserne åbnede og Østrig blev medlem af EU, forsvandt de lukrative smuglerier over grænsen i Purtschellerhaus.

Det er relativ nemt at nå frem til Purtschellerhaus, alt afhængig af hvilken vej man vælger. En af de hurtigste ruter er fra Ahornkaser eller fra Enzianbrennereis hytte ved Roßfeldstraße over Eckersattel. Turen tager blot en til to timer. Vandring fra den østrigske side tager en del længere tid. Reservering sker via kontaktformularen på deres hjemmeside. Der er åbent fra maj til oktober, alt afhængig af vejret.

## STAHLHAUS AM TORRENER JOCH

*www.stahlhaus.watzapp.de*

Stahlhaus eller Carl-von-Stahl-Haus er beliggende på Torrener Joch i 1.733 meters højde. Hytten er drevet af den østrigske alpeforening. Torrener Joch er beliggende i nærheden af Jenner mellem Hagengebirge og Göll, som danner den naturlige grænse mellem Bayern og østrigske Salzburger Land. Man når nemmest Stahlhaus ved at tage Jennerbahn, hvorfra der er en relativ kort vandretur til hytten. Det er muligt at overnatte i hytten, hvis man booker hjemmefra. Da området omkring Jenner og Stahlhaus er et yndet skiområde, er hytten også åbent om vinteren.

Stahlhaus er opkaldt efter Carl Stahl, der var en udvandrer fra Østrig. Carl Stahl var rejst til Amerika og arbejdede i tekstilbranchen, og havde den vej optjent en formue. Indtil Første Verdenskrig blev der drevet jagt på Torrener Joch, men da jagtrevirets ejer, Familien Krupp, valgte at flytte sit jagtrevir til Jochalm, blev

det muligt for alpeforeningen, sektion Salzburg, at opføre en hytte her. Men da foreningen samtidig havde fundet et andet sted, hvor man også ønskede at opføre en hytte, var der ingen penge til hyttebyggeriet på Torrener Joch. Det hørte Carl Stahl i Amerika, så han gav den nødvendige pose penge til byggeriet af hytten. Da hytten var færdig og klar til indvielse den 22. juli 1923, var Carl Stahl afgået ved døden. I stedet for Carl Stahl, blev det hans enke, der stod for indvielsen af hytten.

En anden hytte nær grænsen er Stahlhaus, dog beliggende på den østrigske side af grænsen. Under Anden Verdenskrig havde hytten en telefon installeret. Ledningen kom fra Schneibsteinhaus på den bayerske side af grænsen. Efter krigen blev telefonen ikke kun revet ned, men formentlig på befaling af amerikanerne, den daværende besættelsesmagt, blev alle masterne op til Schneibsteinhaus hugget ned. En tysk telefon på østrigsk jord: umuligt, selvom det kun er omkring fem meter fra grænsen. Derfor blev der bygget en lille hytte, en telefonboks, på tyske side af grænsen, og klokken fik venligst lov til at blive installeret i huset. Allerede dengang var der kloge montører, som også installerede et stik til telefonen i huset. Telefonen måtte kun tilsluttes her i ekstremt dårligt vejr. Først i 1990erne blev der givet tilladelse til at bringe telefonen ind i hytten, hvor den sådan set havde stået længe. Den eneste fordel ved telefonboksen var, at man kunne snige sig ind i telefon-boksen under påskud af at benytte telefonen og uforstyrret foretage et opkald - til kæresten måske.

Indtil 2012 var hyttens vært Helmut Pfitzer, også kaldt *Heli*, der havde været vært i hytten i hele 40 år. Der-efter overtog Peter Pruckner forpag-terrollen, han er ikke blot vært og forpagter, han er eftersigende også en god kok, der forstår at lave god husmandskost, han skulle eftersi-gende også være den bedste til at lave Kaiserschmarrn, det var han i hvert fald kendt for, da han var for-pagter i Oberösterreich, så mon han ikke er god endnu? Stahlhaus er en af de få hytter, der har åbent hele året rundt, ja lige med undtagelse af den 24. december, hvor de har valgt at holde fri. Hvis man være sikker på en overnatningsplads, skal man reservere tidligt, det sker via deres hjemmeside. Der er forskellige van-dreruter til Stahlhaus. Fra Bärenhof er der en vandretid på cirka 4 ti-mer, fra stationen i Golling, Østrig, er der cirka 5 timers vandretid, fra Jennerbahn Bergstation er der cirka en times vandring, fra Jennerbahn Mittelstation er der cirka to timers vandring og fra parkeringspladsen ved Königssee er der cirka tre timers vandring.

## GROSSER OG KLEINER BARMSTEIN

*Barmsteinweg 7*
*83487 Marktschellenberg*

I den nordøstlige del af Berchtesga-dener dalen, helt præcist på græn-sen mellem Bayern og Østrig, finder man to markante klippeformationer, der hedder *Barmsteine*, eller *Bam-stoa*, som de lokale kalder dem. Dem, ja, for der er *Lille Barmstein* og *Store Barmstein*. Disse klipper er et yndet sted for vandreture og klat-rere. Siden 1815 har man opstil-let Maibaum, majstangen, på Lille Barmstein (841 meter). Årsagen til dette skyldes Kurfyrstinde Marie Le-opoldine af Østrig, hun erhvervede nemlig i dette år bryggeriet Hofbräu Kaltenhausen for foden af Barmstei-ne fra den bayerske økonomiforvalt-ning. Det fik bønderne fra Barmstein og Mehlweg til at opstille årets Mai-baum på klippen. Som tak for den tillid lod kurfyrstinden brygge en helt bestemt øl på det nyerhverve-de bryggeri, Hofbräu Kaltenhausen, en øl som eftersigende stadig bryg-ges, og nydes hvert år, når man har fået majstangen på plads, et job som ikke er helt ufarligt, men en yndet tradition i Marktschellenberg.

## JENNER

Det 1.874 meter høje bjerg Jenner finder man ved den fjordlignende sø, Königssee. Jenner hører til bjerg-massivet Hohen Göll og Berchtes-gadener Alperne. Jenner er et at de få bjerge i regionen, hvor man kan komme til toppen med en bjergba-ne. Fra toppen af Jenner er der ud-sigt over Königssee og Watzmann. Hvis man tager turen med Jenner-bahn, er det en tur på cirka 20 mi-nutter, man kan vælge at stå af på midterstationen, Mittelstation, midt

176

på bjerget eller fortsætte helt til toppen. Mittelstation er beliggende i 1.185 meters højde, Bergstation er beliggende i 1.800 meters højde. Jenner er et yndet mål for udflugter både sommer og vinter. Om sommeren er det vandrere der fylder op på bjerget, og om vinteren er det skiløberne.

Når man om sommeren tager turen til toppen af Jenner, kan man vælge at gå fra Bergstation til toppen af Jenner og det store kors i løbet af cirka 20 minutter. Man kan også vælge at benytte Jenner som udgangspunkt til en længere vandretur, der er eksempelvis cirka en halv times vandring til Schneibsteinhaus, eller omkring 40 minutters vandring til Stahlhaus. Om vinteren forvandles hele området sig til et skiområde. Skiområdet blev opført til vintersæsonen 1953-1954. Mange benytter Jenner som udgangspunkt for skiture, da det er et godt skiområde for børnefamilier. Den 5. januar 1967 blev de allerførste skikonkurrencer afviklet på bjerget, hele 82 skiløbere fra 16 nationer stillede til start i slalom på *skibjerget ved Königssee*, som Jenner også kaldes. Skiløberne startede ved Spinnerkaser og målet var ved Jennerbanens midterstation. Den første løber på pisten var Sebastian Aigner, der kom fra den lokale skiklub i Berchtesgaden. Sebastian Aigner vandt ikke, det gjorde derimod østrigeren Heini Messner, hvilken plads Aigner kom ind på, har jeg desværre ingen data på, men en anden lokal skiløber, Rudi Schaupp,

kom ind på en plads som nummer 48. Storslalom-løbet blev afholdt dagen efter, her gik starten ved Spinnergraben, og turen gik ned over området ved Jennerbahn til Gotzenstraße, en strækning på 1.600 meter, en højdeforskel på 450 meter og mere end 60 porte. De første ski-Worldcupløb i Berchtesgaden var en stor succes, mere end 15.000 mennesker havde taget turen til Jenner. Vinderne af de to løb, havde begge startnummer 13, normalt et ulykkesnummer, men her var det altså et lykkenummer. Den senere præsident for fodboldforbundet FIFA, Sepp Blatter, var dengang chef for firmaet Longines, der stod for tidstagningen til mesterskabet på Jenner i 1967. Efter en brand i tidtagningsanlægget sørgede Sepp Blatter for at erstatte anlægget med et elektronisk anlæg, der var mere præcist end det oprindelige anlæg.

De har et motto, der lyder *Alles geht am Jenner*, dansk: *Alle tager til Jenner*. Når deres motto er sådan, skyldes det, at området ikke kun benyttes til sportsaktiviteter eller et sted, hvor man nyder udsigten, flere benytter også området til events og seminarer. Ja, Jenner har noget for alle. Ja, selv teleudbyderne har fundet deres vej til Jenner. I nærheden af toppen findes der seks satellitanlæg, hvoraf nogle benyttes til satellitnavigation.

Siden slutningen af oktober 2014 har den bayerske radio- og tv-station, Bayerischen Rundfunks (BR), benyttet sendemasterne på Jenner til driften af deres DAB og DAB+ radiokanaler.

## HAGENGEBIRGE

Langs den fjordlignende sø, Königssee, finder man bjergmassivet Hagengebirge, som er et naturskønt område, både sommer og vinter. Engang var Hagengebirge adelens jagtområde, først var det højadelen og senere kom de der havde købt sig en adelstitel. Dog var her ingen adgang for bjergbestigere og vandrere, da de kun ville forstyrre vildtet, det samme gjaldt for skovarbejderne. I dag er her et rigt dyreliv, heriblandt efterkommere af de stenbukke som Herman Göring satte ud for mange år siden. Hagengebirge er et naturparadis, som delvist tilhører Bayern og delvist Østrig. Det er et yndet område for naturforskere, heriblandt geologistuderende fra Salzburg, der forsker i bjergmassivets mange huler. Tidligere var der mange sætere i de højere liggende områder, men mange af dem benyttes ikke længere. I dag er det, mig bekendt, kun Gotzenalm, der er beliggende i den vestlige del af bjergmassivet. Der findes dog stadig flere hytter, som er åbne for offentligheden, hvor man kan overnatte og få et måltid mad på sin vandretur. En af disse hytter, er hytten, eller Kaser som det kaldes her i Berchtesgadener Land, på Priesbergalm. På en vandretur kommer man af og til forbi øde sæterområder, heriblandt den tidligere Hinterschlumalm. Mange vandrere og bjergbestigere benytter ikke kun hytten på Gotzenalm, men også Stahlhaus samt Schneibsteinhaus, som man kan nå frem til via bjerget Jenner på relativ kort tid. Desuden benytter mange også hytten på Wasseralm i nærheden af Röth ved Obersee.

## SCHNEIBSTEINHAUS

*www.schneibsteinhaus.de*

Schneibsteinhaus er beliggende i 1.670 meters højde. Hytten drives af Stefan Lienbacher, der er en ægte institution i Berchtesgadener Land. Hytten er nemt at nå frem til fra Jenner, mange vandrere og bjergbestigere er glade for at komme her. Det er også muligt at nå hytten på mountainbike, da hytten er beliggende ved mountainbike-ruten *Rund um Hohen Göll*. Hytten er som regel åbent fra maj til oktober, men de åbner gerne hytten op om vinteren, hvis man forespørger på forhånd. Der er plads til cirka 75 overnattende gæster, med i overnatningsprisen er der halvpension.

## LATTENGEBIRGE

Lattengebirge er et bjergmassiv mellem Bad Reichenhall, Berchtesgaden og Hallthurm. Bjergmassivet er mindre kendt end Watzmann og Untersberg, dog er dens karakteristiske silhuette noget mange ligger mærke til, når man sejler på Königssee eller er i området omkring Bischofswiesen eller Bayerisch Gmain.

Det ligner nemlig en heks der ligger på ryggen, derfor kaldes bjergmassivet også, i folkemunde, for *Schlafende Hexe*, dansk: *den sovende heks*, med ansigt, næse, kinder og bryster. Næsen kaldes i folkemunde for *Montgelas-Nase*. Brystet af *Schlafende Hexe* kaldes også for *Bayerischer Löwe* (1.393 meter). Midt mellem bryst og næse går vandreruten Steinerne Agnes Rundweg. Lattengebirges højeste punkt er Karkopf med sine 1.738 meter, andre bjergtinder er Dreisesselberg (1.680 meter), samt Predigtstuhl (1.613 meter). Til Lattengebirge hører også Törflkopf (1.702 meter) samt Steinerne Agnes. Hvis man ønsker at komme op til toppen af Predigtstuhl, kan dette lade sig gøre fra Bad Reichenhall med Predightstuhlbahn. Lattengebirge er et velegnet område for vandrere og mountainbikere, da bjergmassivet ikke er så ufremkommeligt og råt, som andre bjergmassiver i Berchtesgadener Land. *Der eksisterer et sagn om den sovende heks, læs det på side 143.*

## DÖTZENKOPF

Dötzenkopf, 1.001 meter, er et forbjerg til Lattengebirge i nærheden af Predigtstuhl. Dötzenkopf kaldes af de lokale for *Dötzi*. Bjerget er for nydere, da man efter en kort stigning, får udsigt over Bad Reichenhall, Bayerisch Gmain, Hochstaufen og Zwiesel. Vandrevejen Dötzenkopf Stadtkanzel Rundweg forbinder to af bjergets mest markante udsigtspunkter. For folk med hang til at løbe i bjergene er *Dötzi* et legenda-

**INSIDERTIP!**
Et tip er at tage en afstikker fra Dötzenkopf Rundweg til Türmereck, hvorfra der er udsigt over Saalachsee. Ofte kan man her se Predigtstuhlbanens røde gondolkabiner glide forbi de vandrende.

risk bjerg, hvor selv de allerbedste får kamp og udfordringer til stregen. Det gælder særligt for dem der forsøger at nå fra parkeringspladsen i Bayerisch Gmain til toppen af Dötzenkopf. Denne uofficielle kamp mod de 400 hundrede højdemeter har oveni købet et navn, *Dötzi Skyrace!*

## DÖTZENKOPF RUNDWEG

*Parkeringspladsen ved Festplatz*
*83435 Bad Reichenhall*

Som nævnt findes der en vandrerute mellem de mest markante udsigtssteder på Dötzenkopf. Ruten hedder *Dötzenkopf Rundweg*, den starter ved parkeringspladsen Festplatz, Wegezentrum 5, ved hovedvej B21 i Bad Reichenhall. I parkeringspladsens sydlige hjørne, begynder opstigningen mod Stadtkanzel i 600 meters højde, her er der eftersigende et godt udsigtspunkt. Kort efter udsigtspunktet skal man følge vejen til højre og følge vejen gennem skoven til Bildstöcklkapelle. Det lille kapel er beliggende i 705 meters højde. Fra hovedstien går man videre til den tidligere sæter Spechtenalm, inden man fortsætter gennem skoven. Efter skoven når man til foden af Spechtenkopf, hvorfra det går videre via serpentinerveje til toppen af *Dötzi* i 1.001 meters højde. Herfra går man videre gennem en skov i retningen mod Bayerisch Gmain, lige før Wappachkopf holder man til venstre af en skovvej og vandrer langs Dötzenkopf tilbage mod startpunktet. Ruten er 8,1 kilometer lang, der er 650 højdemeter. Afsæt mindst tre timer til turen.

## STEINERNE AGNES

Man siger om Steinerne Agnes, at det er en svamp af sten der vokser ud af klippen. Muligvis har de, som har sagt dette, ret, da Steinerne Agnes er en bizart udseende klippeformation ved Dreisesselberg i Lattengebirge, der opstod for tusindvis af år siden, som følge af en erosion. Den svampelignende form har den fået på grund af de forskellige forvitringer. Steinerne Agnes er en 13 meter høj klippeformation, der hovedsageligt består af forvitret dolomitsten. Steinerne Agnes er en af tre naturskønheder i Berchtesgadener Land, som det Bayerske Miljøministerium har udvalgt blandt Bayerns hundrede bedste geotop steder.

## VANDRING TIL STEINERNE AGNES

*P-plads: Reichenhaller Straße 128 83483 Bischofswiesen*

Fra parkeringspladsen ved Pass Hallthurm i Bischofswiesen går turen via en skovvej til Hochspannungstraße, hvor terrænet skifter fra skov til et mere råt terræn, men når det er sagt, skulle stiens stigninger være lette indtil man når til foden af Steinerne Agnes, som troner op 50 meter over stien. Her skal man **IKKE** forsøge at bestige klippeformationen, det anbefales derimod, at man fortsætter til Dreisesselberg, herfra skal man vandre et stykke tilbage, hvor man kan bestige klippeformationen via Bichlberg. Tilbagevejen går via Bischofswieser Panoramaweg retur til udgangspunktet.

## PASS HALLTHURM

Pass Hallthurm er beliggende på vejen mellem Bischofswiesen og Bad Reichenhall. Her finder man en borg, der tidligere lå på grænsen mellem Berchtesgadener Land og bispedømmet Salzburg. Borgen blev opført omkring år 1194 efter borgerne i Reichenhall blev angrebet i 1193, da der var en strid mellem to rivaliserende saltsyderier.

## TOTEN MANN

Bjerget *Toten Mann* kaldes, trods det bizarre navn, også for Ramsaus solterrasse, da man her finder et af de skønneste udsigtspunkter i Berchtesgadener Alperne. Fra bjerget er der udsigt til bjerge som Watzmann, Hochkalter, Reiter Alm, Untersberg og Wimbachtal. Bjerget er 1.392 meter højt, der er beliggende på grænsen mellem Ramsau og Bischofswiesen. Bjergene mod øst er Götschenkopf (1.305 meter) samt Schmuckenstein (1.332 meter), der er beliggende mod nordvest. Andre bjergtinder på Toten Mann er Hirscheck (1.242 meter) og Geröllberg (1.162 meter). Toten Mann er indtil dens bjergtop bevokset med nåleskov. Bjerget har, i følge legenden, fået sit bizarre navn, efter en person, der på trods af de lokales advarsler, havde begivet sig ud på en vandring på bjerget om vinteren. Bjerget havde på dette tidspunkt intet navn. Men på et tidspunkt tog en person på en vandretur, men var på sin tur blevet underafkølet og var frosset ihjel. Liget blev først fundet om foråret af nogle jægere, siden har bjerget heddet *Toten Mann. Læs sagnet på side 144. Toten Mann* er et yndet sted for mange at vandre, da det er et sted uden alt for mange svære stigninger. Der er flere nemme måder at nå til toppen på, en af disse er at tage med stoleliften Hirscheck Sessellift op, eller med bjergbanen Hochscwarzeck Bergbahn, en tredje måde er at gå via den historiske saltrute *Soleleitungsweg*, som nogen også kalder *Guds Balkon*, på tysk: *Balkon Gottes*. Det er et sted, hvor rørledningen med det saltindholdige vand løb mellem saltminerne og Salinerne. I dag er der informationstavler langs denne rute, der fortæller historien om netop den vigtige rørledning. Hytten Kirschkaser er et yndet sted at spise, både sommer og vinter. *Læs om Soleleitungsweg på side 239.*

Der har siden august 2022 eksisteret en interaktiv oplevelsesrute *Hörspiel-Erlebnisweg am Toten Mann*, hvor man undervejs på ruten hører bjergfører Johann Grill fra Ramsau fortælle. Johann Grill var den første, der besteg Watzmann Ostwand

i 1881. Desuden hører man bjergbestiger Rose von Rosthorn-Friedmann, som var den første kvinde, der besteg Watzmann Ostwand i 1896, fortælle. Der er ni stationer undervejs, hvor de to legender fortæller deres utrolige fantastiske, interessante og imponerende historier om bjergene i Berchtesgadener Land, samt om andre bjerglegender og naturoplevelser. Man finder app'en på denne hjemmeside: *Locandy.com/ qr/de-ramsau*

### BEZOLDHÜTTE

I 1883 var den bayerske kongelige regeringsembedsmand, Gustav von Bezold, på vandretur i området omkring Toten Mann. Gustav von Bezold var sammen med præsidenten for den tyske alpeforening, *DAV - Deutschen Alpenverein*, da det blev et forfærdeligt uvejr. Der var ingen læhytter at søge til under uvejret, dermed opstod ideen om at opføre en hytte. Hytten blev opkaldt efter Gustav von Bezold. I dag er Bezoldhütte en af de ældste læhytter i Berchtesgadener Alperne. Hytten fik sin nuværende form tilbage i 1948, men blev gennemrenoveret i 2008.

*Udsigt til Lattengebirge fra Königssee*

Berchtesgadener Land er ikke et udpræget landbrugsland, da hele regionen er præget af bjerge. Der er begrænset brug af de få områder, der kan benyttes til landbrug, og større engområder er sjældne. De få landbrug, der findes, er små landbrug. I 1377 besluttede Provst Ulrich, at bønderne skulle betale klosterstiftet gebyrer, når landbruget skulle gives videre til næste generation. Gebyrerne var på mellem 6 og 16 Pfund Pfennig. 11 Pfund Pfennig svarede til 240 Pfennig eller det samme som 16 dagslønninger. Prisniveauet i 1377 var således, at tre æg kostede en Pfennig, en høne kostede 5 Pfennig, en gris kostede 12 Pfennig og et lam kostede 32 Pfennig. I dag er al agerdyrkning forsvundet, der eksisterer kun få kvæglandbrug, som hver sommer sender deres kvæg på sommergræs på højtliggende enge. Størrelsen på et landbrug var i 1885 blot 4-8 såkaldte *Tagwerk*, som svarer til 1¼ - 2½ hektar, som var alt for lidt til at en familie kunne overleve af landbruget alene.

Gårdene fandtes i to udgaver, enten som en bygning med integreret stald eller i to bygninger, hvor beboelse og stald var delt i to adskilte bygninger. Ude på gårdene boede man tæt, ofte i tre generationer og ofte sammen med gårdens ansatte eller andre lejere. En typisk gård bestod af soveværelser, et køkken samt et opholdsrum. I køkkenet var der en bageovn samt et komfur, der var

husets eneste varmekilder. Der var ikke plads til et privatliv, så konflikter mellem beboerne var ikke uhørt, men alligevel var følelsen af sammenhold det vigtigste. Man spiste sammen, man sov sammen, man gik i bad sammen, man arbejdede sammen og gik i kirke sammen.

Alme eller sætere er en stor del af Berchtesgadener Land og Nationalpark Berchtesgaden. Sætere har i århundrede været benyttet af landmændene længere nede i dalen, der hver sommer har sendt deres dyr på sommergræs på sæterne. De højtliggende enge ejes af delstaten Bayern, mens bønderne har rettighederne til at benytte engarealerne. Hvis en bonde sælger sin gård, følger rettighederne til engene med gården. I dag benyttes sæterne også af mange vandrere, mange af hytterne, der også kaldes Kaser, tilbyder overnatninger og andre tilbyder de vandrende et måltid mad til billige penge. Hytterne har åbent cirka et hundrede dage hen over sommeren. Ja, hvis man ikke havde de små hytter med tilbud om et måltid mad eller overnatning, var der ikke længere liv på sæterne. Ikke andre steder i Bayern finder man så mange hytter med salg af mad og drikke som man gør i Berchtesgadener Land. De seneste år har man arbejdet med et projekt der skal gøre det nemmere for familier med klap- eller barnevogne samt for gangbesværede at komme rundt til sæterhytterne. Desuden er der kommet flere ruter til mountainbikere.

## HVAD ER EN ALM?

En Alm er en sæter i bjergene eller *Alpe*, hvis man er i Allgäu. En rigtig Alm er et område i bjergene med græs. Mange bønder har, udover deres gård i dalen, også et område i bjergene, hvor de hver sommer kan sende deres kvæg op. Hvis bønderne ikke havde muligheden for at sende kvæget på sommergræs har de ikke mulighed for at give kvæget det rigtige næringsrige foder. Livet på en Alm er et ensomt liv, hvor de få måneder, som vejret tillader, går med at passe dyrene, slå hø, malke, producere ost og smør. En hytte eller en Kaser, som en hytte hedder i Berchtesgadener Land, består af et soverum, et opholdsrum og et arbejdsrum med et ildsted. Hyrden hedder en *Sennerin* (en kvindelig hyrde) eller en *Senner*, hvis det er en mand. De sørger for at passe dyrene fra de kommer om foråret, til de sendes retur til gårdene i dalen om efteråret. Til hytten findes der en stald, som enten er bygget i forlængelse med hytten eller som er bygget fritstående. De anvendte materialer består af, hvad man har kunne finde i området, hvor hytten er beliggende. Derfor er hytterne opført i træ, oftest har man benyttet nåletræer, og tagene er af træ fra grantræer. Nogle steder har man bygget såkaldte *Rundumkaser*, som bedst kan betegnes som en overdækket plads rundt om hytten, her kan man eksempelvis have sin malkeplads under et halvtag.

En videreudvikling af denne type af hytter kan opleves på Bindalm. Mange sæterhytter er forsvundet efter Anden Verdenskrig på grund af en ændring i landbrugets struktur. Særligt i 1970erne forsvandt mange af de særlige områder i bjergene, men i Berchtesgadener Land er de overlevende Alme blevet en del af livet på landet, som man fastholder. I dag er det oftest ungdyr og mælkekvæg der sendes på sommergræs og kun sjældent geder, heste og får. Den Alm der er højst beliggende er Gotzenalm, mens den største Alm er Kallbrunnalm, på godt 863 hektar stor.

## DE TRADITIONELLE SÆTERE

Når man skal forklare, hvad en traditionel sæter, Alm, er, kan det forklares ganske kort. Den traditionelle sæter drives udelukkende som et landbrug, men mange vælger også at tilbyde vandrere og turister et simpelt måltid mad. Flere tilbyder også folk muligheden for at overnatte. Definitionen af hvilken type sæteren er, er fastlagt efter en lang række kriterier, som beslutter om det er en Berggaststätte, en kro i bjergene. Jausestation, et sted hvor man blot kan få et simpelt måltid mad, eller en Berghütte, som er et sted, hvor man kan overnatte. Blandt disse kriterier, som skal opfyldes er, at hyrden eller hyrdinden (Sennerin eller Senner) allerførst skal tage sig af sæteren og kvæget, herunder mælke, forarbejde mælken på stedet til smør eller ost. De må kun sælge produkter af egen produktion, det vil sige mælk, smør, ost, brød samt hvad de ellers selv kan lave til vandrerne. Åbningstiderne følger sæsonen for, hvornår kvæget er på sommergræs. Det vil sige fra omkring midten af cirka maj til cirka slutningen af september. Hytterne skal benytte den plads de har, uden at bygge eller ændre den oprindelige hytte ud for at få mere plads til gæster. Desuden skal der ikke være muligt at køre direkte til hytten for hverken besøgende eller leverandører. Desuden skal de klare sig uden reklamekampagner.

## RETNINGSREGLER FOR FÆRDSEL PÅ SÆTERNE

Når man er på vandring i bjergene, kan man ikke undgå at vandre over områder med kvæg. Det kan give farlige situationer, hvis man ikke er agtpågivelig. Der findes forskellige typer af kvæg på græsningsarealerne. Der er grupper med moderkøerne med kalve. Kalvene kan være enormt nysgerrige, mens moderkøerne er meget opmærksomme og har et udpræget beskyttergen. Der er grupper med unge dyr, de er altid overmodige, nysgerrige og kontaktsøgende. Men det er vigtigt ikke at røre dem, da en berøring kan udløse ukontrollerede bevægelser. Til sidst

er der flokken med mælkekvæg, som består af dyr, der regelmæssigt malkes og røres af mennesker. Men ligegyldigt om. det er den ene eller anden flok, man møder, så er det altid vigtigt med nogle få gode råd. De fleste dyr er ganske fredelige.

*De allervigtigste råd er...*
- *Forlad aldrig de mærkerede vandrestier*
- *Hold hunde i snor - det er* ***påbudt*** *i Nationalpark Berchtesgaden*
- *Hold afstand til kvæget, også selvom kalvene er søde og nysgerrige*
- *Gå roligt forbi kvæget*
- *Slå ikke ud efter kvæget*
- *Hold øje med kvægets signaler, såsom sænkning af ører, skraben med hovene, brøllen osv*
- *Lad vær med at fodre kvæget*
- *Skulle der opstå en farlig situation, så bevar roen og løb ikke. Den allersidste udvej er at slå kvæget med sin vandrestok blidt på næsen, hvorefter man forlader stedet ganske langsomt uden at vende ryggen til dyrene*

## ALMERLEBNISBUS
*www.almerlebnisbus.com*

Siden sommeren 2006 har man kunne tage bussen mellem Nationalpark Berchtesgaden og Naturpark Weißbach på den østrigske side af grænsen. AlmErlebnisBussen kører på den historiske saltrute mellem Hintersee ved Ramsau og Weiß-

*AlmErlebnisBus*

bach ved Lofer, i Salzburger Land. Undervejs kommer bussen gennem Klausbachtal via Hirschbichl til den østrigske side af grænsen samt forbi en lang række sætere. Klausbachtal er også kendt som *Ørnenes Dal, Tal der Adler*. Bussen kører kun i sommermånederne.

## ALMERLEBNISWEG RAMSAU

Hvis man har lyst til at vandre fra sæter til sæter, eller Alm til Alm, for at opleve hvordan man lever på de små gårde i Berchtesgadener Land og ikke mindst smage på de lokalt producerede produkter, er dette muligt, hvis man vælger at gå på ruten *Almerlebnisweg* omkring Ramsau. Undervejs på ruten er der 13 informationstavler, hvorpå man kan blive klogere på det traditionelle liv på sæteren, blandt andet om, hvordan det er at være bonde, om bjergene såvel som geologien i Berchtesgadener Alperne. Vandrestien blev til med støtte fra mejeriet Molkerei Berchtesgadener Land. Et mejeri der er kendt for deres produkter lavet på mælken fra regionens bjergbønder. Ruten starter på parkeringspladsen Wachterl ved Schwarzbachwacht eller ved parkeringspladsen Taubensee ved Alpenstraße lige udenfor Ramsau, herfra fortsætter turen via skovveje, brede forbindelsesveje mellem sæterne. Første stop på ruten er Mordaualm, hvorfra man går via Karschneid (1.530 meter), videre til Lattenbergalm inden man går ned mod Moosenalm og retur til udgangspunktet. Ruten er 12 kilometer lang, har en højdeforskel på

*Bergsteigeraxi*
*Fra 1. juli til 30. september kører den såkaldte Bergsteigertaxi fra Weißbach, se køreplan og andre praktiske oplysninger på hjemmesiden www.bergsteigertaxi.at*

650 højdemeter. Det anbefales, at man afsætter mindst fem timer af til turen. Ruten er til at gå på hele året, hvis der ikke er alt for meget sne, men ellers er det kun muligt at gå til Mordaualm om sommeren. Men det er værd at bemærke, at sæterhytterne kun er befolket om sommeren, hvor man for en skilling eller to kan købe et let måltid mad, oftest hjemmebagt brød og ost, og muligvis en kop kaffe eller et glas mælk.

## HARBACHALM

*Udgangspunkt:*
*Reiterbrücke • 83458 Weißbach*
*Maj - oktober:*
*Dagligt fra kl. 10.00*

Mellem Schneizlreuth og Weißbach, nærmere præcis i nærheden af Weißbachschlucht, finder man Harbachalm (832 meter). Efter blot en times vandring over den romantiske Waldbahnweg eller Forststraße, der går langs Schwarzache, når man frem til sæteren Harbachalm. Harbachalm er et af tre stop på den historiske vandrerute *Klausenrundweg* i Weißbach, de to andre stop er Bichleralm og Reiter Alm. Værten på Harbachalm tilbyder et måltid mad, der består af lokale produkter, hjemmebagte kager og meget mere. Et besøg på Harbachalm er også en oplevelse for børn. Den maleriske kulisse på sæteren fungerer også som filmkulisse til eksempelvis TV-optagelser.

## HÖLLENBACHALM
*www.hoellenbachalm.de*

Höllenbachalm er beliggende mellem Bad Reichenhall og Schneizlreuth, i nærheden af Thumsee. Höllenbachalm ejes af familien Gruber. Höllenbachalm er åben fra starten af maj til midten af oktober, dagligt mellem klokken 10.00 og 18.00. I dette tidsrum kan man nyde et let måltid mad med alt fra *A* (Almkäse - almost) til *S* (Speck - skinke), alt er fra egen produktion, da gården Eisenbichlerhof, som også ejes af familien Gruber, har ejet osteri og slagteri. Charlotte Gruber står for osteproduktionen, mens Hans Junior Gruber er slagtermester og sørger for alle kød- og pølsevarer, der sælges på Höllenbachalm.

Der er flere veje til Höllenbachalm. Den nemmeste vej er fra Hotel-Gasthof Mauthäusl, det tager en god halv time. Andre veje går fra Bad Reichenhall via Listwirt eller Thumsee. Mange vælger også at cykle til Höllenbachalm, her går *MTB-Tour 18 Höllenbachalm* fra Luitpoldbrücke i Bad Reichenhall via cykelruten *Rund um Bad Reichenhall til Karlstein*, ved fiskeopdrætteren drejer man til venstre og via en skovvej herfra når man hurtigt turens toppunkt, via en nedkørsel kommer man til Höllenbachtal og derfra til Höllenbachalm.

Retur mod Bad Reichenhall, kan man tage en tur via Thumsee, hvor man kan bade, og derfra videre til Garneiweg og retur til udgangspunktet Luitpoldbrücke i Bad Reichenhall.

## GOTZENALM
*www.gotzenalm.de*

Gotzenalm er beliggende i Nationalpark Berchtesgaden, i nærheden af Königssee, i 1.685 meters højde. Fra hytten er der udsigt til Steinerne Meer og til den østlige klippevæg, Watzmann Ostwand. Mange benytter hytten Gotzenalm som udgangspunkt for ture rundt i Hagengebirge eller som udgangspunkt mod Steinerne Meer. Hytten har plads til cirka hundrede overnattende gæster, men det er også muligt at benytte hytten til en pause undervejs, da det er muligt at købe mad, kaffe og kage. Hvis man ønsker overnatning i hytten er det nødvendigt med at reservere på forhånd, da der særligt i højsæsonen fyldes hurtigt op. Hytten har åbent fra slutningen af maj til midten af oktober. Mange tager turen op med Jennerbahn til midterstationen, Mittelstation, hvorfra man går videre via Priesbergalm til Gotzenalm. Andre tager med en af turbådene på Königssee, og stiger af ved stoppestedet Kessel, hvorfra der er en stejl opstigning til sæteren på Gotzental. En tredje mulighed er vejen over Hirschenlauf i 1.400 meters højde. Hirschenlauf er beliggende mellem Priesbergalm og Gotzenalm, ruten er markeret med betegnelsen AV-Weg 495. Når man er kommet op til Gotzenalm, kan man gå yderligere små ti minutter, så kommer man til Feuerpalven, eller Feuerpalfen, som udsigtspunktet også kaldes. Udsigtspunktet er beliggende ved den 1.741 meter høje Wartecks. Herfra er der et panoramavue over Königssee til Sankt Bartholomä og Watzmann Ostwand.

## PRIESBERGALM

Priesbergalm er beliggende i 1.500 meters højde i nærheden af Jenner. Hytten er beliggende på en såkaldt højsæter, det betyder, at hytten kun er åbent i højsommeren. I de første uger og i de sidste uger af sommeren på sæteren, der også kaldes Almsommer, tilbringer kvæget tid her, inden de skal til og fra sommergræs på de højerebeliggende græsenge på Königsbachalm. Priesbergalm er relativ nemt at nå enten fra parkeringspladsen i Hinterbrand og via Königsweg, det kan klares på godt to timer. Eller man kan tage Jennerbahn til enten den midterste bjergstation eller til bjergstationen og derfra gå det sidste stykke til Priesbergalm. For mountainbikere er det også muligt at nå frem til Priesbergalm. I hytten kan man for en skilling eller to få en bid brød med ost fra egen produktion. Det er også på Priesbergalm, man finder en af Enzianbrennereis produktionshytter. På sæteren indsamles der desuden rødder af ensianplanten, der derefter vaskes og hakkes med håndkraft, inden man koger roden og deraf fremstiller den bedste ensianbrændevin, den såkaldte Gebirgsenzian.

Det er destilleriets bjergbrænder, der tilbringer store dele af sin sommer her på sæteren. Lige efter Enzianbrennereis hytte starter Priesbergmoos, som er et område med en sumpet jord. En smal sti går over dette område, en rute der er vigtig for vandrere og bjergbestigere, da det er herfra man kan komme videre til Gotzenalm, Seeleinsee og Kahlersberg.

## WASSERALM
*www.wasseralm-berchtesgaden.de*

I området mellem Hagengebirge og Steinerne Meer finder man området, der kaldes Röth, området er beliggende i 1.423 meters højde, og her finder man Wasseralm. Wasseralm er beliggende ved Obersee i nærheden af den 700 meter høje klippevæg Röthwand, her finder man Röthbach-vandfaldet, der har en faldhøjde på 479 meter, og dermed Tysklands højeste vandfald. Området er et drømmemål for mange bjergbestigere. Mange bjergbestigere benytter Wasseralm som overnatningssted på vej fra Gotzenalm til Funtensee, en rute der også er en del af *Große Reibn*, der er en tur omkring Königssee. Indtil 2005 var hytten kun åbent for overnatning, mad skulle man selv medbringe, siden er der kommet en forpagter i hytten, der også kan sørge for et måltid mad til de overnattende gæster. Der er kun plads til 40 personer i hytten, derfor anbefales det, at man booker på forhånd, hvis man vil være sikker på en plads, særligt i august er der hurtigt fyldt op. Hytten har åben fra slutningen af maj til begyndelsen af oktober. Mange benytter også hytten som udgangspunkt for bestigning af Teufelshörner, som kan nås i løbet af tre til fire timers vandring fra hytten, andre går også videre fra hytten til Funtenseetauern, Kahlersberg eller Halsköpfl. Den nemmeste rute til Wasseralm er fra Obersee via Röthsteig (AV-Weg 854) eller via Landtalsteig (AV-Weg 853). Mens AV-Weg 855 Sagereckersteig, AV-Weg 851 fra Gotzenalm via Landtal, AV-Weg 852 fra Stahlhaus via Schneibstein og Landtal, AV-Weg 852 A fra Priesbergalm via Hochgschirr, samt AV-Weg 856 fra Kärlingerhaus via Schwarzensee og Grünsee, også er mulige vandreruter til Wasseralm.

## SCHEIBENKASER ALM AM UNTERSBERG

På den sydøstlige side af Untersberg finder man Scheibenkaser Alm, der er beliggende i 1.436 meters højde, hvorfra der er den skønneste udsigt over Berchtesgadener Land. Her går vejen til Berchtesgadener Hochthronsteig samt til Stöhrhaus forbi. Der er ingen rigtig vej til Scheibenkaser, derfor må bonden, der har stedet, drive sit kvæg ad smalle og stejle passager. Om foråret går turen til Scheibenkaser, om sommeren går turen længere op til Zehnkaseralm og til efteråret er det retur til gården i dalen, en farlig tur for både dyr og mennesker. Fra parkeringspladsen Hinterrossboden i Ettenberg, lidt uden for Marktschellenberg, går den skiltede rute AV-Weg 466 gen-

nem skoven og græsenge, vejen er flere steder temmelig stejl. Man skal afsætte cirka tre timer af til turen. Hytten er kun åben om foråret.

## SCHÄRTENALM AM HOCHKALTER

*Udgangspunkt:*
*Parkplatz Seeklause:*
*Hinterseer Straße 104*
*83486 Ramsau*

*Parkplatz Pfeiffenmacherbrücke:*
*Pfeiffenmacherbrücke*
*83486 Ramsau*

Sæteren Schärtenalm er beliggende i 1.359 meters højde, midt mellem Hintersee og Blaueishütte. Her er der udsigt til Hintersee, bjergmassivet Reiter Alm og dalen ved landsbyen Ramsau. Hytten på Schärtenalm er kendt fra deres hjemmebagte kager, hvor stykkerne, eftersigende, er så store, at selv den mest sultne bjergbestiger er mæt længe efter. I hytten eller Kaser, som en sæterhytte/Almhütte hedder på berchtesgadenerisk, er der to mindre soverum, hvor man kan overnatte. Fra Schärtenalm er der en vandresti videre mod Blaueishütte. Man kan nemmest komme til hytten fra Ramsau, parkeringspladsen Pfeiffenmacherbrücke eller busstoppested med samme navn, via Pfeiffenmacherbrücke, cirka tre timers vandring. Eller fra Hintersee, parkeringsplads Seeklause eller busstoppested med samme navn, cirka to timers vandring. Hytten er åben fra midten af maj til begyndelsen af oktober.

## FISCHUNKELALM

På den sydøstlige side af Obersee, i 620 meters højde i hjertet af Nationalpark Berchtesgaden, finder man Fischunkelalm. Fischunkelalm er et yndet mål for turister og lokale, der tager turen med skib over Königssee til Salet og vandrer den korte tur til søen Obersee, en tur på cirka tre kilometer. I forsommeren sendes kvæget med særlige både fra *fastlandet* over Königssee til Salet, hvor kvæget ledes videre til Fischunkelalm, om efteråret sendes kvæget retur. Det er noget der tiltrækker mange tilskuere. På turen mod Fischunkelalm kan man opleve Tysklands højeste vandfald, Röthbachfall, der er 470 meter højt. Vandfaldet udspringer mellem Steinerne Meer og Hagengebirge. Tysklands næsthøjeste vandfald, Landtalfall, på 410 meter er også beliggende i Nationalpark Berchtesgaden. Hytten på Fischunkelalm er åbent i sommermånederne.

## KÜHROINTALM

*www.kuehroint.com*

Kührointalm er beliggende mellem Königssee og Watzmann bjergmassivet, nærmere præcis ved foden af Lille Watzmann i 1.420 meters højde. Fra Kührointhyttens terrasse skulle der eftersigende være et godt vue til Watzmann-bjergmassivet. Hytten er et godt udgangspunkt for dagsture enten til fods eller på mountainbike. Mange benytter også hytten i forbindelse med vandreture mellem bjergmassivets hytter. Man kan nå frem til Kührointalm enten

---

> *Kührointalm*
> *Fra Kührointalm er der blot en kort vandretur til Archenkanzel, som er et udsigtspunkt beliggende højt over Königssee, hvorfra der skulle være et fantastisk vue til Sankt Bartholomä og størstedelen af Königssee. Det er fra dette udsigtspunkt at stien, Rinnkendlstieg, går mod Königssee.*

fra Wimbachbrücke i Ramsau eller fra Hammerstiel i Schönau. De mere erfarende bjergbestigere, med god kondition, har muligheden at vandre via Rinnkendlstieg, der går fra Sankt Bartholomä til Kühroint. Mountainbikere kan tage turen til Kührointalm via Wimbachbrücke eller via Hammerstiel, hvor der er skiltede cykelruter. De to ruter mødes ved Schapbachalm, hvorfra man fortsætter videre af samme rute til Kührointalm. Fra parkeringspladsen Hammerstiel via Schapbachalm til Kühroint er det en vandretur på cirka tre timer. Fra parkeringspladsen ved Königssee kan man nå hytten i løbet af cirka tre timer. Det samme gælder, hvis man går fra parkeringspladsen Wimbachbrücke i Ramsau via Schapbachalm til Kührointalm. På turen fra Sankt Bartholomä via Rinnkendlstieg til Kührointalm anbefales det at afsætte cirka fire timer af til turen. Ved hytten finder man det højest beliggende informationssted for Nationalpark Berchtesgaden.

I nærheden af hytten på Kührointalm finder man et lille kapel, hvor man mindes de mennesker, der har mistet livet i bjergene i Berchtesgadener Land. Det lille kapel er tilegnet bjergbestigernes skytengel, den hellige Bernhard von Aosta. Hytten på Kührointalm er privatejet og ikke ejet af en vandreforening, som mange andre hytter i Berchtesgadener Land. Hytten har åbent fra maj til oktober. Hytten er delvist lukket i tilfælde af dårligt vejr. Hytten er ikke så stor, derfor anbefales det at reservere på forhånd, informationer findes på deres hjemmeside.

## STOISSER ALM

*www.stoisseralm.de*

Stoißer Alm er beliggende på Teisenberg i 1.272 meters højde med udsigt over bjergene i Salzburgerland, Berchtesgadener Land samt til bjergene i Chiemgau. Teisenberg er beliggende i Rupertiwinkel mellem Anger og Teisendorf, i den nordlige del af Berchtesgadener Land. Stoißer Alm er et yndet mål for vandrere og mountainbikere. Hytten på Stoißer Alm er ikke blot et sted for vandrere, der har behov for et måltid mad og et sted at sove, da hyttens store sal, der også kaldes for *Saletl*, har plads til op til 80 personer, også benyttes til andre formål eksempelvis fejring af fødselsdage eller afholdelse af bryllupsfester. Det er ikke blot vandrere, der benytter hytten, mange mountainbikere ynder også at komme her, da der er flere skiltede cykelruter fra både Anger og Teisendorf til Stoißer Alm. Mange kan endda finde på at køre en aften-tur til Stoißer Alm blot for at få en øl og en portion Kaiserschmarrn. Hytten er åben fra maj til oktober.

## KALLBRUNNALM

*www.kallbrunnalm.de*

Kallbrunnalm er den største Alm i Berchtesgadener Alperne, selvom den faktisk er beliggende på den østrigske side af grænsen. Hver sommer er der cirka 350 stykker kvæg på sommergræs på netop denne sæter. Kvæget kommer fra i alt 30 gårde, hvoraf de 16 er fra Berchtesgadener Land, de fleste fra Ramsau. Almen er med sine 2,5 km² og antallet af kvæg den største af alle sætere i Berchtesgadener Land. Sæteren strækker sig fra 1.200 til 1.650 meters højde på den sydøstlige del af Hochkranz. Den er en del af Hocheis, der er beliggende i den vestlige del af Steinerne Meer og Leoganger Steinberge. Det er findes dokumenter, der beviser, hvornår man første gang sendte kvæg på sommergræs her, det var tilbage i år 1386.

Bønderne, der i dag sender deres kvæg på sommergræs på Kallbrunnalm, ejer i fællesskab et osteri. Mælken kommer fra de køer der er på sommergræs, og osten produceres og lagres på Kallbrunnalm. I starten af august transporteres osten ned fra almen og sættes til salg i udvalgte butikker i dalen. Osten, der produceres på Kallbrunnalm, har en særlig smag, hvis man får muligheden for at smage den, så gør det. Der er forskellige slags af den særlige ost, enten den *neutrale* uden krydderurter eller ost med krydderurter eller hvad med den såkaldte Seehornkäse, Hochkranzkäse eller den lidt krydrede Bergkäse?

Hytten på Kallbrunnalm, beliggende i 1.450 meters højde, er en såkaldt Jausenstation, et sted hvor man kan få et let måltid, som oftest består af brød, ost og måske lufttørret skinke, eller Speck, som det også kaldes. Det klassiske måltid kaldes for Brettl-Jaus'n. Selvom Kallbrunnalm er beliggende på den østrigske side af grænsen i nærheden af Weißbach ved Lofer, var området tidligere knyttet til klostret i Berchtesgaden, derfor betegnes Kallbrunnalm stadig af mange, som en bayersk enklave på østrigsk grund. Hytten er åben fra midten af maj til midten af oktober mellem kl. 11.00 og 17.00.

Kallbrunnalm er et yndet mål for mange vandrere og bjergbestigere, dog anbefales det, at man har en god kondition for at klare turen til Kallbrunnalm. Det mest benyttede vej til Kallbrunnalm er fra Hintersee ved Ramsau, her kan man tage med AlmErlebnisBus til stoppestedet Kallbrunnalm. Fra stoppestedet til hytten på Kallbrunnalm venter en vandretur på godt tre timer. Vejen fra Weißbach ved Lofer, Østrig, til hytten på Kallbrunnalm er den korteste, turen går via Pürzlbach, her skal man afsætte cirka to timer af til turen. For mountainbikere skal man følge ruten *Berchtesgadener Mountainbike Tour 4 - Kallbrunnalm*, der

går fra Hintersee ved Ramsau via Klausbachtal over Hirschbichl passet til Kallbrunnalm.

## LITZLALM

Litzlalm er beliggende i bjergmassivet Reiter Alm i 1.300 til 1.500 meters højde, på den østrigske side af grænsen, i nærheden af bjergpasset Hirschbichl. Litzlalm er cirka 2 km² stor. Sæteren benyttes af otte bjergbønder, de fire kommer fra Sankt Martin ved Lofer, tre kommer fra Weißbach ved Lofer på den østrigske side af grænsen, og en enkelt kommer fra Bischofswiesen i Berchtesgadener Land. Omkring 90 stykker kvæg græsser hver sommer på sæteren. Litzlalm er ikke blot et sted, hvor kvæget græsser, men det er også et yndet sted for produktion af film. Dette skyldes den smukke beliggenhed i bjergene med udsigt til klippeformationen Mühlsturzhörner, der er beliggende i Ramsauer Dolomitten.

Midt på Litzlalm finder man en Jausestation, i 1.310 meters højde. Jausestation er det østrigske ord for en lille restaurant i bjergene, hvor man kan købe et let måltid mad, der kaldes for Jause, der ofte består af brød, ost, pølse og skinke. Jausenstationen er åben fra midten af maj til midten af oktober. Mange vælger at tage mountainbiken, når de skal til Litzlalm, en rute der er en klassiker blandt mountainbikeruterne i Berchtesgadener Land. Turen går fra Hintersee via en smal asfaltvej gennem Klausbachtal via Bindalm og

191

Hirschbichl inden man når Litzlalm. Hvis man derimod vælger at vandre til Litzlalm, kan man gøre det fra Hintersee via Klausbachtal til Hirschbichl, hvor man går via den gamle vej over passet til sæteren. Man kan også tage med AlmErlebnis-Bussen fra Hintersee til Hirschbichl, hvorfra der er en times vandring til Jausenstation Litzlalm. Ovenover Litzlalm er der en bjergtop der hedder Litzlkogel. Bjergtoppen kan nås til fods fra Litzlalm. Herfra er der en smuk udsigt som kan give selv de allermest stressede fred og ro. Fred og ro er noget mange vandrere søger på deres vandringer.

## BINDALM

Bindalm er beliggende i 1.100 meters højde i nærheden af det historiske Hirschbichl på grænsen mellem Berchtesgadener Land og Østrig. Hirschbichl passet lå tidligere på salthandelsruten. Bindalm er beliggende for enden af Klausbachtal, der også kaldes for *Ørnenes dal*, på tysk: *Tal der Adler*, midt i hjertet af Nationalpark Berchtsgaden. Der er hele fire hytter, de såkaldte Kaser, på Bindalm, hvoraf de to har åbent for offentligheden, her kan man købe et let måltid mad, hvor alt er hjemmelavet, også osten og smørret. Bindalm er et af de få steder som stadig fremstiller den traditionelle *Schüsslkas*. Denne særlige ost kan man kun få i den sydlige del af Berchtesgadener Land. Desuden kan man købe drikkevarer. Det er nemlig vigtigt med mad og drikke undervejs, da det giver energi til den videre vandretur

eller cykeltur. Cykeltur? Ja, mange mountainbikere også finder vej hertil. En af disse hytter, Kaser, der er åbne for gæster er Kressenkaser. En af de hytter, som ikke er åben for gæster er Schnied-Kaser.

Schnied-Kaser kaldes også en Rundumkaser, hvor hytten er opført med et stort udhæng, hvor man blandt andet kan have indrettet sin malkeplads. Det er i dag en historisk byggemetode, som man benyttede for mere end hundrede år siden. I dag benyttes denne byggemetode ikke længere, derfor er Schneid-Kaser også fredet. Hytten stod tidligere på Feldalm i nærheden af Funtensee, hvor den var i brug indtil 1960, herefter forfaldt den, indtil man valgte at rive hytten ned og flytte den til Bindalm, bag dette initiativ stod Nationalparken. Hytten blev stykke for stykke transporteret fra Feldalm til Bindalm med helikopter, hvor den blev genopført og renoveret.

Bindalm er et yndet mål for mange vandrere der er på tur i Klausbachtal, som er en af de vigtigste dale i Nationalpark Berchtsgaden. Bindalm nås nemt på to til tre timers vandring fra Klausbachhaus ved Hintersee. Undervejs passerer man et af de steder, hvor Nationalparken har vildtfodringspladser. Desuden passerer man hængebroen over Klausbachtal. Fra Bindalm kan man tage en kort afstikker til Ragertalm eller videre mod Litzlalm. Man har også muligheden for at tage AlmErlebnis-Bussen mod Hirschbichl, hvor man kan stå af ved stoppestedet Bindalm eller Hirschbichl, hvorfra man kan gå det sidste stykke til Bindalm.

## BÜCHSENALM

I nærheden af Königssee finder man Büchsenalm i 1.200 meters højde. Fra Büchsenalm er der blot en kort afstikker til den lavere beliggende Königsbachalm. Området omkring Königssee er et yndet området for vandrere og bjergbestigere. Hvis det er ro man søger, så er Büchsenalm et godt sted at søge hen. Der er i alt tre Kaser, hytter, på Büchsenalm. Ödkaser, Simonkaser og Grafenkaser. Men da de er lavt beliggende benyttes disse hytter kun i forsommeren samt i sensommeren, da kvæget i højsommeren befinder sig på højere beliggende græsarealer. Den 7. juli 1860 skete der en tragisk ulykke på Büchsenalm. En ung pige, den 14 årige Maria Kurz fra Hanötz i Schönau, var den sommer ansat som ung pige, eller *Kiahdirndl*, på Simonlehen på Büchsenalm. Netop som Maria passerede Königsbach, kom det nyfældede træ brusende og trak Maria Kurz med sig, senere fandt man hende død i Königssee. Dødsfaldet er i dag nævnt på en offertavle på Hjemstavnsmuseet i Berchtesgaden.

## HALSALM

Halsalm er beliggende i Klausbachtal i Nationalpark Berchtesgaden i 1.210 meters højde, hvorfra der er udsigt til Hintersee og Ramsauer Tal. De fleste vandere starter ved Klausbachhaus og Nationalparkens informationsstander. Der er to veje til Halsalm. Enten følger man vejen fra Klausbachhaus via Teerstraße og efter et par hunderede meter drejer man til højre af den relativ stejle Schottenweg. Den anden mulighed er fra parkeringspladsen Fernsebner på den sydlige side af Reiter Alm til Halsalm. Disse to ruter kan kombineres, således at man går en anden vej retur fra Halsalm. Det er bønder fra Ramsau der har deres kvæg til at græsse på Halsalm. I forsommeren kommer kvæget først til Kallbrunnalm og i sensommeren flyttes kvæget via Hirschbichl gennem Klausbachtal til Halsalm, hvor de opholder sig indtil starten af oktober.

## MOOSENALM

Moosenalm er beliggende i 1.405 meters højde på et plateau i Lattengebirge. Moosenalm er sammen med Mordaualm og Lattenbergalm en del af vandreruten *Almerlebnisweg Ramsau*. Der er flere vandreruter til Moosenalm. Fra Wachterl, der er det gamle Salzsäumerpass i Ramsau, det vil sige det gamle bjergpas på Salthandelsruten. Herfra kan man vælge mellem flere ruter, den normale rute er via Pioniersteig med rutebetegnelsen AV-Weg 470, en tur på cirka to timer. Den alternative rute er via Prechlsteig til Moosenalm eller Anthauptenalm, denne rute er længere end den normale rute. Dog er der mange som vælger vandreruten *Almerlebnisweg Ramsau*, denne tur starter ved Taubensee går via Mordaualm og Karschneid til Lattenbergalm, inden den ender på Moosenalm. For mountainbikere er ruten til Moosenalm en rigtig muskeltester. Cykelruten starter i Bad Reichenhall går via vejen ved Saalachsee, derfra videre via Röthelbach-Forststraße på Dalsenalm og derfra til Moosenalm, ruten har navnet *Mountainbike-Tour 16 Moosenalm*. I gamle udgaver af mountainbikerutebeskrivelsen nævnes en vej via Pionierweg, men det frarådes, da den er tilegnet vandrere.

## RAGERTALM

Ragertalm er beliggende i 900 meters højde i Klausbachtal. Den hurtigste vej til Ragertalm er fra Nationalparkens informationsstander ved Klausbachhaus i nærheden af Hintersee, en kort vandretur på en lille times tid. Hvis man er mere magelig så er der et mere bekvemt alternativ, man kan nemlig tage AlmErlebnis-Bussen til stoppestedet Ragertalm, hvorfra der er et kvarters vandring til sæteren.

## SCHAPBACHALM

Schapbachalm er beliggende, i 1.035 meters højde, på vejen mod Watzmannhaus eller Kühroint, ja mere præcist mellem Königssee og Watzmann. Schapbachalm er ikke blot et yndet mål for vandrere eller bjergbestigere, mountainbikere kommer ofte forbi her og holder en pause på deres videre tur. Hytten drives på traditionel vis, hvor man fremstiller egen ost, som sælges til sultne vandrere, bjergbestigere eller mountainbikere. Man kan nå Schapbachalm både fra Hammersteil i

Schönau eller fra Wimbachbrücke i Ramsau. Mountainbikere kan følge ruterne *MTB Tour 7 Schönau - Kühroint* eller *MBT Tour 10 Ramsau - Kühroint.*

## STEINERALM

*www.steiner-alm.de*

På den nordlige side af Hochstaufen, ved Piding, finder man i 1.028 meters højde, Steineralm. Reichenhaller Haus har åbent for gæster hver sommer, og besøges af mange, da stedet her er et yndet mål for mange lokale og turister. Man kan enten tage turen til fods eller på cykel. Fra parkeringspladsen Urwies i Piding nås Steineralm via en vandresti relativt nemt. Samme rute er også velegnet for mountainbikere. Der afholdes en bjergmesse, Bergmesse, den 3. oktober på Steineralm. Det er en andagt der er tilegnet de tidligere værter i hytten Reichenhaller Haus på Hochstaufen, der blev myrdet i 1993. *Læs mere på side 166.* Gudstjenesten afholdes i Hubertuskapellet, som man finder blot få meter fra hytten på Steineralm.

## STUBENALM

Stubenalm er beliggende i 1.145 meters højde mellem Schapbachalm og Watzmannhaus. Man kan nå frem til Stubenalm fra Hammerstiel i Schönau eller fra Wimbachbrücke i Ramsau i løbet af godt to timer. Stubenalm er et perfekt stop på vejen mod Watzmannhaus, hvorfra der er udsigt til Ramsau, mod Reiter Alm og Hochschwarzeck. Der er i alt to hytter på Stubenalm, den ene er en Kaser og den anden er en såkaldt tjenestehytte. Begge hytter er åbne i sæsonen maj til oktober (cirka), hvor man kan købe et let måltid mad og lidt at drikke. Der arrangeres ofte skiture i området om vinteren, hvor man blandt andet kommer forbi Stubenalm.

## WASSERFALLALM

Wasserfallalm er beliggende i 1.237 meters højde i nærheden af bjergbanen Jennerbahns midterstation. Wasserfallalm kaldes af de lokale også for Strubalm. På Wasserfallalm starter vandreruten Königsweg, som tager vandrere rundt til andre hytter i området omkring Jenner og Königssee, heriblandt Königsbachalm.

## MORDAUALM

Mordaualm er beliggende i Lattengebirge i 1.190 meters højde. Mordaualm er en del af *Almerlebnisweg Ramsau*. Det er tre bønder der sammen driver hytten, Kaser, på Mordaualm, to fra Ramsau og en fra Bischofswiesen. Hytten kan nås fra parkeringspladsen Taubensee enten til fods eller på mountainbike. En anden rute går fra Hochschwarzeck ved Ramsau via Schmuckstein, der er et relativt fladt bjerg, via en bjergskov til Mordaualm. Mountainbikere skal blot følge ruten *MTB Tour 13*, man kan starte enten i Berchtesgaden eller i Bischofswiesen, ruten går herfra via Ramsau til Mordaualm, herfra er det muligt at fortsætte videre til Loipl og en tur rundt om Silberg, der også kaldes for *Toten Mann*.

## REGENALM

I Nationalpark Berchtesgaden finder man Regenalm i 1.540 meters højde. Sæteren er mest kendt af de der vandrer på Kaunersteig ved Saletalm ved Königssee. Via Regenalm kan man nå Gotzenalm i løbet af en god halv time. Fra Regenalm er der bjergpanoramablik til Steinerne Meer, Watzmann og Hochkönig. Det er Nationalpark Berchtesgaden, der ejer Regenalm og hytten. Hytten er en såkaldt Rundumkaser, hvilket betyder, at hyttens midte er der, hvor hyrden (Senner) bor og opholder sig, resten af huset benyttes som stald. De lokale kalder Regenalm for *Reng*. Udover den omtalte Rundumkaser, findes der på Regenalm også et jagthus, som Kong Maximilian II Joseph lod opføre under sin regeringstid, 1848-1864.

I dag benyttes jagthuset som tjenestehus til nationalparkens skovarbejdere. Hyrden, Senner, på Regenalm er Hans Sommer. Han kommer oprindelig fra Benediktbeuern i nærheden af Bad Tölz i Oberbayern. Ideen til at blive hyrde fik Hans Sommer ved at høre et foredrag om, hvordan det var at leve på en schweizisk sæter. Da han blev færdig med sin soldatertid, ville han også leve det frie liv på sæteren. Inden han kom til Regenalm, var han i flere somre i en hytte på Gotzenalm, hvor han lærte at lave smør og ost. En typisk dag på en sæter starter tidligt, hvor han tilser dyrene, som på Regenalm består af to heste og tre okser, der er moder-køer med kalve. Den smule mælk der skulle blive tilovers bliver forarbejdet eller solgt til vandrere der kommer forbi.

## AHORNALM

Ahornalm er beliggende i 1.600 meters højde. Over Ahornalm strækker den 1.604 meter højde Ahornbüchsenkopf. Hytten Ahornkaser indbyder sine gæster til en kaffepause eller et let måltid mad, mens man nyder udsigten over dalen med Berchtesgaden og de omkringliggende bjerge eller i retning mod Dachstein, Salzburg og Østrig. Den nemmeste måde at komme til Ahornalm samt Ahornkaser er i bil, da både Alm og hytten er beliggende ved Roßfeld Panoramastraße, Tysklands højest beliggende gebyrpligtige panoramavej. Når man har parkeret bilen, kan man nå Ahornbüchsenkopf i løbet af ganske kort tid. Derfra kan man vandre videre i retning mod Hochkalter, Reiter Alm, Untersberg, mod Berchtesgaden eller Salzachtal eller Hohen Göll. Fra Ahornkaser kan man nå Purtschellerhaus, der er beliggende på den tysk-østrigske grænse, i løbet af godt to timer.

## ANTHAUPTENALM

Anthauptenalm er beliggende på et højdeplateau i 1.250 meter i Lattengebirge. Det er et roligt og fredfyldt sted, hvor kun ganske få vandrere og mountainbikere finder vej til. Det er på trods af, at man nemt kan nå hertil fra Wachterl ved Ramsau eller fra Baumgarten via Röthelbach-Forststraße i nærheden af Bad Reichenhall. Mountainbikere kan benytte ruten mellem Bad Reichenhall og Anthaupten. Ruten der starter ved Luitpoldbrücke i Bad Reichenhall, er skiltet med et hvidt **S** med bølger på en rød baggrund. Fra Bad Reichenhall går turen videre mod Unterjettenberg og videre til Schwarzbachalm, hvorfra det går relativt stejlt i retning mod Anthauptenalm. Fra Anthauptenalm kan man vælge at køre videre via Röthelbach-Forststraße til Baumgarten, derfra videre på Saalch-Radweg retur til Luitpoldbrücke i Bad Reichenhall, hvor turen også startede. For vandrere kan man fra Anthauptenalm tage en kort afstikker til Schneizlreuther Vogelspitze, fra denne lille bjergtinde er der udsigt over Saalachtal og den nærliggende opstemmede sø af samme navn, en udsigt man ikke kan få fra selve Anthauptenalm. De lokale kalder også almen for Landhauptenalm.

Der er to almhytter, de såkaldte Kaser, samt en tjenestehytte, der benyttes af skovarbejdere, på sæteren. Sæteren er omkranset skov samt af såkaldte *Dolinen*, der er en slags tragtformet fordybning. Sæteren taget i brug som landbrugsområde for første gang i 1385. I 1960erne brændte den gamle hytte Eggler-Kaser ned til grunden. Efterfølgende blev den genopført, delvis i sten, hvilket er meget atypisk for byggeriet af almhytter i Berchtesgadener Land. Anthauptenalm er beliggende i højlandet, dette betyder, at hytterne her kun benyttes i højsommeren, og ikke i for- og sensommeren, her benyttes Schwarzbachalm, der er beliggende længere nede mod dalen, i stedet.

## BICHLERALM

I nærheden af Harbachalm finder man Bichleralm, nærmere præcis ved Weißbach i 850 meters højde. Oprindelig er de fleste almhytter bygget således, at beboelse og stald er samlet i en bygning, men på Bichleralm er beboelse og stald i hver deres bygning. Det er meget normalt i dalene, at beboelse og stald er adskilt, men på sæterne er det normalt samlet. Det gør Bichleralm til noget særligt, noget unikt indenfor måden at opføre gårde på. For ingen andre gårde på sæterne, hverken i Berchtesgadener Land, Bayern eller andre steder i alperne, bygges sådan. Der er adskillige vandreveje til Bichleralm, herunder den historiske *Klausenrundweg* i Schneizlreuth og Weißbach, der går via Bäckinger Klause og Hientalklause til Bichleralm, Harbachalm og Reiter Alm. Turen kaldes også for *Drei-Almen Tour*, eller en rundtur til tre Almhytter. Undervejs møder man talrige informationstavler, der fortæller historien omkring træets vej fra skov til savværk. Turen til Bichleralm kan også klares på mountainbike, da den er beliggende i nærheden af ruten *MTB Tour 20 Keitlalm-Reiter Alm*.

## DALSENALM

Dalsenalm er beliggende i 1.200 meters højde i Lattengebirge, mere præcis mellem Bad Reichenhall, Ramsau og Bischofswiesen. Der er flere veje på til Dalsenalm, enten til fods eller på mountainbike, man kan også vælge at tage bjergbanen, Predigtstuhlbahn, noget af vejen og så gå resten af vejen. Mountainbikere kan følge ruten fra Bad Reichenhall via Röthelbach-Forststraße til Dalsenalm. Ruten er en del af *MTB Tour 16* til Moosenalm. Som vandrer kan man gå via Mordaualm og Lattenbergalm, vandrerute AV-Weg 475, eller via Almerlebnisweg via Moosenalm til Dalsenalm. Dalsenalm er kendt for den næringsrige jord, som gør at græsset vokser mere her end andre steder, og dermed giver kvæget mere foder end andre steder. Lidt historisk, så valgte man i 1970, på initiativ af Fritz Hofmann, der stod for pleje af alt hvad der havde med hjemstavnshistorie, at flytte hytten Kasstöckl fra dens oprindelige plads, på Grainswiesenlehen, til Reichenhaller Heimatmuseum.

## ECKAUALM

Almen Eckaualm er beliggende på Hochkalter i 1.055 meters højde. På Eckaualm er der ingen hytter der tilbyder overnatningsmuligheder eller spisemuligheder. På sæteren græsser der mest ungkvæg. Dog er der mange, som benytter området som vandreområde, da der fra parkeringspladsen Pfeiffenmacherbrücke i Ramsau er adgang via Eckaualm til den nordlige side af Hochkalter, blandt andet til Schärtenspitze og Blaueis. Området benyttes både sommer og vinter, om vinteren arrangeres der flere skiture til området. Desuden er der om vinteren en godt tre kilometer lang kælkebakke fra netop Eckaualm mod Ramsau. Vandreruterne er også velegnet til mountainbikere.

## GOTZENTALALM

Mellem Königssee og Gotzenalm finder man Gotzentalalm i 1.110 meters højde. Mere præcist i begyndelsen af en lang skovvej med mange hårnålesving. Her er der også en vej, der fører videre mod Gotzenalm. Vejen benyttes af mange mountainbikeryttere i løbet af sommeren, ruten er *MTB Tour 9 - Gotzenalm*. For vandrere starter turen mod Gotzentalalm enten fra parkeringspladsen Hinterbrand eller fra parkeringspladsen i nærheden af Königssee. Fra parkeringspladsen ved Königssee kan man vælge at tage Jennerbahn til den midterste station og vandre via Königsbachalm til Gotzentalalm, eller man kan tage med en af turbådene, der sejler på Königssee, og stå af ved stoppestedet Kessel, hvorfra man kan vandre til Gotzentalalm, denne vej er dog relativ stejl. I 1859 var der intet mindre end ni hytter på sæteren, i dag er der blot fire samt en tjenestehytte, der benyttes af skovarbejdere, tilbage.

## GRUBENALM

Grubenalm er beliggende på den nordlige side af Watzmann i 1.385 meters højde. Grubenalm er beliggende lidt gemt af vejen, som er en kort afstikker værdig. I retning mod Watzmannhaus finder man den oprindelige Alm-idyl helt uden stress og jag. En anden sæter, Stubenalm, er beliggende nedenfor Grubenalm,

den kan nås i løbet af en god halv time til fods, dog er vejen temmelig stejl. Tidligere var der en forbindelsessti mod Mitterkaseralm, men den er i dag vokset til. Indtil en gang i 1950erne var der i alt tre hytter på Grubenalm, i dag er der blot en enkelt tilbage. En af de andre hytter kan man stadig finde grundmurene af. Navnet Grubenalm stammer fra Watzmanngrube, der er en lavning på den nordlige side af Watzmann. Ikke langt fra Grubenalm finder man Watzmann Gugl, der en mindre bjergtinde i Watzmannmassivet. Watzmann Gugl og Grubenalm er et yndet sted for skiløbere om vinteren, området benyttes endda til skikonkurrencer under skiforbundet *FIS, det Internationale Skiforbund*, da den såkaldte *FIS-Schneise* går lige forbi Grubenalm.

## KAMMERLINGALM

I nærheden af Bindalm og Litzlalm ligger Kammerlingalm i 1.290 meters højde, nærmere præcis for foden af det 2.448 meter høje Kammerlinghorn og Hirschbichl, passet mellem Bayern og Østrig på den historiske salthandelsrute. Kammerlingalm er beliggende på den østrigske side af grænsen, men benyttes også af bønder fra Ramsau. Sæteren på Kammerlingalm strækker sig over flere kilometer langs en stejl bjergvæg. Fra Kammerlingalm er der udsigt over Kallbrunnalm og den østrigske Hintertal til Leogang og Steinbergen. Der er i alt elleve hytter, de såkaldte Kaser, på Kammerlingalm, hvoraf de syv er placeret i den nordvestlige del af området. De fleste af hytterne tilbyder salg af blandt andet mælk, kærnemælk, kolde drikkevarer samt et let måltid mad, der ofte består af brød, ost og skinke. Da denne sæter er beliggende lidt afsides, er den ikke så *overrendt*, som mange andre mere kendte sætere. Den nemmeste måde at nå frem til Kammerlingalm er at tage med AlmErlebnisBussen til stoppestedet Hirschbichl, herfra er der cirka en times vandring til Kammerlingalm. Hvis man vælger at gå hele vejen fra Hintersee skal man afsætte cirka fire timers vandring, hver vej. Kammerlingalm er et godt sted at holde pause for bjergbestigere, enten på vej mod Kammerlinghorn eller på vej tilbage fra Kammerlinghorn.

## KÖNIGSBACHALM

*www.koenigsbachalm.de*

Königsbergalm eller Königsbachalm er beliggende på Jenner i 1.650 meters højde, for foden af Schneibsteinhaus. Første gang denne Alm blev taget i brug var tilbage i 1385. Mellem 1540 og 1810 lå der endda en mine her, der udvindede malm. I dag er det vandrere eller mountainbikere der benytter sæteren. Den nemmeste vej for vandrere er fra parkeringspladsen Hinterbrand eller fra Jennerbahns midterstation via Königsweg. Vejen over Königsbachalm er en del af mountainbikeruten *Rundt om Hohen Göll*. Mountainbikeruten går fra Dokumentation Obersalzberg via Scharitzkehlalm,

parkeringspladsen i Hinterbrand til Königsbachalm. Fra Königsbachalm kan man fortsætte til Schneibsteinhaus, forbi Stahlhaus på Torrener Joch. Herfra kan man fortsætte til Oberjochalm i Bluntautal, det dog betyder, at man skal trække cyklen, da den vej er temmelig stejl. På Oberjochalm kan man fortsætte på cyklen i retning mod Bluntausee og Hallein i Østrig, inden turen går hjemover mod Oberau via Obersalzbergstraße til udgangspunktet.

## KÖNIGSTALALM

Det er kun ganske få bjergbestigere og vandrere, hovedsageligt kun de lokale, der benytter vandreruten til Königstalalm. Königstalalm er beliggende ved foden af Windschartenkopf og Rotspielscheibe, i 1.600 meters højde, midt i området med de andre sætere i nærheden af Jenner og Königssee. Der er to hytter på Königstalalm, den ene er Stangerkaser, en såkaldt Rundumkaser, der blev opført tilbage i 1511. Tidligere var denne type hytte meget almindelig i Berchtesgadener Land, men i dag ser man dem kun sjældent. Stangerkaser benyttes i dag som læskur for kvæget og ikke længere som hjem for hyrderne. Den nemmeste måde at komme til Königstalalm er enten fra parkeringspladsen Hinterbrand via Jennerbanens midterstation og Königsweg til Königsbachalm og derfra via en skiltet rute til Königstalalm. Det sidste stykke gennem skoven går via en stejl serpentinervej, eller man kan tage Jennerbahn til midterstationen og gå derop.

## LATTENBERGALM

På Lattengebirge i nærheden af Mordaualm ligger Lattenbergalm i mellem 1.457 og 1.481 meters højde. Lattenbergalm er en del af *Almerlebnisweg Ramsau*. Bønderne benytter kun Lattenbergalm i højsommeren, dette skyldes den højde sæteren er beliggende i. Kvæget græsser i for- og sensommeren på sætere, der er beliggende længere nede.

## MITTEREISALM

Mittereisalm er beliggende i Klausbachtal i 1.320 meters højde, i nærheden af Bindalm. Sæteren afgræsses af ungdyr i sommerperioden, hytten er ikke åben for offentligheden. Vandrere kan tage AlmErlebnis-Bussen fra Hintersee til stoppestedet Hirschbichl, hvorfra man kan gå til Mittereisalm i løbet af en times tid. For de mere erfarende bjergvandrere med god kondition kan man vandre fra Mittereisalm videre til Kammerlinghorn, en tur på minimum fire timer, hver vej. Fra Hirschbichl kan man også nå Mittereisalm på mountainbike.

## SCHWARZBACHALM

I nærheden af restaurant Wachterl, der er beliggende ved Alpenstraße i Ramsau, finder man Schwarzbachalm. Sæteren er beliggende i 750 meters højde, på grænsen mellem Ramsau og Schneizlreuth. Det er en lavtliggende sæter, der kun benyttes i nogle få uger hver forsommer, inden kvæget flyttes til højere beliggende sætere, som Moosenalm, Anthauptenalm, Bindalm eller Kallbrunnalm, samt igen i et par uger om efteråret inden kvæget sendes retur til deres hjemlige stalde. Sæteren benyttes af flere bønder fra Ramsau, Bischofswiesen og Schneizlreuth. Den nemmeste måde at nå frem til Schwarzbachalm er til fods fra parkeringspladsen Wachterl i Ramsau, det tager cirka en halv times tid. For mountainbikere findes der en rute der går rundt om Reiter Alm, Lattengebirge og Anthauptenalm. Ikke langt fra Schwarzbachalm finder man på Reiter Alm, i nærheden af Unterjettenberg, Schwarzbachloch. Schwarzbachloch springer ud fra klippen, hvorefter den bliver til bækken Schwarzbach, der sørger for vand til hele Reiter Alm. Reiter Alm er fyldt med kløfter og spalter, hvor sneens smeltevand og andet nedbør siver ned og lagres i en underjordisk hule. Om vinteren er vandstanden i hulen det laveste og om sommeren, når sneen smelter og efter stærk regn, er der mest vand i hulen.

## VOGELHÜTTENALM

På bjerget Jenner, særligt i området omkring Jennerbanens midterstation, finder man mange hytter. Vogelhüttenalm er en af dem, den er beliggende i 1.200 meters højde. Ja, faktisk hedder hele græsningsområdet omkring Jennerbanens midterstation *Vogelhüttenalm*. Om sommeren græsser kvæget på området, om vinteren boltrer skiløbere sig på området. Ja, området er lidt atypisk for Berchtesgadener Land. Det er nemlig ikke almindeligt, at

et område benyttes både som græs-
ningsområde samt til skiområde
med bjergbane og liftanlæg. Ved si-
den af Jennerbanen finder man også
en stolelift. I områdets nordlige del,
ved Krautkaser, er der yderligere en
stolelift. Der er i alt tre hytter på Vo-
gelhüttenalm, de to af dem er belig-
gende i umiddelbar nærhed af Jen-
nerbanens midterstation, mens den
tredje er beliggende godt 200 meter
længere oppe. Desuden finder man i
området også Jennerhaus, der i dag
mest er kendt som Dr. Hugo Beck
Haus, samt en tjenestehytte, som
benyttes af jægere.

## ZEHNKASERALM

Zehnkaseralm er beliggende på Un-
tersberg i 1.530 meters højde. Mange
vandrere tager ofte et hvil på Zehn-
kaseralm på vej mod Stöhrhaus. Fra
hytten er der udsigt til Watzmann og
Hochkalter. Hytten på Zehnkaseralm
er lige som hytten Scheibenkaser
kun mulig at nå til fods. Vejen fra
Scheibenkaser i retning mod Zehn-
kaseralm er smal og temmelig stejl,
som gør det besværligt for både dyr
og mennesker. Det er besværligt at
få varer op til hytterne, for bønder-
ne betyder det fare, når de skal have
deres kvæg skal til og fra sæteren.
Men når det er sagt er Untersberg,
hvor Zehnkaseralm er beliggende, et
yndet mål for vandrere og bjergbe-
stigere. Mange benytter vandreruten
fra Bischofswiesen til Zehnkaseralm,
det sker via stien Nierntal-Steig, der
blandt de lokale også kaldes for
*Knieschnaggler*, på grund af stiens
stejlhed. Man kan også vandre fra

Maria Gern til Stöhrhaus eller via
Hochthron Klettersteig, hvor man på
turen kommer forbi sæteren Zehn-
kaseralm.

## STROBLALM

*Udgangspunkt - parkeringsplads:*
*Stroblalmstraße 14 • 83454 Anger*

Stroblalm er beliggende på den
sydlige side af bjerget Högl ved An-
ger, i 788 meters højde, hvorfra der
er en fantastisk udsigt over Berch-
tesgadener Alperne. Stroblalm har
været i brug som landbrugsområde
siden 1249, i starten under navnet
*Strubal*. Sæteren og restauranten af
samme navn har været ejet af fami-
lien Dornhausstatter-Herbst siden
1640, i dag er det elvte generation,
under ledelse af Franz Herbst og fru
Anneliese. De overtog driften i 1990,
og driver stedet sammen med de-
res team af medarbejdere og byder
vandrere og mountainbike-ryttere
velkommen. Siden 1888 har gården
været benyttet til restaurant. Huset
har gennem tiden været gennem
talrige ombygninger, senest i 1999,
men på samme grundmur fra den
oprindelige bygning i 1843. Alle
døre- og vinduesindfatninger er
udført af sandsten fra stenbruddet
Högler Sandstein, der indtil 1913 lå
i nærheden. Som tak for, at der ikke
var nogen tilskadekomne eller døde
under husbyggeriet, lod ejeren opfø-
re et lille huskapel. Turen *Rundt om*
*Högl* er en ægte klassiker i Ruperti-
winkel. Turen kan begynde i enten i
Piding eller i Ainring. Högl er også
et yndet vandreområde, hvor man

kommer forbi flere kirker og kroer/ restauranter, herunder også Strobl-alm.

## ZWIESELALM
*www.zwieselalm-reichenhall.de*

Der er masser af vandreruter i Berchtesgadener Land, en af ruterne går forbi Zwieselalm i 1.386 meters højde, som er beliggende lidt udenfor Bad Reichenhall. Hytten, Kaiser-Wilhelm Haus, drives af familien Potschacher. I mange år var det Pankraz, *Grazi*, og hans hustru Brigitte Potschacher, der drev hytten, de levede siden sommeren 1965 på almen. De flyttede ind om foråret, når vinteren havde sluppet sit tag, og rykkede først tilbage til dalen om efteråret. I dag er det ikke længere Grazi og Frau Brigitte, der driver hytten, men derimod sønnen Andreas Potschacher og hans familie. Hytten

på Zwieselalm stammer fra omkring år 1864, og siden år 1900 har det været i familien Potschachers eje. Hytten er fredet under det tyske Denkmalschutz, og er opkaldt til minde om prins Wilhelm, den senere tyske kejser Wilhelm. Strømmen stammer fra solceller på taget, og vandet kommer fra egen kilde. Al madlavning foregår på den gamle brændekomfur. Når foråret er kommet og det er tid at flytte op i hytten, transporteres alle de nødvendige varer op med helikopter, mens de ugentlige indkøb klares med hjælp fra muldyr, og skulle det ske, at de mangler varer udenfor de normale leveringstider, træder vennerne til og kommer, med glæde, forbi med varerne. Hvert år i august afholdes *Grazi-Man*, opkaldt efter den tidligere vært på Zwieselalm, nu afdøde, Pankraz *Grazi* Potschacher. *Grazi-Man* er en alpinkonkurrence

*Bjergtagende natur*

med disciplinerne mountainbike, løb og paraglidning. Når konkurrencen løber af stablen er det ikke til at finde en ledig stol ved hytten, men man har det godt, hygger sig og griner meget. Mange lokale ynder at komme på Zwieselalm. Der er flere vandreveje mod Zwieselalm, blandt andet fra Jochberg ved Schneizlreuth via Hüttenweg, fra Karlstein ved Bad Reichenhall via Zwieselweg, fra Padinger Alm ved Bad Reichenhall via Bartlmahd eller fra Einsiedl ved Inzell via Kohleralm og Höhenweg. Et besøg på Zwieselalm kan nemt kombineres med vandreture til andre bjergtinder i området blandt andet til Zennokopf (1.756 meter), Gamsknogel (1.752 meter) eller til Hochstaufen (1.772 meter). Hytten er åben fra midten af maj til november (alt afhængig af vejret) dagligt klokken 10.00-17.00.

## KUGELBACHALM

*Paul-Gruber-Haus*
*Kugelbachweg 14*
*83435 Bad Reichenhall*
*www.paul-gruber-haus.de*

Kugelbachalm er beliggende i nærheden af Bad Reichenhall, på sæteren finder man hytten Paul-Gruber-Haus i 950 meters højde. Det var Ludwig Kamml der opførte hytten. Hytten er en såkaldt selvforsørgerhytte, det vil sige en hytte uden betjening. Her kan man overnatte, men al madlavning skal man selv klare, og selv medbringe fødevarer. Det er dog muligt at købe drikkevarer på stedet. Der er indlagt koldt vand, husets strøm kommer fra solceller på taget. Den nemmeste vej til hytten er fra Karlstein via Kugelbachbauer, cirka en time. Hytten er åben fra påske til oktober.

*Alle hjælper til med arbejdet*

203

# SØER OG FLODER

Når man rejser gennem Berchtesgadener Land kan man ikke undgå at opleve smukke søer, brusende floder, vandfald og bække. Det er lige så meget en del af naturen som bjergene er det. Det er endda muligt at bade i flere af søerne.

## KÖNIGSSEER ACHE

Königsseer Ache er 4,8 kilometer lang. Den flyder fra den nordlige del af Königssee, hvor den udspringer i 603 meters højde, til Berchtesgaden. I Berchtesgaden flyder floden ud i Ramsauer Ache, hvor den bliver til Berchtesgadener Ache. Königsseer Ache opstod i 1797, da man byggede en dæmning med sluse, for at kunne styre vandmængden i Königssee. Tidligere benyttede man floden til at fragte tømmer fra skovene omkring Königssee til Berchtesgaden. Man må ikke forveksle Königsseer Ache med Königsseeache, der er navnet for Berchtesgadener Ache på den østrigske side af grænsen.

## RAMSAUER ACHE

Ramsauer Ache udspringer i Hintersee, der hvor Klausbach og Sillersbach mødes. Ramsauer Ache er godt 12 kilometer lang. Ved Marxenbrücke, indgangen til Zauberwald, strømmer Ramsauer Ache gennem Marxenklamm, inden den ved Lattenbrücke drejer mod venstre og løber videre gennem Ramsau. Ved udkanten af Ramsau løber floden videre gennem Preisenklamm til den når til kommunegrænsen mellem Bischofswiesen og Schönau, hvor Bischofswieser Ache udmunder i Ramsauer Ache. Ramsauer Ache flyder videre mod Berchtesgaden, hvor den danner kommunegrænse mellem Berchtesgaden og Schönau. Ramsauer Ache udmunder i Berchtesgadener Ache ved banegården i Berchtesgaden. Floderne Schwarzecker Bach, Bischofswieser Ache, Eckaugraben og Wimbach er alle bifloder til Ramsauer Ache.

## BERCHTESGADENER ACHE

Berchtesgadener Ache er cirka 18 kilometer lang, men hvis man regner både Ramsauer Ache og Königsseer Ache med, er floden godt 39 kilometer lang. Berchtesgadener Ache begynder der, hvor Ramsauer Ache og Königsseer Ache udmunder. Berchtesgadener Ache løber gennem udkanten af Berchtesgaden inden den udmunder i floden Salzach. Inden udmundingen i Salzach løber fem kilometer af floden forbi byen Rif ved Hallein på den østrigske side af grænsen, her kaldes floden for Königsseeache, Alm eller Almbach. Indtil cirka år 1815 blev floden blot kaldt for Albe.

## BISCHOFSWIESER ACHE

Bischofswieser Ache kaldes også for Bischofswiesener Ache, der har sit udspring i bydelen Winkl. Den er sammen med floderne Frechenbach, Mausbach og Weißbach 12,9 kilometer lang. Ved kommunegrænsen mellem Bischofswiesen og Schönau, nærmere præcis ved Gmundbrücke, flyder Bischofswieser Ache ud i Ramsauer Ache, hvorfra vandet strømmer via Berchtesgadener Ache til Salzach, Inn, Donau inden den til slut udmunder i Sorte Havet.

## SALZACH

Floden Salzach er en 225 kilometer lang biflod til floden Inn. Salzach løber gennem Bayern og Salzburger Land, hvor den flere steder danner landegrænsen. Floden er opkaldt efter den keltiske flodgud *Iuvavo*. Da romerne senere kom til området blev floden kaldt for *Iuvarus* eller *Ivarus*. *Ivarus* er dog det latinske navn for floden Saalach. Flodens nuværende navn kan man takke saltfragtskibene for, der indtil det 19. århundrede drev skibssejlads på floden. Indtil omkring år 1800 blev floden kaldt for *Salza*, men det var også navnet for en anden østrigsk flod, så navnet blev ændret til Salzach. Salzach har sit udspring i Kitzbüheler Alperne, hvor der tilføres vand fra adskillige kilder, der er beliggende i 2.300 meters højde i området mellem Krimml og grænsen til Tyrol. I Salzburg er der hele 13 broer over Salzach. I Berchtesgadener Land går den historiske bro mellem Laufen og Oberndorf over Salzach. Flere af broerne er blevet ødelagt i forbindelse med højvande. Den måske værste ulykke skete under højvandet den 13. august 1959, da en nyopført motorvejsbro udenfor Salzburg kollapsede på grund af den stærke vandgennemstrømning i forbindelse med højvandet. Ved Salzach finder man desuden tolv vandkraftværker. Ved Salzburg er den maximale vandgennemstrømning, man har målt, 2.300 kubikmeter vand pr. sekund. Vandkvaliteten i Salzach er ikke god, da der i mange år lå en pa-

*Opstemning af Berchtesgadener Ache*

205

pirfabrik ud mod floden ved Hallein. Fabrikken udledte deres afløbsvand ud i Salzach, men efter at der er installeret filtre til at rense vandet, er vandkvaliteten blevet bedre, men om den nogensinde bliver helt god, det vides ikke.

### SAALACH

Floden Saalach er 105,5 kilometer lang, den har sit udspring i Kitzbüheler Alperne i 2.178 meter. Saalach udmunder i Salzach ved Freilassing. Saalach kaldes også for Spielbach eller for Salzburgische Saale. Saalach har gennem historien spillet en vigtig rolle, særligt for saltsyderiet, Salinen, i Bad Reichenhall, der fik store mængder træ til sydepanderne fra skovene i Pinzgau og Tyrol. Dengang havde man ikke lastbiler til at transportere de store mængder af træ, derfor benyttede man vandvejene og flodernes strømme til at transportere træstammerne frem til saltsyderiet. Ved Luitpoldbrücke i Bad Reichenhall var der en stor opbevaringsplads, der også kaldes for en *Triftplatz*, til træet. Gadenavnene *Fürschlachtweg*, *Im Hammergrund*, *Im Spitzgrund* og *Im Großen Grund*, alle i Bad Reichenhall, skal mindes os om tiden med vandvejene og lagerpladserne. Man fyrede med træ indtil 1911, hvor saltsyderiet blev omstillet til at benytte kul i stedet. Samtidig blev der opført en dæmning ved Kipling, der er en del af vandkraftværket Saalachkraftwerk.

### ANZENBACH

Anzenbach er en biflod til Berchtesgadener Ache i nærheden af landsbyen Anzenbach ved Berchtesgaden.

### GERNER BACH

Gerner Bach, 4,9 kilometer lang, udspringer i 911 meters højde ved

*Hintersee*

Rauhenkopf i nærheden af Maria Gern, lidt uden for Berchtesgaden.

## KÖNIGSBACH

Königsbach, 3,3 kilometer lang, udspringer i 1.413 meters højde på Sillenköpfle. Den flyder gennem Priesberger Moos, inden den udmunder ved Königsee.

## BERGBACH

Bergbach er en biflod til Berchtesgadener Ache, beliggende i nærheden af Gollenbachmühle i Berchtesgaden.

## LAROSBACH

Larosbach, 5,9 kilometer lang, udspringer i 1.405 meters højde på Mitterbergkopf og udmunder i 514 meters højde overfor klippegruppen Leroswacht.

## ALMBACH

Almbach, 5,1 kilometer lang, udspringer i 1.295 meters højde ved Bannkopf. Almbach løber via Berchtesgadener Hochthrons, inden den udmunder i 492 meters højde ved Marmorkugelmühle lidt udenfor Marktschellenberg.

## KRAUTKASERGRABEN

Krautkasergraben finder man ved landsbyen Königssee. Den 5,3 kilometer lange flod udspringer i cirka 1.700 meters højde på Pfaffenkegel.

## ROTMANNSBACH

Rotmannsbach finder man ved Thurmlehen i landsbyen Schaden, som er en del af Marktschellenberg.

Floden, eller bækken, er 4,1 kilometer lang, og udspringer i cirka 1.080 meters højde i nærheden af Stihlwand.

## WEISSBACH

Floden Weißbach udspringer i cirka 750 meters højde mellem Inzell og byen Weißbach an der Alpenstraße, i nærheden af Schneizlreuth. Floden der er 8,6 kilometer lang, er en biflod til Saalach. Floden løber i gennem kløften Weißbachslucht, som er et yndet vandreområde. Weißbach udmunder i Saalach et sted mellem bjergene Ristfeuchthorn (1.596 meter), Rabensteinhorn (1.363 meter) og Kienberg (1.028 meter). Desuden tilføres der vand fra bækkene Schwarzache, Stabach, Litzlbach, Scharnbach, Höllenbach og Kugelbach. Derudover har floden flere vandfald, blandt dem er Weißbach-Wasserfall, Oberer Weißbach-Wasserfall samt flere unavngivne vandfald i Weißbachslucht. Den 24. august 2017 styrtede en 1,5 meter høj træbro over Weißbach ned, ikke langt fra Schneizlreuth. Årsagen til ulykken var, at talrige personer havde forsamlet sig på broen for at tage et gruppebillede. Vægten af de mange mennesker var mere end broen kunne klare, det formodes, at en eller flere planker var temmelig rådne. Flere blev såret, herunder elleve børn og unge mellem 10 og 17 år.

## HINTERSEE

Hintersee er idealbilledet på en romantisk bjergsø. Søen, der er omkranset af talrige bjergtinder og skovområder, er beliggende Klausbachtal, nærmere betegnet i området mellem Hochkalter, Reiter Alpe og Zauberwald. Søen er forbundet med floden Salzach via Ramsauer Ache og Berchtesgadener Ache. Området omkring Hintersee var i det 19. århundrede et yndet mål for en lang række landskabsmalere såsom Carl Rottmann, Friedrich Waldmüller, Friedrich Gauermann og Wilhelm Busch. I dag er området et yndet mål for vandreture. Der findes en godt skiltet vandrerute, Prinzregent Luitpold Weg, rundt om søen. Turen tager en god times tid. Der findes mange andre vandreruter rundt i Klausbachtal, der har deres udgangspunkt ved Hintersee. En af disse ruter er turen til Blaueishütte i 1.680 meters højde, som er en vandretur på godt 2½ time. Hvis man ikke lige er til vandreture, er det muligt at leje en robåd eller pedalbåde og selv tage en tur på den smukke sø. Vest for søen kan man se bjergtinderne Wagendrischelhorn (2.251 meter), Halsalm (1.211), Hohe Gerstfeld (2.039 meter) samt Edelweißjahner (1.953 meter).

Når Adolf Hitler var i Obersalzberg tog han ofte på udflugter rundt i regionen. Han tog ofte til Hintersee, hvor Isidor *Dori* Weiß drev Hotel Post. Under Første Verdenskrig havde Isidor *Dori* Weiß været Feldwebelsergent, sergent, og Hitlers kommandant. Fotografen Heinrich Hoffmann benyttede udflugterne til at fotografere Hitler ved søen eller med børn, som havde taget Lederhosen på i anledningen af Hitlers besøg. Mon Hitler vidste, at Ida Meister, som boede i huset ved siden af hotellet havde jødiske forældre... sikkert ikke... For at beskytte hende fra at blive deporteret, skjulte man hende, det var blandt andet hotellets personale, der hjalp med dette. For det var kun hotellet som havde telefon omkring Hintersee, og når de vidste, at nazisterne var på vej, advarede de Ida Meister. Hotellet er i dag omdannet til et ungdomsherberg for den kristelige organisation CVJM, *Christliche Verein Junger Menschen*, internationalt *YMCA-YWCA* eller i Danmark *KFUM-KFUK*.

## KLAUSBACHTAL

Klausbachtal er en del af Nationalpark Berchtesgaden. Allerede i det 13. århundrede lå der en vigtig handelsrute gennem Klausbachtal. Ruten var tidligere en vigtig central forbindelsesrute over Hirschbichlpasset, hvor man i århundreder transporterede salt mellem Berchtesgaden og Pinzgau i Østrig, transporter der foregik med trækdyr. I dag er Klausbachtal et yndet vandreområde i Nationalpark Berchtesgaden, hvor det er muligt at vandre i salthandlernes fodspor fra Hintersee gennem Klausbachtal til Hirschbichl. Langs den gamle transportrute finder man stadig flere sætere, herunder Ragertalm, Bindalm og Halsalm. Desuden kan man opleve vildtet blive fodret. Man kommer ikke tæt på vildtet, da fodringen kun kan opleves fra en udsigtsplatform, der er lavet således, at kørestolsbrugere, familier med barnevogne eller dårligt gående kan få samme oplevelse som alle andre. I årtusinder kunne vildtet selv finde foder, men rydning af skove og opførelse af bosættelser i dalene har ført til, at vildtet har fået svære med at finde nok foder om vinteren.

Grundideen med grundlæggelsen af Nationalparken var, at vildtet og naturen fremover skulle klare sig selv. Men så opdagede man, at vildtet havde svært at overleve i de strenge vintre. Derfor valgte man, at 45 hektar af Klausbachtal skulle være et sted, hvor vildtet skulle fodres i et aflukket område, så de i fred og ro kunne klare sig gennem vintermånederne til foråret atter smelter sneen. Klausbachtal kaldes også for *Ørnenes Dal*, tysk: *Tal der Adler*, da man kan være heldig at opleve kongeørne her. I Klausbachhaus er der indrettet en mulighed for at man via web-cams med livebilleder kan opleve kongeørnen helt tæt på, når den opholder sig i sin rede et sted i Nationalparken.

Man kan også vælge at tage den såkaldte AlmErlebnisBus, der i sommermånederne kører mellem Hintersee via Klausbachtal og Hirschbichlpasset til Østrig. Vandreruten gennem Klausbachtal starter fra Klausbachhaus går via den skiltede rute AV-Weg 481. Der er cirka 7 kilometer fra Hintersee til Hirschbichlpasset, på grænsen til Østrig. Navnet Klausbach stammer fra ordet *Klause*

ved Hirschbichl, et sted hvorfra man i det 19. århundrede kunne transportere de store træstammer fra skoven til dalen med hjælp af vandkraft. Man samlede store mængder af træ, når der var nok, blev sluserne åbnet og vandet sørgede derefter for, at træet blev transporteret med vandstrømmen til eksempelvis Berchtesgaden eller Bad Reichenhall.

Livet i Klausbachtal bestemmes af naturen. I februar 1999 blev området ramt af en kraftig lavine, der med en trykbølge på op mod 300 km/t ramte skovene omkring Klausbachtal, 20 hektar skov knækkede som var det tændstikker. Det har medført, at der i dag findes op i mod 14 nye træsorter i områder, hvor der før kun voksede grantræer. Flere steder har Nationalparken endda indført områder, hvor der ikke længere må skoves træ, på den måde får dyre- og plantelivet nye betingelser til at udvikle sig.

Den 8. september 1999 skete det seneste større stenskred, da bjergtoppen af Kleine Mühlsturzhorn rev sig løs, og 250.000 m³ klippestykker buldrede mod dalen. Klippestykkerne standsede blot få meter fra Hirschbichlstraße og et tykt lag stenstøv lukkede vejen i dagevis. Mange vandreruter, veje og broer blev begravet under klippestykker og støv. Dette førte til, at man i 2010, i nærheden af Engert-Holzstube, valgte at opføre en ny hængebro over Mühlsturzgraben. Den nye 55 meter lange og 11 meter høje konstruktion erstattede den oprindelige lille bro over Klausbach, der ellers tidligere måtte genopbygges hvert år efter vinterens laviner, højvande og mindre klippenedstyrtninger. Ruten gennem Klausbachtal til Hirschbichl er i alt 14,23 kilometer lang. Det anbefales, at man sætter mindst fire timer af.

## KLAUSBACHHAUS
*Hirschbichlstraße 26*
*83486 Ramsau*
*www.nationalpark-berchtesgaden.*
*bayern.de*

*Åbningstider:*
*Dagligt kl. 9.00 – 17.00*
*Gratis entré*

Ved indgangen til Klausbachtal finder man Klausbachhaus, der er en af Nationalparkens informationssteder, som er indrettet i et fredet bondehus. Informationsstedet informerer omkring livet i Nationalparken, hvordan livet på sæterne tidligere var og hvordan det i dag er. Huset var oprindelig en bondegård på Laroslehen i Unterau. Husets nuværende form stammer tilbage til 1757, men tiden forfaldt gården mere og mere, så i 1992 blev gården givet til Nationalpark Berchtesgaden som en gave. Nationalparken valgte at tage gården ned stykke for stykke og transportere det til det nye sted i Klausbachtal ved Hintersee, hvor man satte gården sammen stykke for stykke. Den 1. juli 1995 kunne man indvie det *nye* Klausbachhaus, som informationsstedet kaldes. Selve udstillingen i huset er ikke handicapvenlig, men i haven findes der toiletfaciliteter der er handicapvenlige. Blot få minutter fra Klausbachhaus finder man overvågningsstationen, der overvåger Kongeørnens færden i området. Her kan man få en masse information omkring ørne, med lidt held kan man af og til opleve den smukke fugl komme svævende gennem luften.

## ZAUBERWALD
For mere end tusind år siden skete der et alvorligt stenskred i Hochkalter bjergmassivet, mere præcist mellem Schärtenspitze og Steinberg. Cirka femten millioner kubikmeter sten og klippestykker rev sig løs og buldrede mere end tusind meter ned i dalen. Her opdæmmede den store mængde sten Ramsauer Ache og Hintersee opstod. Samtidig opstod landskabet omkring søen, et område som vi i dag kender som Zauberwald, der strækker sig fra Marxenklamm til Hintersee. Stien gennem Zauberwald blev anlagt af forskønnelsesforeningen, *Verschönerungsverein Ramsau,* tilbage i 1896-1897. I de første mange år havde området ingen navn. Navnet Zauberwald først kom til omkring 1920erne.

## KÖNIGSSEE
Blot små ti minutters kørsel fra Berchtesgaden finder man den smukke smaragdgrønne fjordlignende sø, Königssee, der majestætisk er omgivet af bjerge, som Watzmann, Hagengebirge og Steinernen Meer.

Søen er beliggende i 603 meters højde, den er 7,7 kilometer lang, op til 1,2 kilometer bred. Søen dækker et areal på 5,2 km², og har en dybde på op mod 190 meter, dette gør søen til en relativ kold sø, selv på den varmeste sommerdag. Når der er mest vand i søen, indeholder den en volumen på 511 millioner m³ vand. Der tilføres vand fra Schreinbach, Obersee, Kesselbach, Eisbach, Königsbach samt smelte- og regnvand. Desuden afgiver søen vand til floden Königsseer Ache med godt 7 m³ pr. sekund. Søen opstod i forbindelse med den seneste istid, da smeltevand fra bjergenes gletsjere løb ned i dalen. Søens navn, *Königssee*, menes at stamme tilbage til 1134 da man første gang benyttede navnet *Chunigesee*. Man mener, at det var for at ære Landherr Chuno von Horburg, der var med til at grundlægge klostret i Berchtesgaden. Senere udviklede navnet sig til *Kuno Kunigessee*, som udviklede sig til søens nuværende navn *Königssee*. Valfartskirken Sankt Bartholomä blev kaldt for *Kapelle Basilica Chunigesee*. Tidligere har de lokale også kaldet søen for *Bartholomä-søen*, efter statuen af den hellige Bartholomeus, der står på øen Christlieger. Hvert forår bliver kvæg fra *fastlandet* transporteret over Königssee til sæterne ved Obersee og Salet for at komme på sommergræs, Almsommer, som det også kaldes. Transporten over søen skyldes, at der ikke er en vej til disse områder. Om efteråret går turen retur fra sæterne over Königssee, noget af en oplevelse har jeg hørt. Søen var dengang som nu et yndet udflugtsmål. Halvøen Bartholomä var engang et sted for fiskere og jægere, ikke mindst for de bayerske kongelige, som yndede at komme her om sommeren. For foden af Falkensteiner Wand finder man et kors, hvor man mindes 70 pilgrimme fra Pinzgau i

*Sejlads på Königssee med Sankt Bartholomä i baggrunden*

211

Østrig, der i 1688 døde under et forfærdeligt uvejr. Overfor korset finder man udsigtspunktet Malerwinkel, som gennem generationer har tiltrukket adskillige kunstnere med deres malerlærreder.

## SEJLADS PÅ KÖNIGSSEE

*Bayerische Seenschifffahrt*
*Seestraße 55 • 83471 Schönau*
*www.seenschifffahrt.de*

Det er selskabet Königssee Schifffahrt der sejler på søen, og sørger for at gæster kan komme til halvøen Sankt Bartholomä og valfartskirken af samme navn, som er et af de mest fotograferede motiver i verden. Inden man når til Sankt Bartholomä kommer man forbi Echowand, Ekkovæggen, hvor bådens skipper standser bådens elmotor for at give gæsterne en oplevelse, når der spilles på trompeten og klippevæggen sender ekko retur, en oplevelse som man skal unde sig selv. Tidligere benyttede man de såkaldte *Böller*, kanonlignende varselspistoler, men det blev forbudt, da skuddene kunne udløse stenskred. Derfor benyttes der i stedet signalhorn eller trompeter til at udløse ekkoet. De første turistbåde blev taget i drift i 1909, noget af en sensation har det nok været dengang, da man valgte at sejle med både med elmotorer. Der sejles stadig med eldrevne både, og netop sejladsen med elbåde er med til, at søen er ren og klar. Königssee er faktisk Tysklands reneste sø, hvor vandet har drikkevands kvalitet. I dag er der i alt 17 både i

drift, som sejler mellem *fastlandet* Königssee Seelände, Sankt Bartholomä, Saletalm og Kessel, hvor der kun standses ved efter behov. Kessel benyttes af mange, når de ønsker at vandre til Gotzenalm eller vandre på vandrestien *Kong Maximilian den Andens ridesti*. Fra Sankt Bartholomä kan man fortsætte mod Salet, hvor man undervejs kommer forbi vandfaldet Schrainbachfall. Når man ankommer til Salet er der udsigt til Teufelshörner med de to bjergtinder, der er 2.361 meter og 2.283 meter høje. Mange benytter Salet som udgangspunkt for vandreture enten til Obersee eller til bjergture til Hagengebirge, Steinerne Meer samt til Wasseralm i Röth i 1.416 meters højde. Der sejles på søen året rundt, når vejret tillader det, i sommermånederne sker det allerede fra klokken 8 om morgenen. Fra Berchtesgaden kan man komme med bus, RVO 841 eller 842 til Königssee. Mit råd er: Tag af sted fra morgenstunden, så slipper man for at stå i lange køer for at komme med ud og sejle.

I 1791 fik familien Moderegger overdraget rettighederne til at drive sejlads på Königssee. I starten af det 20. århundrede var der ansat cirka 200 roere, som også blev kaldt for *Seeknechte*. Skibsmesteren havde 57 både, som hvert år transporterede cirka 80.000 rundt på søen. *Seeknechte* var hovedsageligt mænd, men der var også kvinder blandt dem. En af disse kvinder var Katharina Vogel (1835-1919), som gik under navnet *Schiffer-Cathy vom*

*Königssee.* En af de mange turister der nød en tur på Königssee var kong Maximilian den Anden, som eftersigende blev forelsket i Katharina Vogel. I 1907 blev de to dampdrevne både skiftet ud med motorbåde, ikke dieseldrevne, men derimod elektriske både. Bådene blev leveret af firmaet Siemens-Schuckert, og den 15. juli 1909 blev den første elbåd, *Accumulator* sat i drift. Den moderne båd havde plads til 38 personer, den var 12 meter lang og 2,15 meter bred. Båden var bygget af mahognitræ. Den havde en topfart på 10 km/t og batteriet havde en rækkevidde på 100 km. Den næste elbåd, der blev leveret var *Gemse*, som havde plads til 18 personer. I 1913 var der 12 elbåde i drift på Königssee, men i juni 1918 blev store dele af bådene ødelagt af en brand. I 1939 ejede skibsfarten 15 både. Fra 1934 overtog den bayerske stat driften af skibsfarten, hvorefter en forpagter drev skibsfarten på søen.

Bayerischen Seenschifffahrt GmbH har i dag 34 skibe og 175 ansatte, de driver udover skibsfarten på Königssee også sejladsen på Tegernsee, Starnbergersee og Ammersee. Hvert år stiger cirka 1,6 millioner gæster om bord på et af rederiets mange skibe. Ved Königssee arbejder der cirka 80 medarbejdere, og rederiet har cirka 19 elbåde, som alle er 20 meter lange, 3,5 meter brede og har plads til 93 personer. Bådenes batterier lades op hver nat. I 2009 kunne de fejre 100 års jubilæum, 100 år og cirka 45 millioner gæster... og

ikke en eneste ulykke. Man skal rent faktisk helt tilbage til august 1688, hvor der skete en tragisk ulykke på søen, da 71 pilgrimme fra Pinzgau druknede i søen, da en overfyldt båd kæntrede. Selvom ulykken skete tæt på land, var der kun få der kunne svømme, og det udløste katastrofen.

Fra 1909 til 1983 blev bådene bygget på forskellige værfter rundt om i Tyskland, og transporten med tog var både kompliceret og dyr, derfor besluttede man i 1977 at opføre et værft ved Königssee, det blev indviet i 1983. I vintermånederne renoverer man bådene eller bygger helt nye både. På værftet er der ansat bådebyggere, tømrer, snedkere, elektrikere og en lang række andre håndværkere.

## FISKEREN FRA KÖNIGSSEE
*www.fischervomkoenigssee.de*

Fiskeriet på Königssee har eksisteret i mange hundrede år. Allerede tilbage i cirka år 1160 blev røgede bjergørreder, *Saiblinge*, fra Königssee sendt til Provst Heinrich den Første, som var en del af Kejser Friedrich Barbarossas hærdeling i Norditalien. I 1508, ved man, at der ved klosteret i Berchtesgaden var ansat en fisker og to hjælpere til at fange fisk i Königssee. Fiskeriet var dengang, grundet cirka 150 faste- og afholdenhedsdage om året, en vigtig indkomstkilde i stiftet. I dag drives fiskeriet af familien Amort, der har haft fiskeretten i søen i tre generationer. Siden 2008 har det været Thomas Amort der har været erhvervsfisker på søen. Thomas Amort har lært erhvervet fra sin far, Rudolf Amort, der lærte erhvervet fra sin svigerfar Michael Rummel. Thomas Amort startede i lære hos sin far og i 1993 blev han udlært på den statslige fiskeriskole i Starnberg. Familien Amort er den eneste familie der har retten til at fiske på søen. Udover at fiske bliver der også røget fisk i huset ved valfartskirken Sankt Bartholomä.

Deres specialitet er *Schwarzreiter*, der er små fjeldørreder på cirka tyve centimeter. Fisken røges på en særlig måde der kun bruges ved Königssee. Denne specialitet kan kun fås i en begrænset periode fra slutningen af august og frem til jul. Udover Schwarzreiter fanges der også andre fiskearter, som foreller, aborre og gedder. Den største forel der blev fanget i søen var i 1967. Den var 1,27 meter lang og vejede 55 pund, fisken er i dag udstoppet og hænger i det historiske Gasthaus Sankt Bartholomä. Alle fisk røges i den godt 400 år gamle røgeovn, produkterne kan kun købes på Sankt Bartholomä. Fisken serveres direkte fra røgovnen på et træbræt med friskbagt brød, eller man kan købe fisken og tage

*Fiskeren fra Königssee's røgeri*

den med. Læs mere om fiskeren fra Königssee på deres hjemmeside.

## OBERSEE

I den sydlige ende af Königssee ligger Obersee. Tidligere var de to søer forbundet med hinanden, men i dag er de adskilt af et stykke land på cirka en kilometers brede. Obersee er 1.200 meter lang og 500 meter bred. Fra Salet på den sydlige bred af Königssee er der en vandrerute til Obersee, en vandretur på cirka et kvarter. Fra den vestlige bred af Obersee går der en vandrerute, der er delvis er stejl og smal i retning mod Fischunkelalm i modsatte ende af Obersee. Det tager cirka en time at gå til Fischunkelalm. Siden 1978 har der ikke været fisket i Obersee, der er heller ingen sejlads på søen. De lokale bønder omkring Königssee sender hvert forår deres kvæg på græs ved Obersee. De sejles over Königssee i specielle både, i slutningen af september samles kvæget igen ved Salet for at blive fragtet retur til deres hjemlige gårde.

## RÖTHBACHFALL

Röthbachfall er Tysklands højeste vandfald på hele 470 meter. Vandfaldet er beliggende ved Röthwand mellem Königssee og Obersee, mere præcis mellem Steinerne Meer og Hagengebirge. Det er relativt kompliceret at nå frem til vandfaldet, derfor er stedet ikke overrendt af turister. I umiddelbar nærhed af Röthbach-vandfaldet finder man Tysklands næsthøjeste vandfald, Landtalfall, der er 410 meter højt.

214

Mellem de to vandfald går stigningerne Landtalsteig og Röthsteig, som flere benytter på deres vandreture i retning mod Wasseralm.

## THUMSEE

Området omkring Thumsee benyttes af mange til enten at vandre, løbe eller cykle langs den historiske saltrørledning, hvor man transporterede det koncentrerede saltvand mellem saltminen i Berchtesgaden og Salinen i Bad Reichenhall. Thumsee er beliggende øst for Bad Reichenhall. Om sommeren er den idyllisk beliggende bjergsø en yndet badesø, ikke blot i Berchtesgadener Land, men i hele Bayern. Dette skyldes, at søen opnår relative høje temperaturer. I søens østlige ende finder man Seemösl, som er en åkandefarm, der blev grundlagt tilbage i 1936, det er dermed Tysklands ældste åkandefarm. Der fremavles ni forskellige sorter af åkander i søen. I søens sydvestlige del finder man bifloden Nesselgraben samt et militært skydeøvelsesanlæg. Søen er cirka en kilometer lang, omkring 400 meter bred, og er på det dybeste sted 21 meter dyb. Når der er mest vand i søen, er der 1,1 million m³. Det er også her ved Thumsee, nærmere præcist ved Thumseestraße, man kan finde en del af verdens ældste

*Velkomstskilt*

rørledning. En rørledning der var en vigtig del af saltrørledningen mellem Reichenhall og Traunstein. Netop denne rørledning blev opført, i træ, i 1619.

## SIGMUND FREUD OG THUMSEE

I juni 1901 opdagede den verdensberømte neurolog og grundlægger af psykoanalysen, Sigmund Freud, området omkring Thumsee som feriested. Sigmund Freud tilbragte flere uger ved Thumsee sammen med sin hustru Martha og deres seks børn. Ugerne ved Thumsee blev benyttet til videnskabelige studier, vandreture samt fiskeri. Sigmund Freuds børn blev hurtigt venner med Familien Pachmayers to sønner. Familien Pachmayer ejede hotellet Seewirt, hvor familien Freud boede. Sigmund Freuds ældste datter Mathilde (1887-1978) forelskede sig faktisk i sønnen Eugen Pachmayer, og mellem 1903 og 1910 udvekslede de adskillige breve, men et ægteskab blev det aldrig til.

## THUMSEE BRÆNDER

*www.bad-reichenhall.de/ veranstaltungen-tickets/ thumsee-brennt*

*Thumsee Brennt,* dansk: *Thumsee Brænder,* nej det er ikke en alvorlig naturkatastrofe jeg her nævner, men derimod den årlige Open-Air koncert som Reichenhaller Philharmonie afholder ned til søen, Thumsee. Tusindvis af gæster sidder rundt omkring på plænen med tæpper og madkurve, mens de lytter til det brede repertoire som filharmonikerne tilbyder. Som en afslutning på koncerten affyres der et spektakulært fyrværkeri, deraf navnet *Thumsee Brennt*, dansk: *Thumsee Brænder.*

## ABTSDORFER SEE

*Abtsee 15 • 83410 Laufen*

Abtsdorfer See er beliggende mellem Saaldorf-Surheim og Laufen i den nordlige del af Berchtesgadener Land, som også kaldes for Rupertiwinkel, blot 15 kilometer fra Salzburg. De lokale kalder søen for Abtsee, som er en yndet badesø. Det er også en af de varmeste søer i hele Oberbayern. I maj kan søen nemt nå en temperatur på 17° Celsius, i løbet af de varmeste sommermåneder kan temperaturen nemt nå hele 26° Celsius. Udover at være en yndet badesø, er Abtsdorfer See den sø i hele Bayern der har flest fiskearter, herunder den op til 50 cm lange karpe, mosekarpen, Moorkarpfen, som er en lokal specialitet. Når man i november måned fanger fisken, sker det ved, at man sænker vanddybden i den sydlige del af søen, som gør det nemmere at indfange fisken. Når man har fanget fisken, afholdes den traditionelle efterårsfest. Søen er cirka 1,6 kilometer lang og op mod en kilometer bred, og er på det dybeste sted op mod 20 meter dyb.

Omkring søen finder man Haarmoos, der giver søen den brunlige farve. Haarmoos opstod i det 18. århundrede, da den oprindelige Haarsee blev tørlagt for at udvinde området

til landbrugsland. I dag er området et naturbeskyttelsesområde med et rigt plante- og dyreliv. For at beskytte området og give dyrene ro til at yngle, valgte man i 1987 at indføre en periode fra 20. marts til 15. juni, hvor der er begrænset adgang til området. Desuden har den bayerske ornitologforening købt et område på 50 hektar, som er omdannet til et fuglereservat. Mange ynder at gå eller cykle gennem mose- og hedelandskabet eller rundt om søen. I nærheden af søen er der en campingplads med cirka 40 enheder, et område til telte, strandbad og en terrasse ned mod søen, hvorfra der er udsigt over bjergene mod syd.

## SAALACHSEE

Saalachsee er en kunstigt anlagt sø i Kibling, i nærheden af Schneizlreuth. Dæmningen kaldes også for Saalach-dæmningen, eller Kiblinger Sperre eller Stauwehr Kibling. Søen blev anlagt mellem 1910 og 1913, den er 1,3 kilometer lang, 407 meter bred. Dæmningen er 13 meter høj og 130 meter bred. Den er en del af vandkraftværket Saalachkraftværk i Bad Reichenhall, der dagligt drives af DB Energie, som er et datterselskab under Deutsche Bahn, DB. Vandkraftværket producerer elektricitet til den elektrificerede jernbanestrækning mellem Freilassing og Berchtesgaden. Kraftværket er fredet under det tyske Denkmalschutz. I 2004-2005 byggede DB Energie den venstre del af kraftværket op på ny. Byggeriet startede den 14. april 2004, den 22. december 2004 var man klar til en test og 17. februar 2005 kunne man tage anlægget i brug. Den nye turbinegenerator producerer nemt godt fem millioner kWh, eller 5 GWh, om året, hvilket giver strøm nok til jernbanestrækningen samt tusind indbyggere. Det nye anlæg kostede over to millioner Euro. Man gennemførte en total renovering af dæmning og sø i årene 2014-2017.

## LISTSEE

Listsee, der er beliggende i nærheden af Bad Reichenhall, er blot 0,4 hektar stor. På trods af sin mørkegrønne farve, er vandet meget rent, så rent, at søen tjener som et vigtigt drikkevandsreservoir for Bad Reichenhalls vandforsyning. Det er også fra området omkring søen, at firmaet Bad Reichenhaller Mineralwasser henter kildevand til deres produktion af mineralvand.

## FUNTENSEE

Funtensee er beliggende i 1.633 meters højde mellem Königssee og bjergmassivet Hochkönig. Funtensee er cirka 2,5 hektar stor, 270 meter lang og 130 meter bred og på det dybeste sted er vanddybden 5,3 meter. Funtensee er kendt som Tysklands koldeste sted, i julen 2001 kunne man måle temperaturer op ned til minus 45,9° Celsius. Denne lave temperatur skyldes søens beliggenhed samt særlige betingelser i vejret den dag. Men normalt er temperaturen mere venlig ved søen. Området omkring Funtensee er et meteorologisk besynderligt

sted, da man ved Kärlingerhaus blot nogle hundrede meter fra søen kan måle temperaturer der kan være op mod 20° Celsius højere, end de temperaturer der måles ved søen. Der er ingen kørevej til søen, man skal vandre dertil enten fra Sankt Bartholomä eller fra Ramsau over Wimbachgries og Trischübel-Passet.

## HÖGLWÖRTHER SEE

I den nordlige del af Berchtesgadener Land, det der også kaldes Rupertiwinkel, finder man Höglwörther See. Søen er beliggende i nærheden af landsbyen Anger, der indtil 1803 hørte under fyrstebiskoppen af Salzburg, men landsbyen har siden 1810 været en del af Bayern. Ude i søen, på en halvø, ligger Kloster Höglwörth, der blev grundlagt tilbage i 1125. Søen, der er cirka 13,5 hektar stor og mellem otte og ti meter dyb, er et yndet sted for mange vandrere og løbere. Søen opstod for cirka 10.000 år siden med smeltevand fra Saalachgletsjeren. Søen har en rig fiskebestand, herunder aborre, ål, karper, gedder samt et rigt dyreliv med ænder, blishøns, svaner med videre. Ved søen finder man også et søbad, da søen er relativ varm om sommeren. Søbadet er åbent fra maj til starten af september, der er gratis adgang. *Læs om klostret på side 70.*

## TAUBENSEE
*Alpenstraße 151 • 83486 Ramsau*

Taubensee er en lille bjergsø i Ramsau, der får tilført vand fra kilder i bunden af søen, derfor kan vandmængden i søen svinge meget. Der er et rigt plante- og dyreliv omkring søen, heriblandt løvfrøer og padder, der yngler i søen. For at beskytte det sensible dyreliv ved og i søen, har man valgt at sætte et hegn rundt om søen, derfor kan man kun se søen fra en udsigtsplatform på den nordlige side af søen. Rundt om søen er der en 3,3 kilometer lang vandresti, der grundet de få stigninger er velegnet til alle.

Turen rundt om søen kan nemt kombineres med vandreruten *Almerlebnisweg Ramsau*, der ligger i forlængelse med søen. Fra søens udsigtsplatform kan man se en informationstavle, der fortæller om de landskabsmalere der, i det 19. århundrede, tilbragte megen tid i området med at male. En af disse landskabsmalere var Ferdinand Georg Waldmüller, der i 1837 malede et billede af Taubensee og Hochkalter, et billede der hedder *Der Taubensee mit Hochkalter*. Om vinteren er området omkring Taubensee et yndet område for langrendsløbere, hvor der præpareres flere løjper.

*RVO bus 845 - Ringlinie Ramsau stopper ved søen, stoppestedet hedder Taubensee.*

## SCHWARZENSEE

Schwarzensee eller Schwarzsee er en lille karstsø, der er beliggende mellem Schönau og søen Königssee i 1.568 meters højde, mere præcist 490 meter sydvest for Halsalm og 1.460 meter sydvest for Obersee.

Søen er 125 meter lang, 73 meter bred og et omfang på 340 meter. Den nemmeste måde at nå frem til søen er via Sagerecksteig. Vand fra Schwarzensee løber underjordisk til den nærliggende sø, Königssee.

## GRÜNSEE

Grünsee er beliggende i 1.474 meters højde i nærheden af Schönau, eller godt 2,1 kilometer (luftlinie) fra Königssee. I nærheden af Grünsee finder man Schwarzensee. Søen der er 320 meter lang og 120 meter bred har en volumen på 204.000 m³ vand. Søen er på det dybeste sted 9,2 meter dyb. Søen er en såkaldt karstsø. Søen får tilført vand fra bække omkring Grünseealm og det overskydende vand siver gennem undergrunden til Königssee.

## DIESSBACH-STAUSEE

Ikke langt fra Kallbrunnalm og bjergtinden Palfelhorn finder man Dießbach-Stausee, der er beliggende i 1.417 meters højde. Den opstemmede sø blev anlagt tilbage i 1961 for at tage mod store mængder vand fra den nærliggende Dießbach, der med jævne mellemrum oversvømmede området samt Dießbachalm. Mange bjergbestigerruter starter ved Dießbach-Stausee, heriblandt ruten mod Ingolstädter Haus og Steinerne Meer. Søens dæmning er 36 meter høj. Området omkring søen er et yndet sted for mountainbikere. For vandrere er den korteste vej til søen er fra Pürzelbach på den østrigske side af grænsen i retning mod Kallbrunnalm.

# BJERGKLØFTER OG SLUGTER

Når man er på tur rundt i Berchtesgadener Land kan man ikke komme udenom bjergkløfter og slugter. En *Klamm* er en smal bjergkløft. I flere kløfter og slugter er der lavet broer og stier, således at man kan gå gennem disse.

## ALMBACHKLAMM

Almbachklamm er beliggende ved foden af Untersberg i nærheden af Marktschellenberg. Indgangen til kløften er ved Tysklands ældste marmorkuglemølle. Selve kløften er godt tre kilometer lang, turen gennem kløften går via talrige broer, trapper, tunneller og stier langs Almbachs brusende vand og flere vandfald. Der er i alt 29 broer og 320 trappetrin i sten. Almbachklamm er åben i perioden fra april/maj til slutningen af oktober, i tidsrummet mellem klokken 8.00 og 19.00, dog er åbningstiderne afhængig af vejret, især når sneen smelter samt efter uvejr om sommeren kan det påvirke åbningstiderne. Man kan også starte turen gennem Almbachklamm fra Maria Gern, her starter turen ved Theresienklause, hvor man drejer til venstre. Denne vej går direkte til Gasthof Dürrlehen, hvor indgangen til Almbachklamm er. Det tager cirka 45 minutter at gå gennem kløften.

Ruten gennem Almbachklamm til Ettenberg er 7,1 kilometer lang, og afsæt mindst tre timer til turen. Turen gennem kløften til Maria Gern er 7,4 kilometer lang, her anbefales det, at man sætter mindst fire timer af til turen.

## MARMORKUGELMÜHLE

*Kugelmühlweg 18*
*83487 Marktschellenberg*
*www.gasthaus-kugelmuehle.de/*
*kugelmuehle.html*

Ved indgangen til Almbachklamm finder man Tysklands ældste marmorkuglemølle. Det var oprindeligt bjergbønder, der i 1683 startede produktionen af marmorkugler af Untersberger marmor. Dette skyldtes, at det var svært for dem at leve af deres landbrug. I løbet af kort tid lå der hele 40 såkaldte kuglemøller langs med Almbach, og totalt 130 kuglemøller i området omkring Schellenberg. Det var ofte fattige bønder, der startede et erhverv op med at producere marmorkugler for at kunne brødføde deres familier. Slibningen af marmorkugler sker, dengang som nu, ved hjælp af vandkraft fra Almbach, der driver slibestenene af sandsten. Det tager mellem to og otte dage at slibe en marmorkugle, alt afhængig af størrelsen. I dag bliver der eksporteret tusindvis af marmorkugler fra Indien, der kan masseproducere kugler i både glas og marmor til billige penge. Det betyder stor konkurrence til det gamle håndværk. Konkurrencen fra Indien betyder desværre, at marmorkuglemøllen ved Almbach er den sidste der er i drift, ikke blot i Berchtesgadener Land, men i hele

Tyskland. Marmorkuglemøllen ved Almbach drives i dag dog mest for at vise de besøgende det gamle håndværk. Marmorkugler var i mange år et populært legetøj, og kuglerne fra marmorkuglemøllen blev eksporteret til hele verden, det var meget normalt at sende 600-800 Zentner, til tider også 1.000 Zentner kugler, af sted pr. transport. Transporten skete med sejlskibe fra eksempelvis fra Rotterdam til London eller fra Kiel og derfra videre ud i verden. Et læs marmorkugler var altid velkommen på sejlskibene, da de havde en høj rumvægt, dermed var de en god ballast. I 1921 afgik den sidste sending af marmorkugler mod London. Marmorkuglemøllen er i drift fra maj til slutningen af oktober. *RVO-Bus 836 og 840 standser i nærheden af Marmorkugelmühle, busstoppestedet hedder Kugelmühle.*

## THERESIENKLAUSE

Almbachklamm blev indtil 1963 benyttet til transport af træ, det såkaldte Holztrift, hvor træstammerne blev transporteret fra højere beliggende skovområder via floderne til byerne, eksempelvis Berchtesgaden. Træstammerne kunne være op til 4,50 meter lange. Træet blev samlet ved en sluse, som her ved Almbachklamm blev opført mellem 1834 og 1836. Slusen er 14 meter høj, 6 meter bred og 17 meter lang. Slusen er opkaldt efter den bayerske dronning Therese, der var gift med Kong Ludwig den Første. Bag slusevæggen kunne der opstemmes op til 15.000 m³ vand, og når sluse-

---

**Zentner**
En Zentner svarer til cirka 10.000 marmorkugler
1 Zentner = 50 kg.
600 Zentner = 30.000 kg.
800 Zentner = 40.000 kg.
1.000 Zentner = 50.000 kg.

**Gries**
Gries betyder et stykke jord der er belagt med klippestykker.

---

porten blev åbnet flød vandet med de mange træstammer i en rasende fart med strømmen. Man når frem til Theresienklause via træstier, trapper og broer, forbi vandfaldet Sulzer Wasserfall, der har et fald på mere end 100 meter. Theresienklause var i drift indtil 1963.

## WIMBACHKLAMM

*Udgangspunkt ved parkeringsplads Wimbachbrücke*
*Rotheben 14 • 83486 Ramsau*

Man finder kløften Wimbachklamm mellem Watzmann og Hochkalter. I den bagerste del af Wimbachtal finder man Wimbachgries og Wimbachgrieshütte. Wimbachgrieshütte er en bjerghytte med overnatningsmuligheder, hvorfra man kan opleve det brusende vand fra Wimbachklamm. Wimbachgries, eller Gesteinschutt, er en bred og kilometerlang strøm af knuste klippestykker på den vestlige side af Watzmann. Dette område kaldes også for Ramsau Dolomitterne, der består af en 7 kilometer lang og godt 300 meter bred *strøm* af knuste klippestykker, der fylder den tidligere gletsjerdal. Store dele af disse klippestykker stammer fra toppen af Hochkalter, der i 1908 brækkede af, og mere end 250.000 m³ klippestykker styrtede ned. Wimbachklamm er beliggende i Nationalpark Berchtesgaden. Det er ikke blot en betagende geologisk seværdighed, men også et yndet udflugtsmål for både turister og lokale. Det er kun muligt at nå Wimbachklamm fra en side, nemlig fra Wimbachlehen, der er beliggende cirka 300 meter fra indgangen. Tidligere kunne man også gå ind i kløften fra Wimbachschloß, men denne gennemgang er ikke længere mulig. Turen gennem Wimbachklamm er blot en kort vandretur, men en meget spektakulær vandrerute, der af mange beskrives som den smukkeste i hele Bayern. Wimbachklamm er åbent fra midten af april til 1. november mellem klokken 7.00 og

19.00, åbningstiderne er dog afhængig af vejret. Vandreruten er betegnet med numret AV-Weg 411 eller AV-Weg 421. Ruten er 8,3 kilometer lang, middelsvær. Det anbefales, at man bruger mindst 3½ eller fire timer på turen. *Bus 846 standser ved busstoppested Wimbachbrücke*

## WIMBACHSCHLOSS

*Udgangspunkt ved parkeringsplads Wimbachbrücke*
*Rotheben 14 • 83486 Ramsau*
*www.wimbachschloss-ramsau.de*

Wimbachschloß er beliggende i 937 meters højde ved Trischübelpass mellem Watzmann, Hochkalter og Steinerne Meer. Slottet blev oprindelig opført i 1784 af Joseph Konrad von Schroffenberg-Mös, der var den sidste fyrsteprovst i Berchtesgaden. Da Berchtesgaden i 1810 blev en del af Bayern, blev slottet benyttet af

*Opstemning af vand*

221

Wittelsbach-slægten som jagtslot. Det var særligt Kong Max den Anden og prinsregent Luitpold, der yndede at gå på jagt i Wimbachtal, og de arrangerede med jævne mellemrum hofjagter her. I dag er der indrettet en restaurant i slottet, som har åbent fra 1. maj til omkring 1. november, Allehelgensdag, i tidsrummet mellem klokken 9.00 og 18.00. Dog kan restauranten have åbent længere end til 1. november, det er vejret, der bestemmer dette. Fra Wimbachbrücke skal man følge vandreruten AV-Weg 641 via træbroer og stenbelagte veje for at nå frem til Wimbachschloß, en tur på et par timer. Fra Wimbachschloß er der en til to timers vandring til Wimbachgrieshütte i 1.327 meters højde, hvorfra man kan vandre/klatre videre til den sydlige top af Watzmann samt nå frem til hytterne Kärlingerhaus eller Ingolstädter Haus, hvorfra man kan nå til Trischübelpass og *Sigeretplatte* til Sankt Bartholomä. Dog er det vigtigt at påpege, at man kun skal begive sig ud på denne tur, hvis man er i god form samt være en erfaren bjergbestiger. *Bus 846 standser ved busstoppested Wimbachbrücke*

## ASCHAUERKLAMM

*Udgangspunkt:*
*Schneizlreuth Kirche*
*Schneizlreuth 5 • 83458 Schneizlreuth*

Man finder Aschauerklamm ved foden af Reiter Alm ved Schneizlreuth. Selvom denne kløft ikke er så spektakulær, som mange andre kløfter og slugter, er det alligevel et lille klenodie i Bayern. Til forskel fra denne kløft og mange andre, er det gratis at gå gennem denne kløft. Turen gennem Aschauerklamm er noget for hele familien, dog kun for øvede og turen sker på eget ansvar... ja sådan står der på et skilt som myndighederne har opsat, men stien er faktisk nem, men man skal være skridtsikker, da der flere steder er risiko for nedstyrtning. Turen går fra Schneizlreuth via Haiderhof gennem kløften til Aschauerklause til Oberjettenberg og retur. Turen starter ved busholdepladsen Renner i Schneizlreuth, hvor man går i retning mod Saalach, floden, som man går over og holder til højre. Efter cirka 45 minutters gang når man til Haiderhof, et sted som mange ynder at tage på udflugt til. Her begynder turen gennem Aschauerklamm. Ved Haidermühle finder man en lille opdæmmet sø, det er Aschauerbach, der i det 18. århundrede blev opdæmmet, således man kunne bruge området til at drive træ fra skoven via Aschauer Klause til floden Saalach. Det tager cirka en time at gå gennem kløften til Aschauerklause. Her går man over vandløbet og drejer til venstre i retning mod Oberjettenberg. Efter at have passeret to tunneller og kommet et stykke længere ned i dalen, mødes man af skilte, der viser vejen retur til Haiderhof. Man kan også vælge en lidt svære rute. Her er rutebeskrivelsen som følgende, når man har passeret under den første bro, begynder en stejlere sti, ved bro nummer to

222

mødes man af et skilt mod *Drei Brüder*, der er en hyggelig kro i Reith på den østrigske side af grænsen. Følger man ruten mod kroen og Reith, kommer man ud på en længere vandring. Det er muligt at tage en bus retur. Ruten er 14,7 kilometer lang, sæt cirka tre timer af til turen.

## WEISSBACHSCHLUCHT
*Udgangspunkt: Samerbrücke*
*Alpenstraße • 83458 Schneizlreuth*

Mellem byerne Inzell, Weißbach og Schneizlreuth snor floden Weißbach sig gennem Weißbachschlucht. Turen gennem denne slugt går via trapper og broer forbi brusende vandfald. Derfor skal man også have skridsikkert fodtøj på. Det anbefales desuden, at man har en regnjakke eller skiftetøj med, da det at vandre forbi vandfald næsten er ensbetydende med at man bliver våd. Turen gennem Weißbachschlucht starter ved Samerbrücke ved Schneizlreuth. Efter en kort tur kommer man til indgangen til slugten. For enden af slugten kommer man til landsbyen Weißbach. Herfra går man langs vandløbet Weißbach på Dammweg til mindesmærket over den tidligere Saline, derfra videre til vandfaldet Weißbachfällen. Her går turen op ad, hvor man efter cirka fem minutter kan tage en afstikker mod Gletschergarten, der indeholder sten og klippestykker, der blev fjernet da man byggede ferieruten Deutsche Alpenstraße i 1934. Eller man kan gå til venstre til man når til hovedvejen, som man går over og ender ved *Café*

*Zwing*, der er turens endestation. På ruten via Gletschergarten går vejen, hvor Kejser Ludwig der Bayer anlagde den første handelsvej i 1346. En vej der også kaldes for *Den Gyldne Vej*, tysk: *Güldenen Straße*. Det er også her den gamle vej *Alten Tiroler Reichstraße*, blev anlagt i 1485, en vej som blev benyttet til transport af salt fra Reichenhall over grænsen til Østrig. Det var også her man opførte den første rørledning til transport af saltvand tilbage i 1618. Rørledningen gik mellem Reichenhall og Traunstein, 19 km lang, i dag er det en yndet vandrerute. En variant af ruten er, at man kan fortsætte i retning mod Falkenstein, følge skiltene rundt om netop Falkenstein, en tur på cirka to timer. En anden variation er at gå til Weißbachs udspring, en tur på cirka tyve minutter fra Café Zwing. Vandreuren gennem Weißbachschlucht, uden afstikkere, er 7,7 kilometer lang og betegnes som en let vandrerute.

## HISTORISK KLAUSENRUNDWEG
Når man bevæger sig rundt i Berchtesgadener Land kan man nærmest ikke undgå at støde på ordene *Trift* eller *Klausen*. Ordet *Trift* kommer fra det tyske ord *Treiben* eller *Treiben lassen*, som bedst kan forklares at *være transport af svømmende/flydende træstammer* eller *tømmer på vandveje*, som floder. Træet blev opstemt ved de såkaldte *Klausen*, der i sin form var en slags værn/sluse for træet. Når man havde fyldt sluserne med træstammer/tømmer, blev

223

slusen åbnet og fyldt med vand, hvorefter træet blev ført med strømmen til lagerpladsen, Holztriftplatz, eksempelvis i Berchtesgaden, hvor træet blev trukket op af vandet og derefter transporteret til eksempelvis Salinerne, hvor der var behov for store mængder træ til produktionen af salt. Denne form for transport af træ fra skovene skete længe før der var lastbiler og andet maskinelt hjælpeudstyr. I området omkring Weißbach finder man i dag en historisk vandrerute langs de såkaldte *Klausen*. Særligt omkring Kiblinger Talsperre, der i dag er bedre kendt som Saalachsee, benyttede man sig af den måde at transportere træ på, indtil det blev sat i bero i 1912.

### HIENTALKLAUSE

Man kan datere Hientalklause tilbage til år 1624. I 1798 blev stedet forstærket med sten, i 1897 blev det endnu engang forstærket. En tavle på stedet informerer om, at man i 1811-1812 fældede 300 *Klafter*, det vil sige favne, træ til brug i Salinen i Reichenhall, vel at bemærke pr. år. Man benyttede også måleenheden *Ster*, som er det samme som en *kubikmeter (m³)*. Udover Hientalklause og Bäckingerklause var der en såkaldt Schwenzklause, denne sluse blev lukket så snart hovedslusen var fyldt op. Denne blev benyttet til at få en hurtigere vandtilførsel til træets videre tur. Efter man byggede dæmningen, Kiblinger Talsperre, ved Saalachsee i nærheden af Bad Reichenhall, i 1912, kunne man ikke længere *drive* træstammerne herfra

> **Klafter**
> En favn, Klafter, = 3,38 m³ træ.
> 300 Klafter = 1.014 m³ træ

til Bad Reichenhall, og slusen blev taget ud af drift.

### BÄCKINGERKLAUSE

Bäckingerklause blev opført omkring år 1798. Hele området var spærret af en mur, således man kunne *drive* træet fra Hientalklause, der er beliggende to kilometer fra stedet her. Træet blev formodentlig drevet frem til en såkaldt *Triftsee* bag Klausmauer. Her blev træet oplagret til der var nok træ klar til at blive sendt videre. Træet blev sendt videre, når sluseporten, Klaustor, blev åbnet, hvorefter træet blev sendt videre til Schwarzache, Weißbach og Saalach til det nåede frem til Bad Reichenhall. I dag eksisterer kun få murede kanaler, en af disse er Klaustor, hvorfra træet blev sendt i retning mod vest. I forbindelse med byggeriet af jernbanelinien Schwarzache-Klamm Bahn, der blev benyttet til transport af træ, måtte man i 1927-1930 sprænge en del af dæmningsmuren væk. Jernbanelinien ender cirka 200 meter fra Bäckingerklause. Da lastbilerne, i midten af 1950erne, overtog transporten af træstammer fra skovene, var det slut med transporten af træ på jernbanen.

### KASTNERKLAUSE

Kastnerklause blev indtil 1912 benyttet som dæmning og sluse i forbindelse med transporten af træstammer fra skovene til Bad Reichenhall, der havde behov for store mængder træ i deres saltsyderi.

## RÖTHELBACHKLAUSE

Röthelbachklause er en af de første sluser og dæmninger, der blev opført til transporten af træ fra skovene til saltsyderierne. Skovene omkring Röthelbach var ejet af syderiet, Alte Saline, i Bad Reichenhall. Træet blev fragtet med vandstrømmen via Saalach til Bad Reichenhall. Röthelbachklause blev opført i 1796 på opfordring fra Kurfyrste Carl Theodor. Sluseværket var i drift indtil det 20. århundrede, da man valgte at omlængge saltsyderiet til andre brændselsformer end træ, hvorefter Röthelbachklause og alle andre sluseanlæg blev overflødige og de mistede deres betydning. I 1994-1995 renoverede man sluseanlægget ved Röthelbachklause, og gjorde det offentligt tilgængeligt. Sluseanlægget nås på en god times vandring fra Gasthaus Baumgarten ved hovedvej B 21 via skovvejen, Forststraße Röthelbach.

*Berchtesgadener Ache med Watzmann i baggrunden*

225

# BJERGBANER

Rundt omkring i Berchtesgadener Land findes der talrige slæbelifter, stolelifter samt bjergbaner. Nogle er i drift året rundt, mens andre kun er i drift om vinteren eller om sommeren. Blandt bjergbanerne finder man Jennerbahn ved Königssee, Obersalzbergbahn, Untersbergbahn, Hochschwarzeck Bergbahn i Ramsau samt Predigtstuhlbahn i Bad Reichenhall. Stole- og slæbelifter findes blandt andet i Loipl samt ved Roßfeld.

## LOIPL

Ved bydelen Loipl finder man på bjerget Götsenkopf skiområdet Götschen. Dette område er et af de få *rigtige* skiområder i Berchtesgadener Land. Det er ikke blot skiturister, der benytter dette skiområde, det gør de professionelle skisportsudøvere også. Dette skyldes, at der findes et træningsanlæg for alpin skiløbere samt for snowboardere fra Berchtesgadener Land samt fra Chiemgau, hvor også flere vinter-OL-deltagere træner. Området benyttes desuden også til internationale skikonkurrencer indenfor det internationale skiforbund, FIS.

## ROSSFELD

I nærheden af Berchtesgaden finder man bydelen Oberau og skiområdet omkring Roßfeld Panoramastraße. Skiområdet er centreret omkring Roßfeld-Skihütte, hvor der er slæbelifte. Med stoleliften kan man endda køre til området omkring Zinken ved Dürrnberg/Hallein på den østrigske side af grænsen.

## UNTERSBERGBAHN

*Dr.-Friedrich-Ödlweg 2*
*5083 Gartenau*
*www.untersbergbahn.at*

Untersbergbahn har siden 1961 fragtet tusindvis af gæster, vandrere, naturelskere og bare dem som godt kan lide et godt panoramavue, fra dalen i Grödig/Sankt Leonhard i 456 meters højde til toppen af Geiereck, bjergstationen i 1.776 meters højde. Turen tager cirka ti minutter. Fra toppen er der udsigt over Salzburg, Berchtesgadener Land samt Rosittental. I godt vejr skulle man kunne se helt til søerne i Salzkammergut, Østrig samt til Chiemsee i Bayern. Desuden kan man nyde udsigten til Dachstein samt til den evige is på bjergmassivet Hohen Tauern. I nærheden af bjergstationen finder man et mindesmærke over alpejægerne/bjergtropperne, de såkaldte Gebirgsjägern samt bjergtinden Salzburger Hochthron. Desuden er der adskillige vandreruter rundt i området. Men er man ikke til de lange vandreture i bjergene, kan man også vælge at nyde udsigten fra en liggestol eller fra restauranten. Men om man skal vandre eller bare nyde udsigten, anbefales det **ALTID** at man har solidt og skridsikkert fodtøj på, samt at man medbringer en god vindjakke og også gerne et par lange bukser. For selvom det er en solrig dag, kan vejret slå om i løbet af få minutter.

Hvis man ikke har bil med på ferie, så er det muligt at tage bus 25 fra Banegården i Salzburg eller bus 840 fra Berchtesgaden, de kører begge direkte til Untersbergbanen, stoppestedet hedder Grödig Untersbergbahn/Sankt Leonhard.

## JENNERBAHN

Jennerbahnstraße 18
83471 Schönau am Königssee
www.jennerbahn.de

I marts 2017 blev Jennerbahn og dens nostalgiske små kabiner, lukket og revet ned for at give plads til en helt ny bjergbane, der er mere tidssvarende og moderne. Det var firmaet ABIG-Werken, der byggede den oprindelige Jennerbahn fra 1952-1953, efter systemet Roll VR 101, som var et system, der blev udviklet af det schweiziske firma Von Roll tilbage i 1945. Banen bestod oprindeligt af 140 åbne dobbeltsædet-lifte, såkaldte Seitwärtssessel samt 30 lukkede kabiner med plads til to personer i hver. Senere blev de åbne stolelifte udskiftet med lukkede kabiner med plads til to personer. Banen blev første gang moderniseret i starten af 1970erne, og det var den bane som i 2017 blev erstattet af en helt ny. I juni 2019 kunne man tage den nye bane i brug. Det var en investering på cirka 60 millioner Euro, det vil sige godt 456 millioner danske kroner. Tidligere var der blot plads til to i hver kabine, med den

> **TIP!**
> Bus 841 eller 842 fra Berchtesgaden kører til Königssee, som blot er en kort gåtur fra Jennerbanens dalstation, det er nemt og man slipper for at lede efter en parkeringsplads, hvilket kan være svært i højsæsonen.

nye bane blev der plads til ti i hver kabine. Med de nye kabiner vil gæsterne ikke blot opleve, at det går hurtigere mod midten eller toppen af Jenner, men også, at det er mere komfortabelt og ventetiden bliver mindre. Den nye bane er barrierefri, det vil sige, at kørestolsbrugere, dårligt gående og folk med barne- og klapvogne, nu også har muligheden for at komme op og nyde udsigten over Königssee. Bjergbanen er 3.320 meter lang og undervejs overvinder den en højdeforskel på 1.170 meter.

## PREDIGTSTUHL

Südtiroler Platz 1
83435 Bad Reichenhall
www.predigtstuhlbahn.de

Højt over Bad Reichenhall troner Predigtstuhl med sine 1.613 meter. Den nemmeste måde at nå derop er med bjergbanen Predigtstuhlbahn, der er den ældste af sin art i hele verden. Banen blev opført i 1927-1928, indviet den 1. juni 1928 og er dermed en ægte nostalgibjergbane. Da banen blev opført var den revolutionær og nytænkende, og det bedste ved det hele er, at banens originale teknik stadig fungerer. Ja, det er stadig den originale teknik fra 1920erne man benytter, og alt er tiptop. Predigtstuhlbahn kaldes også for en af de mest spektakulære bjergbaner i verden samt for *Der Grand Dame* i alperne. Det eneste *nye* er kabinerne, som er bygget i aluminium og plexiglas. De såkaldte *glaspavilloner*, som kabinerne kaldes, er fremstillet af et firma, Firma Bleichert, fra Leipzig efter et ønske fra Bad Reichenhall. Selvom banens teknik er den originale, sker transporten fra Bad Reichenhall til toppen med cirka 18 km/t eller en køretur på under ni minutter, faktisk er tiden blot 8½ minut. Godt gået for en *Grand Dame* på snart 100 år.

Strækningen er 2,4 kilometer lang, og stiger med op mod 75 procent, den lige linieføring med så høj en stigningsprocent er dermed en sen-

sation. Fra bjergstationen i 1.584 meter starter en del vandreveje eller man kan blot nyde udsigten over Berchtesgadener Land. Mod nord kan man se mod Salzburg, mod syd kan man se Watzmann og mod vest er der vue til Chiemgauer Alperne samt til alperne i Tyrol, Østrig. Hvis man ikke ønsker at vandre, kan man nyde et måltid mad, en kop kaffe og et stykke kage i hytten *Schlegelmulde*, der ligger lidt fra bjergstationen, eller på restauranten *Bergrestaurant Predigtstuhl*, der er beliggende i bjergstationens lokaler, i 1.583 meters højde. Et godt måltid mad helt uden ekstra beregning for den gode udsigt. Indtil 1994 var Predigtstuhl et lille, men yndet, skiområde med tre lifte. I dag benyttes Predigtstuhl til arrangerede skiture, vandreture med eller uden snesko.

*Roßfeld*

## OBERSALZBERGBAHN

*Bergwerkstraße 10*
*83471 Berchtesgaden*
*www.obersalzbergbahn.de*

Obersalzbergbahn blev opført af Berchtesgadener Bergbahn og taget i brug i 1949. Banen blev i 1996 renoveret og moderniseret, og ejes og drives i dag af selskabet Obersalzbergbahn GmbH. En af initiativtagerne var bjergbestigeren Josef Aschauer. Banen går fra Salzberg, der er en del af Berchtesgaden. Stationen i dalen er beliggende i 530 meters højde, ved en af broerne over floden Berchtesgadener Ache, midterstationen er beliggende i 770 meters højde og i 1.020 meters højde ved Scharitzkehlstraße finder man bjergstationen, dette giver en højdeforskel på godt 490 meter. Om vinteren er bjergstationen i 1.020 meters højde udgangspunktet for en naturlig kælkebakke, der ender i nærheden af stationen i dalen. Har man ikke selv en kælk med, kan den lejes på stedet. Er man mere til skiløb, er familie-skiområdet Gutshof-Obersalzberg en god ide. Her finder man fem lifte og 2,6 kilometer præparerede pister.

Desuden er der både ski- og snowboardskole her, samt udlejning af ski og snowboard. Kabinerne har plads til fire voksne og et barn, hvis man klemmer sig godt sammen. Kabinerne er såkaldte gruppependelkabiner, hvor den forreste kabine har en stor kurv til bagage. Hvis man vil hele vejen til toppen, skal man sti-

> **TIP!**
> *Man kan købe en kombi-billet der gælder til enten Obersalzbergbahn og Dokumentation Obersalzberg eller Obersalzbergbahn og sommerkælkebakken Hochlenzer.*

### Carl von Linde

*Carl von Linde var en tysk ingeniør, opfinder og grundlægger af den internationale koncern Linde AG. Carl von Linde fik i 1895 anlagt den højtliggende offentlige vandrevej til Hochlenzer for egne penge. Carl von Linde, der var en af opfinderne af køleskabet, tilbragte store dele af sit liv i Berchtesgaden. Et mindesmærke på hans vandrerute skal minde os andre om ham.*

ge om på Mittelstation, midterstationen. Mange benytter bjergbanen til vandreture i området omkring bjergstationen i 1.020 meters højde, blandt andet via Carl-von-Linde-Weg, der går forbi flere små hytter, til regionens mørke historiske kapitel omkring Dokumentation Obersalzberg og nazisternes prestigebyggeri Kehlsteinhaus. Om sommeren kan man tage på en kælketur på banen Sommerrodelbahn Hochlenzer, der har sit udgangspunkt 100 meter fra Obersalzbergbanens bjergstation.

## SOMMERRODELBAHN HOCHLENZER

*Scharitzkehlstraße 6*
*83471 Berchtesgaden*
*www.hochlenzer.de*

Man kan næsten ikke undgå at næv-

229

ne Berchtesgadener Land uden også at nævne kælken, både med og uden is og sne. Hvorfor nævner jeg det, jo... ved Königssee finder man det store isstadion, hvor man konkurrerer i alle former for bobslæde- og kælkediscipliner, et sted, hvor der også afholdes store mesterskaber. Nå, ja, man behøver jo ikke at være topatlet for at få adrenalinkicket ved at suse ned af en kælkebakke. I Berchtesgaden kan man endda også gøre det om sommeren. Her har man opsat en 600 meter lang metalkonstruktion, hvor kælken består af en vogn med hjul og bremser, således at man selv kan styre farten. Starten af banen finder man små hundrede meter fra Obersalzbergbanens bjergstation, ved Gasthof Hochlenzer. Efter at have suset ned af kælkebanens 600 meter lange strækning, tre stejle kurver, seks lettere kurver og to såkaldte *bølger*, hvor selv de mest hårde kan få et sug i maven, trækkes man automatisk op til startpunktet. En sjov aktivitet for hele familien, børn under seks skal køre sammen med en voksen, børn over otte må gerne køre alene. Banen har åbent fra 1. april til 31. oktober mellem klokken 10 og 18, udenfor sæsonen er der kortere åbningstider, banen er dog lukket i dårligt vejr.

## HOCHSCHWARZECK BERGBAHN
*Schwarzecker Straße 80*
*83486 Ramsau*
*www.hochschwarzeck.info*

I Ramsau finder man Hochschwarzeck Bergbahn, der blandt andet har en stolelift, der kører til toppen af bjerget med det *grufulde* navn *Toten Mann*. Banen kaldes også for *Hirscheck-Sesselbahn am Hochschwarzeck*. Turen tager godt 14 minutter fra dalen og op i 1.390 meters højde, hvor der er en fantastisk udsigt over Hohen Göll, Hohe Brett, Hagengebirge til Watzmann samt over Wimbachtal. På toppen kan man gå en lille tur til toppen af Toten Mann, måske læse historien om bjergtinden, *på side 144,* eller bare nyde udsigten fra en liggestol på solterrassen ved restauranten Hirschkaser. Om vinteren benyttes området ofte af familier på skitur eller man kan nyde suset fra kælkebakken. Bjergbanen har to sæsoner, sommersæsonen går fra maj til oktober og vintersæsonen går fra december til marts.

*Roßfeld*

# PANORAMABJERGVEJE

Som mange nok kender det fra Østrig, findes der i Berchtesgadener Land også panoramabjergveje, nemlig Roßfeld Panoramastraße samt Deutsche Alpenstraße.

## ROSSFELD PANORAMASTRASSE

Roßfeld Panoramastraße er Tysklands højst beliggende, gebyrpligtige, panoramavej, herfra kan man se udover Berchtesgadener Land, Salzburger Land, Mozartbyen Salzburg samt bjergmassiverne Hohen Göll, Kehlstein, Tennen- og Dachsteingebirge samt Untersberg. Det er en smuk vej, som kan nydes i bil, bus eller på motorcykel. Vejen, der tidligere også blev kaldt for Roßfeld Höhenringstraße, er 15,4 kilometer lang, hvoraf størstedelen af vejen er beliggende i Berchtesgadener Land, dog med undtagelse af 1,5 km, som er beliggende i Østrig. Vejen har en stigning på op mod 13 procent, der er talrige kurver og hårnålesving. Man kan komme til toppen enten fra nord eller fra syd. Fra syd går turen fra Klaushöhe ved Obersalzberg via betalingsanlæg syd, Mautstelle Süd til Ofnerboden. Fra Ofnerboden kan man starte sin vandring mod Kehlsteinhaus eller vandre til Enzianbrennereis hytte, der er beliggende i nærheden af Eckersattels. Det højeste punkt på Roßfeld Panoramastraße er Ahornbüchsenkopf på 1.604 meter. Det første skarpe hårnålesving mod højre er beliggende mellem Unterer og Oberer Ahornalm, netop dette hårnålesving er opkaldt efter en tysk rallykører. Umiddelbart efter dette sving, når man til vejens stejleste punkt. Den

*Vue fra Roßfeld Panoramastraße*

nordlige tilgang til panoramavejen starter i Oberau ved Berchtesgaden og går via Gmerk, Dora, Heißback forbi Madlerlehen og Pechhäusl til betalingsanlæg Nord, Mautstelle Nord, herfra går turen til parkeringspladsen på Hennenköpfl. Området ved Hennenköpfl og Mautstelle Nord er om vinteren et yndet skiområde, grundet dens beliggenhed er det netop det område, hvor de nærmest giver garanti for sne, altså naturlig sne og ikke sne skabt af snekanoner. Der er tre slæbelifte og to øvelseslifte, gode alpinpister og en separat piste til snowboardere. Den længste piste er seks kilometer lang. Der kører en shuttlebus mellem Oberau og Roßfeld.

Historisk er Roßfeld Panoramastraße meget interessant, byggeriet blev sat i gang i 1938 af byggeledelsen bag byggeriet af den anden rute gennem alperne, nemlig den tyske alpevej, Deutsche Alpenstraße. Roßfeld skulle bygges som den sidste del af den tyske Alpenstraße. Desuden skulle vejen også benyttes af både lokale og besøgende i Berchtesgadener Land efter man i 1937 havde afspærret hele området samt lukket for al offentlig trafik gennem Obersalzberg. Det havde man gjort efter Hitler og hans topembedsmænd var kommet til området i 1933, der havde omdannet hele Obersalzberg til et topsikret regeringssæde for Hitler. Men Anden Verdenskrig satte en stopper for byggeriet, og i juli 1943 blev der opført flaktårne til forsvar mod de allieredes fly. Først i 1947

genoptog man byggeriet af vejen over Roßfeld. I 1953 var anlægsarbejdet færdigt, men det var først i 1955, at man første gang kunne få lov til at køre på vejen.

Vejen er åbent året rundt, der skal betales en vejafgift for at køre på vejen. Er man på ferie i Berchtesgadener Land, og ikke er selvkørende, eksempelvis som jeg, og alligevel gerne vil op og nyde udsigten fra Hennenköpfl, er det muligt at tage bus 848 fra banegården i Berchtesgaden, der kører op til parkeringspladsen på Hennenköpfl. Men vær opmærksom på køreplanen, da der kan være timevis mellem busserne. Særligt skal man være opmærksom på bogstaverne **F** og **S** i køreplanen, disse to bogstaver har nemlig en helt særlig betydning i Bayern og Berchtesgadener Land. **F** betyder nemlig *skolefridag eller ferie* og **S** betyder *skoledag*, og i Bayern og Berchtesgadener Land har skolebørnene først sommerferie fra slutningen af juli, det var jeg ikke opmærksom på. Derfor havde jeg valgt mellem at vente fire timer på næste bus på en øde bjergtop med udsigt til regn eller gå hele vejen fra Hennenköpfl til Mautstelle Nord, hvor fra der er

*1.560 meter ved Henneköpfl*

oftere busforbindelse mod Berchtesgaden. Ja, jeg valgte at gå ned, og jeg gør det aldrig igen. Vejen ser ikke stejl ud, men det er den og så går det ned og atter ned, hårnålesving efter hårnålesving. Kortet siger fire kilometer, men den føles meget længere.

## DEUTSCHE ALPENSTRASSE
*www.deutsche-alpenstrasse.de*

Ferieruten *Deutsche Alpenstraße*, den tyske alpevej, går fra Lindau am Bodensee til Schönau am Königssee i nærheden af Berchtesgaden. Ruten er 450 kilometer lang og strækker sig gennem et naturskønt landskab med bjergtinder, grønne skove, dale, søer og vidunderlige byer. *Deutsche Alpenstraße* er den ældste ferierute i Tyskland, nogen siger også den smukkeste af sin slags. Langs ruten finder man intet mindre end 25 borge, klostre og slotte, blandt andre Schloß Newschwanstein. Hertil kommer en lang række kirker, vejkors og kapeller. Som nævnt er ruten rig på bjerge, da ruten går gennem de bayriske alper. Selve ruten blev indviet i 1879, men dens historie går tilbage til 1858, da den bayriske konge, König Maximilian den Anden (1811-1864) rejste af selv samme rute fra Lindau am Bodensee i vest til Schönau am Königssee i øst.

Det var rådmanden for sundhedsstyrelsen, Dr. Knorz fra byen Prien ved Chiemsee, der i slutningen af 1920erne fik ideen med at gøre ruten til en permanent vej. I 1920erne

> **Zentner**
> *1 Zentner = 50 kilogram*
> *5 Zentner = 250 kilogram*

fremlagde den tyske motorklub *Deutsche Touring Club* planerne for den endelige rute, som førte til et omfattende anlægsarbejde. Den første etape af den i alt 450 km lange rute blev påbegyndt i Inzell, i nærheden af Berchtesgaden, i 1933. Kort før Anden Verdenskrigs udbrud i 1939 stod godt 275 km af ruten færdig. Men på grund af krigen og det økonomiske kaos efter krigen, blev rutens 450 kilometer først færdiggjort i 1960. Ruten går fra Lindau am Bodensee i vest til Oberreute og videre via passet Oberjoch Pass, som er en vej med intet mindre end 106 ... ja, du læste rigtigt 106 hårnålesving! Oberjoch Pass var allerede i år 1662 en vigtig handelsrute og transportvej, særligt når der skulle transporteres salt. Intet mindre end 15.850 tønder salt blev fragtet ad denne rute i 1662. En tønde salt vejede 5 Zentner. Dagligt benyttede mere end 300 heste denne rute.

Fra Oberjoch Passet går turen via Füssener Land, forbi Weißensee, Hopfensee og Forggensee. Den bayerske konge Ludwig den Anden var fascineret af Füssener Land, så fascineret, at han fik opført slottene Neuschwanstein og Hohenschwangau. I Füssen, der er Bayerns højest beliggende by, mødes *Deutsche Alpenstraße* med to andre ferieruter nemlig *Romantische Straße* og *Via Claudia Augusta*. Fra Füssen i All-

233

gäu går ruten videre i retning mod Oberbayern og passerer undervejs en lang række kirker, klostre og ikke mindst König Ludwigs tredje og mindste slot *Schloß Linderhof*. Ruten passerer også Oberammergau, der er kendt for deres festspil, der kun spilles hvert tiende år. Fra udsigten til Tysklands højeste bjerg, Zugspitze (2.962 meter) passerer man det kendte skisportsområde Garmisch-Partenkirchen. Et område som vi danskere nok bedst kender fra skihop konkurrencen i TV den første januar. Fra Garmisch-Partenkirchen går turen via Kesselberg passet til Bad Tölz, derfra videre forbi Tegernsee og Schliersee.

Netop området omkring Schliersee er opkaldt efter klostret *Slyrs*, der blev grundlagt tilbage i år 779. Klostret *Slyrs* er i dag kendt for deres whisky af aller fineste kvalitet. Fra Schliersee og Tegernsee fortsætter turen via Oberaudorf via den otte kilometer lange Tatzelwurmstraße, der er opkaldt efter et fabeldyr, der ligner en lindorm/drage. Herefter fortsætter ruten via Chiemsee, Reit im Winkel og Weißbach. Fra Weißbach går turen langs Weißbachschlucht i retning mod byen Schneizlreuth. En pause i Bad Reichenhall anbefales, inden man fortsætter via bjergpasset Schwarzbachwacht, der også i folkemunde kaldes for *Wachterl*, til Ramsau. I Ramsau kan man blandt andet besøge kirken Sankt Sebastian, inden man fortsætter videre langs floden Ramsauer Ache til Berchtesgaden, hvorfra man fortsætter til Königssee, hvor Deutsche Alpenstraße slutter. Det anbefales, at man opdeler den 450 kilometer lange rute op i etaper, alt mellem fire til syv etaper, dette gør det muligt at opleve naturen, de små byer og alt det andet der er at opleve langs ruten. På hjemmesiden kan man læse mere om ruten samt hente GPS-koordinater.

*Vue fra Roßfeld Panoramastraße*

# VANDRERUTER

Udover de mange ruter rundt i bjergene, findes der også andre typer af vandreruter i Berchtesgadener Land, nogle af dem er pilgrimsveje, mens andre har forbindelse med saltet, der er en stor del af regionens identitet. Man har udvundet salt i undergrunden i flere århundreder, og når man er på tur i Berchtesgadener Land kan man ikke undgå at gå i de fodspor, så hvorfor ikke lave temavandreruter langs de historiske rørledninger. Der findes historiske byvandringer, der findes temaveje eksempelvis om bier og nogle ruter er beregnet til børnefamilier, mens andre igen er for de trænede vandrere, kort sagt, der er noget for alle. Flere steder er det muligt at vandre sammen med en lokalkendt vandrefører, som ofte også er ansat i Nationalparken. Mange af disse vandringer er tilmed gratis at deltage i, tjek hjemmesiden *www.berchtesgaden. de/wandern* for mere detaljerede rutebeskrivelser. Det anbefales også at købe de nyeste vandrekort, dette gøres hos den lokale turistinformation. Alle vandreruter er opdelt i sværhedsgrader og ruteskiltene er markeret med farver, der fortæller om ruternes sværhedsgrader... sort, rød, blå og gul.

**Sort:** Den sorte rute har den sværeste sværhedsgrad, hvor ruten ofte går via smalle, stejle passager eller steder, hvor der er risiko for nedstyrtning. Disse ruter er kun for virkeligt erfarende vandrere.

**Rød:** Den røde vandrerute betegnes som en middelsvær vandrerute med smalle, stejle passager eller steder, hvor der er risiko for nedstyrtning, hvis man ikke tænker sig om. Disse ruter er for de erfarende vandrere.

**Blå:** Den blå vandrerute betegnes, som en lettere vandrerute med få smalle og stejle passager og ingen risiko for nedstyrtning. Anbefales til let øvede vandrere.

**Gul:** Den gule vandrerute betegnes som den letteste vandrerute, hvor der er få stejle stigninger og ingen farlige passager. Anbefales til alle.

## VANDREAPP

Der er lavet en app til både iPhone og Android, som man kan købe eller hente gratis i enten Google Play eller i AppStore. Her kan man få detaljerede rutebeskrivelser, billeder, højdeprofiler samt meget mere. De topgrafiske kort er zoombar indtil målestok 1:25.000. Søg på Berchtesgadener Land Wandern eller scan QR-koden.

## GODE RÅD OM VANDRING OG KLATRING I BJERGENE

Om du er en god bjergvandrer eller

*App - IOS*    *App - Android*

ej, så er det dumdristigt at begive sig ud i bjergene, hvis man ikke overholder disse få velmenende råd. At klatre og vandre i bjergene er ikke for hvem som helst. Selv de mest sikrede ruter kan pludselig blive farlige, bare et lille stenskred kan betyde fare. Derfor skal mit råd lyde til alle... hvis du er uerfaren, lad vær! Selv hvis du har en lille smule erfaring med at klatre/vandre, så sørg altid, og jeg mener **ALTID**, for at klatre/gå med en lokalkendt professionel guide, og **følg** de råd de lokale giver.

1. *Gå aldrig alene i bjergene! Heller ikke hvis du er en god vandrer! Tal altid med en lokalkendt om den planlagte rute, **OG** følg dennes råd!*
2. *Fortæl din vært om den planlagte rute, målet og det forventede tidspunkt for hvornår du regner med at være tilbage*
3. *Afprøv og check dit udstyr på forhånd, allervigtigst dit fodtøj!*
4. *Medbring altid lange bukser, eventuelt dem, hvor har mulighed for at lyne benene af og på, en vandtæt jakke, hue og handsker. Dette er en del af det nødvendige udstyr!*
5. *Husk mad og drikke!*
6. *Medbring altid lommelygte, solbriller, tændstikker, lommekniv, et stykke snor og forbindingssager!*
7. *Vandrekort, GPS og kompas.*
8. *En fuldt opladet mobiltelefon og medbring nummeret til*

*Bjergvagten, dog kan der visse steder være problemer med manglende mobildækning.*
9. *Tag kun af sted i godt vejr!*
10. *Søg ly, hvis det bliver dårligt vejr!*
11. *Indskriv dig i den bog, der er i de hytter du møder undervejs og angiv altid dit næste mål!*
12. *Hold dig til de afmærkede stier, undgå stejle skrænter og sneområder. Undgå at få sten til at falde eller rulle.*
13. *I tilfælde af, at du kommer i vanskeligheder, tilkald Bjergvagten eller anden hjælp ved at råbe, fløjte, vinke, lave signaler med lommelygten mv. Find en sikker plads, hvis det er muligt.*
14. *Alpint nødråb er: 6 synlige eller hørbare signaler i løbet af et minut. Hold herefter pause i et minut. Gentag signalerne! Som svar på et nødsignal er et signal hvert 20. sekund efter et minuts pause.*

Det allervigtigste! Hav **RESPEKT** for bjergene! Kun en type frygter ej bjergene. Tænk på bjergvagten, Bergwacht, som alle er frivillige bjergreddere, der ved hver udrykning sætter livet på spil, for at redde folk i nød i bjergene, også de dumdristige! En redning af bjergtjenesten er ikke gratis, det er en dyr operation. Det er personen, der er kommet i fare, der selv kommer til at betale regningen, her gælder hverken det blå sundhedskort eller en privattegnet rejseforsikring, da slet ikke hvis redningen skyldes dumdristighed! Husk på dette inden du klikker sikkerhedslinen på og strammer hjelmen eller snører vandreskoene.

## BERGSTEIGERSCHULE WATZMANN

*Gebirgsjägerstraße 48*
*83483 Bischofswiesen*
*www.bergsteigerschule-watzmann.de*

Bergsteigerschule Watzmann tilbyder bjergbestigerkurser i Berchtesgadener Alpen og i Nationalpark Berchtesgaden. Skolen klæder en godt på inden man skal ud og gå i bjergene, om end det blot er til en enkelt dag, en flere dages vandring fra hytte til hytte eller om man vil prøve kræfter med de lidt hårde stigninger, såsom Ostwand eller tværs over de tre højeste bjergtinder på Watzmann. Skolen ligger vægt på at der maximalt er otte deltagere pr. bjergfører til de nemme ture og maximalt seks deltagere pr. bjergfører på de mere krævende ture.

## KLETTERSTEIGSCHULE BERCHTESGADEN

*Berchtesgadener Straße 21*
*83483 Bischofswiesen*
*www.klettersteigschule.de*

Klettersteigschule Berchtesgaden tilbyder klatrekurser, men blot fordi man tager et kursus, er det ikke ensbetydende med, at man bliver erfaren nok til at begive sig ud på den sværeste stigning på egen hånd, tværtimod. Skolen tilbyder to typer kurser, begynderkurset *Schnupper-kurs*, hvor man får en instruktion i udstyr, teknik og taktik, samt man kommer på en øvelsestur, kurset tager cirka to til tre timer. *Premium kurset* er for de let øvede med god kondition, hvor man får lidt instruktion i teknik og taktik samt øvelsestur, kurset varer cirka 7 timer.

## BJERGFØRER/BJERGGUIDER

Inden man vælger at begive sig ud i bjergene, anbefales det **ALTID** at man tager en lokalkendt bjergfører, Bergführer, med sig. De kender bjergene og kan guide os sikkert til toppen af det ønskede bjerg ad den sikreste rute. På hjemmesiden *www.berchtesgadener-bergfuehrer.de* kan man komme i kontakt med en af Berchtesgadener Lands registrerede og godkendte bjergfører. Husk altid en tåbe frygter ej bjergene!

## KLETTERZENTRUM & BERGSTEIGERHAUS GANZ

*Watzmannstraße 4*
*83483 Bischofswiesen*
*www.kletterzentrum-berchtesgaden. de*

Hvis man gerne vil prøve kræfter med at klatre, men ikke tør at gøre det i bjergene, så fortvivl ikke. I bydelen Strub ved Bischofswiesen finder man klatrecentret, Kletterzentrum Bergsteigerhaus Ganz. Her har man indrettet et klatrerparadis, som er den eneste af sin art i hele Berchtesgadener Land. Der er to rum med klatrevægge med over 200 ruter og forskellige sværhedsgrader. Stedet er for alle, nybegynderen, de let øvede, samt for de professionelle. De tilbyder også klatrekurser. RVO Bus 839 kører fra busstationen i Berchtesgaden mod Strub.

## SOLERØRLEDNINGSVEJ MELLEM THUMSEE OG NESSELGRABEN

*Udgangspunkt:*
*Wegezentrum 6:*
*Karlstein/Müllnerhorn*
*Thumseestraße*
*83435 Bad Reichenhall*
*www.bad-reichenhall.de/wandern/*
*wanderwege/thumsee-nesselgraben*

Denne vandrerute går langs den historiske saltrørledning omkring Thumsee og Nesselgraben. Denne vandrerute har nummer 6, den er 9,4 kilometer lang, har en forskel på 275 højdemeter. Afsæt godt tre timer til denne tur, følg vandrerute 6 Karlstein/Müllnerhorn, som starter og slutter ved Thumseestraße i Bad Reichenhall.

## RUNDWEG ZUM ANTONIBERG

*Udgangspunkt:*
*Wegezetrum 7: Thumsee/Listsee*
*Thumseestraße*
*83435 Bad Reichenhall*
*www.bad-reichenhall.de/wandern/*
*wanderwege/antoniberg-rundweg*

Denne vandrerute går fra Thumsee langs den historiske saltrørledning til Antoniberg-Kapelle ved Bad Reichenhall. Fra Thumsee går turen forbi det militære øvelsesterræn og videre gennem skoven mod Weißbachschlucht. Netop passagen fra Thumsee til Weißbachschlucht er den sværeste del af ruten, da ruten går via 162 stejle trappetrin til en informationstavle. Herfra følger man skiltene mod Mauthäusl. Ved skiltet mod Bad Reichenhall går det op mod Antoniberg-Kapellet via Antonibergtunnel. Langs ruten orienteres man om den historiske rørledning, saltudvinding samt hvordan man skaffede de store mængder træ, som man havde behov for i Salinen. Fra Antoniberg-Kapellet går turen via den gamle saltvej, Salzstraße, tilbage til Thumsee. Ruten er 4,7 kilometer lang, der er 250 højdemeter, der skal forceres undervejs. Afsæt gerne halvanden til to timer af til turen.

## WALD-IDYLL-PFAD AM MAISWEG

*Udgangspunkt:*
*Alpentalstraße 6*
*83457 Bayerisch Gmain*
*www.bad-reichenhall.de/wandern/*
*wanderwege/wald-idyll-pfad*

Vandreturen starter ved Wanderzentrum i Bayerisch Gmain. Undervejs kommer man forbi vandfald og informationstavler med nyttige informationer over plante- og dyrelivet, historie, geologi, vand og ikke mindst *det hvide guld*, saltet. Tilbagevejen går via skoven. Det er en tur for hele familien. De mindste kan måske lokkes med, hvis turen slutter på den store oplevelseslegeplads cirka 500 meter fra Wanderzentrum. Kun få meter ved siden af vandreruten finder man jernbanestrækningen mellem Salzburg og Berchtesgaden,

238

så man skal ikke blive forskrækket, hvis pludselig hører toget suse forbi. Man kan også stå på broen, Römerbrücke, der går over Weißbach, hvor man kan smide et blad eller en gren i vandet og se den blive ført med strømmen. Langs ruten finder man også tegn på regionens fortid, nemlig de gamle rørledninger, hvor der tidligere løb saltvand fra minerne til saltsyderierne. Børn vil sikkert undre sig meget over de komiske udhulede træstammer, her kan man forklare dem lidt af historien bag de gamle trærørledninger, hvor det er tilladt at balancere, kigge gennem rørene. Ja, det meste er tilladt, så længe man ikke ødelægger dem. Man kan gå turen i alt slags vejr både sommer og vinter. Ruten er cirka 3,3 kilometer lang og sæt godt to timer af til turen, der skal jo være tid til at lege undervejs, hvis man har børn med. Turen starter som nævnt ved Wanderzentrum i Bayerisch Gmain, herfra følger man rute 8 (WZ 8). *Læs om Solerørledningerne på side 61.*

## Berchtesgadener Stollenweg

*Udgangspunkt:*
*Berchtesgaden Unterau*
*Salzburger Straße*
*83471 Berchtesgaden*
*www.berchtesgaden.de/wandern/*
*salz-und-soleleitungswege/*
*berchtesgadener-stollenweg*

Vandring på Berchtesgadener Stollenweg betyder, at man går på den historiske vej mellem de tidligere saltminer i Berchtesgaden, mere præcist ved Salzberg. Turen går gennem skoven med megen skygge, hvilket kan være godt på en varm sommerdag. Ruten går fra Unterau langs Zellerbach mod Oberau, hvor går turen stejlt opad mod Zellergraben, Obersalzberg, Lettengraben og Brüggenlehen. Rutens sværhedsgrad betegnes som middel, den er 10,7 kilometer lang, det anbefales at afsætte godt tre timer til turen.

## Soleleitungsweg Ramsau

*Udgangspunkt:*
*Gasthof Oberwirt*
*Im Tal 86 • 83486 Ramsau*
*www.berchtesgaden.de/wandern/*
*wanderwege/soleleitungsweg*

Efter opløsningen af det selvstændige fyrsteprovsti Berchtesgaden og indlemmelsen i Bayern i 1810, byggede ingeniør Georg Friedrich von Reichenbach på ordre fra den bayerske kong Max den Første, den godt 30 kilometer lange saltrørledning mellem saltminen i Berchtesgaden og saltsyderiet, Alte Saline, i Bad Reichenhall. Rørledningen gik via Ramsau, og for at holde et stabilt flow i rørledningen, trods en højdeforskel på op til 356 meter, måtte von Reichenbach udvikle en pumpe der kunne klare denne højdeforskel. Rørledningen var i drift i 144 år, inden den blev taget ud af drift i 1927, hvor en ny rørledning blev taget i brug. *Læs om ingeniør Reichenbachs pumpe på side 62.* I Ramsau kan man stadig finde spor af den gamle rørledning, det kan man på den såkaldte Soleleitungsweg, hvor stykker af den gamle rørledning i træ, også kaldte *Dreicheln* stadig kan opleves. Ruten i Ramsau starter ved Gasthof Oberwirt og går via valfartskirken Maria am Kunterweg, forbi det tusind år gamle Hindenburg-lindetræ, som er det ældste træ i hele Bayern. Kort efter Hindenburg-lindetræet kommer man til Soleleitungsweg. En informationstavle viser de originale trærør og der fortælles om rørledningens historie. Stien er flere steder temmelig smal, blot 80 til 100 centimeter bred, derfor kan det være svært at gå med en barnevogn eller klapvogn her. Ruten er 10,5 kilometer lang, der er 500 højdemeter der skal forceres, det anbefales at man sætter små tre timer af til turen.

## SALZALPENTOUR RAMSAU

*Udgangspunkt:*
*Gasthof Oberwirt*
*Im Tal 86 • 83486 Ramsau*
*www.berchtesgaden.de/wandern/*
*salzalpensteig/schattseitweg-ramsau*

For at blive i saltets fodspor, findes der yderligere en saltvandresti i Ramsau, den hedder *SalzAlpenTour Ramsauer Schattseitweg*. På denne tur kommer man forbi de mest kendte seværdigheder i Ramsau, såsom kirken Sankt Sebastian. Ruten starter ved Gasthof Oberwirt og kirken Sankt Sebastian, herfra går turen videre over gletsjerkilden, hvor smeltevand fra Blauseisgletsjeren løber, videre til Marxenklamm i nærheden af indgangen til Zauberwald. I Zauberwald følger man naturstien til Hintersee. Efter turen rundt om

Hintersee, går man via Prinzregent Luitpold-Weg til Schattseitweg på den nordlige side af Hochkalter til Wimbachgries, hvor man går via Wimbachklamm langs Ramsauer Ache inden turen slutter der, hvor det hele startede, nemlig i hjertet af Ramsau.

## WEISSBACHER SALINEN RUNDWEG I

*Udgangspunkt: Mauthäusl*
*Weißbach an der Alpenstraße*
*83458 Weißbach*
*www.geotouren-schwarzwald.de/*
*weissbach-salinen-rundweg-i/*

I Weißbach er der ikke blot en vandresti, men hele to, hvor temaet er salt. Fra Mauthäusl går man over Alpenstraße, efter en kort stigning, når man op til de gamle støbejernsrør, som tidligere blev benyttet som afløbsrør. Ruten betegnes som middelsvær, den er 7,9 kilometer lang, afsæt mindst to timer af til turen.

## WEISSBACHER SALINEN RUNDWEG II

*Café Zwing*
*Reichenhaller Straße 2 • 83334 Inzell*
*www.geotouren-schwarzwald.de/*
*weissbach-salinen-rundweg-ii/*

Den anden vandrerute i Weißbach starter ved Café Zwing i Weißbach, hvorefter man følger vejen mod Falkenstein og ved vejens forgrening, skal man holde mod højre i retning Salinen-Rundweg. Her går det stejlt ned i kløften, hvor man følger Weißbach. Turen går via grusvejen, *Him-*

*melsleiter*, hvor der venter 414 trappetrin af træ langs støbejernsrøret. Alternativt kan man vælge at gå videre ad grusvejen til Gletschergarten og via broen over Staufenbach til man er tilbage ved Falkenstein stien, kort efter er man retur ved udgangspunktet. Turen betegnes som middel, den er 6 kilometer lang og tager cirka to timer.

## SALZALPENSTEIG

*www.salzalpensteig.com/*
*salzalpensteig.html*

I foråret 2015 blev vandreruten *SalzAlpenSteig* indviet. Ruten går gennem seks regioner og to lande. Hvis man vælger at gå hele ruten kommer man til at tilbagelægge 233 km. Ruten er dog inddelt i 18 dagsetaper, hvis man ikke orker at gå hele ruten, kan man vælge 25 rundvandrestier på mellem 7 og 50

km. Der er i alt 39 steder, på den 233 km lange rute, hvor man kan starte eller ende sin vandring. *SalzAlpenSteig* er den første grænseoverskridende certificerede vandrerute der har fået udmærkelsen *Premium vandrerute. SalzAlpenSteig* går fra Prien am Chiemsee gennem Chiemgau og Berchtesgadener Land til Obertraun am Hallstätter See ved foden af Dachstein. På ruten kommer man forbi søer som Chiemsee, Königssee og Hallstätter See, et område med bjergtagende natur, kultur og traditioner, hvor man oplever hvordan man tidligere levede og boede i bjergene, hvor saltet var kilden til velstand og grundlæggelsen af håndværk, traditioner og skikke.

I Berchtesgadener Land finder man hele fem etaper af vandreruten, hvor vandrere får fortællingen om saltets historie, saltkilder og saltforekom-

*Bjergtagende natur - vue fra Kehlstein til Königssee*

ster. Til seværdighederne langs etaperne i Berchtesgadener Land hører Weißbachslucht i Schneizlreuth, Weißbach ved Alpenstraße, Bad Reichenhall, Pass Hallthurm, Steinerne Agnes, Mordaualm i Ramsau, Solerørledningerne langs den historiske saltrørledningsrute, Soleleitung, Grünstein (der også kaldes for Watzmann junior), Königssee, Nationalpark Berchtesgaden, Berchtesgaden og Salzbergwerk Berchtesgaden.

Udover *SalzAlpenSteig-ruterne* findes der også 25 såkaldte *SalzAlpen-Touren*, der har forskellige sværhedsgrader. Seks af disse ruter befinder sig i Berchtesgadener Land. Det er *Gmainer Tour* ved Bayerisch Gmain, *SalzAlpenTour* i Schönau, *Rundt om Götschenkopf* ved Bischofswiesen, *Schattseitweg* i Ramsau samt *Bad Reichenhaller Panoramatour*. Alle dagsetaper og rutebeskrivelser kan

findes på hjemmesiden: *www.salzalpensteig.com/wanderetappen.html*

## NATUR-ERLEBNISWEG

*Naturbad Aschauerweiher*
*Aschauerweiherstraße 85*
*83483 Bischofswiesen*
*www.bischofswiesen.de/sommerurlaub-berchtesgadenerland/freibad-naturbad-aschauerweiher.htm*

I Bischofswiesen finder man Natur-Erlebnisweg, Naturoplevelsesstien. På denne rute kommer man blandt andet forbi den gamle bosættelse Hochgartdörfl med fredede bondehuse fra det 17. århundrede, man kommer forbi skovområder, marker og mere. Undervejs kan man orientere sig på informationstavler omkring naturen, kulturlandskabet og planter. Tavlerne fortæller ting, som man måske ikke lige var klar over. Der er i alt otte informations-

*Reiter Alpe ved Hintersee*

tavler undervejs. Ruten starter ved Naturbad Aschauerweiher, går via Hochgartdörfl og Aschauerweiher. Ruten er 2,7 kilometer lang, afsæt cirka en time til turen.

## MÄRCHENPFAD BISCHOFSWIESEN

*Aschauerweiherstraße 85*
*83483 Bischofswiesen*

Ikke langt fra Natur-Erlebnisweg finder man eventyrstien, Märchenpfad Bischofswiesen. Eventyrstien starter ved Naturbad Aschauerweiher og går via Maximilians-Reitweg. Undervejs føres man ind i eventyrets verden, eventyr som Askepot, Tornerose og så videre. Turistinformationen i Bischofswiesen har udarbejdet en folder med opgaver, der kan løses undervejs. Efter man har løst opgaverne i bogen, kan man tage til turistinformationen i Bischofswiesen og få tjekket om alle løsningerne er rigtige. Der skulle eftersigende være en lille gave, hvis man har løst opgaverne rigtigt. Bogen fås hos turistinformationen i Bischofswiesen eller hos Naturbad Aschauerweiher, hvor turen begynder. Eventyrstien, der er 2,5 kilometer lang, er åben fra april til november, det er gratis.

## KÖNIGSSEER FUSSWEG

*Start og slut:*
*Triftplatz • 83471 Berchtesgaden*
*www.berchtesgaden.de/wandern/*
*wanderwege/koenigsseer-fussweg*

Königsseer Fußweg, Königsseer vandrestien, er en skøn tur langs floden Königsseer Ache fra Berchtesgaden til den sydlige del af Königssee. Undervejs fortælles historien om, hvordan man tidligere transporterede de store mængder træ fra skovene, der var behov for i blandt andet

*Hintersee*

243

saltsyderierne. Det var længe før lastbiler og store tunge entreprenørmaskiner, derfor benyttede man floder til at transportere træet fra skovene til eksempelvis Berchtesgaden. Denne type transport var vigtig for saltindustrien, havde man ingen træ kunne man heller ikke syde salt. Der er i alt 23 informationstavler langs ruten Königsseer Fußweg, som er en del af vandreruten *SalzAlpenSteig* fra Chiemsee via Königssee til Hallstätter See. Denne vandrerute blev i 2016 kåret til Tysklands skønneste vandrerute i kategorien *Land & Natur*. Ruten er 10 kilometer lang, det anbefales, at man sætter tre timer af til turen.

### STAUSEE-WEG TEISENDORF

*Udgangspunkt: Poststraße 14 83317 Teisendorf*
*www.berchtesgaden.de/wandern/ wanderwege/stausee-weg*

I Teisendorf finder man vandreruten Stausee-Weg, der går langs den opstemmede sø, Stausee, Surspe-

icher. Surspeicher er beliggende i den nordlige del af Teisendorf. Søen er en vigtig del af højvandsbeskyttelsen samt produktionen af elektricitet. Ruten mellem Surspeicher og Teisendorf går forbi historiske bondegårde og broer fra det 18. århundrede, flere steder er området forsømt, desværre. Ruten er 9,5 kilometer lang, afsæt cirka tre timer til turen.

### SCHLOSS TRIEBENBACH WANDERWEG

*Udgangspunkt:*
*Briouder Platz 1 • 83410 Laufen*
*www.berchtesgaden.de/wandern/ wanderwege/schloss-triebenbach-wanderweg*

Fra Salzachhallen i Laufen kan man gå langs Salzachuferweg til Mozarts slot Schloß Triebenbach. På vejen retur til Laufen går turen langs Nagelfluhgestein. Selvom Schloß Triebenbach i dag er i privateje og ikke åbent for offentligheden, er det alligevel en vandretur værd, da man

*Königssee*

kommer igennem et område, hvor Wolfgang Amadeus Mozart som barn nød den friske sommerluft, den såkaldte *Sommerfrische.* På turen kan man se Untersberg og på markerne til både højre og venstre vokser en masse forskellige vilde blomster, herunder orkideer. Ruten er 11,7 kilometer lang, afsæt gerne mellem tre og fire timer til turen.

## VANDRING I DET SAGNOMSPUNDNE OBERAU

*Udgangspunkt: Roßfeldstraße 22*
*83471 Berchtesgaden-Oberau*
*www.berchtesgaden.de/wandern/*
*wanderwege/sagenhafte-wanderung*

Myter, sagn og hemmelighedsfulde historier er noget som Berchtesgadener Land er fuld af. I Oberau lidt udenfor Berchtesgaden kan man gå i sporene på flere af regionens sagn og myter. Den sagnomspundne vandretur kommer forbi tre kendte, men mystiske, steder. På vandreruten der er 10,5 kilometer lang, overvinder man cirka 600 højdemeter, i normalt tempo kan man klare turen på et sted mellem fire og fem timer, men man kan også vælge at dele ruten op i mindre etaper, hele ruten er godt skiltet. Ruten starter ud ved turistinformationen i Oberau, hvorfra turen går videre forbi Mühlhölzl, Mühlauer Freie, til Weißensteiner Weg og ved Krapfreibe drejer man til højre og går mod Hirschlack-Auerlock og Sattel, hvor man går forbi Seebachlehen og det gamle savværk (Sägemühle), videre over enten Prillgraben eller Lettengraben i ret-

ning mod kapellet på Resteck. Det oprindelige Restecker Kapel blev totalt ødelagt under bombardementet af Obersalzberg den 25. april 1945, det nuværende kapel blev opført i 1985. Netop her ved kapellet skal den første historie fortælles.

*Sagnet siger, at det tidligere spøgte på dette sted, særligt om natten. Man har hørt om vandrere, der har forsøgt at nå over vejkrydset ved Resteck, men kunne pludselig ikke komme videre, da de blev mødt af en mur, der pludselig spærrede vejen. Først da der på stedet blev opført et kapel, blev der atter fred og ro. Andre har hørt brølen og hylen på stedet, larm der skulle stamme fra den vilde jagt, wuide Gjoad, som det også kaldes, hvorefter det pludselig blev så stille, at endda ikke man kunne høre fuglene fløjte. Efter kort tid kunne man atter høre masser af små fugle kvidre løs. I dag kan man på visse tidspunkter stadig høre de små fugles kvidrende stemmer på Resteck.*

Efter en stille stund og fordybelse på dette sted er det tid til at gå videre til det næste sagnomspundne sted på turen. Man går fra kapellet i retning mod Pechhaüsl, hvor man følger vejen gennem skoven til Gaisstall, hvor det andet sagn skal fortælles, ja der er faktisk hele tre sagn tilknyttet dette sted, men de kan sagtens fortælles alle tre.

*En aften kom de karle, som bonden på Gaisstall havde hyret for at hjælpe ham på gården, med deres hestetrukne vogne til gården. Karlene mente* ikke, at de kunne komme i gang dagen efter, da gødningen ikke var fordelt på markerne. Bonden beroligede karlene og mente, at de sagtens kunne gå til ro. Da karlene vågnede næste morgen var gødningen fordelt på markerne. En af karlene havde ud af sit vindue, i månens skær, set hvordan mange 'små mænd', formodentligt dværgene fra Untersberg, havde spredt gødningen på markerne.

En anden gang havde en af tjenestepigerne, under høsten af hø, glemt det store vandkrus på den mark der lå længst væk fra gården. Da hun fortalte dette til bonden, mente han, at hun måtte gå ud for at hente det vandkrus, hvorefter hun stak to fingre i munden og piftede, kort efter kom kruset rullende og endte uskadt foran huset.

Det tredje sagn om Gaisstall begynder på en diset og kold efterårsaften. Den iskolde vind kom fra Roßfeld og varslede om årets første sne. Det var ved at være sengetid, så bonden gik en runde for at tjekke om alt nu var okay hos dyrene, da han pludselig så nogle sigøjnere med koner og børn komme mod ham. De spurgte om de kunne sove i hans stald om natten. Bonden viste dem over i sin lade, der netop nu var fyldt med hø og halm, han mente, at her kunne de være i ly for natten. Inden han gik sagde han, at grundet den store brandfare i den fyldte lade, måtte de ikke bruge hverken ild eller have lys til at brænde. Sigøjnerne bekymrede sig ikke om bondens ord, snart efter var der et lystigt brændende bål midt i laden mellem hø og halm, og en dejlig varme spredte sig i hele laden. Men underligt nok, gik der ikke ild i hverken hø eller halm. Sigøjnerne havde overnaturlige evner og kunne beherske ildens flammer.

Bonden opdagede, hvad hans logerende havde gang i, og returnerede til laden. Her sagde han igen, at al åben ild i hans lade var forbudt, sigøjnerne grinede bare af ham og mente, at han ikke behøvede at være bekymret. Bonden skreg, at det stadig var forbudt, hvorefter han forlod laden blot for at gå ud efter sin store stormaskede si, der også kaldes en 'Rosler'. Sien skænkede han ned i sin brønd og bar sien fuld med vand, uden at der løb så meget som en dråbe vand ud, ind i laden. I laden kastede han vandet mod sigøjnernes bål og slukkede flammerne. Sigøjnerne bemærkede, at bonden havde flere magiske kræfter end de selv havde, hvorefter de løb ud af laden og forsvandt i den mørke nat, siden har ingen set dem. Efter episoden steg bonden på sin hvide skimmel og red stolt til landsbyen. Han kom vidt om i landet og er aldrig kommet hjem fra sin rejse.

Herefter går turen videre forbi Thannlehen og derfra videre til Gasthof Pechhäusl. Men inden man når så langt skal man tage et valg. Vil man gå videre i retning af Zinken eller vil man blive oppe og nyde den gode udsigt over Berchtesgadener Land og Salzachtal eller vandre videre i retning af Oberau og Wasserleitungsweg, hvor saltminen Dürrnbergs vandforsyningsledning befinder sig. Rørledningen sørgede for at lede store vandmængder fra Teuffenbach-Tagschurf eller fra Meuselgrabenstollen til saltminen. Disse store vandmængder skulle bruges til at udvinde saltet med, hvorefter det højkoncentrerede saltvand blev transporteret til saltsyderiet i Hallein. Vejen går herfra i retning mod parkeringspladsen ved Roßfeld Mautstelle Nord. På den store mark går en vej til et feltkors, som står i Prilwald eller *Briae*, som det udtales af de lokale. Herfra krydser man over Roßfeldstraße og fortsætter af en skovvej i retning Zinken og Gmerk, her når man efter et par hundrede meter frem til en plads, hvor der opbevares træ. Ved huset *Dora* deler vejen sig nu i to, enten mod Gmerk eller mod Roßfeldstraße. Her finder man det tredje sted, hvor der man skal læse det tredje sagn, der knytter sig til området. Netop på stedet ved Trattenhäusels skulle man engang have oplevet *Habergeiß*, et natligt spøgelse, desuden har man også oplevet skrig her om natten.

*Habergeiß, eller det natlige spøgelse, er en blanding af et trebenet dyr, halv fugl og halvt spøgelse, som man kun kender alt for godt i den bayerske-østrigske alperegion. Det ser ud som en ged, griner som vild trold, knipser som en alpebeboer, en såkaldt Älpler, og råber som en skrubtudse. Spøgelset bor i de højeste træer og dens skrig forkynder døden. Den der efterligner dette skrig, vil blive revet af spøgelset. De ældre fortæller 'Wo'd Habergoaß schreit, is da Teifi nimma*

*weit!', det vil sige noget i retning af 'den der hører spøgelset skrige, ved at døden ikke er langt væk!'. Dette skyldes, at spøgelset af og til søgte ind i nærheden af menneskerne.*

*Engang for længe, længe siden tog dette udyr udseende som et dyr med yver. Havde det ikke været for karlene på gården, var bonden gået til grunde på grund af spøgelset. Mændene holdt hårdt fat om spøgelset og mælkede dens mælk ned i en brændende dynge af lærkekvas. Derefter var dyret blevet forløst for dens smerter og havde derefter sprunget lystigt rundt i den nærliggende skov i nærheden af Trattenhäusels. Det var her man opdagede, at dyret blot havde tre ben. Desuden beretter sagnet yderligere om hvad der skete med dyret. Men det er der ingen som vil fortælle om. Det eneste er, at man af og til om natten kan høre uhyggelige skrig. Men det kan jo også komme fra andre dyr eller... er det nu også det?!*

### PIDINGER BIENENWEG
*Udgangspunkt:*
*Neubichler Alm*
*Neubichel 5-6 • 83451 Piding*
*eller*
*Berggasthof Johannishögl*
*Johannishögl 3 • 83451 Piding*
*www.piding.de/urlaub/wandern/ bienenweg*

Pidinger Bienenweg er en temarute for hele familien, ruten går fra Neubichler Alm gennem skove og enge til Johannishögl. Undervejs kan man blive klogere på biernes verden, da Bienenweg er en temarute om netop bier. Vidste I, at bier står for godt 80 procent af bestøvningen af alle blomster og planter, både dem hjemme i haven, men også dem ude i naturen. Formålet med temaruten om bier er at gøre folk opmærksomme på bierne, deres liv, de sunde næringsstoffer i honningen og så videre. Flere lokale skoleklasser benytter ruten i deres undervisning. Projektet støttes blandt andet af det bayerske ministerium for ernæring, landbrug og skovbrug samt af flere fonde. Ruten er 1,2 kilometer lang, sæt mindst en time af til turen.

## MAXIMILIAN-REITWEG

*Udgangspunkt:*
*Reichenhaller Straße 128*
*83483 Bischofswiesen*
*www.berchtesgaden.de/wandern/*
*wanderwege/maximilians-reitweg-*
*bischofswiesen*

Denne vandrerute går fra foden af Untersberg, udenfor Bischofswiesen til Wandreszentrum Aschauerweiher via det gamle militærtårn, Wehrturm, ved Hallthurm passet. Vandreruten er opkaldt efter den bayerske konge Maximilian den Anden, som også blev kaldt for Max. Ruten kan kombineres med adskillige ruter omkring Untersberg, blandt andet med Bischofswiesener Panoramaweg eller ruten til Kastensteinerwand, der er et udsigtspunkt, hvorfra der er udsigt over Bischofswiesen og Watzmann. Maximilian-Reitweg er en del af vandreruten mellem Berchtesgaden og Salzburg samt en del af den

---

**Carl von Linde**

*Carl von Linde var en tysk ingeniør, opfinder og grundlægger af den internationale koncern Linde AG. Carl von Linde fik i 1895 anlagt den højtliggende offentlige vandrevej til Hochlenzer for egne penge. Carl von Linde, der var en af opfinderne af køleskabet, tilbragte store dele af sit liv i Berchtesgaden. Et mindesmærke på hans vandrerute skal minde os andre om ham.*

---

noget længere vandrerute, Maximilianweg, der går fra Bodensee til Königssee. Ved Hallthurm passet, grænsen mellem den nordlige og sydlige del af Berchtesgadener Land går den brede vej Hallthurmer Moos, forbi. Fra Hallthurmer Moos går turen videre til Aschauerweiher, der om sommeren har et friluftsbad og om vinteren er det er yndet område for langrendsski. Ruten er 11,1 kilometer lang og regn med at bruge mindst tre timer til turen.

## CARL-VON-LINDE-WEG

*Udgangspunkt:*
*Kehlstein Busabfahrt*
*Salzbergstraße 45*
*83471 Berchtesgaden*
*www.berchtesgaden.de/wandern/*
*wanderwege/carl-von-linde-weg*

En vandring langs Carl-von-Linde-Weg er en lettere vandring i højderne uden de helt vilde stigninger. Derfor er ruten velegnet til familier med barnevogne eller klapvogne. Ruten er beliggende omkring Obersalzberg, undervejs kan man se ud over Berchtesgaden, Schönau, til Untersberg og Watzmann. Ruten starter ved Dokumentation Obersalzberg, herfra går vejen en anelse ned i nogle få meter til man i et sving kommer til en bredere vej, hvor man drejer til venstre. Her starter den skiltede Carl-von-Linde-Weg. Vejen går svagt ned, uden de helt store højdeforskelle. Ruten fortsætter ad smalle skovveje gennem skovene omkring Obersalzberg. Undervejs passerer man kælkebakken, Rodelbahn Obersalzberg, inden man når til Alpengasthof Hochlenzer som driver sommerkælkebanen. Fra kroen Hochlenzer kan man nå vejen mod Obersalzbergbanens bjergstation, hvorfra går turen videre af Carl-von-Linde-weg til Gasthaus Graflhöhe, der bedre er kendt som *Windbeutelbaron*, vandbakkelsebaronen. Herfra følger man vejen gennem skoven i retning mod Scharitzalm. Fra skov-

vejen går turen gennem en tunnel til parkeringspladsen Klausbichl, der er beliggende i cirka tusind meters højde, herfra går der en vej gennem skoven til Scharitzkehlalm, hvor man kan få et blik til den vestlige side af bjergmassivet Göll. Ruten er 5,1 kilometer lang, afsæt mindst halvanden time af til turen, uden pauser. Mange ynder også at gå turen om vinteren, da ruten ryddes og præpareres. Området omkring Scharitzkehl er desuden et godt sted at løbe på langrendsski.

### KULTURHISTORISK VANDRESTI I PIDING

*Udgangspunkt:*
*Parkeringspladsen Staufeneck*
*Schlossweg 4 • 83451 Piding*
*www.piding.de/urlaub/wandern/*
*kultur-wanderpfad*

Den kulturhistoriske vandresti i Pi-

*Berchtesgadener Ache*

ding starter på parkeringspladsen ved Gasthof Staufeneck. Der er mange, der benytter netop denne rute til at løbe på eller tage familien med på en hyggelig søndagstur. Det tager cirka en time at gå turen, som er 2,6 kilometer lang. Ruten er godt skiltet og undervejs kommer man forbi slottet Staufeneck, på et skilt får man historien om slottet fortalt. En historie der blandt andet rummer en hekseproces i 1678 samt tiden som domstol med eget torturkammer og meget mere. Der er i alt 16 såkaldte stationer undervejs, der alle fortæller om traditioner, livet, geologi, plantelivet og meget mere. Ruten starter på parkeringspladsen ved Gasthof Staufeneck ikke langt fra slottet, herfra går turen til venstre til slottet, videre til vejen ved en lille dam. Her kommer man til tre veje ind i skoven, her vælger man den midterste. Denne vej går via *Staufner Gelackhölzer* til et vejkryds, hvor man drejer til højre og passerer over to små bække. Herefter går turen langs skoven til man kommer til en fritliggende eng og kort efter er man retur ved udgangspunktet.

## Högler Rundweg

*Udgangspunkt: Parkeringsplads Högler Straße 15 • 83451 Piding www.berchtesgaden.de/wandern/ wanderwege/hoegler-rundwanderweg*

I den nordlige del af Berchtesgadener Land, som også kaldes for Rupertiwinkel, finder man adskillige vandreruter, løberuter og cykelruter. En af disse ruter er Högler Rundweg,

der er beliggende i 827 meters højde, herfra er der en smuk udsigt over Berchtesgadener Land, i godt vejr kan man se helt til Salzburg og den markante fæstning Hohensalzburg. Mange benytter turen rundt om Högl til en frisk løbetur, og cykelryttere, oftest mountainbikere, kører fra Ainring eller Piding til de forskellige skiltede cykelruter omkring Högl. Undervejs kan man nyde udsigten til Fuderheuberg, Hochstaufen og Steinerne Meer. Ruten er 14,4 kilometer lang, sæt mindst fire timer af til turen.

## Anger til Kloster Höglwörth

*Udgangspunkt: Dorfplatz Anger • 83454 Anger www.berchtesgaden.de/wandern/ see-klamm-wanderungen/ hoeglwoerther-see*

Vandreruten fra Anger til Kloster Höglwörth er en oplevelsesrig og historisk vandrerute gennem Rupertiwinkel. Turen går fra Anger til Höglwörther See, som man går rundt om. Højdepunkterne på turen er Kloster Höglwörth, valfartskapellet Vachenlueg, kirken Sankt Georg i Steinhögl samt *Steinhögl-Wildgehege*. I Höglwörth kan man man eventuelt besøge Gasthaus Klosterwirt og det tidligere Augustinerkloster Höglwörth. Fra klostret går turen nu rundt om Höglwörther See til man kommer til Klosterweg, som man følger retur til torvet i Anger. Ruten er 8,3 kilometer lang. Det tager cirka tre timer uden pauser og klosterbesøg.

## Anger til Höglwörth

*Udgangspunkt:*
*Scheiterparkplatz • 83454 Anger*
*www.berchtesgaden.de/rupertiwinkel/*
*wandern-im-stoisser-achental/*
*rundwanderung-anger-hoeglwoerth*

Dette er en kortere udgave af vandreturen Anger til Kloster Höglwörth. Denne tur starter på parkeringspladsen Scheiterparkplatz. Fra parkeringspladsen går man i retning mod torvet i Anger og drejer til venstre ad Klosterweg, der går via Ölberg til Höglwörther See. Efter en tur rundt om søen og eventuelt et besøg på det tidligere kloster, følger man Klosterweg i retning mod sportspladsen. Denne rute er 4,8 kilometer lang og kan klares på en lille times tid uden pauser.

## Kneifelspitze

*Udgangspunkt:*
*Wallfahrtskirche Maria Gern*
*Gerner Straße • 83471 Berchtesgaden*
*www.berchtesgaden.de/wandern/*
*wanderwege/kneifelspitze*

For mange er en vandring til Kneifelspitze noget man skal. Fra Kneifelspitze er der udsigt til Watzmann og de andre bjerge omkring Berchtesgaden. Mange vælger at kombinere en tur til Kneifelspitze med en tur til valfartskirken Maria Gern eller med et besøg på Berggaststätte Paulshütte. Fra valfartskirken Maria Gern følger man den skiltede vandrerute AV-Weg 15 Kneifelspitzweg, som man finder mellem kirken og kroen i Maria Gern. I det første sving drejer vandrestien til højre til Marxenhöhe, en lille omvej til Kneifenspitze på cirka ti minutter. Hvis man ikke tager turen via Marxenhöhe, følger man vejen forbi et par bondehuse på den venstre side af engen i retning mod skoven. Ruten er 2,6 kilometer lang, afsæt cirka halvanden time til turen.

## Vandrerute til Kehlstein og Kehlsteinhaus

*Udgangspunkt: Ofnerboden*
*Purtschellerstraße 4*
*83471 Berchtesgaden*
*www.berchtesgaden.de/wandern/*
*wanderwege/kehlstein*

Når man vil besøge Kehlsteinhaus, Eagles Nest eller Hitlers Tehus eller hvad folk kalder bygningen på toppen af Kehlstein, tager de fleste bussen fra Dokumentation Obersalzberg. Men der er også muligheden for at gå derop. Det sker fra en parkeringsplads på Roßfeldstraße, hvorfra man følger en skiltet vandrerute. Vejen er asfalteret og går parallel med den vej som shuttlebusserne kører. Vandreruten starter ved Schiffererhütte ved Ofnerboden på Roßfeld Panoramastraße. Ruten går via en skiltet vandrerute gennem skoven til en asfalteret sidevej, vejen er spærret for al offentlig kørsel. Ruten har adskillige kurver og adskillige højdemeter, særligt mellem Kehlriedel og Hochfeld på den nordlige side af Kehlstein. Ruten er betegnet med AV-Wanderweg 40. Vandreruten ender på busvendepladsen ved elevatoren til Kehlsteinhaus. Her kan man enten tage elevatoren op eller gå af den smalle serpentinervej til Kehlsteinhaus i 1.834 meters højde. Herfra kan man så fortsætte på Kehlstein-Rundweg, der fører rundt i området. Ruten er 5,8 kilometer lang, der er 949 højde meter, afsæt mindst fire timer af til turen.

## Skulpturenweg Teisendorf

*Start/slut:*
*Tourist-Info Teisendorf*
*Poststraße 14 • 83317 Teisendorf*
*www.berchtesgaden.de/rupertiwinkel/*
*wandern-im-stoisser-achental/*
*skulpturenweg*

Skulpturenweg i Teisendorf er en kombination af vandrestierne Wald-lehrpfad og Wald-Damm-Weg. På ruten kommer man både forbi bryg-huset, friluftsbadet, via skovstier, valfartskapellet Lourdes, vandfald, borgruinen Raschenberg og Geopark

Eichelgarten. Undervejs informeres man om dyrelivet i skoven samt om hvilke fisk der er i dammen. Desuden kommer man på turen forbi en lang række skulpturer, figurer og meget mere. Ruten betegnes som en middelsvær vandrerute, den er 9,4 kilometer lang, afsæt cirka tre timer af til turen.

## Malerwinkel ved Königssee

*Udgangspunkt: Parkplatz Königssee*
*Seestraße 3*
*83471 Schönau am Königssee*
*www.berchtesgaden.de/wandern/*
*see-klamm-wanderungen/*
*koenigssee-malerwinkl*

På den nordlige side af Königssee finder man udsigtspunktet Malerwinkel, hvorfra der er udsigt over Königssee til Sankt Bartholomä og Schönfeldspitze i Steinernen Meer. Fra parkeringspladsen ved Königssee går man forbi de smukke båd-

*Hintersee*

huse, bådværftet og videre forbi den tidligere Café Malerwinkel, hvor man får det første vue over søen. Herfra går det en anelse opad inden man når Malerwinkl, som er hele anstrengelsen værd, herfra er der udsigt til Sankt Bartholomä, som er fire kilometer væk. Herfra kan man gå videre gennem skoven til yderligere udsigtspunkter. Følger man stien endnu længere ender man ved Jennerbanens dalstation, hvorfra man kan tage med banen op på Jenner eller gå retur til parkeringspladsen eller gå samme vej tilbage til Königssee Seelände. Fra det højeste punkt på turen til Malerwinkel kan man gå videre via Rabenwandsteig til et andet udsigtspunkt *Rabenwand*. Ruten er 3,8 kilometer lang og afsæt gerne halvanden til to timer af til turen.

*ADVARSEL! Følg **IKKE** den smalle sti der går fra Malerwinkel videre langs bredden af Königssee. Det er en gammel rute, som flere steder er forfalden med stor risiko for at styrte ned.*

## Ramsauer Malerweg

*Udgangspunkt: Neuhausenbrücke*
*Im Tal • 83486 Ramsau*
*www.berchtesgaden.de/wandern/*
*see-klamm-wanderungen/*
*ramsauer-malerweg*

Vandreruten Ramsauer Malerweg går fra kirken Sankt Sebastian i Ramsau gennem den mystiske skov Zauberwald til Hintersee og passet over Hirschbichl. Undervejs går man i fodsporene af det 19. århundredes store landskabsmalere, hvor man også kommer forbi Kalvarienberg Kapelle. Fra Kalvarienberg er det muligt at tage en afstikker til valfartskirken Maria Himmelfahrt, der også kaldes for Kunterwegkirche. Ramsauer Malerweg hylder alle de landskabsmalere der i det 19. århundrede var fascineret af området omkring Ramsau og Hintersee. Det var kunstnere fra hele Europa, såsom Carl Rottmann, Ferdinand Waldmüller, Friedrich Gauermann og Wilhelm Busch, for blot at nævne nogle af dem som kom til området for at forevige bjergene og landskaberne på deres lærreder. På ruten finder man i alt 26 informationstavler på de steder, hvor malerne stod med deres lærreder og pensler. Blandt de mest yndede motiver var landsbyen Ramsau, bønderne i deres dragter, bjergene og ikke mindst Hintersee.

Ruten går fra kirken Sankt Sebastian langs Ramsauer Ache til Marxenbrücke. Ved Marxenbrücke går man over hovedvejen og ind i Zauberwald, hvor man følger vandrestien til Hintersee. Man følger søen til man kommer til parkeringspladsen ved Klausbachhaus. Her kan man vælge at tage AlmErlebnisBussen mod Hirschbichl eller tage bussen RVO 846 retur til Ramsau. Dog er det værd at nævne, at vejen mellem Ramsau via Zauberwald til Hintersee også kan benyttes om vinteren, da ruten ryddes for sne. Desuden kan der i Zauberwald være passager, hvor man ikke kan køre med klap- eller barnevogne, det gælder både sommer og vinter. Ruten fra Ramsau til

Hintersee er 6,5 kilometer lang. Det anbefales at man afsætter mindst to timer til turen.

## NATURLEHRPFAD ZAUBERWALD

Start/slut: Parkplatz Seeklause
*Am Hintersee • 83486 Ramsau*
*www.berchtesgaden.de/wandern/*
*see-klamm-wanderungen/*
*zauberwald-ramsau*

På en vandring på naturlæringsstien, Naturlehrpfad, gennem Zauberwald ved Hintersee, kommer man forbi flere små kroer, men allervigtigst er informationstavlerne langs stien, der informerer omkring dannelsen af Hintersee og Zauberwald, men også om planteriget. Den bedste tid at gå ruten er fra maj til juli, hvor de fleste planter blomstrer. Hintersee blev dannet for tusindvis af år siden, da der skete et skete et stort dramatisk klippeskred og brusende vand fra bjergene skar sig gennem områ-det og bragte klippestykker med sig. Gennem tiden har naturen formet området omkring søen, et område som i dag kendes som den mystiske skov, Zauberwald. Naturstien starter ved parkeringspladsen Seeklause ved Hintersee, via Ramsauer Ache, Hintersee og Antonikapelle. Ruten er 6,4 kilometer lang, og det anbefales at man afsætter mindst to timer til turen. *RVO Bus 846 holder ved busstoppestedet Hintersee/Zauberwald.*

## RUNDT OM ABTSDORFER SEE

*Udgangspunkt: Parkplatz Seethal*
*Am Abtsdorfer See • 83410 Laufen*
*www.berchtesgaden.de/wandern/*
*see-klamm-wanderungen/*
*abtsdorfer-see-rundweg*

Abtsdorfer See, eller blot Abtsee som de lokale kalder søen, er beliggende mellem Saaldorf-Surheim og Laufen. Søen opstod for mere end ti tusind år siden, da Alpegletsjeren smeltede. Rundt om søen

*Königssee*

finder man en sti, der er velegnet til både klap- og barnevogne, kørestolsbrugere samt rulleskøjteløbere. Turen er et yndet område om sommeren, men også om vinteren, da stien ryddes og saltes. Turen starter ved parkeringsplads Seethal, der er beliggende på Kreisstraße mellem Laufen og Saaldorf, undervejs kommer man forbi den gamle bosættelse Abtsdorf. Ved søens sydlige ende er der udsigt over søen, Leobendorf og Haarmoos. Ved søens vestlige bred er der et panoramavue over Salzburger Alpen, Berchtesgadener Alpen og endda helt til Chiemgauer Alpen. Ved søens nordlige bred går man i skyggen af gamle træer, her kan man, med besvær, fornemme den lille ø, hvorpå der i det 14. århundrede stod en borg. Kort herefter når man til friluftsbadet og det tidligere slot, der i dag er indrettet som privatklinik. Herfra er der 1,2 kilometer til man når parkeringspladsen. Hele turen er 5 kilometer lang, turen tager cirka halvanden time.

## Prinzregent Luitpold Weg

*www.ramsau.de/sommerurlaub/ wandertouren/prinzregent-luitpold-weg.html*

Vandreruten *Prinzregent Luitpold Weg* er en sti rundt om Hintersee, der er mulig at gå året rundt. Turen starter ved Seeklause eller ved en af busholdepladserne ved Hintersee. Ved Zauberwald passerer man området, hvor klippestykker for tusind år siden styrtede ned og dannede Zauberwald og Hintersee, herfra går man videre til stedet, hvor Hintersees tilløb befinder sig, her finder man også en kiosk, Zauberwald Endstation. Her går man cirka 500 meter længere langs vejen, til stedet hvor vejen atter drejer mod højre i retning mod søens vestlige bred. Undervejs finder man informationstavler over de malere som gennem tiden har stået her med deres staffelier og malet landskabet. Ruten betegnes som let, den er 2,5 kilometer lang, afsæt en times tid til turen.

## Rundt om Frillensee

*Adlgaß • 83334 Inzell*
*www.bergtour-online.de/bergtouren/ bergwanderungen/leicht/frillensee/*

Frillensee ved Inzell er Tysklands koldeste sø. Rundt om søen er der en sti, Bergerlebnis-Pfad, hvor der er forskellige såkaldte stationer der fortæller om naturen. Desuden er der flere bænke på ruten, hvor man blandt andet kan nyde udsigten over søen og til Staufen-bjergmassivet. Turen egner sig godt til familier med børn. Turen er cirka 6 km lang.

## Lusser Stausee-Weg

*Start/slut: Hotel Gut Ederman Holzhausen 2 • 83317 Teisendorf*
*www.berchtesgaden.de/rupertiwinkel/ wandern-im-stoisser-achental/ lusser-stausee-weg*

Vandreruten starter ved Hotel Gut Edermann, Teisendorf, hvorfra man går i retning mod nord, forbi gården Fallwickl-Bauernhof og passerer Lußer Grabenweg i retning mod Sur.

Man går via floden til dæmningen, hvor man går over mod udsigtspunktet ved Wimmern, derfra retur til Surbrücke, hvor man drejer til højre og går over Sur, hvor man kommer til vejen mod Holzhausen og udgangspunktet ved Hotel Gut Edermann. Ruten betegnes som let, 7,8 kilometer lang, afsæt halvanden til to timer til turen.

## PANORAMAVEJEN AUFHAM-PIDING

*www.regio.outdooractive.com/*
*oar-bgl/de/tour/wanderung/*
*talrunde-aufham-piding/55145918/*

Denne vandrerute går fra torvet i Aufham via panoramavejen, der går via Jechling, Urwies, Piding og Unterberg retur til turens udgangspunkt. Fra torvet i Aufham går turen i retning mod Hauptstraße, hvor man går mod højre og går over vejen. Her

går turen videre på gangstien der går under motorvejsbroen. Efter broen drejer man til venstre ind på den såkaldte panoramavej. Her følger man skiltene mod Jechling/Piding, og videre mod Urwies, og fortsætter lige ud i retning Unterberg til man kommer tilbage til udgangspunktet i Aufham. Turen betegnes som let, den er 9,1 kilometer lang, afsæt cirka tre timer til turen.

## KIBLINGER HÖHENWEG

*Udgangspunkt: Predigtstuhlbahn*
*Südtiroler Platz 1*
*83435 Bad Reichenhall*
*www.bad-reichenhall.de/wandern/*
*wanderwege/kiblinger-hoehenweg*

Ved landsbyen Kibling finder man Kiblinger Höhenweg, det er en vandrerute rundt om Müllnerberg, der også kaldes for Müllnerhorn. Bjergmassivet danner rammen om den

*Königssee*

sydøstlige del af Bad Reichenhall. I den østlige del af Müllnerberg finder man punktet Bürgermeister-höhe, som man kan nå fra Kiblinger Höhenweg. Udgangspunktet for vandreruten er ved Predigtstuhlbanens dalstation, i bydelen Kirchberg ved Bad Reichenhall. Herfra følger man vandrerute 5 (WZ5) i retning mod Saalachsee og derfra videre over Kiblinger Alm tilbage mod udgangspunktet. Ruten er 4,7 kilometer lang, undervejs skal der forceres 340 højdemeter.

## SANKT ZENO - MARZOLL RUNDWEG

*Wegezentrum St. Zeno/Kirchholz Zenostraße • 83435 Bad Reichenhall www.bad-reichenhall.de/wandern/ wanderwege/sankt-zeno-marzoll-rundweg*

Vandreruten Sankt Zeno - Marzoll Rundweg er en nydelsestur, hvor man undervejs kommer gennem fuglebeskyttelsesområdet Bad Reichenhall Kirchholz og masser af natur. Vandreruten benyttes også af mange løbere. Ruten starter ved Sankt Zeno i Bad Reichenhall, hvor fra man følger vandrerute nummer 3 (WZ 3). Fra Sankt Zeno går man i retning skoven til bydelen Froschham mod Weißbach til Marzoll, hvor man undervejs kommer forbi Schloß Marzoll, derfra videre gennem Leopoldstal til Bayerisch Gmain, derfra videre mod Kirchholz og Bad Reichenhall, hvor turen ender. Turen er 9,5 kilometer lang, afsæt tager minimum 2½ time til turen.

## GIPFELTOUR HOCHSCHLEGEL, DREISESSELBERG OG KARKOPF

*Udgangspunkt: Predigtstuhlbahn Talstation Südtiroler Platz 1 83435 Bad Reichenhall www.bad-reichenhall.de/wandern/ bergtouren/hochschlegel-dreisesselberg-karkopf*

Rundt om bjergtinden Predigtstuhl er der flere vandreruter, en af disse er turen rundt om de tre bjergtinder Hochschlegel, Dreisesselberg og Karkopf. Turen starter med en tur med Predigtstuhlbahn, hvorfra man følger ruten til Schlegelmulde og Schlegelmulderalm (1.530 meter), videre mod Hochschlegel (1.688 meter) til Karkopf (1.739 meter), der er rutens højeste punkt. Fra Karkopf vandrer man en anelse tilbage og går mod Dreisesselberg, der er den sidste bjergtinde på denne tur, inden man når tilbage til Predigtstuhlbahn. Ruten betegnes som middelsvær, den er 6 kilometer lang, undervejs skal der forceres 530 højdemeter.

## STAUFEN-BERGTOUR OVER STEINERNE JÄGER

*Udgangspunkt: Wanderzentrum 4 Kurfürstenstraße 83435 Bad Reichenhall www.bad-reichenhall.de/wandern/ bergtouren/hochstaufen-bergtour*

Staufen-Bergtour er en rute for mange bjergbestigere. Turen starter ved parkeringspladsen i Kurfürstenstraße, ved RupertusTherme, Bad Reichenhall, hvorfra man følger vandrerute 4 (WZ4) over floden Saalach til Padinger Alm, derfra via Buchmahd og Steinerne Jäger til Reichehaller Haus. Turen tilbage til udgangspunktet går via Bartlmahd til Padinger Alm inden man er tilbage ved RupertusTherme. Turen er kun for trænede vandrere/bjergbestigere i god form, da turen undervejs kan give selv de mest trænede store udfordringer. Ruten, der betegnes som svær, er 13,5 kilometer lang, og der skal forceres 1.300 højdemeter undervejs.

## BERGTOUR ZWIESELALM OVER BARTLMAHD

*Udgangspunkt: Wanderzentrum 4*
*Kurfürstenstraße*
*83435 Bad Reichenhall*
*www.bad-reichenhall.de/wandern/*
*bergtouren/zwieselalm-bergtour*

Ruten starter ved RupertusTherme på Kurfürstenstraße i hjertet af Bad Reichenhall, hvorfra man følger rutenummer WZ 4. Turen til Zwieselalm over Bartlmahd er en tur med gode udsigtspunkter undervejs. Ved Zwieselalm finder man en anden yndet vandrerute, nemlig Maximiliansweg, der går fra Bodensee i det vestlige Bayern til Königssee i Berchtesgadener Land. Ruten til Zwieselalm er også en yndet rute for mountainbikeryttere, dog kan man ikke køre hele vejen til Zwieselalmhytten, man bliver nødt til at parkere cyklen og tage de sidste meter til fods. Ruten betegnes som svær, den er 15,8 kilometer lang, undervejs skal man forcere 1.133 højdemeter.

## WAXRIESSTIEG

*Udgangspunkt - Wegezentrum 5:*
*Kirchberger Bahnhof/Lattengebirge*
*Anton-Winkler-Straße*
*83435 Bad Reichenhall*
*www.bad-reichenhall.de/wandern/*
*bergtouren/waxriesstieg*

Waxriesstieg er kun for de toptrænede bjergbestigere. Turen starter ved Bahnhof Kirchberg, i nærheden af Bad Reichenhall. Fra Bahnhof Kirchberg følger man vandrerute WZ 5 Kirchberger Bahnhof/Lattengebirge. Fra banegården går man langs floden Saalach inden man drejer til venstre ad vejen, der går mellem floden og Loferer Straße. Vejen følger man til dæmningen ved Saalachsee, hvor man følger søen et par hundrede meter, hvor man drejer mod venstre og starter opstigningen mod Waxriesstieg og Predigtstuhl. Man følger vejen forbi Untere Schlegelalm og Obere Schlegelalm, herfra er der ikke langt til Predigtstuhl, hjemturen foregår med bjergbanen tilbage til dalen, hvorfra man går via Kiblinger Straße og Thumseestraße tilbage til Bahnhof Kirchberg. Ruten betegnes som svær, den er 6,6 kilo-

*Königssee*

meter lang, undervejs skal der forceres 1.150 højdemeter.

## Alpgarten Rundweg

*Udgangspunkt - Wanderzentrum 8:*
*Alpentalstraße*
*83457 Bayerisch Gmain*
*www.bad-reichenhall.de/wandern/*
*wanderwege/alpgarten-rundweg*

Mellem Untersberg og Lattengebirge ligger byen Bayerisch Gmain, herfra kan man vandre gennem Alpgartengraben, der er en dyb kløft i Predigtstuhlmassivet. Ruten er delvis stejl, hvor det kræves, at man har gode vandresko på. Langs ruten er der flere bænke, hvor man kan sidde og nyde naturen og bjergbækkens vildskab. Ruten betegnes som middelsvær, den er 2,9 kilometer lang, der skal forceres 230 højdemeter undervejs.

## Vandring gennem Nonner Ober- og Unterland

*Udgangspunkt: Wanderzentrum 4*
*Kurfürstenstraße*
*83435 Bad Reichenhall*
*www.bad-reichenhall.de/winter/*
*winterwandern/nonner-weg*

En vandretur i sneen er noget mange ynder, særligt på vandrestien gennem Nonner Au i Bad Reichenhall. Turen kan også benyttes om sommeren, men det er eftersigende noget særligt at gå turen med snesko gennem den knitrende sne. Ruten går fra hjertet af Bad Reichenhall via Listsee til Padinger Alm og retur til udgangspunktet. Fra Kurfür-

stenstraße følger man vandrerute WZ 4, ruten er 9 kilometer lang og har 300 højdemeter, sæt mellem to og tre timer af til turen.

## Vandring fra Bayerisch Gmain til Hallthurm

*www.regio.outdooractive.com/oar-*
*bgl/de/tour/winterwandern/winter-*
*wanderung-auf-dem-hallthurmer-weg*
*-von-bayerisch-gmain-nach/3695859/*

Fra Bergkurgarten i Bayerisch Gmain går vandreruten langs Wald-Idyll-Pfad til Passhöhe Hallthurm, der indbyder til vandreture både sommer og vinter. Undervejs kan man nyde den gode udsigt til blandt andet Untersberg. Tilbagevejen til Bayerisch Gmain kan foretages med bus, bus RVO 841 kører fra Hallthurm tilbage til udgangspunktet. Ruten er 3,8 kilometer lang, med en højdeforskel på 150 meter.

## Listsee Gesundheitsweg

*Udgangspunkt:*
*Thumseestraße/*
*Schmalschlägerstraße*
*Karlstein, 83435 Bad Reichenhall*
*www.bad-reichenhall.de/wandern/*
*wanderwege/listsee-gesundheitsweg*

Listsee Gesundheitsweg, sundhedsvandreruten, går fra Karlstein til den maleriske Listsee. Ruten starter på hjørnet af Thumseestraße og Schmalschlägerstraße i bydelen Karlstein. Ruten er 7,3 kilometer lang, undervejs skal der Man kan forkorte vejen ved at starte ved Listwirt eller ved Gasthaus Nederalm.

I Berchtesgadener Land findes der kun få større byer, såsom Berchtesgaden og Bad Reichenhall. Derimod findes der mange landsbyer, der også har deres charme, på hver deres måde. Berchtesgadener Land er opdelt i to, mod syd Berchtesgadener Land er det byerne Ramsau, Schönau, Bischofswiesen, Berchtesgaden, Marktschellenberg, Bad Reichenhall, Schneizlreuth og Bayerisch Gmain. Mod nord finder man Rupertiwinkel med byerne Piding, Anger, Ainring, Freilassing, Saaldorf-Surheim, Laufen og Teisendorf.

## ANGER

*Turistinformation Anger*
*Dorfplatz 4 • 83454 Anger*
*www.anger.de*

Anger er beliggende i Rupertiwinkel i den nordlige del af Berchtesgadener Land. Kommunen er beliggende godt 14 kilometer fra Bad Reichenhall, den er godt 46 km² stor, med cirka 4.200 indbyggere, hvor af de godt 1.500 bor i landsbyen Anger. Til kommunen Anger hører landsbyerne og bosættelserne Anger, Aufham, Hadermarkt, Hainham, Högl, Höglwörth, Holzhausen, Irlberg, Jechling, Lebloh, Moosbacherau, Oberhögl, Pfaffendorf, Pfingstl, Prasting, Reitberg, Steinhögl, Stockham, Stoißberg, Thal, Unterberg, Vachenlueg, Wolfertsau og Zellberg.

## HISTORISK

Allerede tilbage i stenalderen boede der mennesker i det som nu er landsbyen Anger, senere kom romerne og bosatte sig her. Dette har man fundet klare beviser for, da der er fundet rester af bronzesværd, økser, urner samt rester af romerske bygninger. Området omkring Anger blev givet som en donation af en greve til klostret Sankt Peter i Salzburg, der efterfølgende opførte klostret Höglwörth. Efter opløsningen af klostret i 1803 overgik Anger til Ærkehertug Ferdinand von Toscana. I forbindelse med fredsforhandlingerne ovenpå Napoleonskrigene overgik ejendomsretten over Anger til Østrig, i 1809-1810 blev Anger en del af Rupertiwinkel og delstaten Bayern. I 1818 opstod den kommune man i dag kender. Dog hed kommunen indtil 17. august 1937 Stoißberg, hvorefter navnet blev ændret til Anger.

Det bayerske kongehus var forelsket i den lille landsby, derfor blev der i forbindelse med den bayerske konge Max den Førstes 25 års regeringsjubilæum i februar 1824, plantet 25 lindetræer på torvet i Anger. I 1841 kom Kong Ludwig den Første på besøg i landsbyen og udbrød: *Fra nu af er denne landsby den smukkeste i hele mit kongerige.* I 1884 blev der opsat en Mariasøjle med figurerne Maria og det lille Jesusbarn. Mariasøjlen blev fremstillet på et jernstøberi i Achthal. Den forgyldte person, Maria, er Bayerns skytsengel, *Patrona Bavaria.* I pladsens modsatte

*Berchtesgadener Land, kommune inddeling*

ende finder man sognekirken Maria Himmelfahrt, der blev opført i det 15. århundrede. Kirken betegnes i dag som den ældste landsbykirke i regionen. Til Anger hører også det tidligere Augustinerkloster Höglwörth samt Stiftskirken Höglwörth. Desuden er området omkring Anger et yndet vandre- og cykelområde.

## STAUFENBAD

*Angerstraße 30 • 83454 Anger*
*www.anger.de/staufenbad*

Det opvarmede friluftsbad, Staufenbad, er beliggende i Aufham, som er en del af Anger. Staufenbad er en lille badeanstalt ved Höglwörther See, som er opkaldt efter det nærliggende bjerg Hochstaufen. Udover bassiner er der et stort område med legeplads, kiosk og meget mere. Friluftsbadet har åbent fra starten af maj til midten af september fra klokken 8.00 til 20.00. Tjek eventuelt turistinformationens hjemmeside for eventuelle ændringer i friluftsbadets åbningstider. RVO bus 829 fra Bad Reichenhall kører til friluftsbadet.

## HANS-PETER PORSCHE TRAUMWERK

*Zum Traumwerk 1 • 83454 Anger*
*www.traumwerk.de*

Hans-Peter Porsche TraumWerk åbnede den 21. juni 2015 ved motorvej, Autobahn, A8, mellem Piding og Anger. Den 5.500 m² store udstillingshal danner rammen om Hans-Peter Porsches store private samling af historisk legetøj, bliklegetøj, bamser, modelbiler, modelflyvere, modelskibe, Oldtimere og modeljernbaner. Bare modeljernbanerne fylder et område på 400 m². Der er jernbaneskinner med en samlet længde på tre kilometer, hvorpå der kører 40 til 180 toge, alle toge i målestoksforholdet 1:87 (HO). Anlægget har en højdeforskel på op til fire meter, hvor moderne teknik sørger for at få det hele til at se realistisk ud, med hjælp fra moderne teknik kan man opleve både torden og regnvejr. Anlægget er opbygget så det afspejler virkelighedens natur i Bayern, Østrig og Schweiz. Til samlingen hører også den modeljernbane, som den legendariske entertainer Peter Alexander opbyggede. På grunden udenfor udstillingshallen finder man et 20.000 m² stort parkanlæg med legeområder. Hans-Peter Porsche er barnebarn af den legendariske Professor Dr. Ingeniør H. C. Ferdinand Porsche. Ja, den Hr. Porsche... manden bag de legendariske Porsche biler. Både udstillingshal og udendørsområde er velegnet for kørestolsbrugere, såvel som familier med barne- og klapvogne.

## BORGRUINEN VACHENLUEG

*Vachenlueger Straße 36*
*83454 Anger*

Borgruinen Vachenlueg kaldes til tider også for Schloß Vachenlueg. Slottet eller ruinerne finder man i landsbyen Vachenlueg i nærheden af Anger. I 1413 erhvervede skibsreder Michael von Haunspergs to sønner Godset Vachenlueg. De to sønner begyndte straks at opføre borg og borgkapel. Borgen blev opført af brødrene Martin og Hans von Haunsperg i 1414. Martin von Vachenlueg, der var gift med Wandula Trauner, afsluttede i 1427 byggeriet af borg og tilhørende borgkapel/slotskapel. Martin von Haunsperg havde tjent under Kejser Sigismund under krigene mod tyrkerne i 1400 og 1403, og havde tjent godt med penge. Opførelsen af borgen stod, som nævnt, færdig i 1427, herefter kaldte Martin von Haunsperg sig for Martin von Vachenlueg, og grundlagde slægten von Vachenlueg, der eksisterede frem til 1772. I 1459 fik Martins ældste søn, Georg von Vachenlueg, der var gift med Barbara, et privilegium fra Kejser Friedrich den Tredje. Et privilegium, der gav Georg og Barbara muligheden for at drive et gæstgiveri i nærheden af slottet, hvor de tjenende og afgiftsforpligtede bønder kunne afholde deres bryllupper og fester. I 1521 blev Herskabet Vachenlueg delt mellem Hans og Wilhelm von Haunsperg. I 1635 blev Herskabet Vachenlueg udnævnt til Freiherr, baron, som i 1675 blev udskiftet med grevetitlen. Men slægten blev mindre og mindre, og i 1699 var det slut med slægten von Vachenlueg, da Franz von Hausperg døde. I 1722 solgte nevøen til den sidste Haunsperger borgen til Provst Johann Baptist Zacherl på Kloster Höglwörth, hvorefter slottet forfaldt mere og mere. I 1806 blev slottet kaldt for en *gammelt faldefærdig bygning med en tålelig rumfordeling*. Efter opløsningen af klostret i Höglwörth blev Vachenlueg solgt endnu to gange. I 1890 erhvervede Franz Edfelder den forfaldne slotsruin. Men efter to jordskred blev ruinen mere og mere ødelagt, inden man i 1954 valgte at fjerne den sydlige mur, da der var fare for at den styrtede sammen. I 2008 blev resterne af slotsruinen renoveret, og gæstgiveriet *Froschkönig* blev solgt og lukkede. Men i 2014 genåbnede det, nu privatejede, historiske gæstgiveri under navnet *Taverne Vachenlueg*. Slottets tidligere kapel, Kapel Vachenlueg, blev i 1825 genopført i træ, men i 1848 blev det erstattet af et kapel af sten.

## DORFPLATZ

På Dorfplatz i Anger finder man en lang række historiske gamle bygninger. Den ældste bygning er kirken, Sankt Mariä Himmelfahrt, der blev indviet tilbage i 1447. Pladsens yderligere bygninger stammer fra perioden mellem det 17. og 19. århundrede.

## MARIENSÄULE

Mariensäule, eller Mariasøjlen, står midt i Anger. Mariafiguren på toppen af søjlen blev støbt på støberiet i Achthal, og opsat på pladsen i 1884.

## PESTFRIEDHOF

Pestfriedhof eller pestkirkegården er en del af byens nuværende kirkegård. Kirkegården blev anlagt i det 17. århundrede. Kapellet, Pestkapelle, blev opført i 1663 og udvidet i 1856.

## Pfaffendorfer Mühle

På Mühlenweg 3 finder man møllen Pfaffendorfer Mühle, hvor de ældste dele af bygningen stammer fra 1587 og de næstældste stammer fra 1770.

## Ainring

*www.ainring-urlaub.de*

Kommunen Ainring er blot 33 km² stor med godt 9.600 indbyggere. Ainring er beliggende i den nordlige del af Berchtesgadener Land, som også kaldes for Rupertiwinkel. Til kommunen hører følgende byer, landsbyer og bosættelser: Adelstetten, Ainring, An der Straß, Au, Berg, Bicheln, Bruch, Ed, Eschlberg, Feldkirchen, Fürberg, Gepping, Hagenau, Hammerau, Hausmoning, Heidenpoint, Hofer, Hort, Kohlstatt, Langacker, Mitterfelden, Moos, Mühlreit, Mühlstatt, Mürack, Perach, Pirach, Rabling, Rauchenbücheln, Reit, Schiffmoning, Schmiding, Simonhäusl, Ulrichshögl, Wiesbach, Thundorf, Abfalter, Altmutter, Bach, Buchreit, Doppeln, Gehring, Gessenhart, Hasholzen, Hinterau, Höglau, Niederstraß, Oberholzen, Öd, Ottmaning, Rain, Straß, Sur, Thundorfer Mühle, Weng og Winkeln.

## Historisk

Man har kunne spore den første bosættelse tilbage til år 5.000 før Kristi Fødsel. I romertiden gik handelsvejen mellem *Iuvavum*, som i dag bedre er kendt som Salzburg, samt *Augusta Vindelicum*, som i dag bedre er kendt som Augsburg, gennem Ainring. Den gamle handelsvej er den nuværen-

de hovedvej, Bundesstraße 304. Ainring eller *Ainheringa* formoder man blev grundlagt tilbage i 700-tallet, muligvis før. Man ved dog med sikkerhed, at Ainring blev givet til klosterstiftet Nonnberg i Salzburg af Hertug Theodbert omkring år 715. Første gang man har dokumenteret Ainring er i *Notitia Arnonis* i omkring år 788-790.

Navnet *Ainring* består af to dele *Ainr*, efter navnet *Einher*, og *ing*, der kan oversættes til *til grunde*. Navnet *Ainring* formodes at komme fra det bajuvariske, bayerske, navn *Bei den Leuten des Einher*, eller noget i retning af *hos folkene ved Einher*. Ainring hørte i mange år til fyrstedømmet Salzburg, men efter opløsningen af klostrene i 1803, blev Ainring i første omgang givet til Ferdinand den Tredje og kurfyrstedømmet Salzburg. I 1805 overtog kejseren af Østrig ejendomsretten over området og ved fredsforhandlingerne i Wien, i 1809, overgik Ainring til den bayerske konge. I forbindelse med ændringer i administrationen i 1818 opstod den nuværende kommune. Ainring hørte indtil 30. juni 1972 til statsforvaltningsområde, Landkreis, Laufen, men i forbindelse med kommunereformen kom Ainring til at høre under statsforvaltningsområde Bad Reichenhall, der dog i 1973 tog navneændring til Landkreis Berchtesgadener Land. Ainring er den tredje største kommune i hele Berchtesgadener Land, kun byerne Bad Reichenhall og Freilassing er større.

## LUFTHAVNEN I AINRING

Efter Hitler kom til magten i 1933, blev det beordret, at der blev fundet et egnet område til en lufthavn, som skulle være beliggende i nærheden af hans kommende hus, Berghof, i Obersalzberg. Der eksisterede allerede to flyvepladser, Reichenhall-Mayerhof og Salzburg-Maxglan, men ingen af dem levede op til Hitlers tanker og ideer. Derfor fandt man i Ainring-bydelen Mitterfelden, et område, som blev købt i august 1933, og i 1934 gik byggeriet og anlæggelsen af lufthavnen i gang. Stilen var bayersk stil. Lufthavnen blev kaldt for *Sportsflyvepladsen* for at dække over dens oprindelige formål. Sportsflyvepladsen blev kort efter opførelsen navngivet *Reichenhall-Berchtesgaden Airport.* Anlæggelsen af lufthavnen skete så det var nemmere for Hitler, hans topfolk samt de mange statsmænd, der besøgte Hitler, at komme til og fra Obersalzberg. Hitler benyttede lufthavnen, som han kaldte for Tysklands smukkeste bjerglufthavn, første gang den 24. august 1934.

Mellem 1936 og 1941 var der mange kongelige, ministerpræsidenter, ambassadører, biskopper og diktatorer på besøg hos Hitler på Berghof i Obersalzberg. Blandt gæsterne var den tidligere britiske premierminister David Lloyd George, Marques de Magaz (spansk ambassadør), den britiske premierminister Arthur Neville Chamberlain, den franske ambassadør André François-Poncet, kong Carol den Anden af Rumænien, Ante Pavelić (lederen af den tyske vasalstat Kroatien), Hertugen af Windsor samt den østrigske Bundeskansler Kurt Schuschnigg. Netop besøget af den østrigske Bundeskansler Kurt Schuschnigg skete den 12. februar 1938 blot en måned før det tyske rige indtog det østrigske rige.

Ribbentrop fløj fra lufthavnen i Ainring til Moskva blot få dage før Anden Verdenskrig brød ud i 1939 for at underskrive den såkaldte ikkeangrebspagt med sovjetterne. Under krigen blev der på området oprettet en kaserne til det tyske Luftwaffe. På grund af krigen, blev det *DFS - Deutsche Forschungsanstalt für Segelflug,* der kom til at benytte barakkerne. Den 5. maj 1945 overtog den amerikanske hær lufthavnen uden kamp. De tyske soldater havde på dette tidspunkt allerede sprængt sine fly i luften og forladt området.

Der er i dag kun få spor og bygninger tilbage fra naziregimets tid i Berchtesgadener Land. De eneste bygninger, som stadig eksisterer på den 600.000 m² store grund, fra tiden som nazisternes lufthavn, er bygningerne, hvor lufthavnens ledelse samt kroen oprindeligt lå. Den tidligere kro benyttes i dag som kontorer og cafeteria af det bayerske politi, som har et uddannelsescenter BPFI på grunden. Desuden er der en udstilling om tiden som nazisternes lufthavn. BPFI forsøger ikke at skjule fortiden, de er derimod klar til at tage kritik og reflesioner op fra de politifolk fra hele Tyskland, som deltager på kurser på uddannelsescentret. Der findes en inskription på bygningen, som i dag knapt kan læses... men der står *Erbaut i. J. 6 Adolf Hitler*. Man har ikke kunne fjerne inskriptionen på grund af statiske årsager. Men hvad der menes med inskriptionen i *J. 6 Adolf Hitler*?, og hvad ville nazisterne opnå med at beregne tid på? Der er flere, der mener, at inskriptionen betyder: *Adolf Hitlers år 6 på magten*. Eftersom Hitler tog magten i 1933, så skulle lufthavnen være bygget i 1939. Andre mener, at det betyder: I*m Einklang mit den Intro zu Triumph des Willens, wird wohl die Zeit seit Beginn der Deutschen wiedergeburt 1933 gemeint sein!* På dansk betyder det: *I tråd med introen til Viljens Triumf menes nok tiden siden begyndelsen af den tyske genfødsel i 1933!*

### DP-CAMP AINRING
Efter Anden Verdenskrig befandt der omkring 12 millioner mennesker udenfor deres hjemland på grund af de havde været forfulgte eller deportereret af nazisterne. Denne befolkningsgruppe blev også kaldt for *DP - Displaced Persons*, som blot kan forklares som hjemstavnsfordrevne personer, samt personer, der ikke længere kunne rejse hjem til deres oprindelsesland, eksempelvis tidligere fanger i KZ-lejrene eller tvangsarbejdere. En af disse lejre var den jødiske DP-lejr i Ainring, som var oprettet på den tidligere nazistiske regerings lufthavn i Mitterfelden. Lejren var i starten kun en modtagelses- og transitlejr fra

vinteren 1945 og frem. Men cirka 300 personer opholdte sig i længere tid i lejren. Indtil lejrens opløsning i 1947 boede der op til 3.000 personer i barakkerne i Mitterfelden. Lejren var en af godt 1.800 lejre i hele Tyskland. Lejren eksisterede indtil 1947, hvor lejren blev lukket, hvorefter personerne blev flyttet til Lechfeld lejren ved Augsburg. Efter lukningen af lejren blev barakkerne benyttet som midlertidige hjem til de tyskere, der var fordrevet fra deres hjemby, som var ødelagt under krigen. Barakbyen udviklede sig til bydelen Mitterfelden.

### PERSONLIGE HISTORIER OM LIVET I DP-CAMP AINRING
Der findes sikkert mange flere historier om livet i DP-lejren i Ainring, men her er et par af de historier, jeg læste under min research.

### ARIE ITAMAR
En af de historier jeg fandt under min research stammer fra Arie Itamar. Arie Itamars familie stammede fra ukrainske Odessa, hvor hans far var soldat i den sovjetiske Røde Hær, men var blevet dræbt på slagmarken i 1941 i kampe mod den tyske Wehrmacht i nærheden af Moskva. Arie flygtede sammen med sin bedstemor fra rumænske kollaboratører til Tadsj, hvor de blev forenet med Aries mor. Men grundet de nazistiske grusomheder der, mistede familien atter deres hjem. Efter Anden Verdenskrig fik de polske pas gennem organisationen Escape. I håb om at skabe et nyt liv tilbagelagde

familien tusindvis af kilometer i tog, enten i passagervogne eller i godsvogne, på ladet af lastbiler eller til fods, inden de nåede til DP-lejren i Ainring. Arie Itamar har senere i sit liv beskrevet livet i lejren i Ainring og Mitterfelden, som stort set normalt. Beboerne i DP-lejrene boede i trange barakker, men der var en skole, biograf, der blev fejret Shabbat, og af og til var det muligt at komme på udflugter. Da DP-lejren i Ainring blev ubeboelig på grund af rotter, blev familien sendt til en havn nær Marseille i Frankrig, hvor de blev sat på et skib, Exodus, og sejlet til Israel, hvor de blev sendt retur til Europa, og i 1947 ankom de til deres nye hjem.

## SHAUL

I 1940 flygtede Shauls forældre fra ghettoen i polske Warszawa, men de måtte efterlade hele deres familie. De flygtede i første omgang til Sibirien, som forældrene, Golda og Moshe, var et år om at nå frem til. Men Sibirien viste sig at være det rene helvede. Moshe blev rekrutteret til den sovjetiske Røde Hær, og Golda led under umenneskelige forhold i 3 år. I 1944 blev familien tvunget til at flytte til Ukraine. Det er alt, hvad Shaul kan berette om de rædsler, som forældrene oplevede. Tavshedens bånd blev respekteret i familierne til de overlevende for Holocaust. Efter Anden Verdenskrig vendte Golda og Mosha retur til Warszawa, hvor de søgte, forgæves, efter overlevende familiemedlemmer. Derfor rejste Golda og Moshe

og deres to sønner, som var født under krigen, videre til Tyskland, hvor de ankom til DP-lejrene Lerchfeld og Ainring, men dog ikke uden forhindringer. Shaul blev født i DP-lejren Ainring i 1947. Shaul så sin mor som en superhelt, der lykkedes at flygte to gange, til trods for graviditeter. Shaul er den sidste overlevende i sin familie, der oplevede livet i DP-lejren i Ainring.

## TORFMUSEUM AINRINGER MOOS

*Mühlreit • 83404 Ainring*
*www.ainringer-moos.de*

I starten af det 19. århundrede begyndte man at grave tørv i Ainringer Moos, mose. Det var i starten bønder der gravede tørv, for at sælge det som brændsel til saltsyderiet, Alte Saline, i Bad Reichenhall, til kalkbrænderiet i Rott samt til hesteskosfabrikken i Hammerau. Efter Første Verdenskrig var der høj arbejdsløshed og mangel på brændsel. Derfor besluttede staten at oprette et nødhjælpsprogram, der i 1920 udviklede sig til virksomheden *Bayerischen Landestorfwerke*, en statsejet virksomhed, der skulle grave tørv i Ainringer mose. I det første år blev der udelukkende gravet tørv til brændsel, hertil benyttede man en dampdrevet tørveformmaskine. Tørven blev kørt til jernbanen, hvorfra den blev transporteret til tørvehytter, hvor tørven blev oplagret og tørret. Tørvehytterne var 12 meter lange og 3,5 meter brede, hvor der var plads til godt 120 kubikmeter tørv. I starten af 1960erne eksisterede der 248 af disse hytter rundt i hele moseområdet. Tørv var en ringe brændselform med dårlig brandværdi, derfor gik man over til at producere tørvestrøelse i stedet. I 1923-1924 byggede man en tørvestrøelsesfabrik, for fortsat at kunne tilbyde arbejde til de mange arbejdsløse. I starten af 1950erne var der ansat mellem 50 og 60 personer, men da mange ældre nåede pensionsalderen og de unge enten fandt andet arbejde eller udvandrede, blev der indtil 1970erne anvendt fanger fra det nærliggende fængsel til gravning af tørv i tørvemoserne. I slutningen af 1950erne moderniserede man fabrikken blandt andet med et automatiske sækkefyldningsanlæg, hvormed man kunne fylde 60 tørveballer i timen. I 1967-1968 lejede man et område, hvor man kunne lagre op mod 30.000 m³ tørv inden det blev sendt til videreforarbejdelse på fabrikken. Den 1. december 1968 blev tørvefabrikken med alt inventar, personale og rettighederne til at grave tørv overtaget af virksomheden BHS (Bayerische Berg-, Hütten- und Salzwerke), der i 1971 oprettede datterselskabet EUFLOR GmbH, der drev virksomheden videre, indtil man i 2003 indstillede al produktion af tørv. Allerede i 1990erne begyndte man at genetablere områderne, hvor man tidligere gravede tørv, således at det blev et naturområde med et rigt plante- og dyreliv. I dag er fabrikken omdannet til et museum, hvor man kan få hele historien om gravningen af tørv, se de historiske værktøjer og maskiner.

Museet har ingen faste åbningstider, derfor skal man kontakte foreningen bag museet mindst to måneder før man ønsker at besøge stedet. Kontakten skal ske via deres hjemmeside.

## TORFBAHN AINRING

Jernbanestrækningen, Torfbahn Ainring, er en smalsporsbane, sporvidde 60 centimeter, som man tidligere benyttede til transport af tørv. I dag er det en museumsjernbane og en del af tørvemuseet Ainringer Moos. Da man i starten af 1920erne begyndte at grave tørv, blev der samtidig anlagt en jernbanestrækning til transport af tørvene fra tørvegravene til tørvehytterne. I 1945 bestod vognparken af et benzindrevet lokomotiv og 21 vogne. Lokomotivet kunne trække op mod ti vogne ad gangen. I 1972-1973 opførte man Moosbahnhof, og jernbanestrækningen var op mod 13 kilometer lang. I 1990erne så vognparken ud som følgende:

6 dieseldrevne lokomotiver:
- Gmeinder 4527, fremstillet i 1949 hos Brennstoffstelle Ravensburg
- Deutz 56637, A2M514G, fremstillet i 1960 hos Pechkohlebergwerk, Peißenberg
- Diema 2655, DS 20, fremstillet i 1963
- Deutz 56642, GK20B, fremstillet i 1960 hos Pechkohlebergwerk, Peißenberg
- Deutz 56042, A2M517G, fremstillet i 1957 hos Klöckner-Werke, Castrop-Rauxel
- Deutz 57809, GK20B, fremstillet i

1964 hos Pechkohlebergwerk, Peißenberg

Derudover:

- 70 vogne med plads til 7 m³
- 1 kranvogn til vedligehold og bygning af spor
- 1 værkstedsvogn med kompressor og strømgenerator til vedligehold og bygning af spor
- 4 flade transportvogne
- 3 vogne med læssebroer
- 3 vogne til persontransport
- samt materialer til vedligehold og bygning af spor fra firmaet Schrock i München

*I dag eksisterer der cirka to kilometer af jernbanestrækningen, hvor man maximalt kører 7 km/t, til museets vognpark eksisterer følgende materiel:*

- 1 styk toakslet diesel lokomotiv fra Gmeinder 4527 - 28 hestekræfter, bygget i 1949
- 1 styk toakslet diesel lokomotiv fra Gmeinder, 28 hestekræfter
- 1 styk toakslet diesel lokomotiv fra Deutz 56637 - 27 hestekræfter, bygget i 1960
- 1 styk fireakslet diesel hydraulik kranvogn, 25 hestekræfter
- 1 styk toakslet batteridrevet rangerlokomotiv
- 1 styk toakslet dieseldrevet tørvsuger
- 1 styk toakslet spormaskine
- 1 styk toakslet vogn til persontransport
- 2 styk fireakslet vogn til persontransport
- 2 styk fireakslet vogn med læssebro

- 1 styk fireakslet tankvogn til diesel
- 3 styk fireakslet flad transportvogne
- 2 styk to akslet flad transportvogne
- 7 styk fireakslet skinne transportvogne
- 18 styk fireakslede tørvevogne med plads til op til 7 m³

## STAHLWER ANNAHÜTTE

*Max Aicher GmbH & Co. KG*
*Max-Aicher-Allee 1+2*
*83404 Ainring-Hammerau*
*www.annahuette.com*

I Hammerau, i nærheden af Ainring, finder man stålværket Annahütte. Stålværket blev grundlagt tilbage i 1537 på et initiativ fra fyrstebiskop Matthäus Lang von Wellenburg fra Salzburg. Jernmalmen blev udvundet i minen i Achthal og forarbejdet i Hammerau. I midten af det 16. århundrede blev der på værket blandt andet produceret våben, søm og skruer. I anden halvdel af det 19. århundrede oplevede man nærmest en industriel revolution på fabrikken, da der skete en stor teknisk udvikling i at udvinde jernmalm og forarbejde malmen til brugbart jern. Fabrikken blev moderniseret og udvidede. I 1866 blev en ny valsefabrik opført i Hammerau. I slutningen af 1920erne fik fabrikken sit nuværende navn *Annahütte*. Men grundet den store krise i slutningen af 1920erne, gik fabrikken konkurs. Ejeren Alfred Zeller genåbnede fabrikken i 1932, som under Anden Verdenskrig producerede udrustning til den tyske hær. I 1940 var der 2.000 ansatte på fabrikken. Kort før Anden Verdenskrigs afslutning døde Alfred Zeller, hvorefter hans søn, Kurt Zeller, overtog fabrikken og fik installeret en ny Siemens-Martin højovn. Efter Kurt Zellers død overtog hans bror, Walter Zeller, fabrikken, som i midten af 1970erne havde 400 ansatte. Men på grund af recession i stålbranchen og fejlslagne moderniseringer af fabrikken gik fabrikken endnu engang konkurs. I november 1975 købte virksomheden Max Aicher hele værket og genåbnede fabrikken i 1976, nu under navnet *Stahlwerk Annahütte Max Aicher GmbH & Co. KG*. Stålværket ejes stadig af *Max-Aicher-Gruppe*, der beskæftiger godt 600 medarbejder, på verdensplan beskæftiger virksomheden cirka 4.000 medarbejdere. Valseværket producerer godt 240.000 tons stål årligt. Stål der sælges til blandt andet bilindustrien og værktøjsindustrien. Stålværket er Ainrings største arbejdsplads, derfor er der ingen offentlig adgang. Jeg tog historien med om stålværket på grund af deres lange historie, der på trods af kriser og konkurser, stadig eksisterer.

## ERLEBNISBAD AINRING

*Schwimmbadstraße 13*
*83404 Ainring*
*www.ainring.de/erlebnisbad-freizeit*

I efteråret 1965 begyndte man at opføre et nyt friluftsbad i Ainring. Det nye friluftsbad blev indviet den 13. maj 1967. Prisen for byggeriet var 1.460.000 DM. For de penge fik man et svømmebassin, 21 x 50 meter, et bassin med vipper, et legeområde til ikke-svømmere og et plaskebassin til børn. Dertil et vandforarbejdningsanlæg, bygning til bademester og omklædningsrum samt en kiosk. Begrundelsen for at opføre et friluftsbad i Ainring var, at man indenfor få år ville opføre en ny skole i nærheden, og skolebørnene skulle have muligheden for at modtage svømmeundervisning. Desuden var der i nærheden af Ainring en politiskole med 80 politielever, som også stod foran en udvidelse. Desuden var området et yndet turistmål med godt 140.000 overnatninger om året. Derfor anså man det nødvendigt med et friluftsbad, hvor man regnede med at have åbent hundrede dage hvert år. Navnet på det nye friluftsbad blev Erlebnisbad Ainring. Friluftsbadet har en enorm vandrutsjebane på 104 meter, børnerutsjebane, legeplads, boldplads til både basketball og beachvolleyball, bordtennis, minigolf og meget mere. Friluftsbadet har åbent fra maj til september, i godt hver mellem klokken 8.00 og 20.00, i dårligt vejr mellem klokken 8.00 og 10.00 samt fra klokken 17.00 til 19.00.

## SCHLOSS ADELSTETTEN

Schloß Adelstetten, slot Adelstetten, er nu så meget sagt, da slottet ikke længere eksisterer, der er kun få ruiner tilbage. Det tidligere slot, eller ruin, er beliggende i bydelen Adelstetten på vej mod Teisendorf. Slottet eller borgen blev opført i en dalsænkning i det 15. århundrede. Den første ejer af det adelige slot/borg var Hartmann von Wolkersdorf der havde overtaget stedet i forbindelse med byttehandel med Ærkebiskop Sigismund den Første fra Salzburg. Året var 1458. Adelsfamilien von Nußdorf overtog godset efter Hartmann von Wolkersdorf. I 1499 solgte Wolfgang von Nußdorf, som var marskal ved biskoppen i Salzburg, godset til Abbed Virgil den Anden fra Kloster Sankt Peter i Salzburg. I 1509 udbrød der en brand og godset brændte ned til grunden. Abbed Wolfgang genopførte godset. Da godset var bygget færdigt, valgte han at lave en byttehandel med Clemens Trauner, der havde Hof Rüdershof ved Waging am See.

I de kommende 153 år blev Adelstetten, eller Adelstätten, som nogen også staver det, i Trauner-slægtens ejendom, som flyttede deres residens til Adelstetten. Familien tilføjede godsets navn til deres efternavn, *Trauner zu Adlstätten*. Efter Clemens Trauners død overtog sønnen Burkhard von Trauner og hans hustru Margaret, født von Haunsperg, familiens slot i Adelstetten. De modtog på vegne af slægten en række fremragende frihedsrettigheder og privilegier til deres adelige herresæde, Adelstetten, af Ærkebiskop Michael von Kuenburg, den 17. februar 1599. Efter Buckhart von Trauners død overtog hans søn Georg både slot og hvervene som højfyrstelig rådmand og embedsmand. Samme Georg von Trauner opførte i 1598 gården Mei-

erhof ved slottet. Efter Georg von Trauners død i 1602, fulgte hans søn Wilhelm i hans fodspor. I 1638 blev Ignaz von Trauner født på slottet, Schloß Adelstetten. Ignaz von Trauner var, fra 1691 til sin død den 21. oktober 1694, abbed på klostret Sankt Emmeram i Regensburg. Den sidste i von Trauner slægten, Dionys Dietrich von Trauner solgte slottet i omkring år 1667 til Johann Joachim Weckherlin, der ikke blot overtog slottet, men også de rettigheder der fulgte med, herefter kaldte han sig for Johann Joachim Weckherlin von Adlstetten. Han renoverede slottet fra yderst til inderst. Den sidste i den slægt blev Johann Martin Weckherlin, som døde i 1731. Herefter overgik slottet til universalarvingen M. Anna Catharina von May, der gav slottet videre til familien von Griming. Den allersidste godsejer var Anton Freiherr von Griming, der døde i 1818. Under familien Griming forfaldt slottet mere og mere, og godsets jorde med videre blev solgt fra, inden man i 1821 rev slottet ned. Det eneste man i dag kan se af det tidligere slot er fundamentet, som blot er en meter høj og godt 10 meter lang.

## BAD REICHENHALL

*Turistinformation Bad Reichenhall*
*Wittelsbacherstraße 15*
*83435 Bad Reichenhall*
*www.bad-reichenhall.de*

Når man er på rejse til Berchtesgadener Land, må man ikke snyde sig selv for en tur til Bad Reichenhall.

Bad Reichenhall er beliggende cirka 20 kilometer fra Berchtesgaden i en dal omgivet af bjergene Untersberg, Staufen, Zwiesel, Müllnerhorn og Lattengebirge, der har udsigtspunktet Predigtstuhl. Gennem byen flyder floden Saalach. Bad Reichenhall er beliggende i 470 meter over havet, med cirka 18.000 indbyggere. Bad Reichenhall kaldes også for det bayerske Meran på grund af det milde klima. Bad Reichenhall betegnes også som porten til Berchtesgadener Land, da byen er beliggende få kilometer fra motorvej A8 mellem München og Salzburg.

Byens navn Reichenhall eller *Reich-an-hall*, stammer fra germansk og betyder *Reich an Salz* eller på dansk: *rig på salt*. Dette skyldes, at saltet i byens undergrund i årtusinder har været med til at beskæftige befolkningen, enten med at udvinde salt i minerne eller i saltsyderierne, tidligere Alte Saline og nu i Neue Saline. Byen er mest kendt for deres kurbade og kurpark, hvor man finder en helt særlig attraktion, der blandt andet er godt for folk med luftvejslidelser, som eksempelvis astma, men også folk med en massiv sommerforkølelse, kan have godt af at indånde vanddamp i kurparkens Gradierhaus. En anden stor attraktion i Bad Reichenhall er Alte Saline og saltmuseet, da salt stadig er en vigtig del af Bad Reichenhall. Byens gågade indbyder til både shopping og afslapning. Kommunen Bad Reichenhall består af landsbyerne og bosættelserne Karlstein, Kirchberg, Nonn, Thumsee, Marzoll, Türk, Weißbach, Schwarzbach, Sankt Zeno og Froschham. Kommunen er 41,92 km² stor, hvoraf 568 hektar er bebyggelser og veje, 2.286 hektar er skovområder, 588 hektar er landbrugsområder, 171 hektar er søer og floder og 35 hektar er rekreative områder. Bad Reichenhall er desuden garnisonsby for det tyske militær, som har hjemme på Hochstaufen-Kasernen, der tidligere hed General-Konrad-Kaserne, opkaldt efter general Rudolf Konrad.

## HISTORISK

Man har fundet spor efter de første bosættelser der lå omkring Bad Reichenhall for mere end 3.500 år siden, og måske endnu længere tilbage, da der i Piding er fundet spor efter bosættelser for mere end 4.000 år siden. I bronzealderen opstod der bosættelser omkring Karlstein- og Pankrazklipperne. Andre fund har bevist, at området omkring Bad Reichenhall lå ved et af datidens vigtigste trafikknudepunkter. Her kunne man komme videre mod Salzburg, hvor der var muligt at komme videre mod syd og Adriaterhavet. En anden vej førte via Listsee og Jochberg til Inzell og Traunstein og derfra videre til Chiemsee. Den tredje vej gik forbi Thumsee i retning mod Lofer over forskellige bjergpasser. På vej over alperne fandt romerne vej til Reichenhall, eller *hala ad salinas*, dansk: *rig på salt*, som de kaldte Reichenhall. Romerne slog sig ned og byggede flere bosættelser, herunder provinsen *Noricum*, som de kaldte det, som vi i dag kender som Bad Reichenhall. En anden af bosættelserne blev *Muen*, hvor de romerske myndigheder slog sig ned. *Muen* er i dag bedre kendt som Bayerisch Gmain. Romerne byggede også flere veje, herunder saltvejen der gik fra Reichenhall via Hammerau til Adelstetten, en vej der, i det første århundrede efter Kristi fødsel, blev forbundet med vejen mellem Salzburg og Augsburg. I år 472 forlod romerne Reichenhall og drog retur til Italien. Herefter blev Reichenhall indtaget af forskellige befolkningsgrupper, herunder hunnerkongen Attilas' tilhængere, der ødelagde saltkilderne.

Omkring år 550 blev området besat af Bajuwaren, og med dem begyndte man at udvinde salt. Man sendte en stor sending sydepander og brønde til Reichenhall således, at produktionen af salt kunne komme i gang. Hertugen af Agilolfinger og Biskoppen af Salzburg blev startskuddet til en ny epoke i historien. Bayern blev selvstændig, dog blot for en kort periode, da Tassilos den Tredje gav i 788 Karl den Store lov til at afsætte hertugen, det førte til at Reichenhall blev en del af Karl den Stores, Karl der Große, rige.

Første gang Reichenhall blev nævnt i et dokument var omkring år 790. Dokumentet var en varefortegnelse udarbejdet af Biskop Arno af Salzburg. Kort herefter gav Hertug Theodo von Salzburg tyve sydepander og en tredje del af saltminerne til Salzburgs første Biskop Hruodpert (Rupert). Dette var med til at grundlægge Reichenhall.

Efter Karl den Store fulgte en tid, hvor Reichenhall blev styret af biskopperne i Salzburg, der overtog ejerskabet af saltminerne og retten til at sælge salt. Det var dog ikke så skidt, at det ikke var godt for noget, det betød nemlig en opblomstring i udvindingen af salt. Der blev anlagt salthandelsruter på tværs af regionen, saltet blev transporteret videre til Wien, Budapest og længere ned på Balkan. Med den rigdom, som saltet bragte, førte desværre også til uro og stridigheder gennem det 11., 12. og 13. århundrede. Transporten af salt fra Reichenhall mod vest skulle eftersigende være årsagen til, at München blev grundlagt i 1158. Stridigheder mellem Paven og kejseren gik også udover Reichenhall. De bayerske hertuger og grever stod på kejserens side, mens ærkebiskopperne stod på Pavens side. Ærkebiskop Konrad den Første grundlagde i 1136 Augustinerklostret Sankt Zeno i Reichenhall for at styrke sin magt, det fik de bayerske hertuger til at drage mod Salzburg med hævede sværd og ild. Alt i mens arbejdede saltsyderne ihærdigt, med succes, på at syde salt. Det førte ikke til ro, tværtimod. Det førte blot til flere brænde, røvertogter og kampe.

I 1196 blev Reichenhall angrebet og kun klostret Sankt Zeno blev forskånet for ødelæggelser. I 1265 og 1363 blev Reichenhall igen an-

273

grebet af fjendtlige styrker. Først i anden halvdel af det 15. århundrede begyndte der at falde ro på, da hertugen af Niederbayern købte de værdifulde saltminer og saltsyderier. Dette førte til modernisering og udbyggelse af den statslige saltindustri, Salinen. I 1440 nåede man til en ny tidsalder i byens saltminer, da man gennem Erhard Han von Zabern byggede det første vanddrevne paternosterværk. Hertug Albrecht den Fjerde sørgede for at erstatte træet i brøndskakterne og kilderne med sten. Erasmus Grasser, gotikkens store billedhugger, blev tilkaldt for at opføre en marmorskakt, der kunne forhindre ferskvand i at trænge ind i brøndstuen. Desuden fandt man under Burg Gruttenstein 22 naturlige saltkilder med forskellige kvaliteter og temperaturforskelle. Den hertuglige saltmonopol blev i slutningen

*Erasmus Grasser, Alte Saline*

| **Zentner** |
| --- |
| *1 Zentner: 50 kilogram* |
| *170.000 Zentner:* |
| *8.500.000 kilogram = 8,5 tons* |
| *370.000 Zentner:* |
| *18.500.000 kilogram = 18,5 tons* |

af 1500-tallet overdraget til private, der valgte at ansætte en embedsmand, der kunne styre saltproduktionen og ikke mindst handlen med saltet. Det var et godt træk, for produktion steg fra 170.000 Zentner salt i år 1540 til 370.000 Zentner salt i år 1606.

Storbrande er noget man i Bad Reichenhall kun kender alt for godt til. Reichenhall blev ramt af en storbrand i 1196 og i 1265 blev byen atter ramt. I 1363 og 1415 blev man ramt igen. Knapt havde røgen lagt sig efter branden i 1415, før man igen blev ramt af en storbrand i 1424, hvor blot fire huse stod tilbage. I 1448 ramte endnu en storbrand. Herefter var der *fred* indtil 1515, hvor det var en kvinde, *Bademagd*, der var skyld i en brand i nabohuset. Branden kom hurtigt ud af kontrol og 200 mennesker omkom ifølge af branden. Den kvindelige brandstifter blev anholdt og dømt til døden og brændt. Men desværre fortsatte ulykkerne, Reichenhall blev ramt af pesten, den sorte død, både i 1564 og 1664. Udplyndringer under den spanske arvefølgekrig, altødelæggende brande samt besættelse af Østrig, i forbindelse med den østrigske arvefølgekrig. Det blev hårdt for saltproduktionen. Men i

1732 blev der opført en ny saline, og i 1810 fulgte opførelsen af den nye rørledning til Traunstein og Rosenheim, som afløste den oprindelige rørledning fra 1610.

Man havde knapt oplevet en rolig periode, før en storbrand atter hærgede Reichenhall den 8. november 1834. Branden, denne gang, var startet i et af byens saltsyderier. Da røgen lagde sig efter branden, var 272 bygninger i Reichenhall brændt ned til grunden, herunder også hele saltsyderiet. Ja, faktisk var det ¾ dele af Reichenhall, der endnu engang var brændt ned til grunden. 270 familier blev hjemløse og ni personer døde. Kun husene omkring Florianiplatz blev forskånet i branden. Men Reichenhallerne var nogle som ikke gav op. Bare tretten år senere stod en ny by opført, som en anden fugl Fønix der rejser sig fra asken. I 1846 tog man første skridt mod at blive den kurby som man kender Reichenhall for i dag. På grund af de mange storbrande skal man i dag lede længe efter bygninger der er opført før 1834. Hvis de mange storbrande og krige ikke var nok, blev Reichenhall også ramt oversvømmelser i 1269, 1386, 1400, 1442, 1508, 1598 og 1899.

Bad Reichenhall fik i 1920erne sin egen flyveplads, Mayerhof, der fra 1926 blev betjent af Lufthansa. Flyvepladsen blev i 1930erne omdannet til Flyveplads Reichenhall-Berchtesgaden, som nazisterne benyttede. Den 25. april 1945, i Anden Verdenskrigs døende dage, blev Reichenhall ramt af de allieredes bomber. 53 større brande og 300 små og middelstore brande brød ud, adskillige huse blev totalt ødelagte og flere delvist ødelagte. Særligt området omkring banegården og øvre bydel blev ramt. Bombardementerne kostede 224 menneskeliv og tusind blev hjemløse. Den 5. maj 1945 blev byen indtaget af de allierede tropper og Reichenhall blev garnisonsby igen. Bad Reichenhall havde nemlig været garnisonsby mellem 1819 og 1871 samt i perioden fra 1934. I 1936 havde bjergregimenter og artilleriregimenter deres base på den nyopførte kaserne i bydelen Karlstein. Kasernen blev efter Anden Verdenskrigs afslutning benyttet som flygtningelejr, fra 1958 blev kasernen atter benyttet af militæret.

I dag er Reichenhall eller Bad Reichenhall bedre kendt som kurby. Den 15. maj 1846 åbnede byens første kuranstalt *Sole- & Molkenkuranstalt Achselmannstein*, på stedet hvor man i dag finder hotellet Axelmannstein. I den allerførste sæson havde kuranstalten hele 92 gæster. I 1848 var den bayerske konge Maximilian den Anden, med familie, gæst på kuranstalten. En gæstebog fra dengang beviser, at kongen indskrev sig på kurstedet den 23. juli 1848, og blev der i hele fem uger. I 1855 var antallet af kurgæster oppe på tusind, og ved skiftet til år 1900 var tallet oppe på 11.000. I 1890 kunne Reichenhall tillade sig at skrive *Bad* foran bynavnet, som var et tegn på at de nu officielt var en kurby. I år 1900 kunne man indvie det statslige kurhus og i 1909 indviede man Gradierhaus og 1912 kom den overdækkede hall med det sunde forstøvede vanddamp. I 1913 var man oppe på 15.000 kurgæster, godt gået for en by, hvor der i 1925 *blot* boede 8.274 personer. I slutningen af 1920erne blev det gamle saltsyderi, Alte Saline, erstattet af et nyt, Neue Saline. I 1927-1928 opførte man svævebanen til udsigtspunktet Predigtstuhl, der var en af Tysklands første svævebaner.

I november 1982 skete der på B 20, i nærheden af gasværket, en ulykke med en tankbil. Lastbilen brød i brand, som udviklede sig til en brandkatastrofe, en døde og syv blev svært kvæstede. I november 1999 gik en 16 årig amok med et skydevåben i Bad Reichenhall, fire forbipasserende blev dræbt og fem andre blev svært sårede, blandt disse var skuespilleren Günter Lamprecht og dennes samlever Claudia Amm. Herefter begik gerningsmanden selvmord. Den 2. januar 2006 skete der nok en alvorlig ulykke i Bad Reichenhall, da byens skøjtehal kollapsede, 15 mennesker døde, herunder 12 børn og unge, 34 blev såret, heraf flere alvorligt.

Den 13. april 2007 udbrød der en skovbrand ved Thumsee. På brandens tredje dag blev der udløst en katastrofealarm, som betød, at man fik hjælp fra udlandet til at bekæmpe den store brand. Man kæmpede med med flammerne i 11 døgn inden branden var slukket. Heldigvis kom ingen til skade.

Mellem 1945 og 1950 var der tæt på ingen turister i Bad Reichenhall, men i dag er der cirka 1,3 millioner overnatninger om året, dertil kommer de mange endagsturister. Mange af de overnattende gæster kommer stadig for at komme på kurophold, herunder mange med luftvejssygdomme som astma og kronisk bronkitis. I 1996 blev lovgivningen lavet om, således at det blev svære at få betalt sit kurophold af sygesikringen. Det mærkede man også i Bad Reichenhall, derfor valgte byen at investere 50 millioner DM i at få andre grupper af gæster til at komme til Bad Reichenhall. Det betød blandt andet, at man valgte at renovere området omkring gågaden, så byen kom til at fremstå som en moderne mondæn kurby. I 2005 blev Rupertus-Therme opført, et byggeri der kostede 32 millioner Euro, eller godt 240 millioner danske kroner.

## DP-LEJREN I BAD REICHENHALL

I 1946 opstod der et særligt fællesskab i Bad Reichenhall. Der blev opført flere skoler, der blev oprettet en sygehusafdeling, der blev grundlagt en avis, der udkom hver dag. Avisen hed *Der Morgen*, som skrev om livet i DP-lejren (DP = Displaced Persons). Lejren lå i den nuværende Hochstaufen-Kaserne. Indtil 1951 husede lejren op til 6.000 mennesker, som alle blev betegnet som *DP*, det vil sige personer, der under krigen var blevet deporteret, udskrevet til at udføre tvangsarbejde samt personer der var blevet tvunget til at forlade deres oprindelige hjemstavn. I Bad Reichenhall var det jøder fra Polen, som boede midlertidigt i lejren, mens de ventede på at få lov til at rejse ud af Tyskland til eksempelvis Palæstina, USA eller andre lande. I dag er den tidligere lejr, som nævnt, en kaserne, men siden 2009 har der på kasernens facade været en mindetavle, hvor man mindes de der boede her i årene efter Anden Verdenskrigs afslutning.

## HOCHSTAUFEN KASERNEN

Hvis man i dag går forbi Hochstaufen Kasernen i Bad Reichenhall, kan man på facaden se fire soldater fra den tyske Wehrmacht og en Rigsørn, Reichsadler. De stammer fra tiden, hvor kasernen blev opført i 1934, oprindeligt til et kompagni af bjergsoldater, Gebirgsjägern. Efter Anden Verdenskrigs afslutning blev kasernen i en perioden omdannet til en lejr for de såkaldte DP-personer, *Displaced Persons*, som hovedsageligt var jøder fra Østeuropa. Da kasernen var tømt for de hjemstavnsfordrevne og flygtningene, flyttede den tyske forbundshær ind på kasernen. I 1960erne fik kasernen navnet General-Konrad-Kaserne, opkaldt efter Rudolf Konrad, som havde været general for bjergsoldaterne under Anden Verdenskrig. Rudolf Konrad var en fanatisk nationalsocialist og velkendt antisemit, der blandt an-

det beordrede massemord på civile i Sovjetunionen. Efter krigen blev Rudolf Konrad ikke retsforfulgt som mange andre gjorde. I 2012 skiftede kasernen navn til Hochstaufen Kaserne. Men vægmaleriet af de fire soldater og rigsørnen er bevaret sammen med en mindetavle.

## GUIDEDE BYVANDRINGER

*www.stadtfuehrung-bad-reichenhall. de*

Man kan naturligvis selv gå på opdagelse i Bad Reichenhall, gerne med denne bog som guide. Men man kan også vælge at deltage i en guidet rundvisning med en af byens officielle guider, enten på en af tematurene eller på rundvisning som enkelt person/familie eller i en større rejsegruppe. Alt afhængig af hvilken tur man ønsker, tager en byvandring mellem en og to timer, hvor man kommer rundt til de vigtigste seværdigheder i Bad Reichenhall. For yderligere oplysninger henviser jeg til byens officielle certificerede guider, mere information på hjemmesiden.

## HISTORISK BYVANDRING

*www.bad-reichenhall.de/cdn/ uploads/historischer-stadtrundgang -de.pdf*

Hvis man kommer til Bad Reichenhall for første gang og gerne vil opleve hele byen, kan den historiske byvandring være en god ide. På den historiske byvandring kommer man forbi en del af de store villaer, betydningsfulde bygningsværker og traditionsrige seværdigheder, mens man oplever hvordan livet og kulturen er i Bad Reichenhall. En byvandring kan kombineres med en pause i den kongelige kurhave, shopping eller endnu mere historisk, når man vælger at besøge den gamle Saline, Alte Saline, og saltmuseet. På den historiske byvandring kommer man forbi Burg Gruttenstein, Pulverturm, Florianiplatz, Altstadt, Alte Saline, det gamle rådhus, Spitalkirche, den kongelige kurhave og dens bygninger, det tidligere kloster Sankt Zeno og meget mere. Man bestemmer helt selv farten og i hvilken rækkefølge man ønsker at se seværdighederne i. Der findes en folder, som man kan få ved henvendelse til turistinformationen, eller find den online, hvor ruten og seværdighederne er beskrevet. Den samlede rute er 5,1 kilometer lang, følg rute Wegezentrum, WZ 5.

## KÖNIGLICHER KURGARTEN
*Kurstraße 15 • 83435 Bad Reichenhall*

Midt i hjertet af Bad Reichenhalls travlhed finder man den kongelige Kurhave, der er åbent for alle der har behov for et pusterum i en hektisk dag. Her kan skuldrene kan komme ned på plads, mens man lytter til vandets rislende lyd fra havens springvand eller indånder det sunde vanddamp i havens inhalatorium, Gradierhaus. Eller man kan nyde de mange smukke blomster eller lytte til de blide toner, når Bad Reichenhaller Filharmonikerne spiller kon-

cert. Haven blev anlagt i 1868 af den kongelige hofgartner Carl von Effner. Haven betegnes stadig som en af de smukkeste af sin art i hele Europa. Kurhaven er 40.000 m² stor med adskillige bænke og liggestole, der indbyder alle til at tage et hvil på farten. Haven er åbent året rundt, blomsterne i bedene skifter efter årstiden, lige fra tulipaner om foråret til palmetræer og et farverigt blomstertæppe om sommeren til juletræet i adventstiden. I kurhaven finder man også pavillonen, hvor man ofte kan opleve en koncert, det kongelige kurhus eller vandrehallen, Wandelhalle. Havens åbningstider er fra 1. april til 31. oktober mellem klokken 7.00 og 22.00, fra 1. november til 31. marts er det mellem klokken 7.00 og 19.00.

## GRADIERHAUS
*Kurstraße 15 • 83435 Bad Reichenhall*

I Bad Reichenhalls smukke kongelige kurhave/Kurgarten finder man verdens største udendørs inhalatorium, her kan man indånde det sunde forstøvede vand med et indhold på 26 procent salt. Allerede i 1615 forsøgte man med det første Gradierwerk, hvor man benyttede højtkoncentreret saltvand i en vandfordampning. Det nuværende Gradierwerk blev opført i 1912, det er 160 meter langt og 13 meter højt. Det er indrettet som et udendørs Inhalatorium, hvor det højtkoncentrerede vand, 26 procent, kommer fra kilderne under det gamle saltsyderi, Alte Saline, hvorfra vandet pumpes via en rørledning til Inhalatoriet. Her blandes det koncentrerede saltvand op med vand og pumpes op til taget, hvorfra det risler ned af væggen, der er beplantet med 100.000 små slåenplanter. Planterne har en levetid på cirka ti år, hvorefter de udskiftes. Der risler dagligt 400.000 liter af det sunde vand ned over væggen. Vandet recirkulerer i sit eget system, jo flere gange det har cirkuleret jo bedre er vandet. Man rengør afløbssystemet en gang om dagen, hvor man fjerner urenheder i form af blade og så videre. Resten af arealet rengøres flere gange dagligt, alt efter behov, for at opnå en god luftkvalitet. Mindst en gang hver måned gør man hovedrent, hvor det højkoncentrerede saltvand udskiftes. Det forstøvede saltvand, der har et saltindhold på cirka 5 procent, har positive indvirkninger for luftvejssygdomme, allergier, bronkitis, astma og KOL. Selv den værste sommerforkølelse har godt af et ophold her... det kan undertegnede skrive under på. For da jeg var på mit første besøg her i 2017, var det med en god solid sommerforkølelse i bagagen. Det siges, at hvis man opholder sig her en halv time dagligt, bliver de øvre luftveje renset og gør det lettere at trække vejret og samtidig med at det forstærker immunforsvaret. Inhalatoriet/Gradierhaus har kun åbent fra april til oktober, vinteren benyttes til at udføre reparationer og vedligeholde bygningen. En del af Gradierhaus er indrettet med liggestole, hvor man kan ligge og nyde den særlige luft.

## KNEIPPANLAGE

Flere steder i kurhaven finder man små bassiner med det helbredende saltvand. Bassinerne med det gavnlige vand forstærker immunsystemet. Det skulle være godt for venerne og for forhøjet blodtryk samt meget mere. Det er muligt at tage et fodbad, soppe eller bade sine arme. Omkring bassinerne er der græs og bænke, en dejlig afkøling på en varm sommerdag. Hvis man vælger at stikke fødderne i vandet, anbefales det, at man går to til tre runder i bassinet, ved hvert skridt skal benene løftes så højt, at fødderne kommer op over vandet. Det er ikke ministeriet for gakkede gangarter, der har dikteret denne måde at gå på, men det er denne måde man eftersigende får den bedste virkning. Efter to til tre runder i bassinet skulle man opleve et kuldegys. Når det

*Gradierhaus, Bad Reichenhall*

*Kneippanlage, Bad Reichenhall*

sker er det tid at stige op fra bassinet ganske langsom og herefter sætte sig og gerne tørre fødderne i et håndklæde for at få varmen tilbage. Hvis man vil tage armbad, skal man sænke først den højre og dernæst den venstre i vandet til vandet når midt på overarmene. Efter 10 til 40 sekunder vil man opleve et kuldegys, når dette sker er på tide til at tage armene op af vandet igen ganske langsomt. Dette skulle være godt for blodomløbet fra arme, hjerte og lunger.

## WANDELHALLE

*Salzburger Straße 7*
*83435 Bad Reichenhall*

Wandelhalle, eller vandrehallen, er samlet med pavillon og koncertsal, der også kaldes for Konzertrotunde, under et tag i Kurgarten i Bad Reichenhall. I 1878 blev der opført en vandrehal, hvor prominente kurgæster kunne gå beskyttet for sol, regn og vind mellem de tilhørende bygninger. Det var også her man kunne hente et krus med koldt eller varmt saltvand, der var godt til at gurgle eller skylle hals eller næse med. I 1909 kom pavillonen og koncertbygningen til, bygninger der blev

tegnet af den kongelige overbyggemester Eugen Drollinger. Bygningerne, som blev indviet i juli 1912, var forbundet med en overdækket promenade på fem hundrede meter. I dag finder man Gradierhaus på stedet. Den gamle vandrehal, der var opført i træ, blev solgt og flyttet til Traunstein. Den nuværende vandrehal, Wanderhalle, blev opført i 1961. Her finder man i dag caféen *Kur-Café*. Den første brønd i træ var udført af billedhuggeren Franz Bürgerling. Brønden blev grundet Første Verdenskrig først erstattet af en brønd af rød Ruhpoldinger Marmor i 1927. Brønden kaldes også for Kaiser Karl-Brunnen, det var også billedhugger Bürgerling der udførte denne. På toppen af brønden står en bronzefigur. Koncertsalens, Konzertrotunde, kuppel holdes oppe af søjler der er udsmykket billeder af kunstmaleren Richard Schaupp fra Miesbach. Billederne symboliserer salt, sport, de helbredende kilder, skoven, bjergene, solen, bjergluften og musikken.

## KÖNIGLICHES KURHAUS

*Kurstraße 2 • 83435 Bad Reichenhall*

Det kongelige kurhus, eller König-

*Kurgarten, Bad Reichenhall*

*Kurmittelhaus, Bad Reichenhall*

liches Kurhaus, blev opført mellem 1899 og 1900 efter arkitekt Professor Max Littmanns tegninger. Kurhuset blev hurtigt midtpunktet for kongresser, konferencer og meget mere. I årene 1991-1995 valgte man at gennemrenovere kurhuset for at føre det tilbage til dens originale udseende, som Max Littmann tegnede. Man fik integreret den nyeste teknik. Huset benyttes i dag til baller, fester, koncerter, messer, markeder, konferencer, møder og kongresser. Der er i alt fem sale, der har plads til op mod 600 siddende personer.

### KURMITTELHAUS
*Salzburger Straße 7*
*83435 Bad Reichenhall*

Da man havde revet den oprindelige bygning, et hotel, ned, blev der i årene 1927-1928 i stedet opført et statsligt Kurhus, Kurmittelhaus, da man ønskede, at samle alle kurbade under samme tag. Arkitekten bag bygningen var Max Littmann, han valgte at bygningen skulle opføres i senjugendstil, hvor hovedtemaet er vand og dets helbredende virkning. I bygningens *hjerte* finder man det såkaldte *Pneumatiske Kammer*. Efter en renovering genåbnede Kurhuset i 2006.

### KURVIERTEL
Bygningerne omkring Mackstraße og Salzburger Straße, mellem Rinckstraße, Mozartstraße og den kongelige kurpark, kaldes også for Kurviertel, eller kurkvarteret, da det var i dette område, at mange kurpensioner og badehoteller lå, da Bad Reichenhall var en større kurby end den er i dag. Det er også i dette kvarter man finder byens ældste kur- og badehotel Axelmannstein. *Læs om kur- og badehotellet på side 282.*

*Alte Saline, Bad Reichenhall*

## GRANDHOTEL AXELMANNSTEIN

*Salzburger Straße 4*
*83435 Bad Reichenhall*

Det store Grandhotel Axelmannstein blev ifølge kilder opført i det 11. århundrede. Den slotsagtige bygning var i århundreder kendt under navnet *Achselmannstein*. Efter en genopbygning i 1846 blev stedet anvendt som kuranstalt, som var med til at danne grundlaget for Bad Reichenhalls nuværende status som kurby. Den nuværende arkitektoniske stil stammer fra år 1909-1911, da man valgte at ombygge den gamle kuranstalt om til et hotelkompleks i den italienske stil *Belle Époque*. Det var byens første Grandhôtel og var i årtier blandt Tysklands top-ti-hoteller. Hotellets park blev anlagt omkring år 1850, den anses for at være den første kurpark i Bad Reichenhall. Det er også i hotellets park man finder mindesmærket over Ernst Rinck, et mindesmærke, der er udført af kunstneren Ferdinand von Miller den Ældre. Derudover finder man også Carolusbrønden i hotellets park.

## ALTE SALINE

*Alte Saline 9 • 83435 Bad Reichenhall*
*www.alte-saline.de*

Det gamle saltsyderi, Alte Saline, er beliggende i den historiske del af Bad Reichenhall, på det sted, hvor man fra midten af det 12. århundrede hentede det højtkoncentrerede saltvand, der også kaldes for

**Bus til Alte Saline**
Man kan tage bus 841 fra Berchtesgaden til banegården i Bad Reichenhall, hvorfra man kan gå (cirka 15 minutter) eller tage bybus 1, 2 eller 4 fra banegården til Alte Saline.

Sole, op fra de 11 til 14 meter dybe brønde. Dette skete med hjælp fra læderremme. Senere blev det hårde manuelle arbejde erstattet af drejbare galger og fra år 1440 blev saltvandet hentet op fra undergrunden med hjælp fra såkaldte paternostre. I forbindelse med en modernisering af Salinen, den nuværende Alte Saline, blev skakterne og minegangene beklædt med marmorsten, og den store brøndskakt blev udbygget med store tekniske hjul, der var udtænkt af stenhuggermester Erasmus Grasser fra München. Det tog 14 år at modernisere Salinen, men det var godt håndværk der blev udført, for det står endnu som da det blev bygget. Efter storbranden i Reichenhall, blev den nuværende Alte Saline, det vil sige bygningerne over jorden, opført i 1834 på opfordring af Kong Ludwig den Første, hvorfra der fra 1837 til 1929 blev fremstillet salt. Det var her det højtkoncentrerede saltvand fra regionens saltminer blev forarbejdet til salt. Alte Saline, det gamle saltsyderi, blev taget ud af drift i 1929, hvor den nye fabrik, Neue Saline, stod klar. Selvom Alte Saline ikke længere er et aktivt saltsyderi betyder det ikke, at det ikke længere benyttes, for det gør man i højeste grad, det er nemlig herfra saltvandet til byens kurhus, inhalatoriet/Gradierwerk og Kurgarten kommer fra.

Et besøg i de historiske minegange og industrianlæg er kun tilgængeligt med en guide, der fortæller historien om saltets vej fra mine til Saline, alt i mens man guides rundt i de mørke underjordiske gange, op og ned af glatte og smalle trapper og ind og ud af hemmelighedsfulde grotter, herunder Erasmus Grassers installationer. En rundtur tager cirka 50 minutter, den er cirka to kilometer lang, og desværre ikke velegnet til dårligt gående eller kørestolsbrugere, da der er meget op og ned af fugtige trapper. Desuden anbefales det at tage skridsikkert fodtøj på, da minegangene og trapperne af marmor er fugtige og glatte, samt tage en varm trøje eller jakke på (som kan tåle at blive beskidt, da der siver vand ind i minegangene og til tider drypper fra minegangens loft. Vandet indeholder rust som ikke er til at vaske af igen. Men når det er sagt, er Alte Saline et besøg værd, et ægte stykke bayersk historie, hvor man værner om fascinationen af den historiske og den gang moderne teknik. I museumsbutikken kan man købe saltprodukter der produceres på byens saltfabrik Neue Saline.

## NEUE SALINE
*Reichenbachstraße 4*
*83435 Bad Reichenhall*
*www.salzwerke.de*

Det nye saltsyderi, Neue Saline, blev opført i midten af 1920erne, for at kunne være med i den hårde konkurrence på markedet for saltprodukter. Rammerne i Alte Saline kunne ikke gøres moderne og effektive nok, derfor valgte man at bygge en helt ny og moderne fabrik med plads til udvidelse i udkanten af byen. Den nye fabrik blev løbende taget i brug mellem 1926 og 1929.

Man har siden år 696 fremstillet salt i Bad Reichenhall, det gør saltfabrikken her til den ældste af sin slags i hele verden. I starten blev der produceret 12.000 tons pandesalt og 9.000 tons sydesalt på Neue Saline. I forbindelse med byggeriet af den nye fabrik, anlagde man samtidig et jernbanespor, således at saltet hurtigt kunne blive sendt ud til forbrugerne via jernbanenettet. Fabrikkens jernbanespor havde direkte forbindelse til jernbanestrækningen Freilassing-Berchtesgaden. I starten af 1940erne forbedrede man produktionsmetoderne teknisk, hvor man skiftede de opvarmede pander ud med dampopvarmede pandeanlæg. Den 4. august 1943 udbrød der brand på fabrikken og store dele af fabrikken brændte ned, men blot to måneder efter kunne man genoptage produktionen på midlertidige anlæg. Efter Anden Verdenskrig steg efterspørgslen på salt, og man udvidede produktionen på fabrikken, således at man i midten af 1950erne nåede en produktion på 55.000 tons salt. På grund af rationaliseringer blev saltfabrikken i Rosenheim lukket i 1958 og man valgte at koncentrere sig om kun at producere på anlægget i Bad Reichenhall. I 1961 blev rørledningen mellem Berchtesgaden og Bad Reichenhall erstattet af en ny, der nu gik over Hallthurm passet, mens den gamle trærørledning fra 1817 blev taget ud af drift, og delvis afmonteret. I 1965 udskiftede man kul ud med fyringsolie. I 1968 blev lagerhallen til oplagringen af vejsalt opført, en hal med plads til 12.000 tons. Produktionsanlæggene er løbende blevet udskiftet med mere energieffektive anlæg, der siden 1984 har benyttet naturgas til saltproduktionen. Fabrikken ejes i dag af Südsalz GmbH, som får deres råstoffer fra saltminen i Berchtesgaden via rørledninger. Der produceres rundt regnet 190 forskellige saltprodukter på fabrikken i Bad Reichenhall eller cirka 310.000 tons salt. Det er desværre ikke muligt at komme på rundvisning på fabrikken, dog arrangeres der af og til en rundvisning på fabrikken med offentligt adgang, men der udbydes kun ganske få billetter.

## BEAMTENSTOCK
*Salinenstraße 1*
*83435 Bad Reichenhall*

Bygningen Beamtenstock blev opført mellem 1837 og 1839 og udvidet løbene frem til 1851. Brøndene i de to indergårde kom til i 1859. Bygningen blev benyttet som administrationsbygning af ejeren af byens Saline, siden 1926 har bygningen været en del af Alte Saline. Man formoder, at det var arkitekt, ingeniør og direktør for den kongelige saltmine og saltadministration, Friedrich von Schenk, der stod bag tegningen af administrationsbygning og produktionslokaler. Friedrich von Schenk fik formodentlig hjælp fra de to arkitekter Joseph Daniel Ohlmüller og Friedrich von Gärtner. Joseph Daniel Ohlmüller var specialist indenfor byggeri af kirker og kapeller, derfor formoder man, at det var ham som stod bag tegningerne af Salinekapellet Sankt Rupertus. Friedrich von Gärtner skulle eftersigende være ham der overtog opførelsen af administrationsbygningen. Under bombardementet den 25. april 1945 skete der kun få skader på den historiske saline, da en bombe landede midt i administrationsbygningen, hvor den ødelagde et område på størrelsen af tre vinduesfag. Efter krigen blev administrationen opført i samme stil som den oprindelige bygning. Den nordlige indergård er i dag omdannet til parkeringsplads og grønt område. Dele af administrationsbygningen benyttes af andre virksomheder, mens andre dele er omdannet til museum.

## SALZMAIERHAUS
På hjørnet af Bahnhofstraße og Mozartstraße finder man Salzmaierhaus. Huset blev oprindeligt opført en gang i det 15. århundrede. Det var her direktøren for saltsyderiet, Salinen, havde sit hovedkvarter indtil 1840. Direktøren blev kaldt for en *Salzmaier*, som var en højagtet og indflydelsesrig mand. Foran huset finder man i dag en blok af marmor,

skulpturen hedder Salzamtschreiber og er udført af billedhugger Alfred Essler.

## LUITPOLDBRÜCKE

Luitpoldbrücke, der forbinder Thumseestraße med Loferer Straße og bydelen Kirchberg med hovedvej B 21, menes at være opført omkring år 1050. Det var i middelalderen en af de vigtigste broer over floden Saalach. I Romertiden blev broen kaldt for *Pons in Salinas*, der var en vigtig handelsvej. Den nuværende bro blev opført mellem 1888 og 1891, opkaldt efter Prinsregent Luitpold af Bayern. I 1899 blev Reichenhall ramt af svære oversvømmelser, og broen her fik svære skader. Efter man opførte Saalachkraftværket i 1912 samt dæmningen ved Kipling blev faren for højvande mindre. Lidt syd for broen finder man resterne af det tidligere anlæg, hvor man samlede tømmer, som var blevet fragtet ved hjælp fra flodens strøm, træ som skulle benyttes til brændsel i byens saltsyderi, Salinen. Den 3. maj 1945 blev Luitpoldbrücke sprængt i luften af SS-soldater, for at forhindre de allierede tropper i at nå ind til Bad Reichenhall. På dette tidspunkt befandt de allierede styrker sig blot få kilometer fra byen. Samtidig med sprængningen af broen afbrød man også strømmen mellem byen og vandkraftværket, i stedet blev man koblet på ledningsnettet i Obersalzberg. Efter befrielsen sørgede medarbejdere fra forsyningen i Bad Reichenhall og de allierede tropper for at genetablere strømmen, samtidig med at man reparerede broen, og kort tid efter kunne man atter passere over broen. Indtil man byggede statsvej 2101 og Kretabrücke var Luitpoldbrücke den eneste vej mellem Bad Reichenhall og dens bydele Kirchberg og Karlstein. I slutningen af 1980erne blev Luitpoldbrücke gennemrenoveret, og er i dag fredet under det tyske Denkmalschutz.

## RUPERTUSTHERME

*Friedrich-Ebert-Allee 21*
*83435 Bad Reichenhall*
*www.rupertustherme.de*

RupertusTherme, opført i 2005, er et spa- og familieresort i Bad Reichenhall, som er omkranset af bjergene og en park. Vandet er det sunde AlpenSole, som stammer fra Bad Reichenhalls undergrund. Der er forskellige bassiner både for børn og voksne, rutsjebane, der er et stort saunaområde, wellness, fitnesscenter, bistro, skønhedssalon og meget mere.

## SANKT RUPERT

Bad Reichenhall og den hellige

*Salzamtschreiber*

Rupert hører sammen. Rupert eller Sankt Rupert er Bayerns apostel. Rupert kom fra en adelig slægt og forlod sin hjemstavn for at leve som pilgrim og udbrede budskabet om kristendommen. Han blev biskop i Worms, inden han i slutningen af det 7. århundrede rejste til Regensburg for at mødes med hertug Theodo af Bayern, i håbet om at kunne få hertugen til at konvertere til den kristne tro, det skulle efter legenderne lykkedes og det var også Rupert, der døbte den bayerske hertug. Efter nogen tids søgen efter et egnet bispesæde, kom Rupert i år 696 til den romerske by *Iuvanum*, som i dag bedre er kendt som Salzburg. Her blev han biskop. Under sin tid som biskop af Salzburg, besøgte han Reichenhall, hvor man ville vise ham brønden med det saltindholdige vand. Men der var ingen fysisk brønd længere og ingen vidste, hvor den havde været. Derfor fortæller legenden, at biskop Rupert tog sin bispestav og slog den ned i klippegrunden, hvor fra der sprang en ny kilde, som blev grundlaget for saltproduktionen i Bad Reichenhall, eller blot Reichenhall som byen hed på dette tidspunkt. Stedet formodes at være der, hvor man i dag finder hovedbrøndhuset i Alte Saline. Biskop Rupert fik en tredjedel af saltkilderne i Reichenhall, indtægterne herfra gjorde, at han kunne opføre et kirkeligt centrum i Iuvanum, der herefter blev omdøbt til Salzburg. I det 15. århundrede blev biskop Rupert helgenkåret og udråbt til skytshelgen af Bad Reichenhall. Sankt Rupertus har lagt navn til spa-resortet RupertusTherme. Den hellige Sankt Rupert er i dag skytshelgen for Salzburg og sammen med den hellige Virgil er han også skytshelgen for det område som i dag er Rupertiwinkel. Sankt Rupert er udover Bayerns apostel, også skytshelgen for hele Bayern sammen med skytshelgen *Patrona Bavaria*.

## SCHLOSS MARZOLL
*Schloßberg 2*
*83435 Bad Reichenhall*

Schloß Marzoll er beliggende i bydelen Marzoll. Ved slottet finder man kirken Sankt Valentin. Ikke langt fra kirke og slot finder man Schloßberghof, der er et sundhedscentrum for luftvejssygdomme, hjerte- og kredsløbssygdomme, stressrelaterede sygdomme, bevægelsesapparatet med videre. Ved slottet finder man også en herregård fra omkring år 789, som var ejet af adelsslægten Marzoll. I 1218 overtog Wittelsbach-slægten herregården, og under Degenhard den Anden Fröschl blev slottet opført mellem 1527 og 1536. Byggestilen med et kvadratisk slot med fire hjørne tårne var ikke tidligere set i Bayern. Det var den første bygning i renæssancestil i Tyskland. Årsagen til, at man byggede slottet på denne måde skyldtes, at man efter bønderkrigene følte sig truet af en invasion fra tyrkerne. Derfor opførte man slottet, så vagter kunne gå hele vejen rundt bag en mur med skydehuller. Degenhard den Anden Fröschl fik sin bror, Ludwig Fröschl, der var manden bag byggeriet af domkirken i Passau, til at stå for byggeriet af slottet i Marzoll. Da Joseph Fröschl gik konkurs i 1570erne, overgik slottet fra 1574 til forskellige adelsfamilier. Fra 1605 til 1835 var slottet ejet af familien Lasser zu Lasseregg, der i denne periode både ombyggede og udvidede slottet. I 1837 lod den nye ejer, Albert von Malsen, slottet ombygge til den engelske Tudorstil, den nuværende stil. Slottet kan kun opleves i forbindelse med guidede rundvisninger, dog er slottets indergård åbent for besøgende.

## BURGRUINE KARLSTEIN
*Schmalschlägerstraße*
*83435 Bad Reichenhall*

I Karlstein, en forstad til Bad Reichenhall, finder man på toppen af Pankrazklippen en borgruin, Burg Karlstein. Blot få meter fra borgruinen finder man kirken Pankrazkirche. Borgruinen er resterne af et tidligere befæstningsanlæg, som blev opført omkring år 1150 af Konrad von Peilstein, der opførte borgen for at kunne overvåge den gebyrpligtige saltvej, Salzstraße. I slutningen af det 12. århundrede boede her en herremand, der hed Karl, derfor formoder man, at borgen blev opkaldt efter ham. Men det var først i år 1208, at borgen blev nævnt i skriftlige dokumenter. I 1218 overtog den bayerske hertug Karlstein, der bad sine tjenestefolk om at stå for vedligeholdelsen af borgen. På et tidspunkt ejede den bayerske hertug flere bor-

ge end han havde brug for, derfor valgte han, mod betaling, at overgive borgen til en højtrangerende embedsmand fra Reichenhall der søgte efter en bolig der passede til hans stand. Under den mægtige familie Fröschl von Marzoll und Tauerstein blev den oprindelige borg ombygget til et slot. Sådan fortsatte den tidligere borg, nu slot, at se ud indtil det forfaldt i det 17. århundrede. Vest for borgen kan man i dag finde resterne af en kvadratisk cisterne, hvori man kunne opsamle regnvand. Efter en længere periode, hvor der var spærret for al offentlig adgang blev det besluttet af ejeren af borgruinen, det bayerske statsskovvæsen, at give borgruinen en renovering, hvor man blandt andet lukkede et 6 m² stort hul i den vestlige ydermur. Flere vægge blev afstivet og de steder, hvor det var nødvendigt fik væggene et nyt lag puds. Inde i borgruinen blev der fjernet træer og andet bevoksning, derudover blev stien op til borgen forbedret og visse steder helt nyanlagt, for at gøre det sikkert for offentligheden.

## BURG GRUTTENSTEIN
*Pfannhauserweg 3*
*83435 Bad Reichenhall*
*www.burg-gruttenstein.de*

Forgængeren for Burg Gruttenstein var en såkaldt *Castrum*, der lå på Streitbühl, en forhøjning et par hundrede meter fra den nuværende Burg Gruttenstein. En *Streitbühel* eller *Streitbichl* betyder *en høj, hvor man strides*. På bayersk hedder en forhøjning en *Bichl*. I år 1196 var Ærkebiskop Adalbert von Salzburg i strid med den bayerske hertug om, hvem der havde rettighederne til Reichenhall. Ærkebiskoppen holdt fat på, at det var ham som bestemte, så han nedlagde *Castrum*, da han mente, at Reichenhall ikke havde behov for en befæstning, da al magt jo lå i Salzburg. Det var man i Reichenhall nu ikke helt enig i, så man lod i 1198 opføre et nyt *Castrum* på det sted, hvor man omkring år 1218/1219 opførte Burg Gruttenstein, som var en middelalderlig borg, der blev bygget for at beskytte Reichenhall og byens saltholdige kilder. Bygherren var Hertug Ludwig den Første af Wittenbach. Mange kalder borgen for et slot, Schloß Gruttenstein, men det er en forkert betegnelse, det har aldrig været et slot, men en borg. Navnet *Gruttenstein* menes at komme fra ordene *Grud*, der betyder *blok* eller *beskyttelse på en klippe* og *Stein* betyder i denne sammenhæng *bygget*. I 1548 blev der anlagt en ridesti fra Reichenhall til Gruttenstein. Borgen brændte ned, men genopført af Hertug Wilhelm den Femte i 1585, hvor man valgte at beholde rester af den oprindelige borg. I 1644 brændte borgen igen, og atter genopført. I 1702 blev borgen kortvarigt benyttet af militæret, inden Tronk der Padur og hans Rødjakker erobrede Reichenhall og indkvarterede sig på Burg Gruttenstein.

I 1819 blev Burg Gruttenstein hjemsted for en garnison med 172 soldater fra 1. Kompagni fra 1. Bayerske jægerbataljon fra Burghausen. Regimentet blev i Reichenhall i 47 år inden det blev opløst i 1866. Borgen blev delvist renoveret i 1870 for at give plads til et lazaret, derfra stammer navnet *Lazarettstöckl*, som man finder til højre for indgangen. Omkring år 1912 blev borgen ombygget til lejligheder til medarbejdere på byens Saline, vel at bemærke medarbejdere, der blev forflyttet fra den nedlagte Saline i Traunstein til Reichenhall. Senere blev borgen anvendt som administration for byens Salzmaier, der var direktør for byens saltsyderi. Mellem 1965 og 1995 blev borgen gennemrenoveret og der blev indrettet moderne lejligheder. Siden 2002 har borgen været ejet af private ejere, som har valgte at gennemføre en omfattende renovering for at føre borgen tilbage til dens oprindelige udseende. Borgen er til daglig lukket for offentligheden, men i forbindelse med afholdelsen af årets vinfest, påskemarked og adventsmarked åbnes dørene for alle interesserede.

### REICHENHALLER BURGENWEG
*Udgangspunkt: Wegezentrum 2*
*Schloßberg 1 • Marzoll*
*83435 Bad Reichenhall*
*www.bad-reichenhall.de/wandern/*
*wanderwege/burgenweg-bad-*
*reichenhall*

Vandreruten Reichenhaller Burgenweg er en temarute til byens borge, slotte og ruiner. Hele ruten er 33,3 kilometer lang. Det er ikke kun den længste, men eftersigende også en af de smukkeste tema-vandreruter der findes i og omkring Bad Reichenhall, Bayerisch Gmain og Groß Gmain. Ruten går fra Schloß Marzoll over grænsen til Østrig til ruinen Plainburg, derfra videre til Bayerisch Gmain til Kirchberg og langs den historiske saltrørledning i retning mod Thumsee. Turens absolutte højdepunkt er Schloß Staufeneck. Fra slottet går turen via Pidingerau og Türk tilbage til Marzoll. På vejen kommer man forbi Schloß Marzoll, Burg Gruttenstein, Ruin Plainburg, Alter Wehrturm ved bjergpasset Hallthurm, borgruin Karlstein og Schloß Staufeneck. Det er muligt at dele ruten op i flere etaper.

## DEN GAMLE BYMUR

Den gamle bymur, Alte Stadtmauer, blev opført omkring år 1159. Muren var omkring syv meter høj, godt 1,8 meter tyk i bunden og godt 60 centimeter i toppen. Brystværnet i toppen blev benyttet som vægtergang, og der var skydehuller. I den nordlige ende af bymuren var der et tårn, Waseneggerturm, der var godt 17 meter højt med godt 2,2 meter tykke mure. Dette tårn blev, indtil engang i det 18. århundrede, benyttet som byens fængsel. Kirketårnet ved Nikolauskirche var en del af bymuren. Muren havde ni byporte og 14 tårne, ingen af byportene er bevaret og blot to ud af 14 tårne er bevaret. Det er tårnene Peter & Paul Turm samt Pulverturm. Efter den store brand i 1834 mistede den befæstede mur sin betydning og man fjernede store dele af muren. Man kan stadig finde

rester af den historiske bymur, det kan man blandt andet ved Sankt Johannes Spitalkirche, hvor man kan finde et godt seks meter højt stykke af muren. Desuden kan man finde rester af bymuren ved Burg Gruttenstein, ved Stadtgraben syd og nordøst for Schloß Gruttenstein, ved Pulverturm, Peter & Paul Turm, ved Nikolauskirche, ved den tidligere Tiroler Tor, ved Runder Turm i Hinterhof ved Poststraße, i Kanalstraße og i Innsbrucker Straße, ved Spitalhof-Parkplatz, i indergården ved Deutschen Kaiser i Ludwigstraße, i Rosengasse samt i Heilingbrunnerstraße.

## PULVERTURM

Pulverturm, eller krudttårnet, der er beliggende i gaden Glück im Winkel nummer 15, er et af to af de tilbageblevne vagttårne i den historiske bymur fra det 12. og 13. århundrede.

## PETER UND PAUL TURM

Tårnet Peter und Paul Turm, i Peter-und-Paul-Gasse 2 A, er det andet tilbageværende vagttårn i Bad Reichenhalls oprindelige bymur. Tårnet er i dag indrettet til beboelse.

## FEUERWACHTTURM

Brandvagttårnet i Pfannhauserweg 2, stammer fra det 19. århundrede, men er renoveret flere gange, og er nu omdannet til beboelse.

## RATHAUSPLATZ

På Rathausplatz, Rådhuspladsen, finder man det nye rådhus og det gamle rådhus. Midt på pladsen, som blev anlagt i det 12. eller 13. århundrede, finder man brønden Wittelsbacherbrunnen, som blev opsat i 1904, billedhuggeren var Karl Killer fra München. Rådhuspladsen benyttes også til markedsplads, hvor der hver fredag er markedsdag. Efter den store brand i 1834 blev hovedparten af bygninger rundt om pladsen ødelagte. I 1851 var man færdig med renovering og nyopførelse af bygninger og plads.

## ALTE RATHAUS

Bad Reichenhall *gamle* rådhus, Altes Rathaus, blev opført i 1849-1851, arkitekten var Hans Lukas, som havde været elev hos arkitekt Friedrich von Gärtner. I 1924 blev rådhusets fresker malet af Josef Hengges. Fra venstre mod højre kan man opleve Karl den Store, Sankt Rupert, Friedrich Barbarossa og Ludwig den Første af Bayern, sammen med dem ser man desuden Caritas og Justitia.

## NEUE RATHAUS

Bad Reichenhalls *nye* rådhus, Neue Rathaus, beliggende på Rathausplatz 8, blev opført i 1937-1938 i den særlige Inn-Salzach-byggestil. Arkitekten på byens nye rådhus var Raimund Thoma.

## FLORIANIPLATZ

Florianiplatz er en plads med storslåede bygninger. Denne plads er beliggende i den ældste del af Bad Reichenhall. Florianiplatz stammer sammen med Sebastianiviertel, der består af gaderne Oberen Lindenplatz, Tiroler Straße, Sebastianigasse og Gruttensteingasse, fra det 13. århundrede. De fleste af husene her blev forskånet under den store brand i 1834, som de eneste i hele byen.

*Rathaus, Bad Reichenhall*

Her boede der engang kobbersmede, farvehandlere og bødkere, i dag bor her kunstnere, kunsthåndværkere, blomsterbindere og andre kreative folk. Når man går gennem kvarteret kan man mærke suset fra fortiden. Et sted, hvor tiden går en anelse langsommere end mange andre steder. Biler er en sjældenhed i kvarteret, man går eller cykler til sine daglige gøremål. Der er fred, ro og idyllisk, hvor selv turister kan finde hvile på en af kvarterets mange bænke, hvorfra man får hurtigt indtrykket af en gammel bayersk landsbyplads. Husenes farver er alle enten lyseblå, gule eller rosa, sådan som de også var i middelalderen. Kvarteret omkring Florianiplatz er opkaldt efter den hellige Florian, der er brandvæsnets skytshelgen. Pladsens brønd, Florianibrunnen med figuren den Hellige Florian, stammer fra omkring år 1870-1890. Brønden bliver hvert andet år udsmykket med 4.000 håndmalede påskeæg.

## SAALACHKRAFTWERK
*Thumseestraße 25*
*83435 Bad Reichenhall*

Det, i dag, fredede og historiske vandkraftværk ved floden Saalach blev taget i drift i 1914. Kraftværket blev opført for at producere strøm til den *nye* elektrificerede banestrækning mellem Salzburg og Berchtesgaden. Vandkraftværket er stadig i brug, de originale turbiner og generatorer vedligeholdes og producerer hvert år cirka 40 millioner kWh. Vandkraftværkets dæmning finder man i Kibling, hvorfra vandet sendes via underjordiske rørledninger til kraftværket i bydelen Kirchberg.

## BURG KIRCHBERG
I bydelen Kirchberg finder man Burg Kirchberg, der blev opført omkring år 1130, muligvis før, som en forsyningsgård til Ærkebiskoppen. Gården blev ombygget omkring år 1500, og i 1723 blev borgen ombygget i barokstil, hvorefter det blev omtalt som slot. Slottet er delt i to af en storartet gang, der er en typisk måde man byggede på den gang.

## BRUNNENSTADT
*www.bad-reichenhall.de/cdn/uploads/*
*rh-brunnenfibel2016-web.pdf*

Bad Reichenhall har mere end 70 brønde og springvand, der alle er forskellige af udseende. Ens for dem alle er, at vandet i springvandene ikke er ferskvand, men den særlige AlpenSole, det vil sige vand med en vis procentdel salt. På grund af de mange springvand kaldes Bad Reichenhall også for springvandenes by, eller Brunnenstadt. Her kommer bare historien på et par stykker. På byens turistbureau kan man hente en brochure med en oversigt over byens mange springvand og brønde eller online. Brochuren *Brunnenfibel* giver nyttig viden om brøndene samt sammenhængen mellem Bad Reichenhall og vand.

## ALPENSOLE-BRUNNEN
Foran Gradierhaus i den kongelige kurpark finder man springvandet,

291

AlpenSole-Brunnen. Det er et af cirka 70 springvand i Bad Reichenhall. Vandet i springvandet kommer fra Wandelhalle. Denne brønd stod oprindeligt ved Hotel Platterhof i Obersalzberg, hvor den blev kaldt for Atlas-Brunnen, Atlas-brønden. I 1953 blev springvandet flyttet til dens nuværende placering i den kongelige kurpark. Rundt om springvandet står der liggestole, hvor man kan tage et hvil, hvis der, vel at bemærke, er stole ledige, da de på solrige dage ofte er hurtigt besat. Når man sidder og slapper af, kan man være heldig, at det kan ske til tonerne af kurmusik, som spilles af Bad Reichenhaller Philharmonie. Springvandet er udformet som en stor muslingeskal, som er symbolet for frugtbarhed og beskyttelse.

### Kaiser-Karl-Brunnen

Inde i Wandelhalle, vandrehallen, som er beliggende i den kongelige kurpark, finder man Kaiser-Karl-Brunnen, opkaldt efter Kejser Karl. Springvandet er lavet i rød marmor fra Ruhpolding, kunstneren bag springvandet var Franz Bürgerling, og opstillet i hallen i 1927, som var afløseren af en brønd af træ, der også var udført af Franz Bürgerling. Vandet i brønden er vand med et indhold på 0,5 til 0,7 procent salt, eller AlpenSole som det også hedder. Vandet stammer fra Kaiser Karl kilden. Vandet er sundt og benyttes af både lokale og turister, som tapper vand til at gurgle hals eller skylle næse med. Saltvandet er godt for blandt andet halssmerter eller forstoppet næse. På toppen af brønden står en bronzefigur.

### Wittelsbacherbrunnen

På Rådhuspladsen, Rathausplatz, i Bad Reichenhall finder man Wittels-

*AlpenSole springvandet*

bacherbrunnen. Brønden blev opsat på pladsen i 1904, det var billedhuggeren Karl Killer (1873-1948) fra München, som var manden bag brønden. Brønden var en gave fra adelsslægten Wittelsbach som tak til Reichenhalls borgerskab. Brønden er udført i Oschsenfurther muslingekalk. Det ottekantede bassin har en diameter på syv meter og er i alt elleve meter højt. På toppen af brøndens søjle finder man skytshelgen *Patrona Bavaria* med stav, scepter og en egeløvskrans i håret. Desuden er der fire bayerske løver med våbenskjoldene for landområderne: *Altbayern* (våbenskjold med den blå panter), *Pfalz* (våbenskjold med den pfälziske løve), *Franken* (våbenskjold med den frankiske rive) og *Schwaben* (våbenskjold fra adelsslægten Burgau). Over de fire bayerske løver er der otte relieffigurer, der står for *kunst* (Pallas Athene), *videnskab* (bog), *bonde* (med spade), *skovarbejderen* (med gevær), *to håndværkere* (med hammer og skrin), *arbejderen* (med hjul) og *handelsmanden* (med skibsmodellen) For fødderne af figurerne finder man inskriptionen *Dem glorreichen Haus Wittelsbach - die treue Stadt Bad Reichenhall*, der bedst kan oversætte til *Det glorværdige Haus Wittelsbach - den trofaste by Bad Reichenhall.*

## BISMARCKBRUNNEN

I nærheden af Bahnhofstraße finder man Bismarckbrunnen med en buste af Otto von Bismarck. Billedhuggeren bag var Theodor Haf, der skabte springvandet i 1896.

## PARKER

Udover de mange springvand, er der også mange parker og grønne områder i Bad Reichenhall. Den måske mest kendte park er den kongelige kurpark, men der er også andre lige så skønne grønne områder i byen. Her kommer nogle af dem.

## ORTENAUPARK

*Bahnhofstraße*
*83435 Bad Reichenhall*

Ortenaupark er beliggende i nærheden af den kongelige kurpark. Et sted med mulighed for mere aktive aktiviteter end i netop den kongelige kurpark, hvor det handler om at finde ro og slappe af. Parkens navn stammer fra Gustav Ortenau, som arbejdede som læge i Bad Reichenhall i flere årtier. I Ortenauparken er der lavet en såkaldt barfodssti, der er særlig indrettet til at gå på med bare fødder. Underlaget er sten, træ eller barkflis, som er godt for føddernes reflexzoner. En oplevelse for både børn og voksne. Desuden er der lavet en såkaldt *Mäander* labyrint. *Mäander* betyder noget i retning af *slentre, drive og komme bort fra*. Labyrinten er anlagt med sten, hvor det gælder om at slappe af i kroppen og finde ro og fred, mens man går.

## GUSTAV ORTENAU

Gustav Ortenau blev født i 1864, han var søn af en notar med en doktorgrad samt formand for en israelsk kulturel menighed i Fürth og senere i München. Gustav Ortenau studerede medicin, fra 1890 var han speciallæge i lungesygdomme i Bad Reichenhall. Han var en elsket læge, og gjorde et stort stykke arbejde for de fattige. Han engagerede sig i den lokale Alpenverein, og meldte sig som 50 årig - frivilligt - som soldat til det militære lægekorps under Første Verdenskrig. Desuden var han generaloverlæge samt leder af et lungesanatorium i Genova. Han var jøde, og i 1933, da nazisterne kom til magten, blev han som mange andre jøder chikaneret. Den 1. oktober 1938 blev hans autorisation taget fra ham og han fik forbud mod at arbejde som læge. På Krystalnatten (natten mellem 9. og 10. november 1938) blev vinduerne i hans hjem smadret. Dog blev borgerne i Bad Reichenhall ved med at støtte Gustav Ortenau. I 1939 flygtede han med sin familie til Basel i Schweiz. Mange af hans pårørende blev myrdet under Holocaust, kun få overlevede, en af disse var hans niece, Anita Lasker. Efter krigens afslutning rejste han og hans kone til Italien, hvor de først boede i Rom og senere i Firenze, hvor han døde i 1950, som en fattig mand. Men borgerne i Bad Reichenhall havde ikke glemt ham, og minder ham med parken Ortenau-Park. Hans ejendele befinder sig i dag på Israel Museum i Jerusalem samt på det jødiske museum Jüdische Museum Franken i Fürth.

## KARLSPARK
*Salzburger Straße*
*83435 Bad Reichenhall*

Karlspark inviterer alle indenfor til en slentretur under de gamle træer eller til at tage en pause fra de hektiske daglige gøremål eller shoppeturen med manden/konen. I parken finder man Marienquelle, Mariekilden, der eftersigende skulle have helbredende kræfter. I 1999 blev der anlagt en sti rundt i parken med tyve informationstavler, hvor på der er nyttig viden om træerne og planterne i parken. Mange lokale skoler benytter stien til undervisning i naturvidenskab.

## RUPERTUSPARK
*Luitpoldstraße*
*83435 Bad Reichenhall*

Rupertuspark ligger i nærheden af RupertusTherme, her kan man gå ture, træne udendørs fitness eller dyrke parcour. Det er en park for de aktive.

## GÅGADEN
Gågaden i Bad Reichenhall omfatter Ludwigstraße, Salzburger Straße og Kurstraße, eller nærmere præcis området mellem den kongelige kurpark og Alte Saline. Gågaden blev anlagt i 1976, mellem 2001 og 2005 blev hele gågaden renoveret, og indbyder til en shoppetur en hyggelig lørdag formiddag eller hvornår det passer ind i ferieprogrammet, dog med undtagelse af søndag, for der er butikkerne lukket. Gågaden er 1,85 kilometer lang og har cirka 200 forretninger, bagerier og caféer.

## LUDWIGSTRASSE 22
Bygningen på Ludwigstraße 22 blev

indtil 1851 benyttet som toldbygning, vægterhus samt rådhus, derefter overtog Bad Reichenhalls første avistrykkeri bygningen.

## POSTSTRASSE

Til gågaden hører også Poststraße, der er beliggende i den ældre del af Bad Reichenhall. Poststraße blev en del af gågaden i 1992. Poststraße går i retning nord-syd, og var oprindeligt den gamle hoved- og gennemkørselsgade mellem Spitalkirche i nord til Rathausplatz i syd. I middelalderen var Poststraße hovedgaden i købmandskvarteret. Men ifølge af bombardementerne i slutningen af Anden Verdenskrig gik store dele af det historiske område tabt. I Poststraße nummer 16 lå der tidligere en bager, nu delvis beboelse og forretning. I nummer 18 finder man den katolske kirke Sankt Ägidien, der blev opført i 1159 og udvidet i det 15. århundrede. I nummer 19 finder man den tidligere administrationsbygning tilhørende Alte Saline, har også været benyttet som domstol og i dag huser bygningen politiet. Nummer 25 har tidligere tilhørt skattevæsnet. I nummer 37 finder man den katolske Sankt Johannes Spitalkirche, opført i 1144 og genopført i 1834.

## ÄGIDIPLATZ

Ägidiplatz er ikke særlig stor, pladsen finder man ved Ädigikirche med det store vægmaleri, der skal minde os om bombardementerne over Berchtesgadener Land og ikke mindst Bad Reichenhall, den 25.

april 1945, hvor 224 mennesker mistede livet. På Ägidiplatz finder man den gamle brandstation, Alte Feuerhaus, der i dag benyttes til galleri, musikskole og et lille teater.

## STADTMUSEUM

*Getreidegasse 4*
*83435 Bad Reichenhall*
*www.reichenhallmuseum.de*

Bad Reichenhalls bymuseum, Stadtmuseum, er et regionalt museum der fortæller byens historie, særligt om saltets betydning for byen. Museet er beliggende i den fredede bygning, Getreidekasten. Bygningen blev genopført efter storbranden i 1834 efter arkitekt Joseph Daniel Ohlmüllers tegninger. Bygningen har tidligere være benyttet som handelsvarehus, der tilhørte saltadministrationen. Men i 1967 flyttede byens museum ind i bygningen. Museet havde, siden det åbnede i år 1900 og frem til 2013, kun fem kustoder, nemlig Josef Maurer (1900-1908), Franz Krönner (1908-1938), Fritz Schülein (1938-1962), Fritz Hofmann (1967-2002) og Robert Kern (2003-2013).

Museet var mellem 2006 og 2019 lukket på grund af en gennemgribende renovering og ombygning. Den gennemgribende renovering skyldes, at der i vinteren 2005-2006 faldt store mængder sne, mere end taget kunne klare. Da sneen begyndte at tø, løb der store mængder vand ind i museet. I samme vinter kollapsede taget på byens skøjtehal og 15 blev dræbt. Dette ville man ikke opleve igen, derfor besluttede man at lukke museet helt ned og gennemrenovere hele bygningen, så den i fremtiden kan klare store mængder sne og vand.

## PARK-KINO
*Salzburger Straße 2*
*83435 Bad Reichenhall*
*www.park-kino.de*

Bad Reichenhall, såvel som resten af Berchtesgadener Land, har en lang tradition med at gå i biografen. Indtil engang i 1960erne havde så godt som alle byer, store som små, en biograf. I Bad Reichenhall var der hele fire. I dag er der kun Park-Kino tilbage. De fire biografer i Bad Reichenhall havde over 2.000 siddepladser. At gå i biografen var datidens *vindue til verden*, det var længe før alle havde et fjernsyn, så der blev sendt såkaldte ugerevyer samt man kunne se film fra det store udland samt indland. Særligt de film der var indspillet i Bayern var populære. Der

*Bad Reichenhall*

var eftermiddagsforestillinger, aftenforestillinger og forestillinger for børn og unge. Siden 1998 har biografentusiasterne Josef Sepp Loipl og Maximilian Max Berger, drevet Park-Kino i Bad Reichenhall. Hvad forbinder mange med en tur i biffen? Popcorn... bare ikke i biografen i Bad Reichenhall, så vil man i biografen her, bliver det uden popcorn, da ejerne mener, at det ødelægger inventaret.

## KUNSTAKADEMIET
*Alte Saline 10*
*83435 Bad Reichenhall*
*www.kunstakademie-reichenhall.de*

Kunstakademiet, Kunstakademie Bad Reichenhall, er et frirum for kreative sjæle. Kunstakademiet har lokaler i det historiske Alte Saline, en af Europas smukkeste (synes jeg) industribygninger. Der arrangeres med jævne mellemrum kurser, som har sat kunstakademiet på landkortet, ikke blot i Bayern men vidt omkring. Et kursus tager mellem tre og seks dage, og man behøver ikke at være den helt store kunstner for at deltage. Der er tegnekurser, malerkurser eller man kan give sig i kast med hammer og mejsel og lege billedhugger. Der er desuden fotografering, grafiske kurser og meget mere på det brede kursusprogram. Der udbydes cirka 200 kurser hvert år, hvor 120 kunstnere fra forskellige kunstretninger underviser mere end 2.000 kunstinteresserede, der kommer fra Tyskland, Østrig, Schweiz og ja mange andre lande.

## FREIBAD MARZOLL

*Rainthalstraße 25*
*83435 Bad Reichenhall*
*www.bad-reichenhall.de/freibad-marzoll*

Friluftsbadet Marzoll åbnede i 1966 portene op for første gang til de badelystne, men gennem tiden forfaldt friluftsbadet mere og mere, så i 2010, 2011 samt i 2018 valgte man at gennemrenovere det store område og tilhørende faciliteter. Der er i alt fire bassiner, som dækker et areal på rundt 1.940 m². Der er plads til både motionssvømmerne, til dem der gerne vil springe og børnebassiner. Bassinet til motionssvømmerne er 50 meter langt, der er en en-meters og en tre-meters vippe, der er en rutsjebane og meget mere. Et sted til alle, og især børnefamilierne. Friluftsbadet er åbent i godt vejr fra midten af maj til september, dagligt mellem klokken 9.00 og 20.00, vejrafhængigt. Det anbefales at tjekke hjemmesiden for eventuelle ændringer i åbningstiden. *Bybus 1 kører lige til døren.*

## REBER CONFISERIE

*Ludwigstraße 10-12*
*83435 Bad Reichenhall*
*www.reber.com*

Dem der har fulgt lidt med på min blog ved, at jeg har en forkærlighed til god chokolade af høj kvalitet. Da jeg i sommeren 2017 var på tur til Berchtesgadener Land, blev jeg gjort opmærksom på, at man i Bad Reichenhall kunne besøge Reber Confiserie. Der er muligvis ikke mange der kender dette sted, som et sted, hvor der produceres chokolade, men måske mere som en café og konditorkager. Stedets historie går tilbage til 1865, da konditormester Peter Reber åbnede en café med eget konditori i München. Men hvad har det med Bad Reichenhall at gøre? Det kommer jeg til. I løbet af kort tid blev det lille kaffehus et yndet mødested for Münchens overklasse, og de søde tærter fra Haus Reber blev et hit ved selskaber rundt omkring i München. I 1938 valgte familien Reber at flytte fra München til Bad Reichenhall, hvor de hurtigt blev lige så berømte, som de havde været i München. Café Reber, midt på gågaden, er i dag stadig et yndet sted for både unge og ældre. Men Firma Reber er også kendt for deres Mozart-kugler, I ved... kuglen med pistacie og marcipan og cho-

*Mozart på besøg hos Café Reber*

297

koladeovertræk. Derudover har de et stort udvalg af fyldte chokolader og meget mere. Reber har verdensrekorden i at fremstille den største Mozartskugle. Den vejede et tusind kilogram, altså et ton, den var 130 centimeter i diameter eller 400 centimeter i omkreds. Der var brugt 215 kilogram pistacie-marcipan, 35 kilogram pistacienødder i stykker, 250 kilogram almindelig marcipan samt 250 kilogram hasselnøddenougat, der til sidst blev overhældt med 250 kilogram god chokolade. Verdens største Mozartkugle blev optaget i Guinness' Rekordbog i november 1988.

## KASINO BAD REICHENHALL

*Wittelsbacherstraße 17*
*83435 Bad Reichenhall*
*www.cultino-reichenhall.de*

Spielbank eller Kasino Bad Reichenhall er et af i alt ni kasinoer i Bayern. Her kan man spille de klassiske kasinospil, spille Roulette, Black Jack, Poker eller bare sidde og hive i den enarmede tyveknægt, dog uden garanti for gevinst. Kasinoet i Bad Reichenhall åbnede tilbage i 1955. I 1961 blev det statsejet. I 1988 valgte man at opføre et helt nyt kasino,

*Altes Feuerwehrhaus, Reichenhall*

med restaurant, café, en bar, hvor man kan få drinks enten med eller uden alkohol samt et garageanlæg. De fleste gæster kommer fra Østrig og Italien. Desuden kan med jævne mellemrum opleve koncerter og shows i Cultino, der er en del af kasinoet. Man skal være minimum 21 år for at komme ind på kasinoet, der skal medbringes ID, i form af pas, kørekort eller andet billede-id. De har regler om dresscode.

## INSTITUT DER ENGLISCHEN FRÄULEIN

På adressen Hubertusstraße 1 finder man en bygning der blev opført i 1895. I dag er bygningen en del af nonneordenen *Englischen Fräulein*, dansk: *de engelske frøkner*. Ordenen blev grundlagt tilbage i 1609 i Flandern, hvor de overtog Jesuitternes ordensregler. Senere spredte nonneordenen sig til Tyskland og altså også til Bad Reichenhall, hvor de blandt andet underviser på pigeskolen ved klostret Sankt Zeno, som har eksisteret siden 1852. Udover adressen i Hubertusstraße ejer nonneordenen også bygninger i Klosterstraße.

## RIEDELSTRASSE 5

I Riedelstraße nummer 5 A, finder man det tidligere statslige sygehus, der blev bygget mellem år 1928 og 1930 af arkitekt Richard Schachner.

## TRAUNFELDERSTRASSE

På adressen Traunfelderstraße 13, finder man det tidligere Prinsregent Luitpolds Militærrekreationshjem.

Bygningen blev opført i 1913-1915 af Heinrich Hertlein.

## BAYERISCH GMAIN

*Turistinformation Bayerisch Gmain*
*Großgmainer Straße 14*
*83457 Bayerisch Gmain*
*www.bad-reichenhall.de*

Bayerisch Gmain, der også kaldes for Bad Reichenhalls solterrasse, er en lille by beliggende i landlige omgivelser uden de helt store seværdigheder. Men det er en moderne landsby, der tager hånd om områdets lange historie, og borgerne ser sig forpligtet til at bevare den historiske arv. Bayerisch Gmain og Österreichisches Gmain, eller bare Großgmain, er selvom de er beliggende på hver deres side af landegrænsen, næsten vokset sammen, kun bjergkæden Reichenhaller Talkessel skiller byerne fra hinanden. Byens vartegn er bjergmassivet *Schlafende Hexe*, dansk: *den sovende heks*, som man kan finde talrige sagn og fortællinger om, *læs sagnet på side 143*.

Mange turister tiltrækkes af byen på grund af roen samt de mange vandreruter og cykelruter, da Bayerisch Gmain er startsby for mange vandre- og cykelruter. Flere temavandreveje går gennem byen, som Burgenweg, Jacobspilgerweg, Sankt Rupertpilgerweg samt SalzAlpenSteig. Mange kommer også på grund af de mange kurtilbud. Bayerisch Gmain er 12,34 km² stor og der bor godt 3.000 mennesker her. Byens vigtigske indtægtskilde er turisme.

## HISTORISK

Tilbage i keltisk tid var de to byer, Bayerisch Gmain og Großgmain, samlet under navnet *Muen. Auf der Gmain* var en betegnelse man gennem århundreder har benyttet som betegnelse for bosættelsen mellem Untersberg, Lattengebirge, Hallthurm og Kirchholz. Allerede tilbage i bronzealderen har menneskerne kendt til den rigdom som man fandt her, samt dens beliggenhed. I romersk tid hed bosættelsen *Muen*, et navn der udviklede sig til *Gmain*. I 700-tallet var det meget almindeligt at herremændene byttede landområder. Under den bayerske hertug Theodbert (cirka 711-716) blev området ved Bayerisch Gmain givet til klosteret Nonnberg i Salzburg, samtidig med, at det var her man første gang hørte om Gmain. Omkring år 1100 begyndte Greven von Plain at opføre Plainburg, som skulle være midtpunktet i den nordlige del af deres grevskab. Opførelsen af borgen førte til en grundlæggelse af landsbyen, som man i dag kender som Bayerisch Gmain og Großgmain.

Faktisk var de to byer, på trods af landegrænsen, en fælles by. Det var først i 1816, at de to byer blev delt i to. Indtil 1926 hed byen blot Gmain, men fik tilført Bayerisch for at man kunne kende forskel på de to nærliggende *Gmain*. Men selvom de blev delt i to selvstændige kommuner, har man beholdt den fælles ånd. Bayerisch Gmain har sin egen banegård på strækningen mellem Berchtesgaden og Freilassing, og siden 2006 har strækningen været en del af Salzburger S-toglinien S3.

## BERGKURGARTEN

*Alpentalstraße 6*
*83457 Bayerisch Gmain*

Kurparken i Bayerisch Gmain er beliggende ved foden af Dreisesselberg, og herfra starter mange vandreruter rundt i området.

## MOLTKE-EICHE

Den 6. juli 1871 besøgte Generalfeldmarskal Helmuth Karl Bernhard von Moltke Bayerisch Gmain, da han var på vej mod Gastein. Efterfølgende valgte man at plante et træ, en eg, på pladsen som var von Moltkes yndlingsplads under hans ophold i byen. Egetræet blev opkaldt efter ham, nemlig Moltke-egen eller Moltke-Eiche.

## HVEM VAR HELMUTH KARL BERNHARD VON MOLTKE?

Navnet von Moltke ringer måske en klokke hos mange danskere, men sammenhængen kommer senere. Helmuth Karl Bernhard von Moltke blev født den 26. oktober 1800 i Parchim, og døde den 24. april 1891 i Berlin. I 1870 blev han greve, Graf von Moltke. Grev von Moltke var preussisk generalfeltmarskal og chef for generalstaben. Helmuth Karl Bernhard von Moltke var søn af den danske generalløjtnant Friedrich Philipp Victor von Moltke (1768-1845). I 1811 blev Helmuth Karl Bernhard von Moltke optaget på kadetakademiet i København, og den

20. januar 1818 blev han udnævnt til sekondløjtnant og tjente i det danske infanteriregiment Oldenburg i Rendsburg. Moltke havde talent og store ambitioner. Han ønskede at blive en del af den preussiske hær, derfor gik han til den danske kong Frederik den Sjette, der gav Moltke lov, på den betingelse, at han skulle vende tilbage til dansk tjeneste, når han havde samlet nok udenlandsk erfaring.

I Frankfurt an der Oder blev von Moltke del af den preussiske hærs 8. Infanteriregiment. Fra 1823-1826 var han på den tyske krigsskole, hvor en af hans mentorer var Carl von Clausewitz, der i 1833 fik von Moltke ind i generalstaben. Senere blev von Moltke militærrådgiver i det osmanske rige, det nuværende Tyrkiet, inden han vendte retur til Preussen, hvor han blev udnævnt til major og i 1846 udnævnt til adjudant for prins Karl Friedrich von Preußen.

Mellem 1849 og 1855 var von Moltke chef for generalstaben og fra 1856 adjudant for kronprins Friedrich Wilhelm. I 1857 blev von Moltke udnævnt til generalmajor, og var med til at udarbejde en plan i tilfælde af krig mod Danmark. Ja, von Moltke var den strateg og den ansvarlige for den store tysk-danske krig i 1864, krigen hvor vi tabte Sønderjylland til Preussen. Desuden han var ansvarlig for krigen mod Østrig i 1866 og mod Frankrig i 1870-1871. Efter sejren mod Frankrig, blev von Moltke udnævnt til greve i oktober

1870 og i juni 1871 blev han udnævnt til generalfeltmarskal. I 1888 blev han, grundet alder, afskediget fra hæren. Von Moltke havde siden 1867 været medlem af det konservative parti og medlem af den tyske Rigsdag. Som 90 årig, og stadig medlem af Rigsdagen, holdt von Moltke den 14. maj 1890 sin sidste politiske tale, hvor han advarede mod en ny krig i Europa. Grev von Moltke døde i 1891 i sin tjenestebolig i berlinerkvarteret Alsenviertel. Helmuth Karl Bernhard von Moltke var onkel til den preussiske generaloberst Helmuth Johannes Ludwig von Moltke og grandonkel (Urgroßonkel) til modstandskæmperen Helmuth James Graf von Moltke.

## KLOSTERHOF
*Steilhofweg 19*
*83457 Bayerisch Gmain*
*www.klosterhof.de*

Klosterhof blev opført omkring år 1500 som en del af Augustinerklostret Sankt Zeno. Klosterhof blev opført på Königshöhe, der er en solrig højderyg med blik over Bad Reichenhall. I 1803, da klostret blev opløst, blev Klosterhof solgt til en bonde fra Berchtesgaden. Omkring 1860 blev stedet omdannet til spisested. I 1870erne blev Klosterhof udvidet. Efter Anden Verdenskrig blev Klosterhof anvendt som hjem for krigsflygtninge, en af dem der boede her var skuespiller Romy Schneiders yngre bror, Wolf-Dieter Schneider. Romy Schneider blev senere kendt som hende, der spillede

Kejserinde Sisi. I 1970erne havde Goethe Instituttet en afdeling her. I 1987 gik en drøm i opfyldelse for familien Lederer, da de købte Klosterhof. I 1988 kunne de åbne dørene til et tre-stjernet hotel. I 2001 overtog parrets to døtre hotellet. I 2011 købte ægteparret Henrike og Andreas Färber Klosterhof og drev det videre i to år. I 2014 blev det besluttet at renovere og udbygge klosterhof. Stedet blev lukket ned i byggeperioden, efter atten måneders byggerod, kunne ægteparret Färber endelig, i 2016, genåbne dørene til nyt hotel i premiumklassen.

## GMOA ARENA
*Berchtesgadener Straße 77*
*83457 Bayerisch Gmain*
*www.gmoaarena.de*

Landsbyerne Bayerisch Gmain og Großgmain har en fælles sportsplads, som kaldes *Gmoa Arena*. På sportspladsen er der mulighed for fodbold, beachvolley, forskellige typer af atletik samt meget mere. Det er også herfra stavgangsruten, Nordic Walking, *Sole, Sonne und Wald*, dansk: *Salt, sol og skov*, starter. Det er en rute, der er anlagt efter krav som det internationale Nordic Walking Forbund har lavet, for at sikre kvaliteten på ruten.

## FLORIANIFEST
I over hundrede år har de to brandværn fra Bayerisch Gmain samt Großgmain holdt en fælles fest til ære for deres skytshelgen, den hellige Florian, Sankt Florian. Man skif-

tes til at afholde festen, det ene år afholdes festen i Bayerisch Gmain og året efter afholdes festen i Großgmain. En stor fest, hvor beboerne i de to landsbyer inviteres til at feste med.

## DEN HELLIGE SANKT FLORIAN

Hvem var den hellige Florian? Jo, hans rigtige navn var Florian von Lorch, hans præcise fødselsdato kender man ikke, men man ved, at han døde den 4. maj 304 i *Lauriacum*, eller det som i dag hedder Lorch, i nærheden af Enns i Oberösterreich. Florian von Lorch var oprindelig fra *Aelium Cetium*, det som i dag er Sankt Pölten. Her havde han arbejdet som kontorchef, men var nu pensioneret. Omkring år 303-304 skete der forfølgelse af de kristne befolkningsgrupper, og Florian von Lorch tog til Lauriacum under Kej-ser Diokletian for at bistå i efterforskningen. Han blev udnævnt til officer og overbefalingsmand i en enhed der stod for brandbekæmpelse. Men Florian var selv kristen, så han blev tilbageholdt af sine soldaterkammerater og fængslet, hvor han blev tortureret. Han blev dømt til døden, og historier fortæller, at han blev brændt. Men sandheden er en anden, da man mente, at hvis han blev brændt ville flammerne vise ham vejen til himlen. Derfor fik han en møllesten bundet om halsen og den 4. maj 304 blev han smidt ud fra en bro ned i floden Enns. Samme dag døde 40 andre kristne. Sagn og legender har gennem tiden fortalt, at Florians lig drev i land, hvor en ørn kom og vogtede over hans lig, indtil der kom en kvinde med en vogn, som bragte ham ubemærket til hans begravelsesplads. Undervejs

*Berchtesgaden med Watzmann*

blev dyrene, der trak vognen trætte og stoppede. Kvinden beordrede, at der skulle komme vand, og en kilde sprang straks op fra jorden og sørgede for at dyrene kunne få vand at drikke. Denne kilde eksisterer endnu ved kirken Sankt Johann i Sankt Florian, brønden hedder Florianbrunnen. Herefter fortsatte kvinden videre til begravelsespladsen og begravede Florian von Lorch. På stedet, hvor han blev begravet, blev der senere opført et kloster med navnet Sankt Florian. Senere fik mændene, bag drabene på Florian og de fyrre andre, deres straffe. Blot otte år efter Florians død sørgede Kejser Konstantin for indførelsen af religionsfrihed. Den hellige Florian æres i de katolske og ortodokse kirker.

Florian er desuden skytshelgen for brandvæsnet, bagerne, ølbryggerne, gartnerne, skorstensfejerne, bødkere, pottemagere samt smede. Florian bliver, efter legenden, tilkaldt når der er fare for brand, kampe, storme samt ved ufrugtbarhed på markerne. Florian afbilledes ofte som en romersk officer med fane, vandkar og nogle gange med en møllesten om halsen foran et brændende hus. Florian bliver mindet den 4. maj, som er en katolsk mindedag. Det er også på denne dag, hvor brandvæsnet i Østrig og Bayern fejrer Florianitag. Siden 1971 har den Helllige Florian været skytshelgen for det katolske bispedømme Linz og siden 2004 også som skytshelgen for Oberösterreich. Netop den 4. maj er i Oberösterreich lig med en fridag.

## TIERERLEBNISWELT

*Initiative M.U.T.*
*Hohenfriedstraße 44*
*83457 Bayerisch Gmain*
*www.initiative-mut.de*

I Bayerisch Gmain kan man hos *Initiative M.U.T.* møde lamaer og heste. Der tilbydes rideundervisning, vandreture med lamaer, aktiviteter i ferier, man kan afholde børnefødselsdage her samt meget mere. M.U.T. blev grundlagt i 2003 og arbejder med at hjælpe børn, unge og voksne med handicaps eller udfordringer, det sker via terapi med dyr, eksempelvis handicapridning.

## RODELBAHN ALPGARTEN

*Alpentalstraße 6*
*83457 Bayerisch Gmain*
*www.bad-reichenhall.de/rodelbahn*
*-alpgarten*

Fra Alpgartengraben til Bergkurgarten i Bayerisch Gmain går den 600 meter lange kælkebakke, som betegnes som middelsvær. Turen til udgangspunktet tager godt 15 minutter til fods, herefter tager turen, der har en højdeforskel på 90 meter, mod dalen blot fem minutter. Kælkebakken er åbent om vinteren, når der er sne.

## BERCHTESGADEN

*Turistinformation Berchtesgaden*
*Maximilianstraße 9*
*83471 Berchtesgaden*
*www.berchtesgaden.de*

Berchtesgaden er beliggende i en

lomme i det sydøstlige Bayern, cirka 160 kilometer sydøst for München, cirka 20 kilometer fra Bad Reichenhall, cirka 24 kilometer syd for Salzburg og cirka 200 kilometer nordøst for Innsbruck. Der bor cirka 7.800 personer i den bayerske by på grænsen til Østrig. Syd for byen finder man Tysklands tredje højeste bjerg Watzmann med sine 2.713 meter. Byens rigdom er grundlagt grundet handel med saltet, det hvide guld. Byens saltmine, der stadig er i drift, blev taget i brug tilbage i 1517, altså for mere end 500 år siden. Berchtesgaden har en lang og broget historie bag sig, lige fra at være hjemsted for augustinermunke, fyrsteprovster til hjemsted for topnazister, som Martin Bormann og Adolf Hitler. I dag er det turister der fylder op i gaderne og på hotellerne, når de ofte kommer langvejsfra for at nyde naturen ved Königssee eller Hintersee eller for at se Kehlsteinhaus i Obersalzberg lidt udenfor Berchtesgaden. Berchtesgadens nabobyer er Bischofswiesen, Marktschellenberg, Ramsau og Schönau.

## HISTORISK

Berchtesgadens navn er formodentlig opstået af ordet *Perchta* eller efter navnet på en tidligere bosætter med navnet *Perchter*, som er et gammelt germansk personnavn, og *Gaden* er det samme som *et hus med rum*. Andre mener, at *Perchter* også kan fortolkes som et *område med et enetages hus eller jagthytte med hytter til tjenestefolkene*. Andre mener dog, at byens navn opstod efter grundlæggelsen af klostret, som af paven blev kaldt for *Berthercatmen*. I det 18. århundrede omtalte man byen som *Brechtolsgaden*, og i en historisk afhandling fra det kongelige bayerske akademi nævnes ordet *Stift Bertholdsgaden* og i Herders Conversations-Lexikon fra 1854 nævnes både *Berchtesgaden* og *Berchtoldsgaden*.

Berchtesgadens lange og til tider grusomme historie kan føres tilbage til år 1102, da man første gang hørte om området på grund af dets rigdom på saltforekomster i undergrunden. Men man kan faktisk datere Berchtesgaden endnu længere tilbage, nemlig mere end 4000 år tilbage, helt sikker er man på, at der har været en form for bosættelse her tilbage i det femte til første århundrede før Kristi Fødsel, da man har fundet mønter fra den tid. Da Berchtesgaden, som vi kender det i dag, blev grundlagt tilbage i 1102 skete det på et ønske fra fra Grevinde Irmgard von Sulzbach. Efter grevindens død rejste hendes sønner Berengar den Første von Sulzbach og Kuno von Horburg-Lechsgemünd sammen med den provst, Eberwin, de ønskede til det nye stift, til Rom for at mødes med Pave Paschalis den Anden. Paven godkendte grundlæggelsen af klostret og tog det selvstændige grevelige kloster, *Berthercatmen*, under sin beskyttelse. Efter hjemkomsten fra Rom ankom Eberwin og hans augustinermunke til Berchtesgaden. Det første munkene lagde mærke til var at området, hvor klostret skulle opføres, var en stor skrækkelig urskov med evig frost og sne. Med opførelsen af kirken blev det startskuddet til opførelsen af klostret og en lang periode under gejstlig herredømme. Klostret stod færdigbygget i 1156, og blev hurtigt forbundet med udvindingen af salt og metal i områdets undergrund. Store dele af byens velstand er kommet fra saltminen, som stadig er aktiv. Omkring klostret opstod en bosættelse, der omkring år 1328 fik handelsrettigheder. I 1490 blev Stiftsspital opført i nærheden af sognekirken Sankt Andreas.

For at forbedre sin magt valgte provsterne fra Augustinerordenen at flytte deres magtcentrum til Berchtesgaden. Fra 1559 til 1803 var Berchtesgaden et selvstændigt fyrsteprovsti. Fra 1594 til 1723 var Berchtesgaden endda administrationssæde for den bayerske Wittelsbach-slægt under ledelse af Ferdinand von Bayern, men da han også var kurfyrste og ærkebiskop af Köln havde han ikke tid til at tage sig af stiftet i Berchtesgaden. Under Trediveårskrigen (1618-1648) blev Berchtesgaden forskånet for de værste ødelæggelser, men borgerne blev bedt om at *spytte i kassen* for at udbedre de skader, der var sket i Köln. I 1803 blev klostret i Berchtesgaden opløst og indtil 1810 var byen styret af forskellige sejrherrer, herunder Napoleon, kurfyrsterne i Salzburg samt den haburgske regent Ferdinand den Tredje. I 1810 blev Berchtesgaden, sammen med Salzburg, til hovedby i Berchtesgadener Land. Indtil 1816 var Berchtesgadener Land dog en del af Østrig. Men i 1817 blev området en del af det, som vi i dag kender som Oberbayern.

Den bayerske kongefamilie opdagede hurtigt skønheden i Berchtesgaden. For at knytte Berchtesgaden og resten af regionen tættere på Bayern, valgte kongen at benytte regionen til sommerresidens og fik klostret i Berchtesgaden ombygget til et kongeligt slot. Især prinsregent Luitpold von Bayern (1821-1912) yndede at komme til Berchtesgadener Land hvert efterår for at gå på jagt, det var også ham der tillod kvægmarkeder i Berchtesgaden. I udkanten af Berchtesgaden fik den bayerske konge Maximilian den Anden i 1850 og 1855 opført en kongelig villa. I dag finder man mellem Kälbersteinstraße og Von-Hindenburg-Allee, overfor den kongelige villa, den lille park Luitpoldpark (der tidligere hed Luitpoldhain), hvor der er en skulptur af prinsregenten i jagttøj.

I 1842 blev Berchtesgaden ramt af en ødelæggende storbrand, hvor byens centrum brændte ned til grunden, kun tårnet af sognekirken Sankt Andreas slap for flammerne. Berchtesgaden blev genopbygget. Efter den Tysk-Franske krig (1870-1871) blev Berchtesgaden stationsby, i 1888 blev banegården opført og det var med til at trække turister til, men også malere og kunstnere blev tiltrukket af Berchtesgaden, naturen og bjergene. Blandt dem var Ludwig Ganghofer, Carl Rottmann samt de norske forfattere Jonas Lie og Henrik Ibsen. Det første hotel, eller pension, der åbnede dørene for de mange besøgende, var Pension Moritz i Obersalzberg, det var i 1877. En pension som senere blev en del af nazisternes enklave i Obersalzberg. *Læs mere om Pension Moritz på side 18.* I forbindelse med stigningen af besøgende i Berchtesgaden og hvor flere af dem efterfølgende valgte at købe et hus til brug i ferierne, valgte man i 1899 at opføre en evangelsk-luteransk kirke udover de allerede tre eksisterende romersk-katolske kirker. I 1903 blev byens sygehus opført i Locksteinstraße.

I 1923 overgik ejerskabet af byens kongelige slot fra den bayerske kongefamilie til Wittelsbach-slægtens fond. Indtil Hitlers magtovertagelse i 1933 benyttede den tidligere kronprins Rupprecht slottet som sit hjem. Det var også her kronprinsens datter Irmingard blev født i 1923 og senere døbt i stiftskirken af Nuntius Eugenio Pacelli, der senere blev pave Pius den Tolvte. I 1930 blev kronprinsens søn, Albrecht, gift med grevinde Drašković von Trakošćan i stiftskirken. I forbindelse med nazisternes opkøb af Obersalzberg i 1930erne, førte det til en lang række byggerier i Berchtesgaden, herunder banegården og byens posthus. Hotellet Berchtesgadener Hof tiltrak mange kendte, når de skulle besøge Hitler på Berghof, blandt dem var Eva Braun, Erwin Rommel, Joseph Goebbels, Heinrich Himmler, Neville Chamberlain og David Lloyd George. Hotel Berchtesgadener Hof eksisterer ikke længere, bygningen blev revet ned i 2006. På grunden finder man i dag Nationalparkens hus *Haus der Berge*. *Læs mere om Haus der Berge på side 149.*

Traditionen med at skyde julen ind var under nazismen og Anden Verdenskrig ikke tilladt. Gruppen af dem som skyder julen ind, Berchtesgadener Weihnachtsschützen, gik ind i modstandsbevægelsen mod nazismen. Efter krigen blev gruppen anerkendt for deres modstand og i 1945 blev Berchtesgadener Poststraße omdøbt til Weihnachtsschützenplatz. På trods af Berchtesgadens tætte placering på Obersalzberg, blev byen forskånet for det værste ødelæggelser, da de allierede valgte at bombe Obersalzberg den 25. april 1945. De tilbageblevne topnazister valgte at overgive sig uden kamp til de amerikanske styrker. *Læs mere om Obersalzberg og den sorte del af Berchtesgadens historie i kapitlet om Obersalzberg fra side 23.*

I 1972 blev der indført en ny kommunalreform, som betød, at kommunerne Salzberg, Maria Gern og Au (Oberau og Unterau) blev lagt sammen med Berchtesgaden. Oprindelig skulle kommunalreformen også have ført til, at kommunerne Bischofswiesen, Ramsau, Marktschellenberg og Schönau skulle lægges sammen med Berchtesgaden til en storkommune. Men dette fik ikke den store opbakning fra befolkningen. Det var kun indbyggerne i Berchtesgaden der stemte for, resten stemte i mod sammenlægningen til en stor kommune. Følgende landsbyer, der også kaldes for Gnotschaften, hører i dag under Berchtesgaden Unterau, Oberau, Resten, Au, Maria Gern, Hintergern, Obergern, Vordergern, Salzberg, Anzenbach, Metzenleiten, Mitterbach, Obersalzberg, Untersalzberg, Am Etzerschlößl og Eck.

## WITTELSBACH-SLÆGTEN

Wittelsbach-slægten er en af de ældste adelsfamilier i Tyskland. Familien har gennem århundreder leveret grever, hertuger og kurfyrster til hele Europa samt ikke mindst konger til kongedømmet Bayern, hvor slægten havde magten fra 1180 til opløsningen af monarkiet i 1918. Der findes flere linier i Wittelsbach-slægten, og er, som nævnt, ikke blot en af de ældste adelsslægter i Tyskland, men også en af de mest betydningsfulde i hele Europa. Udover at have bayerske konger i slægten, var det også en Wittelsbacher på tronen i Ungarn (1305), i Sverige (1441-1448 samt 1654-1720), Danmark og Norge (1440-1448), Grækenland (1832-1862), Romerske-Tyske Rige (1328, 1400 og 1742), Bøhmen (1619 og 1742), derudover finder man en lang række kurfyrster og ærkebiskopper i Köln (1583-1761) fyrstebiskopper, markgrever i Brandenburg (1323-1373), grever af Tyrol, grever af Holland, Hennegau og Seeland (1342-1432) samt hertuger af Bremen-Verden

(1654-1719). Man ved ikke med sikkerhed hvornår eller hvordan Wittelsbach-slægten opstod, men det menes, at deres slægt kan spores tilbage til Karl den Store, mens andre mener, at de stammer tilbage til de gamle Trojaner. Andre mener, at Wittelsbach-slægten stammer fra en sidegren af adelsfamilien Luitpoldinger, som er opkaldt efter markgreve Luitpold af Bayern (død 907). Dog mener familien selv og flere historikere på, at familien stammer fra grev Otto den Første af Scheyern (Otto comes de Skyrum). Dette mener man skyldes en teori, der blev offentliggjort tilbage i 1931 af forskeren Otto Freiherr von Dungerns. Men hvilken teori, der er den rigtige vil jeg ikke blande mig i. Men et er helt sikkert, og det er, at familien dog selv mener, at de stammer fra grev Otto den Første af Scheyern, som var greve på Burg Scheyern, hvorefter grev Otto den ottende von Scheyern (cirka 1117-1183) blev til grev Otto den Femte von Wittelsbach, der så blev Pfalzgraf, Pfalzgreve, Otto den Sjette af Bayern, inden han i 1180 blev Hertug Otto den Første af Bayern/Wittelsbach. En ting er dog helt sikkert er, og det er, at Grev Otto den Femte von Scheyern flyttede sit residens fra Burg Scheyern til Burg Wittelsbach, i nærheden af Aichach i Schwaben, i 1124.

Otto den Sjette Pfalzgraf von Bayern var med på Friedrich den Første Barbarossas togter til Italien, hvor han eftersigende skulle have gjort det godt, for efter at Heinrich der Löwen blev afsat af den bayerske hertugtrone i 1180, blev Otto den Sjette udråbt til den nye hertug af Bayern, nu med navnet Otto den Første von Wittelsbach. Efter Ottos død i 1183 overtog hans søn Ludwig den Første (1173-1231) tronen, som han besad indtil 1231, hvor hans søn Otto den Anden (1206-1253) overtog tronen indtil sin død i 1253. Efter Otto den Andens død blev det bayerske rige delt mellem de to sønner. Det var starten på familiegrenene Niederbayern og Oberbayern. Niederbayern-grenen sad på den bayerske trone fra 1255-1340 samt på den ungarske trone 1305-1308. Den oberbayerske del af familien var på tronen 1255-1329 samt i 1340. Men efter den sidste hertug af Niederbayern-grenen, var død, overtog den blot 11 årige Johann den Første tronen efter sin far Heinrich den Fjortende. Men Johann døde i 1340 uden arvinger, og da der ikke var flere arvtagere i den del af familien, overgik den niederbayerske trone til Ludwig den Bayern, der genforenede Bayern under et fælles hertugdømme, hvorfra der med tiden opstod en lang række sidegrene, der dog med tiden uddøde. Efter familiegrenen Pfalz-Sulzbach uddøde i 1799 overtog Maximillian den Fjerde, fra familiegrenen Pfalz-Zweibrücken-Birkenfeld-Bischweiler, tronen efter Karl Theodor. Maximilian blev i 1806 udnævnt til konge af Bayern, dermed blev familiegrenen, som også kaldes for kongelinien grundlagt, det var dem som sad på den bayerske kongetrone frem til monarkiets

opløsning i 1918. Den måske mest kendte af alle i Wittelsbach-slægten var Elisabeth, som man bedst kender som Kejserinde Sisi, der var gift med den østrig-ungarske kejser Franz Joseph.

## KONGERÆKKEN

*Maximilian den Første Joseph (1806-1825)*
*Ludwig den Første (1825-1848)*
*Maximilian den Anden (1848-1864)*
*Ludwig den Anden (1864-1886)*
*Prinsregent Luitpold (1886-1912)*
*Otto Wilhelm Luitpold (1886-1916)*
*Ludwig III (prinsregent 1912-1913 og konge 1913-1918)*

Efter kongedømmets opløsning efter Første Verdenskrig i 1918, emigrerede Ludwig den Tredje med sin familie til udlandet. I 1923 blev Wittelsbach-fonden oprettet, der blandt andet ejer slægtens ejendomme og kunstskatte. Blandt Wittelsbach-slægtens ejendomme finder man slottene Burg zu Burghausen, Hohenschwangau, Grünau samt slottet i Berchtesgaden. Dertil kommer slottene Tegernsee, Wildenwart, Leutstetten, Kaltenberg Der Alte Hof i München, Münchner Residens, Nymphenburg, Schleißheim, Burg Trausnitz, Ingolstadt, Straubing, Linderhof, Herrenchiemsee, Heidelberg, Neuschwanstein, Mannheim, Schwetzingen, Neuburg an der Donau, Düsseldorf. Benrath, Bensberg, Zweibrücken, Birkenfeld, Burg Sulzbach, Pfalzgrafenschloß Neumarkt, Schloß Simmern, Kurfürstliches Schloß Bonn samt Augustusburg.

Slægten ejer desuden et stort land-brugs- og skovområde på 12.500 hektar, flere mindre ejendomme og industrier. Dette styres af slægtens overhoved, der efter 1918 har været:

*Ludwig III (1918-1921)*
*Rupprecht von Bayern (1921-1955)*
*Albrecht von Bayern (1955-1996)*
*Franz von Bayern (1996- )*

Flere steder kan man finde grav-pladser med familiemedlemmer fra Wittelsbach-slægten, blandt andet her: Kloster Scheyern, Johanneskir-che i Scheyern, Kloster Seligenthal, Kloster Andechs (det er her man i dag begraver familiemedlemmer fra Wittelsbach-slægten), Michaels-kirche i München, Theatinerkirche i München, Sankt Bonifaz i München, Frauenkirche i München, Gnaden-kapelle i Altötting, Kloster Fürsten-feld, Stiftskirche i Neustadt an der Weinstraße, den evangeliske kirke i Darmstadt, Andreaskirche i Düssel-dorf, Heiliggeistkirche i Heidelberg, Karmeliterkirche Heidelberg, Jesui-tenkirche Heidelberg, Domkirken zur Schönen unsere Lieben Frau i Ingolstadt, Slotskirken i Mannheim, slotskirken i Meisenheim, Alexan-derkirche i Zweibrücken, Klosterkir-ken Tegernsee og Franciskanerklo-stret Engelberg i Großheubach.

## FYRSTEPROVSTER

Listen over fyrsteprovster i Berch-tesgaden er lang. Det hele starte-de med grundlæggelsen af klostret i starten af 1100-tallet og endte i 1803, da klostret blev opløst. Mel-

lem 1101 og 1380 var der de blot provster ved klosterstiftet Berchtes-gaden. Mellem 1380 og 1559 var de både provster og administratorer af klosterstiftet. Mellem 1559 og 1803 var de fyrsteprovster og administra-torer af fyrsteprovstiet.

### 1101-1380:

| | |
|---|---|
| *1101-1142:* | *Eberwin* |
| *1142-1151:* | *Hugo den Første* |
| *1151-1174:* | *Heinrich den 1* |
| *1174-1178:* | *Dietrich* |
| *1178-1188:* | *Friedrich den 1.* |
| *1188-1201:* | *Wernher (Bern-hard) den 1.* |
| *1201-1201:* | *Gerhard* |
| *1201-1210:* | *Hugo den 2.* |
| *1210-1211:* | *Konrad den 1.* |
| | *Garrar* |
| *1211-1217:* | *Friedrich den 2. Ellinger* |
| *1217-1231:* | *Heinrich den 2.* |
| *1231-1239:* | *Friedrich den 3. von Ortenburg* |
| *1239-1252:* | *Wernher (Bernhard) den 2.* |
| *1252-1252:* | *Konrad den 2.* |
| *1252-1257:* | *Heinrich den 3.* |
| *1257-1283:* | *Konrad den 3. von Mödling* |
| *1283-1303:* | *Johann den 1. Saxo von Sachsena* |
| *1303-1305:* | *Hartung (Harnid) von Lampoting* |
| *1305-1317:* | *Eberhard Sachs* |
| *1317-1333:* | *Konrad den 4. Tanner* |
| *1333-1351:* | *Heinrich den 4.* |
| *1351-1355:* | *Reinhold Zeller* |
| *1355-1357:* | *Otto Tanner* |
| *1357-1362:* | *Peter den 1.* |

|  |  |
|---|---|
| | Pfäffinger |
| 1362-1368: | Jakob den 1. von Vansdorf |
| 1368-1377: | Greimold Wulp |
| 1377-1384: | Ulrich den 1. Wulp |

**1380-1559:**

|  |  |
|---|---|
| 1382-1384: | Sieghard Waller |
| 1384-1393: | Konrad den 5. Thorer von Thörlein |
| 1393-1396: | Pilgrim von Puchheim |
| 1396-1403: | Gregor Schenk von Osterwitz |
| 1403-1404: | Eberhard den 3. von Neuhaus |
| 1404-1432: | Peter den 2 Pinzenauer |
| 1432-1446: | Johann den 2. Praun |
| 1446-1473: | Bernhard (Wernhard) den 2. Leoprechtinger |
| 1473-1486: | Erasmus Pretschlaiffer |
| 1486-1495: | Ulrich den 2. Pernauer |
| 1496-1508: | Balthasar Hirschauer |
| 1508-1522: | Gregor Rainer |
| 1523-1541: | Wolfgang den 1. Lenberger |
| 1541-1567: | Wolfgang den 2. Griesstätter zu Haslach |

**1559-1803:**

|  |  |
|---|---|
| 1567-1594: | Jakob den 2. Pütrich |
| 1594-1650: | Ferdinand von Bayern |
| 1650-1688: | Maximilian Heinrich von Bayern |
| 1688-1723: | Joseph Clemens von Bayern |
| 1723-1732: | Julius Heinrich von Rehlingen-Radau |
| 1732-1752: | Cajetan Anton Notthafft von Weißenstein |
| 1752-1768: | Michael Balthasar von Christalnigg |
| 1768-1780: | Franz Anton Josef von Hausen-Gleichenstorff |
| 1780-1803: | Joseph Konrad von Schroffenberg-Mös |

## BYVANDRING MED GUIDE

www.gaestefuehrer-berchtesgaden.de

Man kan naturligvis sagtens opleve Berchtesgaden uden en lokal guide, men der udbydes guidede byrundvisninger med certificerede guider. Man kan komme med på guidede rundvisninger enten alene med guiden, med en gruppe eller deltage i de arrangerede byvandringer, der er åben for alle. Rundvisningen foregår oftest på tysk, men der udbydes også rundvisninger på engelsk, fransk, italiensk, tjekkisk eller russisk. De offentlige rundvisninger tager en times tid, og foregår hver tirsdag kl. 10.00, fra påske og frem til oktober også om lørdagen kl. 10.00 samt under julemarkedet, hvor der er rundvisninger om søndagen kl. 11.00. Mødestedet er ved turistinformationen ved kongreshuset AlpenCongress på Maximilianstraße. Udover de almindelige byvandringer arrangeres der også temavandringer herunder aftenvandring med nattevægteren, som er en byvandring med byens kvindelige nattevægter, det sker hver anden onsdag klokken 20.00 i perioden fra april til oktober. Mødested for vandringer med nattevægteren er Schloßplatz i Berchtesgaden. Prisen er cirka 10 Euro pr. person. Tjek hjemmesiden for flere oplysninger eller spørg på turistinformationen.

## Historisk byvandring

På den historiske byvandring gennem Berchtesgaden får man et historisk indblik i byens historie samt saltets historie. Ruten går forbi en del af den tredje saltrørledning der blev opført i Bayern, en rørledning der går fra Saltminen, Salzbergwerk, til Haus der Berge. Den historiske byvandring starter ved byens turistinformation ved AlpenCongress på Maximilianstraße. Derfra går turen videre i retning mod den gamle kirkegård og Luitpoldpark. Her drejer man til højre ad Kälbersteinstraße og går et par hundrede meter op ad, inden man drejer til højre, her begynder saltrørledningen, den følger man til Weinfeld og det lille kapel. Udover kapellet er der også en informationstavle med temaet salt. Ved kapellet går man små 300 meter ned og drejer til højre i retning mod Krankenhaus, sygehus, Berchtesgaden. Her når man til Locksteinstraße, hvor der er en smuk udsigt over Berchtesgaden og bjergene omkring byen, herunder Watzmann. Fra Locksteinstraße går man gennem Nonntal og gågaden til man når til turens udgangspunkt ved kongreshuset.

## Vandring fra Salzbergwerk til Haus der Berge

Ruten fra Salzbergwerk, Berchtesgadens aktive saltmine, til Haus der Berge, kaldes også for saltrørledningsvejen eller Soleleitungsweg. Denne rute er en af mange temaruter i Berchtesgadener Land, det er en hyggelige tur langs den historiske saltrørledning fra 1817. Fra ruten har man udsigt over Berchtesgaden og de majestætiske bjerge omkring byen. Ruten starter i nærheden af saltminen på Bergwerkstraße og går i retning af centrum, på vejen kommer man forbi det tidligere gymnasium og kort efter kommer man til Schachernkreuz og krydset ved Locksteinstraße. Herfra går det videre til det historiske Nonntal, kort efter drejer man til højre mod Lockstein og Soleleitungsweg. Efter cirka fem minutter kommer man til fundamentet af det tidligere Hochbehälter og en stor informationstavle. Herfra følger man den historiske rørføring i retning mod syd, og kommer forbi et stykke af de oprindelige trærør, hvor det koncentrerede salt løb i retning mod saltsyderiet, Salinen, i eksempelvis Bad Reichenhall. Kort efter når man til Doktorbergstraße. Her kommer man forbi Reichenbach-nichen, der skal huske os på den geniale opfinder Georg Friedrich von Reichenbach, der opfandt den særlige pumpe, der gjorde det muligt at det højtkoncentrerede saltvand lettere kunne transporteres i den 30 km lange rørledning fra Berchtesgaden til Bad Reichenhall, på trods af de højdeforskelle der var undervejs. *Læs om pumpen på side 62.* Fra Reichenbachs niche er det et godt udsyn over Berchtesgaden. På Kalvarienberg kan man se et mindesmærke over rørledningen. Et par minutter senere når man til et andet mindesmærke på ruten, denne gang mindes man historien om Berchtesgadens protestanter i en ellers katolsk by. Herfra går turen videre mod den kongelige villa, hvor man på en informationstavle kan læse træets betydning for saltproduktionen. Det var nemlig mangel på træ, det førte til opførelsen af den historiske rørledning mellem netop Berchtesgaden og Salinen i Bad Reichenhall. Temaruten ender ved Hotel Kronprinz, herfra er der cirka fem til ti minutters vandring til Haus der Berge.

## BERCHTESGADENER BAUERNTHEATER

*Franziskanerplatz 2*
*83471 Berchtesgaden*
*www.berchtesgadener-bauerntheater.*
*de*

Berchtesgadener Bauerntheater har siden 1905 været en del af teaterlivet i Berchtesgadener Land. Siden 1937 har teateret haft til huse i en nabobygning til Hotel Watzmann på Franziskanerplatz i Berchtesgaden. I midten af 1990erne blev der opført en friluftsteaterscene i et stenbrud ved Kälberstein, hvor man af og til

kan opleve teatertruppen fra Berchtesgadener Bauerntheater opføre en lang række skuespil, blandt andet *Der Jäger von Fall* skrevet af Ludwig Ganghofer.

## BIOGRAF

*Maximilianstraße 9*
*83471 Berchtesgaden*
*www.kino-berchtesgaden.de*

Biografen i Berchtesgaden blev grundlagt tilbage i 1949 under navnet Schwabenwirt-Kino, da biografen hørte hjemme i Schwabenwirts baghus. I 1973 blev Kurkino i Alpen-Congress, Berchtesgadens kur- og kongrescenter, grundlagt. I 1979 overtog grundlægger og ejer af Schwabenwirt-Kino, Kurt Klegraefe, driften af begge biografer. I slutningen af november 2012 lukkede Schwabenwirt-Kino efter 63 år og pr. 1. juni 2016 trak familien Klegraefe sig ud af biografbranchen og overlod biografen til andre ejere, som driver biografen i dag.

## SCHLOSS ADELSHEIM

*Schroffenbergallee 6*
*83471 Berchtesgaden*
*www.museum-schloss-adelsheim.de*

I den nordlige del af Berchtesgaden finder man Schloß Adelsheim, der blev opført af Stiftsdekan Degenhart Neuchinger i 1614 som et nobelt hjem. Fra 1795 blev slottet overtaget af den bayerske kurfyrste, der benyttede slottet som saltadministration. Indtil 1803 blev slottet også benyttet som residens for den sidste fyrsteprovst i Berchtesgaden, Joseph Konrad von Schroffenberg-Mös. Slottet har siden 1961 været benyttet som museum, blandt andet for Hjemstavnsmuseet, Heimatmuseum, Berchtesgaden. Museet rummer desuden en stor legetøjssamling, heriblandt finder man den hestevogn som den senere Kong Ludwig den Anden af Bayern legede med som barn, samt en samling med det traditionelle håndværk, man gennem tiden har udøvet i Berchtesgadener Land. Museet indeholder desuden en stor samling af genstande der er udskåret i ben fra det 18. og 19. århundrede, herunder miniaturemøbler samt en samling af anatomiske modeller, herunder et øje. Der er en samling af kirkeskatter, et marionetteater fra det 19. århundrede, samt Professor Dr. Rudolf Kriß' samling af folkeminder. Rudolf Kriß (1903-1973) var folklorist og ekspert på religion, hans store folkemindesamling består af genstande fra perioden fra det 17. århundrede frem til det 20. århundrede.

## LUDWIG QUICKEI WALCH

Dukkeføreren Ludwig *Quickei* Walch var i Berchtesgaden kendt som dukkefører. Hans optrædener var legendariske og fyldt med humor. Fra 1933 var der i hans shows altid vittigheder omkring det nazistiske regime. Han lavede også sjov med nazisterne udenfor teatret. Efter en diskussion med en nazist blev han anholdt, og i september 1937 blev han sendt til en KZ-lejr, den 15. september 1937 ankom han til KZ-lej-

> **Tip!**
> Man kan købe en kombi-billet der gælder til både Schloß Adelsheim, Königliches Schloß Berchtesgaden samt til Dokumentation Obersalzberg. RVO-bus 837 kører fra banegården i Berchtesgaden mod Schloß Adelsheim.

ren Dachau, ved München. Han blev løsladt i april 1939, hvorefter han arbejdede i byggebranchen og blev under krigen sendt til fronten. Ludwig *Quickei* Walch overlevede krigen, og efter 1945 begyndte han at skære træfigurer, for det var helt slut med at lave dukketeater, da han havde afleveret sine marionetdukker til dukketeatermuseet, Puppentheatermuseum i München i 1939. Ludwig *Quickei* Walch døde i 1978, hvorefter dukkerne vendte retur til Berchtesgaden og har siden været udstillet på Schloß Adelheim.

## KÖNIGLICHE SCHLOSS

*Schloßplatz 2 • 83471 Berchtesgaden*
*www.schloss-berchtesgaden.de*

Midt i Berchtesgaden finder man et kongeligt slot, Königliche Schloß Berchtesgaden. Slottet blev oprindelig opført som kloster under Augustinerordenen i det 13. århundrede. I 1810 overgik ejerskabet til Wittelsbach-slægten, som stadig ejer slottet. Fra 1922-1933 boede kronprins Rupprecht af Bayern på slottet sammen med sin familie, i dag benyttes slottet af Hertug Franz von Bayern og hans familie, der ikke til dagligt bor på slottet, men opholder her

313

sig gerne i sommermånederne. Til slottet hører også stiftskirken, med tilhørende korsgang og rosenhave, som står i samme stil som for hundredevis af år siden. Slottet rummer i dag et slotsmuseum med samlinger af japansk, kinesisk og europæisk porcelæn fra fabrikkerne Nymphenburg, Frankenthal og Meißen, fra tidsperioden fra det 16. til det 20. århundrede samt skulpturer, der er udført af billedhuggere som Veit Stoß og Lucas Cranach. Derudover finder man museet Rehmuseum med udstoppede dyr, som Hertug Albrecht von Bayern (1905-1996) skød og fik udstoppet. Besøg på slottets museer er kun muligt i forbindelse med guidede rundvisninger, en rundvisning tager cirka 50 minutter.

Hvorfor findes der egentlig et kongeligt slot OG en kongelig villa i Berchtesgaden - når dette på ingen måde var det centrale regeringssæde for den bayerske kongefamilie. For at forstå det, er man nødt til at kigge lidt i historiebøgerne. Året var 1848, der var uroligheder i det daværende Tyskland. Politiske strømninger mod den eksisterende orden ophidsede landet. Sådan var det også i Bayern. Kong Ludwig I abdicerede endelig. Hans afkald på det ledende embede i staten betød dog ikke afkald på alle privilegier. Han forbeholdte sig blandt andet retten til fortsat at bruge slottet i Berchtesgaden som jagtbolig. Hans søn og efterfølger i kongeriget Bayern, Maximilian II, nød selv at jage - også i Berchtesgaden. Da hans far stadig

gjorde krav på slottet der, og Maximilian II ikke ønskede at bo i samme hus som sin far, besluttede han at bygge sin egen bolig: Kongevillaen, dengang også kaldet Max Villa.

Det kongelige slot, et klosterkompleks, der var residens og regeringssæde for de augustinske kanoner i århundreder, var ejet af den daværende kongelige familie efter sekulariseringen i 1810. Mens det tidligere var et jagtresidens, der kun blev besøgt sporadisk, blev det permanent opholdssted fra 1922 og frem. Kronprins Rupprecht boede her med sin familie indtil 1933. Det var Kronprins Rupprecht, der skabte slottets museum, indrettet med kunstgenstande af højeste kvalitet fra Wittelsbach-samlingen. Efter Første Verdenskrig overgik det også til WAFs administration, men forblev den personlige bolig for lederen af Wittelsbach-huset, som pt. er hertug Franz af Bayern. Ud over sin hovedresidens på Nymphenburg Palace i München besøger hertugen Berchtesgaden et par gange hvert år. Når han ikke er her, er Berchtesgaden Slot et museum, åbent for alle.

## KÖNIGLICHE VILLA
*Kälbersteinstraße 4*
*83471 Berchtesgaden*

Den kongelige villa, Max Villa, blev bygget i 1849-52 i klassicistisk- Italiensk stil Dengang lå det stadig uden for centrum af byen. Planerne kom fra arkitekt Ludwig Lange. Villaen var den første bygning i Berchtesgaden, der blev opført i den så-kaldte villastil. Villaen blev opført til Maximilian den Anden (regeringstid 1848-1864), som ønskede at bo vest for centrum ved foden af Kälber-stein. Den senere kong Ludwig den Anden boede her som barn gennem flere sommermåneder. Villaen blev frem til 1918 benyttet som sommerresidens og jagtresidens. Hovedportrætter på den ydre facade gør bygningen personlig. Kaspar Walch fra Roßpoint udødeliggjorde kongen og hans kone Marie af Preussen der. I mange år bød Kong Max, som var tæt på videnskaben, ikke kun familiemedlemmer, men også vigtige personligheder velkommen i den kongelige villa. De blev indkvarteret i gæstefløjen i tilknytning til boligen.

Med afslutningen af monarkiet overtog Wittelsbachs erstatningsfond (WAF) administrationen. Villaen blev brugt til forskellige formål, for eksempel blev den i slutningen af 1920erne omdannet til en spa-café. I 1975 blev det solgt til WAF. I dag er der blandt andet ejerlejligheder der. Overfor den kongelige villa blev der i 1893 anlagde man

*Krigsmindesmærke og fresker, Schloßplatz Berchtesgaden*

315

parken, Prinzregent Luitpold Park. De kongelige stalde lå i umiddelbar nærhed af villaen på adressen Kälbersteinstraße 2.

## LUITPOLDPARK

Tidligere blev den lille park, overfor den kongelige villa, kaldt for Luitpoldhain, den hedder nu Luitpoldpark. Parken, der åbnede i 1893, blev anlagt mellem Kälbersteinstraße og Von-Hindenburg-Allee. Midt i den lille park finder man bronzeskulpturen af Prinsregent Luitpold von Bayern (1886-1912) i jagttøj, skulpturen er udført af kunstneren Ferdinand von Miller.

## SCHLOSSPLATZ

Midt i Berchtesgaden finder man ikke blot det kongelige slot, det tidligere kloster, og klosterkirken, men også en slotsplads som er lige så historisk som klosteret og resten af Berchtesgaden. På pladsen foran slottet finder man brønden Kronprinz-Ruprecht-Brunnen, som blev opsat på pladsen i 1960 i forbindelse med 150 års jubilæet for tilknytningen til Bayern. Brønden er udført af kunstneren Bernhard Bleeker. Overfor slottet finder man bygningen Hofbau, der sammen med arkaden, oprindeligt tjente som de kongelige stalde. Slotspladsen er omkranset af to porte. Porten mod syd er Schloßtor og mod nord finder man Kassierbogen, der senere også er blevet kaldt for Rentamtbogen. Til højre for stiftskirken, i nummer 8, lå det tidligere såkaldte Rentamt, som bedst kan oversættes til at være finansforvaltningen. Rentamt blev indtil 1803 benyttet som hjem for staldmesteren. På Schloßplatz nummer 3 finder man det såkaldte Kornmesserhaus, hvor man tidligere vejede kornet, bygningen er fra 1655. Under arkaden, overfor slottet, finder man to brønde i Untersberger marmor, de stammer fra anden halvdel af det 19. århundrede. I nummer 5 og 7 finder man klosterets tidligere Getreidekasten, kornlager, og Kassierhaus, økonomibygningen. De to bygninger kaldes også for Slotsarkaden. I nummer 6 lå det tidligere provsti.

## KRIGSMINDESMÆRKER

Når man bevæger sig rundt i Berchtesgaden kan man ikke undgå at møde en række af mindesmærker over faldne i de mange krige som har huseret i Bayern eller i verdenskrigene. På pladsen mellem Sogne- og stiftskirken ved det kongelige slot, finder man på kirkegården en obelisk, som er et krigsmindesmærke fra krigen 1870-1871. I arkaden overfor slottet finder man Josef Hengges fresker fra 1929 til ære for de 89 fra Berchtesgaden der faldt under Første Verdenskrig. Mindesmærket blev i 1945 overmalet af de amerikanske besættelsestropper. Men i 1952 blev freskerne renset og navnene på de faldne fra Anden Verdenskrig blev tilføjet. I 1961 blev mindesmærket renoveret af Gerhard Kommossa. Bronzetavlen ved Neuhaustor er udført af A. Essler til minde om bombardementerne af Obersalzberg den 25. april 1945.

316

## RATHAUSPARK

På pladsen foran byens rådhus finder man rådhusbrønden, som også hedder Luitpoldbrunnen. Brønden blev opsat i 1910 i anledningen af 100 års jubilæet for tilknytningen til Bayern. Rådhuset blev opført i årene 1873-1875 på pladsen, hvor den tidligere Schrannenhalle lå. Det nuværende rådhus blev indtil 1972 benyttet om skole. Mundkochhaus, i nummer 7-9, er det tidligere kanslerhus fra 1643. På pladsen ved den tidligere kirkegård finder man en obelisk, som blev opstillet her i 1872, til minde om de faldne soldater i den tysk-franske krig i 1870-1871. På Rathausplatz 6 finder man den katolske kirke Sankt Andreas.

## BERENGARPLATZ

Pladsen mellem sognekirken og stiftskirken kaldes for Berengarplatz, opkaldt efter Grev Berengar von Sulzbach, der grundlagde Augustinerklostret i Berchtesgaden, og

*Prinsregent Luitpold von Bayern*

dermed opfyldte moderens ønske om, at der skulle opføres et kloster i netop Berchtesgaden.

## GÅGADEN

Gågaden, der blev anlagt i 1978, er beliggende i den historiske bykerne tæt på slottet og stiftskirken, hvor Marktplatz er centrum.

## MARKTPLATZ

Brønden *Mutter-Kind*, dansk: *mor-barn*, blev opsat i 2012 på Marktplatz mellem Hirschenhaus og Triembachereck. Brønden, der er udført af kunstneren Fritz Schelle, stod oprindeligt foran Café Forstner, men måtte vie pladsen efter 30 år, da man skulle opføre hotellet Edelweiß. I nærheden af Marktplatz finder man to andre brønde *Knabe mit Ferkel*, dansk: dreng med gris og *Dukatenesel*, dansk: *dukatæslet*, hvem der har skabt de to brønde, og hvornår, er ukendt. Marktplatz er forbundet med Schloßplatz.

## MARKTBRUNNEN

Markedsbrønden, Marktbrunnen, finder man i byens gågade. Den blev opsat første gang i 1558. Midtersøjlen med løven stammer fra 1628 og marmorbassinet stammer fra 1677. I anledning af 50 års jubilæet for tilknytningen til Bayern, i 1860, blev brønden renoveret.

## HIRSCHENHAUS

Borgerhusene i Berchtesgadener Land blev i det 16. og 17. århundrede dekoreret med vægmalerier. I Metzgerstraße finder man et, på

*Arkaden, Schloßplatz*

*Brønden Knabe mit Ferkel*

*Bahnhof Berchtesgaden*

*Brønden Mutter - Kind*

*Kurpark, Berchtesgaden*

*Vægmaleri*

*Kongelige Villa, Berchtesgaden*

*Marktplatz, Berchtesgaden*

*Marktbrunnen, Berchtesgaden*

*Fresker i banegårdshallen*

den østlige side af Hirschenhaus, et vægmaleri fra 1610. Det er malet af Johann Faistenauer og er formodentligt det ældste renæssancemaleri i Bayern.

## ALTES KRANKENHAUS
*Doktorberg 26 • 83471 Berchtesgaden*

Det gamle sygehus, Altes Krankenhaus, er beliggende på Doktorberg, der er vejen mod Bischofswiesen. Sygehuset blev opført i 1845 med økonomisk hjælp fra Kong Ludwig den Første. Det gamle sygehus har siden 1903 været benyttet til beboelse.

## BANEGÅRDEN
*Bahnhofplatz • 83471 Berchtesgaden*

Berchtesgaden er den mindste kommune i hele Tyskland, som har sin egen hovedbanegård. I 1888 blev Berchtesgaden en del af det tyske jernbanenet, da strækningen mellem Freilassing og Berchtesgaden åbnede. I 1907 åbnede strækningen mellem Berchtesgaden og Salzburg via Hangender Stein. Derved steg antallet af turister i Berchtesgaden. Mange besøgte Königssee. Turen mellem Berchtesgaden og Königssee foregik med hestevogn eller motordrevne busser, som kom fra Bayerischen Motor Post. Men den 16. august 1908 besluttede den bayerske delstatsregering at der skulle anlægges en jernbane mellem Berchtesgaden og Königssee. *Læs mere om jernbanen til Königssee på side 354.*

Den oprindelige banegård, fra 1880erne, blev i 1938-1940 erstattet af den nuværende banegård. Bag byggeriet af den nye banegård stod nazisterne, der ønskede at deres gæster skulle modtages på en *ordentlig* hovedbanegård. Arkitekten bag banegården var Ernst Stroebel og direktøren for Reichsbahnen i München. Man planlagde samtidig at opføre en cirka 400 meter lang tunnel, Fergerlberg Tunnel, som skulle forbinde Königsseebahn direkte med banestrækningen mellem Berchtesgaden og Freilassing. Tunnellen skulle opføres i nærheden af Gmundbrücke, men blev aldrig realiseret. Men den 2. oktober 1938 besluttede Rigsregeringen, uden varsel, at strækningen mellem Berchtesgaden, trinbræt Bergwerk og Hangender Stein skulle lukkes, og strækningen blev demonteret. Samtidig blev anlæggelsen af hovedvejen gjort bredere. Samtidig gik man i gang med hovedjernbanen fra Berchtesgaden og Salzburg. To spor, der blev elektrificeret, og banegården i Berchtesgaden blev bygget stor og meget overdimensioneret i årene 1938 til 1940. I forbindelse med lukningen af lokalbanen fra Bergwerk til grænsen ved Hangender Stein fik det konsekvenser for Königsseebahn, for passagertallene faldt og den 2. oktober 1965 var det endegyldigt slut med tog til Königssee. Banegårdens fresker i banegårdshallen blev malet af Maria Harrich i starten af 1950erne. Foran banegården finder man den store rundkørsel, den hviler på tre broer, er 85 meter i diameter. Rundkørslen erstattede i 2006 et kryds der var reguleret af lyskurver. På pladsen foran banegården finder man busterminalen, hvorfra der er gode busforbindelser rundt i Berchtesgadener Land samt til Salzburg.

## RELIEFFET PÅ GAVLEN

På banegårdens gavl ved postkontoret kan man stadig se et relief der blev skabt i forbindelse med byggeriet af banegården og postkontoret. Et byggeri der begyndte i 1937. Det var kunstneren Max Lacher fra München der blev hyret til at skabe det store relief, som skulle imponere de besøgende i Berchtesgaden, som ankom med tog eller i bil. Relieffet består af en 8 meter høj figur, som er skabt af 72.000 små sten, udover figuren kan man se Berchtesgadens byvåben samt en fane med et hagekors. At der netop var et hagekors på relieffet var en overraskelse, da det var færdigt. Hvorfor når BGL i 1937 var centrum for topfigurerne i naziledelsen? Jo, fordi kunstneren var kritisk overfor regimet, og han nægtede at indtræde i nazipartiet, NSDAP. Efter 1945 designede Max Lacher talrige facader, eksempelvis på Marienplatz i München. Værket i Berchtesgaden blev kort efter krigens afslutning ændret en anelse. Mere præcis blev hagekorset i fanen nemlig fjernet.

## TUNNELLEN VED BANEGÅRDEN

Ikke langt fra banegården i Berchtesgaden er der en tunnel, som midlertidigt er lukket for offentligheden. Tunnellen blev bygget i 1940 til et jernbanespor i retning mod Salzburg. Men jernbanesporet blev aldrig bygget. For indtil 1938 kørte toget mellem BGL og Salzburg langs vejen. Men Adolf Hitler ønskede at vejen skulle udvides, så jernbanesporerne måtte vie pladsen. I stedet var tanken, at jernbanen skulle anlægges et andet sted. Derfor blev den 240 meter lange tunnel bygget. I den forbindelse blev flere bygninger revet ned. Men så kom krigen og byggeriet blev stoppet. I stedet blev tunnellen en del af *Göring-toget*, som var et tog med nazisternes tyvekoster, blandt andet kunstværker, toget blev placeret i tunnellen i skjul for offentligheden og de

## GÖRINGS KUNSTTOG

I 1944 blev værdifulde kunstgenstande og malerier fragtet fra Bahnhof Unterstein i Unterschönau til Haus Hubertus med det såkaldte Göringzug. Dette særlige tog var blot et af flere særtoge med malerier og kunstgenstande, som kunstsamleren og nazisten Hermann Göring ejede. Han ønskede ikke, at hans store kunstsamling skulle falde i de forkerte hænder, så han tømte sin landejendom Carinhall og sendte kunstskattene med tog til Berchtesgaden, hvor de blev opbevaret i tunneller, hvor der døgnet rundt var folk til at passe på kunstskattene. Den 23. april 1945 telegraferede Hermann Göring, at han ville tage magten over Riget fra Hitler. Dette fik Hitler til at beskylde Göring for højforræderi og lod Martin Bormann give ordre til SS om at arrestere Göring og sætte ham i husarrest i Mauterndorf. Alt i mens blev Görings kunstsamling fragtet til forskellige beskyttelsesbunkere i Berchtesgaden. De kunsttog som man ikke nåede at fragte i sikkerhed, blev i krigens sidste dage plyndret. Her fandt man udover malerier og kunstgenstande, også fødevarer samt en stor samling af vin.

## Kur- og Kongreshaus
*Maximilianstraße 9*
*83471 Berchtesgaden*

Byens kur- og kongreshus, Alpen-Congress, åbnede i 1973. Budgettet lød i 1969 på 5 millioner DM, men da byggeriet stod færdig fire år senere lød regningen på hele 16 millioner DM. Mellem 2014 og 2016 var bygningen gennem en omfattende renovering både inde og ude, så-

ledes, at facaden fik samme udtryk som Haus der Berge. I dag rummer bygningen både koncert- og kongresfaciliteter, biograf samt turistorganisationen for Berchtesgadener Land samt turistinformation.

## Kurpark
*Maximilianstraße 9*
*83471 Berchtesgaden*

Kurparken, der også kaldes for Kurgarten eller Kongressgarten, blev anlagt i 1957 efter planer af havearkitekten Alwin Seifert. Kurparken var oprindelig en del af fyrsteprovstens og senere slottets gartneri, men er i dag en hyggelig have med rislende vand og skulpturer blandt andet af Ludwig Ganghofer. Kurhaven er beliggende ved kur- og kongreshuset på Maximilianstraße, der er fri adgang til parken og dens mange bænke.

*Tunnelen ved banegården i Berchtesgaden*

## Altes Friedhof
*Baumgartenallee 5*
*83471 Berchtesgaden*

Berchtesgadens gamle kirkegård er beliggende ved Franziskanerkirken. Hvis det passer ind i mit rejseprogram, sørger jeg altid for en tur forbi byens kirkegård, morbid... måske, men en tur på kirkegården er en tur gennem historien. På Altes Friedhof, den gamle kirkegård, finder man gravsteder for lang række af personer der har haft en betydningsfuld rolle i Berchtesgaden og omegn. Blandt disse er blandt andre digteren Richard Voß samt Mauritia *Moritz* Mayer. Ved kirkegårdens indgang finder man gravpladsen for Anton Adner (1705-1822), han blev hele 117 år gammel, den ældste borger I Berchtesgadener Land. *Læs om Anton Adner på side 123 og Mauritia Moritz Mayer på side 122.*

## Sonnenpromenade
Findes det... det perfekte sted? Muligvis ja, og jeg tror, jeg har fundet mit perfekte sted på Sonnenpromenade, solpromenaden i Berchtesgaden. Mange timer i tog sad i kroppen den første morgen i netop Berchtesgaden, da jeg begav mig ud på opdagelse i området mellem Sunklergäßchen og Franziskanerkirche, og her fandt jeg en sti, som jeg senere fandt ud af hed Sonnenpromenade, for mig kunne stien ligeså godt have heddet Panoramapromenade. For herfra var der det smukkeste vue til Watzmann bjergmassivet, Berchtesgadener Ache og så lige midt i mor-

gensolen. Det eneste jeg manglede var en kop velduftende kaffe, men jeg havde min notesbog, kuglepen og kameraet med. Det perfekte sted på en morgen efter en lang rejse, der var ro. Ro til at tænke eller ikke at tænke, bare koble fra, dyrke en omgang *Mindfullness* og bare lade de flade batterier op. Det perfekte sted til at bare at være mig, skrive, lade tankerne flyve ud og fange dem, når de på et tidspunkt vendte retur. Netop dette spot kunne sagtens blive mit nye *det perfekte sted*, hvis jeg altså havde muligheden for at gå derop hver morgen. Hvis jeg bare havde dette udsyn hver morgen året rundt, ville jeg starte dagen netop her... I ved bare en halv time, tage morgenkaffen med, få ideer til nye blogindlæg, nye bøger og dagdrømme. Nå ja, det er endnu ikke blevet til mere end blot et sted, hvor jeg på min rejse til Berchtesgaden i 2017 startede mine morgener, klar til at udforske regionen. Men jeg vil unde alle rejsende til Berchtesgaden at starte deres dag med at gå langs stien, som går fra Franziskanerkirche og langs kanten af byen forbi Martinsbrunnen til Maximilianstraße, mens man nyder udsigten eller sætter sig ned på en af de mange bænke og tager en pause fra det hele.

## Salzbergwerk Berchtesgaden
*Bergwerkstraße 83*
*83471 Berchtesgaden*
*www.salzbergwerk.de*

Saltminen i Berchtesgaden har eksisteret siden 1517, og er stadig en aktiv saltmine, den ældste af sin slags i Tyskland. Saltet udvindes stadig, som tidligere, med ferskvand. I dag udvindes saltet i minen ved hjælp af 30 særlige spulerør, der hver kan *grave* 1 cm ind i minegangen om dagen, på årsbasis udvindes der cirka 900.000 m³ sole i minen i Berchtesgaden. Den nuværende aktive minegang er godt 30 år gammel. I dag transporteres saltvandet stadig via rørledninger, i dag via Pass Hallthurm til Neue Saline i Bad Reichenhall. Udover at være aktiv saltmine, er det også en besøgsmine. Minen er eftersigende en af Europas mest indtryksfulde, hvor gæsterne føres rundt af en såkaldt *Bergknappe*, som saltminearbejdere kaldes, der undervejs fortæller interessante historier omkring udvindingen af det hvide guld, saltet, samt fører gæsterne gennem hemmelighedsfulde gange til menneskelighedens skattekammer, en sand tidsrejse fra fortid til nutid. Saltminen er i den øverste ende af de 100 steder i Tyskland man bør se. En rundvisning tager halvanden time. Det er **IKKE** tilladt at filme eller fotografere undervejs.

## HISTORISK OVERSIGT

1517: Man begynder at udvinde salt i Petersbergstollen

(Stollen = minegang)

1528: Første bjerghøjtidelighed

1559: Man begynder at udvinde salt i Frauenbergstollen

1617: Første foreningsbrev

1628: Man begynder at udvinde salt i Ferdinandbergstollen

1803: Berchtesgaden kommer til at høre under Storhertugdømmet Toscana

1805: Berchtesgaden kommer til at høre under Østrig, og Salinen i Schellenberg bliver lukket

1810: Berchtesgaden og salminen kommer til at høre under Bayern

1817: Solerørledningen mellem Berchtesgaden og Bad Reichenhall tages i brug

1826: König-Ludwig minen tages i brug

1927: Firmaet Bayr. Berg-, Hütten und Salzwerke AG (Bayern) grundlægges

1950: Man kan nu købe Alpesalt (Alpensalz) fra Bad Reichenhall i mindre pakker

1960: Indvielse af den nye saltrørledning over Pass Hallthurm

1970: Den første dybe minegang tages i brug

1975: Man tager spulerør i brug i forbindelse med udvindingen af salt

1996: Firmaet Südsalz GmbH grundlægges

2007: Opførelse af det nye besøgscenter

2016: Firmaerne Südsalz GmbH og SWS-Winterdienst GmbH fusionerer under navnet

*Südwestdeutsche Salzwerke*
*AG*

2017: *Fejring af 500 året for*
*grundlæggelsen af*
*saltminen i Berchtesgaden*

## SALZHEILSTOLLEN

*Bergwerkstraße 85 A*
*83471 Berchtesgaden*
*www.salzheilstollen.com*

I forbindelse med Saltminen i Berchtesgaden finder man et kursted, hvor man kan nyde de sunde virkningsmidler der er i salt. Mange personer med luftvejssygdomme som astma, bronkitis, bihulelidelser, allergier, høfeber samt andre sygdomme kan have godt af at opholde sig steder, hvor der er en forstøvning af vand med saltopløsning. Stedet, Salzheilstollen, som åbnede i 1990, er beliggende under jorden, hvor der er en lille risiko for både elektromagnetiske stråler, pollen og finstøv. Her kan man nyde den meditative fred og ro, mens man slapper af under et varmt tæppe i den blot 12 grader varme hule. Det er den eneste af sin slags i Europa. Stedet har åbent på fastlagte tidspunkter, det anbefales derfor, at man tjekker hjemmesiden samt køber billetter online, varighed 1 til 3 timer.

## WATZMANNTHERME

*Bergwerksstraße 54*
*83471 Berchtesgaden*
*www.watzmann-therme.de*

WatzmannTherme er et sted med plads til leg og afslapning for hele familien. Det er et vandparadis på 900 m² med rutsjebane og plads til dem der vil lege, og til dem der ønsker at svømme. Desuden er der saunaer med forskellige temaer, der er mulighed for massage, dampbad, wellness, bade i det sunde saltvand, eller tage en tur i den 80 meter lang rutsjebane med lyseffekter og tidsmåling og meget mere. RVO Bus 836, 840 og 848 kører fra banegården i Berchtesgaden til stoppestedet *WatzmannTherme*.

## LUSTSCHLOSS ETZERSCHLÖSSL

I Berchtesgadener bydelen *Am Etzerschlössl*, ved Maria Gern, lå der engang et lille lystslot, *Lustschloß Etzerschlössl*. Slottet blev opført af fyrsteprovst Jakob Pütrich omkring år 1574. Det havde ti rum og kunstneriske ovne. Det blev særligt under epidemier et tilflugtssted for mange borgere. I nærheden af lystslottet blev der desuden opført en forsyningsgård, Rosenhof, som var ejet af klostret i Berchtesgaden. Slottet var gennem tiden ejet af forskellige ejere, men frem til 1960 var det lille lystslot indrettet som børnehjem. Herefter blev lystslottet revet ned. Til slottet hørte også en mølle, Etzermühle, men den er ligesom slottet revet ned.

## SCHLOSS FÜRSTENSTEIN

*Fürstensteinweg 14*
*83471 Berchtesgaden*

Schloß Fürstenstein og tilhørende slotskapel, beliggende på Kälberstein, blev opført i 1758 af fyrsteprovst Michael Balthasar Graf von Christalnigg. Fyrsteprovsten boede her i de sidste år af sit liv. Under nazi-regimet blev slottet revet ned, formodentligt for at give plads til et større pompøst byggeri. Den tidligere slotsgrund rummer i dag en kirkegård, som er ejet af kirkegårdsforbundet, *Friedhofverband Berchtesgaden*, hvor borgere fra Berchtesgaden, Bischofswiesen og Schönau kan få deres sidste hvileplads.

### BERGWERKSTRASSE
På adressen Bergwerkstraße 10½, ved Schießstättbrücke, finder man et tidligere vagthus, der oprindeligt blev opført som port- og vagthus til nazisternes lukkede enklave i Obersalzberg omkring år 1937.

### VILLA ALPENRUHE
På Metzenleitenweg 1 finder man Villa Alpenruhe, det kaldes også for Stöhr Schlößl. Villaen blev opført af Carl Lorenz, årstal ukendt, men udvidet efter tegninger af Martin Gropius mellem år 1861 og 1864. I mange år blev huset benyttet som ferieresidens af prinsesse Mathilde von Waldenburg (1826-1914).

### BISCHOFSWIESEN
*Turistinformation Bischofswiesen*
*Hauptstraße 40*
*83483 Bischofswiesen*
*www.bischofswiesen.de*

Bischofswiesen er beliggende, i 580-900 meter over havets overflade, cirka 5 kilometer nordvest for Berchtesgaden, 13 kilometer syd for Bad Reichenhall, 25 kilometer fra Salzburg, 150 kilometer sydøst for München og 200 kilometer nordøst for Innsbruck. Få kilometer fra Bischofswiesen i retning mod Bad Reichenhall finder man Pass Hallthurm, som er det nordligste punkt i det oprindelige fyrsteprovsti. Det er også her man finder bjergformationen *Montgelasnase*, som er opkaldt efter en tidligere bayersk minister. I folkemunde kaldes klippeformationen også for *Schlafende Hexe*, dansk: *den sovende heks*. Desuden finder man også den bizarre klippeformation *Steinerne Agnes*, der ligner en dame med en hat. Klippeformationen blev i 2004 kåret til Bayerns skønneste Geotop. Området omkring Bischofswiesen er for dem som elsker natur og vandreture, for vandrestierne ligger lige udenfor døren og venter blot på, at man får snøret vandreskoene og kommer af sted. I dag bor der godt 7.500 indbyggere i byen, blandt Bischofswiesens indbyggere finder man den tredobbelte OL-vinder Georg Hackl og verdensmesteren i storslalom Kathrin Hölzl. Landsbyerne Loipl, Stanggaß, Strub og Winkl hører under Bischofswiesen.

### HISTORISK
Den 8. maj 1155 mødtes Ærkebiskop Eberhard den Første von Salzburg og Provst Heinrich den Første af Berchtesgaden for at bytte landområder, således at den nuværende landsby Bischofswiesen blev en del af Berchtesgadener Land og Ærkebiskoppen fik en gård i Landersdorf i Niederösterreich. Området blev

kaldt for Bischofswiesen, Biskoppens Mark, og med tiden opstod der en bosættelse her. Bischofswiesen opstod omkring kirken og til byen hørte der flere såkaldte Gnotschaften, læs om Gnotschaften på side 16. Med opløsningen af klostret i Berchtesgaden i 1803 overtog kurfyrsten af Salzburg ejerskabet af ikke blot Bischofswiesen, men hele Berchtesgadener Land. Bischofswiesen var i 1805, en kort overgang, en del af Østrig og i 1809 en del af Frankrig, inden man i 1810 blev en del af Bayern. I 1817 blev saltrørledningen mellem Berchtesgaden via Ramsau til Bad Reichenhall anlagt, en rørledning som gik via Bischofswieser bydelen Ilsank, hvor ingeniør Georg Friedrich von Reichenbach opførte et brøndhus, hvor den såkaldte Reichenbachpumpe stod. Pumpen var i drift fra 1817 til 1927, og sørgede for at pumpe saltvandet over en højdeforskel på 360 meter. Læs om Reichenbachs pumpe på side 62.

I bydelen Stanggaß lå der fra 1937 til 1945 en afdeling af Hitlers Rigskancelli, som også blev kaldt for det lille Rigskancelli, det store lå jo som bekendt i Berlin. Kancelliet var opført af arkitekt Alois Degano. Læs mere om det lille Rigskancelli på side 41. I bydelen Strub blev kasernen, som stadig eksisterer, nu under navnet Jägerkaserne, opført. Nazisterne opførte i midten af 1930erne en ridesportsskole i Strub, der siden 1951 har været benyttet som ældreboliger under navnet Lebenswelt Insula.

I 1933 fik organisationen Jugendherbergwerk lov til at opkalde deres hus i Berchtesgaden efter Føreren. Der var blot et problem... huset eksisterede slet ikke... som så ofte før i det Tredje Rige, blev der skabt store pompøse planer, som dog sjældent blev til en realitet. Da Hitler kom til magten i 1933, blev det nærmest nødvendigt, at der skulle opføres et herberg i Førerens nye selvvalgte hjemstavn, det skulle ikke bare være et hostel eller vandrehjem, det skulle være det største og smukkeste i hele verden. Man ledte efter en egnet grund i to år, og den blev fundet i Bischofswiesen, nærmere præcis i bydelen Strub. Byggeriet stod på i et år, og blev indviet med pomp og pragt. Indvielsen fik endda besøg af Adolf Hitler. Projektet var dog langt fra færdig, senere blev der opført flere bygninger, således at de store sovesale kunne rumme 1.000 overnattende gæster, på en gang. De unge mennesker skulle ikke blot nyde livet i bjergene, de skulle i høj grad skoles i den nazistiske ideologi.

Efter Anden Verdenskrig modtog Bischofswiesen en lang række flygtninge fra de tidligere tyske områder mod øst. I bydelen Winkl blev der i 1944 opført en baraklejr, der blev hjem for op mod 1.230 flygtninge. Baraklejren blev grundlaget for en ny bosættelse med egen skole samt børnehave. I 1955 blev det besluttet at opløse flygtningelejren og der blev i stedet opført 48 nye lejlighedsenheder i Böcklweiher samt 22 boliger i Winkl. Efter de sidste flygtninge var flyttet fra lejren, blev barakkerne revet ned.

## VAGTTÅRNET HALLTHURM

Lidt uden for Bischofswiesen finder man Hallthurm passet, som er den mest betydningsfulde tilkørselsvej til Berchtesgaden. På toppen af passet finder man et vagttårn, der er resterne af den oprindelige grænsebefæstning fra 1194.

## SANKT JOHANN NEPOMUK

Kapellet Sankt Johann Nepomuk blev opført i nærheden af Hallthurm i 1753.

## ASCHAUERWEIHERBAD

*Aschauerweiherstraße 85*
*83483 Bischofswiesen*
*www.bischofswiesen.de/sommerurlaub-berchtesgadenerland/freibad-naturbad-aschauerweiher.htm*

Aschauerweiherbad i Bischofswiesen er Tysklands største natur friluftsbad, grundlagt i 1880. Søen var oprindelig fyrsteprovsternes fiskedam. De lokale kalder friluftsbadet for *Aschi*. Søen er 4.200 m² stor, der til kommer en stor udenomsplads med plads til leg og afslapning. Der er sandstrand, børnerutsjebaner samt en piratø med hængebro, hvor børn og barnlige sjæle kan boltre sig i timevis. Vandet filtreres gennem et plantefilter, hvilket gør søen til et ideelt sted for småbørn og for allergikere. Der er legeplads og volleyballbane og meget mere. Fra en liggestol på plænen er der udsigt til Berchtesgadener Alpernes konge,

nemlig bjerget Watzmann. I forlængelse med friluftsbadet finder man eventyrstien, Märchenpfad, med legeplads og klatrekurser for både børn og unge.

## SKIZENTRUM GÖTSCHEN

*Kollertradte 17-19*
*83483 Bischofswiesen*
*www.goetschen.com*

Skicentrum Götschen er stedet, hvor vintersportens hjerte slår hurtigst. Der er plads til både de professionelle skiløbere, der konkurrerer i internationale konkurrencer, samt os andre, der blot ønsker at suse ned af pisterne. Der er 20 kilometer præparerede løjper i forskellige sværhedsgrader. Dem som er mere til langrend er der også plads til. Desuden er der plads til dem, som ikke er vilde med at løbe på ski, da der blandt andet arrangeres vandreture med snesko, kælketure eller kaneture. Ja, der er noget for hele familien i Bischofswiesen.

## JÄGERKASERNE

I Bischofswieser bydelen Strub finder man en af den tyske hærs kaserner, her hører bjergtropperne til. Kasernen blev opført i 1937 af nazisterne. Kasernen hed oprindelig Berchtesgaden-Strub Kaserne (1937-1945), Strub Kaserne (1945-1967) og fra 17. juni 1967 har kasernen heddet *Jägerkaserne*. Kasernen blev tegnet af arkitekt Bruno Biehler fra München, og byggeriet startede i september 1937, som det nazisterne kaldte for *den smukkeste kaserne* på den smukkeste plads i Riget. I forbindelse med de allierede troppers indtagelse af Berchtesgadener Land, blev kasernen den 4. maj 1945 besat af amerikanske og franske tropper. Kasernen blev delvist benyttet til at huse personer som havde været krigsfanger eller tvangsarbejdere, en gruppe af mennesker der gik under betegnelsen DP, Displaced Persons, det vil sige personer man ikke vidste, hvor man skulle sende hen. I slutningen af 1950erne blev der oprettet et regiment med bjergsoldater. Kasernen var delvist benyttet af de amerikanske tropper indtil engang i 1990erne. Bjergsoldaterne har deltaget i adskillige udlandsmissioner, samt hjulpet til ved regionale og andre store katastrofer i Tyskland. Flere af de tyske vintersportsudøvere er eller har været tilknyttet kasernens træningsfaciliteter. Desuden har kasernen været benyttet som base for flere redningsaktioner i Berchtesgadener Land, da kasernen har landingsplads for helikoptere.

## RATHAUSPLATZ

På Rådhuspladsen, Rathausplatz, i Bischofswiesen, finder man et kapellignende anlæg, her mindes man de faldne soldater fra Første og Anden Verdenskrig.

## URBANWEG I STANGGASS

På Urbanweg 25 i Bischofswieser bydelen Stanggaß blev der i 1936-1937 opført to bygninger. Arkitekten var Alois Degano, og bygningerne blev benyttet til Hitlers lille Rigskancelli, som han benyttede, når han ikke var i Berlin. Læs mere om det lille Rigskancelli på side 41. Desuden blev der opført et garageanlæg. I 1943-1945 blev der opført en underjordisk beskyttelsesbunker cirka 500 meter sydvest for rigskancelliet. Efter Anden Verdenskrigs afslutning blev bygningerne overtaget af den amerikanske hær, der benyttede dem til administrationslokaler for deres rekreationscenter.

## FREILASSING

*Turistinformation Freilassing*
*Hauptstraße 45 • 83395 Freilassing*
*www.freilassing.de*

Freilassing er en mindre by i den nordlige del af Berchtesgadener Land, Rupertiwinkel, på grænsen til Østrig. Fra Freilassing er der blot syv kilometer til Salzburg, 139 kilometer til München, 17 kilometer til Bad Reichenhall og 32 kilometer til Berchtesgaden. Der bor cirka 16.000 indbyggere i byen, som indtil 1923 hed Salzburghofen. Tidligere blev byen også kaldt for jernbanebyen, på grund af byens store banegård på grænsen til Østrig. Freilassing er stadig et trafikknudepunkt for mange tog. Til kommunen Freilassing, hører følgende byer, landsbyer og bosættelser: Freilassing, Kirchdorf Salzburghofen, Hofham, Saalbrück, Sailen, Untereichet, Brodhausen, Eham, Hagen, Klebing, Lohen, Obereichet, Schaiding, Stetten, Einöden Aumühle, Hub, Oedhof og Wassermauth. Blandt de mest kendte personligheder fra Freilassing er, muligvis, Miroslav Nemec, der voksede

op i netop Freilassing. Miroslav Ne-
mec er tysk skuespiller, der spiller
kommissær Batic i den tyske tv-serie
Tatort.

## HISTORISK

I det 6. århundrede overtog
Bajuwarene landområdet mellem
Saalach og Salzach, hvor de opfør-
te en adelig gård til Agilolfingerne.
Bosættelsen kaldte de for Salzburg-
hofen. I begyndelsen af det 10. år-
hundrede blev området givet til den
salzburgske kirke. Første gang man
hørte om Freilassing, eller blot *Fri-
laz*, som landsbyen blev kaldt på
dette tidspunkt, var i en kirkebog fra
klostret Sankt Peter i Salzburg, det
var i 1127. *Frilaz, Freilassung, Freila-
sung*, eller som man staver byen i
dag, *Freilassing*, var indtil 1832 blot
en lille landsby der bestod af 16
huse, der var ingen skole, ingen kir-
ke end ikke en kro, bare en smedje.
Landsbyen hørte til under det kon-
gelige gods.

Men i forbindelse med åbningen af
jernbanestrækningen mellem Mün-
chen og Salzburg, der også blev
kaldt for *Sisi-Bahn*, opkaldt efter
Kejserinden Elisabeth af Østrig, hvis
kaldenavn var Sisi. I 1866 åbnede
jernbanestrækningen mellem Frei-
lassing og Reichenhall, i 1890 kom
jernbanen til Laufen og i 1908 til
Mühldorf. Med jernbanen voksede
byen, og der blev opført boliger til
jernbanens medarbejdere. Samtidig
med, at byen voksede kom industri-
virksomhederne også til. Herunder
en figenkaffefabrik, en gulvfabrik, et

dampsavværk og andre træforarbej-
dende virksomheder. I 1919 boede
der 3.600 indbyggere i byen, som fra
1923 blev kaldt for Freilassing. Un-
der de allieredes bombardementer
af Berchtesgadener Land, den 25.
april 1945, blev Freilassing hårdt
ramt. Efter krigens afslutning vokse-
de byens indbyggertal til godt 5.000
sjæle, store dele af dem var flygt-
ninge eller hjemstavnsfordrevne. I
1954 opnåede Freilassing byrettig-
heder. I 1970erne nåede Freilassing
ti tusind indbyggere, og i 1990 nå-
ede man endda op på 15.000 ind-
byggere. Byen voksede ikke blot i
indbyggertal, industrien havde også
vokseværk, Freilassing har i dag
udviklet sig til en industriby, hvor
elektronik og computerteknologi ta-
ger fylder godt blandt industrivirk-
somhederne. Freilassing er stadig
trafikknudepunktet for togrejsende
i Sydøstbayern, eksempelvis mod
Berchtesgaden eller Salzburg.

Dog er det værd at nævne til dem
som kommer med toget til Frei-
lassing, der er **INGEN** elevatorer på
stationen, og der kommer med stor
sandsynlighed aldrig nogen. Jeg be-
søgte selv Freilassing i 2017 på min
rejse hjem fra Berchtesgaden, her
jeg fik en snak med en taxachauffør,
der fortalte mig, at de rigtigt gerne
ville have elevatorer på perronerne,
men da banegården er fredet under
det tyske fredningsnævn, Denk-
malschutz, så er det meget besvær-
ligt om end ikke umuligt at få lov
til at bygge elevatorer. I juni 2013
blev Freilassing, særligt bydelen

Freimann, ramt af alvorlige oversvømmelser, der blev betegnet som en katastrofe. I september 2015 kom Freilassing i medierne, da flygtningestrømmen tog til, da Freilassing ligger tæt på Salzburg, derfor fandt mange flygtninge vejen over den østrig-tyske grænse her. Mere end 2.000 flygtninge rejste ind i Tyskland ved Freilassing, så man valgte at opføre et modtagelsescenter i netop Freilassing.

### INDKØBSBYEN FREILASSING

I Freilassings indkøbsgader finder man en lang række modebutikker og specialvarebutikker. Hver onsdag og lørdag er der torvedag i Freilassing, hvor lokale sælger alt fra brød, æg, olier, kød, grønt, ost... ja, så godt som alt. Der er fire søndage i løbet af året, hvor butikkerne holder åbent. Der arrangeres bilshows, arrangementer for børn og unge, julemarked og meget mere. Der er talrige restauranter, caféer samt et bryggeri. Bonus for det hele er, at det er gratis at parkere på parkeringspladserne i Freilassing.

### DEN AKTIVE BY

Hvis man ikke lige er til shopping eller besøg på byens togmuseum, så ligger naturen lige udenfor byen, og indbyder folk til at vandre, løbe på ski, cykle eller spille golf. Salzburg ligger kun få kilometer fra byen, små ti minutter med S-toget fra Freilassing, så lander man på banegården i Salzburg.

### LOKWELT FREILASSING
*Westendstraße 5 • 83395 Freilassing*
*www.lokwelt.freilassing.de*

Jernbanemuseet Lokwelt er en del af *Deutschen Museum*, dansk: *det tyske museum*, i München. Museet har

*Sonnenpromenade i Berchtesgaden med udsigt til Watzmann*

17 spor fyldt med alt lige fra tand-hjuls-damplokomotiv III nr. 719 til hurtigtog-damplokomotivet B IX 1000 samt mange andre værdifulde genstande som kan fortælle 150 års jernbanehistorie. Museets nyeste påfund er en simulator, hvor små og store kan få lov til at lege lokomotivfører for en dag.

## FREIBAD BRODHAUSEN
*Wasserburger Straße 62*
*83395 Freilassing*
*www.piding.de/freibad-freilassing*

I bydelen Brodhausen finder man friluftsbadet Freibad Brodhausen, der er beliggende i landlige omgivelser under skyggefulde træer. Friluftsbadet har bassin for motionssvømmere, bassinet er 50 meter langt og vandtemperaturen er 24° Celsius. Derudover der bassin for dem som ønsker at lege, vandet i dette bassin er 26° Celsius. Desuden er der rutsjebane, bassin for småbørn, hvor vandet er 28° Celsius, legeplads samt meget mere.

## LAUFEN
*Turistinformation Laufen*
*Rathausplatz 1 • 83410 Laufen*
*www.laufen.bayern/tourist-info.html*

I den nordlige del af Berchtesgadener Land, som også kaldes Rupertiwinkel, finder man byen Laufen, som også kaldes for porten til Salzburg. Byen er beliggende ved floden Salzach på grænsen til Østrig. Det er muligvis den eneste by i hele Berchtesgadener land og Rupertiwinkel

som er vokset sammen med en by på den østrigske side af grænsen, nemlig Oberndorf. Kun floden Salzach skiller de to byer, og landegrænsen går midt i floden, og broerne Länderbrücke og Europabrücke gør det nemt at krydse landegrænsen. Der bor godt 7.100 indbyggere i Laufen. Fra Laufen er der cirka 17 kilometer til Salzburg.

## HISTORISK
Navnet Laufen blev nævnt første gang omkring år 740, som at være en bosættelse ved floden Salzach. Ved Laufen måtte skibene, der sejlede på Salzach og skulle videre ad Saalach, Inn og Donau, omlade deres last, da den såkaldte Salzachsløjfe, Salzachschleife, var farlig at besejle, derved opstod bosættelsen. I år 780 erhvervede Biskop Virgil von Salzburg bosættelsen og området omkring. Biskop Virgil kaldte området for *castellum ad louffi, louffi* eller *loufe*, der betyder *strømfald*. *Loufe* udviklede sig med tiden til byens nuværende navn *Laufen*. Laufen omtales omkring år 1040 som en by-lignende middelalderlig bosættelse. Det er dokumenteret, at Greven af Plain afholdte retsdage i Laufen i årene 1170 og 1180. Selveste Kejser Barbarossa skulle i 1166 have overnattet på Schloß Laufen. Efter den sidste overlevende i greveslægten von Lebenau døde, blev Laufen overtaget af Wittelsbach-slægten. I 1254 opstod der en strid mellem grevskabet og Laufen om byen skulle forblive bayersk eller om de skulle overtages af bispedømmet

Salzburg. Trods stridigheder overgik herredømmet af Laufen til Salzburg og biskopperne der.

Laufen udviklede sig til en vigtig omladeplads for saltskibene fra byerne Dürrnberg og Reichenhall, når der blev transporteret salt til Salzburg og Hallein eller i retning af Passau, Linz eller Wien. Laufen udviklede sig til en skibsfarts by, og selvom man kun kunne besejle floderne i sommermånederne betød det ikke pause for de ansatte ved omladepladsen om vinteren. Nej, for om vinteren rejste arbejderne i stedet rundt i landet som musikere og skuespillere under navnet Laufener Schiffertheater, som var populære de steder, hvor de kom frem. Udover søfarten var Laufen i mange år også hjemsted for søfartsdomstolen. Fra 1626 besad de salzburgske skibsejere monopolet på fragten af salt. Det betød ganske enkelt, at saltet måtte kun fragtes på deres skibe. Udover fragten af salt blev der også transporteret tørv, filt og jernmalm. Skibsfarten var med til at udvikle Laufen og dens rigdom, med rigdommen fulgte opførelsen af den første store gotiske kirker i Sydtyskland omkring år 1330. Kirkens store alterbillede er malet omkring år 1691 af Johann Michael Rottmayr, som var en af de største sydtyske barokmalere, og ikke mindst født i Laufen. Byens rigdom førte også til opførelsen af en lang række borgerhuse i den særlige Inn-Salzach-stil, som ikke findes andre steder end i byerne omkring floderne Inn og Salzach. En byggestil, hvor husfacaderne vender ud mod gaden, og husene er bygget tæt op af hinanden. Dette skulle være en god sikring mod brand, men i 1663 blev Laufen ramt af en alt ødelæggende storbrand, der ødelagde halvdelen af byen, alt lige fra byporten Salzburger Tor til kirken, ialt 58 huse blev flammernes bytte.

I 1816 blev der taget en beslutning om fastlæggelsen af landegrænsen mellem Bayern og Salzburgerland, med et enkelt pennestrøg mistede Laufen en stor del af sit bagland, og der blev opført en bro over floden Salzach, en grænsebro mellem Østrig og Tyskland. Broen er stadig den hurtigste vej mellem de to næsten sammenvoksede byer Laufen og Oberndorf. I 1866 sejlede den sidste salttransport, i 1871 var det helt slut med de sejlende saltskibe, da Hallein blev tilkoblet jernbanenettet. I 1890 blev Laufen tilkoblet jernbanenettet på strækningen til Freilassing, der blev forlænget til Tittmoning. Den daværende banegård lå på Gottfried-Dachs-Straße. Da jernbanestrækningen Freilassing-Mühldorf stod færdig i 1908 blev banegården i Laufen flyttet til dens nuværende placering i udkanten af byen.

Under Første Verdenskrig blev flere end hundrede mænd fra Laufen indkaldt til militærtjeneste, 64 faldt ved fronten. Laufener Schloß blev benyttet til krigsfanger fra Rusland, Serbien og Frankrig. Årene 1916 til 1923 var en hård periode. For at skaffe arbejde nok, blev der opført en landbrugsskole, et vandkraftværk og et sygehus samtidig med, at der blev etableret beskyttelse mod højvande og oversvømmelser. I 1923 var der hele tre biler i Laufen, et tal der på kort tid voksede. 1920erne var en urolig tid, man havde lige været i gennem Første Verdenskrig og den politiske uro i Bayern nåede til Laufen. Tilhængere af nazistpartiet oprettede en lokal afdeling. Samtidig med Hitlers magtovertagelse, blev der også valgt en nazi-venlig borgmester i Laufen, der med det samme udnævnte Hitler som æresborger i byen. Flere gader blev opkaldt efter Hitler. Ikke nazi-venlige chefer og direktører blev udskiftet med tilhængere af regimet.

I 1930erne var nazipartiet illegalt i Østrig, men grupper i Laufen og i området omkring byen smuglede propagandamaterialer over broen til Oberndorf, der blev opstillet højtalervogne på den tyske side, som afspillede propaganda mod Oberndorf. Efter man havde annekteret Østrig i 1938, gik tyske tropper over Länderbrücke i Laufen i retning mod Oberndorf. Jødehadet blev også praktiseret i Laufen. Laufens eneste jødiske familie Friedmann blev sendt i KZ-lejre, hvor de fleste familiemedlemmer omkom. Der blev oprettet grupper af Hitlerjugend, der blev sendt på øvelser, hvor de lærte at skyde og kaste håndgranater. Da München blev bombet i 1942, blev mange af de hjemløse derfra sendt til Laufen. Laufen blev dog aldrig ramt af de allieredes bomber og slap gennem krigen uden skader. Slottet blev benyttet som krigsfangelejr med cirka tusind amerikanske og britiske officerer. I maj 1942 blev slottet omdannet til interneringslejr for nogle få hundrede indsatte. I Laufener bydelen Lebenau sluttede den 1. maj 1945 en ni dages lang dødsmarch fra KZ-lejrene Regensburg og Flossenburg. Der var fem hundrede fanger der blev sendt ud på dødsmarchen, blot under 50 nåede frem til Laufen, hvor de blev befriet af de allierede tropper. De døde blev begravet i en massegrav på hjørnet af Tittmonigerstraße og Teisendorferstraße, hvor man i dag kan finde en mindelund. Massegraven blev undersøgt i 1958, hvor man identificerede ligene.

I slutningen af krigen blev der oprettet en gruppe af Volkssturm i Laufen og 164 mænd og drenge blev ufrivilligt indkaldt til gruppen, der fik udrustning som var ubrugeligt. *Læs om Volkssturm på side 335.* Länderbrücke blev forberedt til at blive sprængt. Den 30. april 1945 blev de mænd og drenge, som ikke ville kæmpe for deres fæderland, truet med at blive skudt. Den 4. maj 1945, da de allierede nåede frem til Laufen, var de tyske tropper klar til at sprænge Länderbrücke, men samme dag rykkede en lang række amerikanske tropper ind i Laufen. Byens borgmester tog i mod dem ved byporten, hvor han overgav sig selv og byen til amerikanerne uden kamp, dermed var Anden Verdenskrig slut for borgerne i Laufen. Efter Anden Verdenskrig voksede byens befolkning, da man tog i mod en lang række hjemstavnsfordrevne fra tidligere tyske landområder, som ikke længere var en del af det tyske rige. Tyskland måtte, efter krigen, tage i mod tolv millioner hjemstavnsfordrevne flygtninge, heraf fire millioner i det tidligere DDR og otte millioner i Vesttyskland. To millioner af dem kom til Bayern. I 1946 var der rundt regnet 15.000 hjemstavnsfordrevne i Berchtesgadener Land, heraf godt 1.800 i Laufen. Laufen var, procentvis, den by der tog i mod flest flygtninge. I årene efter krigen blev der opført en lang række boligblokke. Mange af de nye beboere grundlagde deres egne virksomheder, hvoraf mange stadig eksisterer og drives af efterkommere. Nogle af de nye beboere var læger, som oprettede lægeklinikker. I slutningen af krigen blev grænseovergangen til Oberndorf, og dermed også grænsen til Østrig, lukket. I 1948 blev der indført tilladelser til at krydse grænsen, og i 1950 blev der atter udstedt tyske pas, men indrejse til Østrig krævede stadig visum. Visumpligten blev ophævet i 1956.

## HISTORISK BYVANDRING

*Udgangspunkt:*
*Briouder Platz 4 • 83410 Laufen*
*www.laufen.bayern/ueberblick-aller-stadtfuehrungen.html*

På den historiske byvandring gennem Laufen kommer man også til nabobyen Oberndorf, på den østrig-

---

> **Volksturm**
>
> *Volkssturm var en tysk milits, der bestod af alle drenge/mænd mellem 16 og 60 år, der ikke allerede gjorde tjeneste i andre enheder. Militsens opgave var det sidste desperate forsøg på at forsvare det tyske territorium mod de allierede styrker. Volkssturmmilitsen skulle forsvare deres egne byer, men de fik ikke den styrke som det havde været meningen, da nazisterne allerede havde indkaldt alle duelige mænd til militærtjeneste. Derfor kom Volkssturm til at bestå af ganske unge mænd (drenge), gamle mænd samt invalide. Mange forsøgte dog at slippe for at gøre tjeneste i Volkssturm, da mange på dette tidspunkt allerede havde fået nok af krig. Samtidig havde mange en mistanke om, at de ikke ville blive behandlet som legitime soldater. Mange var direkte bange for, at de ville blive anklaget for at være spioner og henrettet, hvis de blev taget til fange. Men dem, der alligevel meldte sig til Volkssturm fik fire dages træning og fik udleveret et armbind med teksten 'Deutscher Volkssturm'. Uniformer... det var der ingen af. I januar 1945 blev der indsamlet tøj til Volkssturm. Militsens standardvåben blev den såkaldte 'Parizerfaust', en engangsbazooka, der var billige at fremstille, men i praksis fik de våben, der ikke blev brugt andre steder, heriblandt forældede geværer og udenlandske våben, der var taget fra tilfangetagende soldater.*

ske side af grænsen. Dette skyldes, at Laufen og Oberndorf næsten er vokset sammen til en by, kun adskilt af floden Salzach samt af landegrænsen, der går samme sted. Den historiske byvandring starter ved Salzachhalle, herfra går turen via Schloßstraße i retning mod Rottmayrstraße og byens gamle rådhus. Når man er kommet forbi rådhuset går man videre til Laufens Stiftskirke. Fra kirken går man nogle meter tilbage, hvor man drejer ned af den første vej på højre hånd og passerer gennem Untere Stadttor, en af byens byporte, herfra går turen videre over den nye bro Europasteg, der går over Salzach, samtidig passerer man grænsen til Østrig i retning mod byen Oberndorf. Statsgrænsen går midt i floden. Herfra går man videre af stien Kalvarienstiege til Kreuzigungsgruppe, hvor man går til højre og når frem til valfartskirken Maria Bühel, der er kendt for dens ofrebilleder af beboere fra Laufen samt for Johann Michael Rottmayrs barokmalerier. Fra kirken går man retur til Kreuzigungsgruppe og går mod vest i retning mod bredden af Salzach, Salzachufer. Her går man langs den karakteristiske Salzachschleife, Salzachsløjfen, til man kommer til Uferstraße, hvorfra der er udsigt over den gamle del af Laufen. På Uferstraße er der et skilt der viser mod Stille Nacht Kapelle, hvor verdens mest berømte julesalme, Stille Nacht, blev uropført tilbage i 1818. Efter et besøg i kapellet går man via den gamle Salzachbrücke retur til Tyskland og Laufen. Fra broen er der en smuk udsigt til Berchtesgadener Alperne. Retur i Laufen går man retur mod Salzachhallen via Schloßstraße og Briouder Platz.

## BYVANDRING MED NATTEVÆGTEREN

*www.laufen.bayern/historische-laternenfuehrung.html*

En vandring gennem Laufens historiske gader og stræder med byens nattevægter er en oplevelse værd. I skæret af de medbragte lanterner fortæller nattevægteren Laufens historie og hvordan livet var som skipper på fragtskibene, der sejlede med salt samt meget mere. Turene med nattevægteren gennemføres hele året rundt, dog kun hvis der er nok tilmeldinger. Tilmelding til byvandringen med nattevægteren sker hos byens turistinformation. Byvandringen tager cirka halvanden time.

*Bådehusene ved Königssee*

## ALTSTADT

Den gamle bydel, Altstadt, er holdt i den middelalderlige stil. Bygningerne omkring Marienplatz er noget særligt, da de er opført i den særlige Inn-Salzach-byggestil, som man kun finder langs floderne Inn og Salzach. De fleste af husene stammer fra det 17. og 18. århundrede, flere af dem har op til fire etager. Fra syd skal man gennem Salzburger Tor, en af byens tidligere byporte, for at komme ind i den gamle bydel. Vest for Salzburger Tor finder man rester af den tidligere bymur.

## RUPERTUSBRUNNEN

På Rupertusplatz, byens tidligere markedsplads, Marktplatz, finder man Rupertusbrunnen. Rupertusbrunnen er opsat i 1914, udført af billedhuggeren Valentin Kraus i rødt marmor. Brøndens figur er den hellige Rupert.

## ALTES RATHAUS

På den østlige side af Rupertusplatz finder man Laufens gamle rådhus, altes Rathaus. Byrådssalen benyttes ofte til arrangementer og koncerter.

## MARIENPLATZ

Marienplatz er beliggende ved den nye Salzachbrücke. Mange af bygningerne rundt om pladsen blev ramt af den store brand i 1843, og genopbygget herefter. Den nordlige og vestlige side er opført i den særlige Inn-Salzach byggestil. Midt på pladsen finder man Marienbrunnen med figuren af Maria Immaculata på en søjle. Brønden og søjlen blev op-

sat i 1692, og udført af kunstneren Veit Pfaffinger. Brønd og figur blev renoveret i 1855. Patriciervillaen i nummer 16 blev opført omkring år 1651, hvor skibsreder Tettenbach boede med sin familie.

## BYMUREN

Laufen var engang omgivet af en befæstet mur. Den første mur blev opført i 1251, hvorefter den blev forbedret og forstærket i 1520, herefter i 1646-1647 og i 1663-1664. Bymuren var 12 til 13 meter høj, forneden var den godt 150 centimeter bred, mens den i toppen var omkring 70 centimeter. Langs bymuren var der i alt 16 vagttårne, kun fire er bevaret. De fire bevarede vagttårne er Salzburger Tor, Almscher Turm, Wehrturm og Zinkenturm. I den østlige del af Laufen finder man det tidligere stærkt bevogtede slot, der var med til at beskytte den gamle skipper- og handelsby. Man finder rester af bymuren i Stadtpark, samt i gaderne Schiffmeistergasse, Frauenwinke, Schloßstraße, Rathausplatz samt Gordian-Guckh-Straße.

## SALZACHHALLE

*Briouder Platz 4 • 83410 Laufen*
*www.salzachhalle.de*

I Laufen finder man event- og concerthallen Salzachhalle, hvor der gennem året arrangeres en lang række events, arrangementer, koncerter med videre. Hallen er opført for at ære saltet, der har en stor andel i den rigdom, som byen har oplevet gennem historien.

## STADTPARK

Den lille bypark, Stadtpark, der også kaldes også for Laufens grønne lunge, er et yndet sted for mange, når de har fri. Parken er beliggende mellem Salzburger Tor og Fronfeste, der i dag blandt andet rummer byarkivet. I den østlige ende af parken finder man et krigsmindesmærke, hvor man mindes de borgere fra Laufen, der faldt under krigen 1870-1871 samt under Første Verdenskrig.

## LÄNDERBRÜCKE

Den oprindelige Länderbrücke blev bygget i 1816, mens den nuværende blev opført mellem 1902 og 1903. I slutningen af 1800-tallet blev Laufen oftere og oftere ramt af oversvømmelser og højvande, som ødelagde den oprindelige bro. Derfor gik man i gang med at planlægge opførelsen af en stabil bro i sten og jern i1896. Den nye Länderbrücke, som også kaldes for Salzachbrücke, blev indviet den 2. juni 1903. Ved indvielsen var broen en af de smukkeste broer i Tyskland. I forbindelse med hundrede års jubilæet, i 2003, blev der udsendt et fælles frimærke af både det tyske og østrigske postvæsen. Broen blev renoveret mellem 2005 og 2007.

## EUROPASTEG

Allerede i 1278 var der en bro over Salzach, broen befandt sig der, hvor man i dag finder Europasteg. Broen var en træbro. Resterne af den oprindelige træbro kan man se, når det er lavvande. Den nye Europasteg blev opført i 2006. Den blev opført få meter fra stedet, hvor den tidligere træbro var, og forbinder, som den oprindelige bro, den nedre Laufener byport og Oberndorf. Broen blev indviet den 8. december 2006. På den østrigske side i bydelen Altach, der tidligere var en del af Laufen, finder man en statue af den hellige Nepomuk, som er udført af kunstneren J. A. Pfaffinger fra Laufen. Ved statuen finder man en lang stentrappe, som fører op til Kalvarienberg, hvor fra der går en vej via marker til valfartskirken Maria Bühel. Europasteg er kun for fodgængere og cyklister.

## SCHLOSS TRIEBENBACH

*Triebenbach 31 • 83410 Laufen*
*www.salzachfestspiele.de*

Godt to kilometer udenfor Laufen finder man slottet Triebenbach. Allerede omkring år 980 var der en bygning på stedet, hvor man i dag finder slottet, som oprindelig blev opført som en vandborg i det 12. århundrede. Bygningen var en forsyningsgård til klostret Sankt Peter i Salzburg. Omkring år 1344 overgik gården til familien von Kuchl. I 1390 blev gården solgt til Wolfhart von Albm. Gården blev erstattet af et slotsbyggeri omkring år 1520, bygherren var Eustachius von der Albm. Slottet blev ombygget i 1586 og i det 18. århundrede fulgte nok en ombygning og en udvidelse. Slottets kapel, Maria Schnee, blev opført i 1669, og i det 18. århundrede blev kapellets tårn tilført. En af slottets mest kendte gæster var Wolfgang Amadeus Wolfgang, der besøgte slottet flere gange, da han var gode venner med slottets ejer Joachim Ferdinand von Schidenhofen. Slottet har siden 1994 været ejet af greveparret Marion og Rudolf Graf Logothetti. Grevinde Marion er i øvrigt efterkommer af Joachim Ferdinand von Schidenhofen. Slottet er til dagligt lukket for offentligheden, men portene åbnes for offentligheden i forbindelse med de årlige Salzach Festspil i juli måned. Salzach Festspillene har siden 2006 benyttet slottet som lokalitet under festspillene, som er en lystig sammenblanding af musik, teater og kabaretforestillinger.

## KAPUZINERHOF

*Schloßplatz 4 • 83410 Laufen*
*www.kapuzinerhof.de*

I Laufen finder man det tidligere Kapucinerkloster, der stammer fra 1655. Kapucinerordenen blev grundlagt i 1223, som den yngste af munkeordenerne. I 1599 blev de første Kapucinermunke sendt til Salzburg. I år 1600 kom de første munke til München og var med til at grundlægge den tyske, bayerske, gren af munkeordenen. I 1620 blev kollegiatstiftet i Laufen grundlagt, i 1647 kom de første Kapucinermunke til Laufen, for at hjælpe med sjælesorg i byen. Indtil 1655 rejste Kapucinermunkene frem og tilbage mellem klostret i Salzburg og Laufen. Den 14. maj 1655 blev det besluttet, at der skulle opføres et kloster i Laufen til Kapucinermunkene. Den 17. juni 1655 blev det første spadestik taget til klostret, som skulle opføres i en

del af fyrstebiskoppens slotshave. Den 4. oktober 1655 blev grundstenen til kirken og klostret lagt. Den 24. august 1659 blev kirken indviet af Fyrstebiskop Guidobald. Endelig den 28. august 1663 kunne man indvie klostret. I 1803 blev klostret opløst, og i 1810 blev Laufen en del af det bayerske kongerige. Selvom klostret blev opløst, blev munkene boende, hvor de sørgede for at vedligeholde klostret og kirken, samtidig med at de passede hvervet som sjælesørgere i Laufen. I 1887 blev klostret ramt af en storbrand, men blev efterfølgende genopbygget. Mellem 1930 og 1940 boede der 40 munke på klostret. I september 1939 brød Anden Verdenskrig ud og i løbet af 1941 tvang nazisterne munkene til at forlade klostret, da nazisterne ønskede at benytte klostret. Efter Anden Verdenskrigs afslutning gik klostret tilbage til munkene, der den 22. juni 1946 endelig kunne vende hjem til klostret, dog blot for at se det stå forfaldet hen. I 1960erne faldt antallet af munke på klostret, derfor begyndte man at arrangere kurser, oprettede grupper for unge mennesker. Men i tak med at antallet af munke faldt fortsat, blev der længere mellem kursustilbuddene, mange planlagte kurser måtte man endda helt aflyse, fordi de tilbageværende munke ikke længere kunne nå alt arbejdet selv. I 1992 var det slut med kapucinermunke på klostret, og klostret ophørte med at eksistere som kloster. I 1998 blev der opført et nyt kursuscenter samtidig med, at klostret blev gennemrenoveret. I 2001 blev klostret åbnet som hotel, konference og kursussted under navnet Kapuzinerhof.

## SCHLOSSPLATZ

På slotspladsen, Schloßplatz, i Laufen finder man slottet, Laufener Schloß, der tidligere var ejet af Ærkebiskoppen. Slottet blev opført af Johann Baptist Ninnguarda mellem 1591 og 1606, på rester af en middelalderborg. Egon Riedl sørgede for at bygge videre på slottet mellem 1606 og 1612. Det var dog først i årene 1697-1702, at man blev helt færdig med at opføre slottet. I starten af 1860erne ombyggede man slottet, således man kunne benytte slottet som straffeanstalt. Mellem 1970 og 1992 blev slottet ombygget til delvis beboelse og virksomhedslokaler. På Schloßplatz 4 finder man den tidligere kirkegård, anlagt i 1826, der siden 1985 har været et mindelund. På denne adresse finder man desuden det tidligere Kapucinerkloster og tilhørende klosterkirke. Det er desuden på Schloßplatz, at man finder den ene af i alt fire bevarede byporte, nemlig er Salzburger Tor.

## SCHLOSS LAUFEN AN DER SALZACH

Efter Anden Verdenskrigs udbrud i 1939 åbnede nazisterne krigsfangelejre, herunder officerslejre, på tysk Offizierslager, eller blot OFLAG. Fem af disse lejre lå i den sydlige del af Bayern, som hørte under Værnekredsen München, også kaldet VII, som var nummereret med bogstaverne fra A til E. En af disse lejre blev oprettet på slottet i Laufen, hvor man fra 1939 til 1941 fængslede officerer og officerskadetter fra Polen, og senere fra England. Lejren på slottet i Laufen hed OFLAG VII C, her var forholdene dårlige. Slottet havde egentligt kun en kapacitet til cirka 500 soldater, men der var ofte tre gange så mange, det førte til mangel på mad og tøj. Indenfor kort tid i starten af lejrens levetid døde mange soldater, det fik borgmesteren i Laufen til at klage til den ansvarlige lejrkommandant, hvor han eftersigende skulle have sagt noget i retning af ...*ved yderligere dødsfald blandt krigsfangerne... vil der opstå problemer med at få plads til at begrave dem...* For ja, der var simpelthen ikke plads nok på den lokale kirkegård. Til sidst blev man enige om at finde 15 gravpladser, der blev reserveret til fængslet på slottet, hvor mange der døde på OFLAG VII C er usikkert, men på en liste fra 1946 står der, at 3 døde i årene 1940 til 1941, og de er begravet på kirkegården i Laufen. Men det formodes, at mange flere døde i krigsfangelejren i Laufen.

I 1940 siges det, at 20 fanger skulle have forsøgt at flygte fra slottet. Et af flugtforsøgene skulle være sket den 5. september 1940 om morgenen. Det var 6 britiske officerer, der havde gravet en 7 meter lang tunnel, og håbet var at flygte til det tidligere Jugoslavien. To af briterne havde klædt sig ud som kvinder for at kamuflere sig. Da de nåede gennem deres tunnel splittede de sig op i to grupper. Få dage senere blev de samlet op, og kørt tilbage til fængslet på slottet. Nogle af de flygtede soldater var nået så langt som til Radstadt. Tilbage i fængslet blev de isoleret, og i november 1940 blev de ført til en anden OFLAG lejr i Colditz, som blev anset for at være flugtsikker. I lejren i Colditz blev de seks officerer kaldt for Laufen Six. Trods de omfattende sikkerhedsforanstaltninger lykkedes det alligevel to fra gruppen Laufen Six at flygte fra lejren Colditz, deres skæbne herefter er for mig ukendt.

Fra 1942 blev slottet til en ILAG-lejr, en såkaldt Interniertenlager, hvor civile fra Kanaløerne og USA, og senere også mænd fra andre allierede lande, blev interneret. Når man flyttede fanger fra slottet til andre lejre, blev deres forhold forbedret og i de nye lejre blev de modtaget med en såkaldt madpakke. Antallet af personer, som omkom under opholdet på slottet i Laufen er ukendt, men der findes flere mindetavler i Laufen, blandt andet på selve slottet samt på byens kirkegård.

## DET ANONYME LIG

Der eksisterer en historie om det anonyme lig i Laufen, men det anonyme lig var ikke så anonymt som man skulle tro. Den 26. januar 1941 cirka klokken 23.30 skrev lejrkommandanten i Laufen til borgmesteren, at der ville blive flyttet et lig til lighuset i Laufen. Lighuset lå oprindeligt i Klostermauerweg 23, Laufen.

*Kommandanten skrev således: Af hensyn til den offentlige sikkerhed bør liget holdes låst inde, indtil retskommissionen ankommer.* Den anonyme døde handlede formodentlig om den britiske løjtnant Edward Dees, som blev dokumenteret død den 25. januar 1941. Medfanger skulle have sagt, at han havde lænet sig ud af vinduet. Fangevogterne anså det for at være et flugtforsøg, og havde skudt ham. Sammenlignet med øjenviden beretninger og Dees' dødstidspunkt passer godt med det anonyme lig i lighuset, og et forsøg på at skjule et mord.

## ROTTMAYRPLATZ

På Rottmayrplatz nummer 1 finder man det tidligere Stiftherrehus, det blev opført i 1653. Man formoder desuden, at huset var maleren Johann Michael Rottmayrs fødehjem. I 1910-1920 blev huset udbygget til skole, nu er der beboelses- og forretningslokaler i huset. I nummer 16 lå det tidligere rådhus, opført i 1565, som i 2001-2002 blev gennemrenoveret. I dag er der en skole i det tidligere rådhus.

## JOHANN MICHAEL ROTTMAYR

Johann Michael Rottmayr var en betydningsfuld maler, der var hofmaler hos kejseren af Østrig. Johann Michael Rottmayr blev født den 11. december 1654 i Laufen. Han var søn af organist Friedrich Rottmayr og fru Margareta Magdalena. Johann Michael Rottmayr lærte formodentligt at male af sin mor, inden han i

1675 drog til Venedig for at blive elev hos Johann Carl Loth. Han rejste i 1688 til Passau, inden han i 1689 blev hofmaler hos fyrstebiskoppen i Salzburg. Johann Michael Rottmayr blev i 1690 gift med Helene Barbara Reichpekh. Han rejste til Wien i 1696. I 1727 blev han gift, for anden gang, med Theresia Josefa Nassner. Johann Michael Rottmayr døde den 25. oktober 1730 i Wien, og blev efterfølgende bisat fra Stephansdom i Wien. I 1894 blev der opkaldt en gade i Wien, Rottmayrgasse, efter ham. I 1935 blev der i Salzburg opkaldt en gade efter ham, Rottmayrgasse. I Laufen er der en gade, Rottmayrstraße, samt et gymnasium, opkaldt efter ham. Johann Michael Rottmayr malede mange alterbilleder og loftsmalerier i en lang række kirker.

## GORDIAN-GUCKH-STRASSE

I Gordian-Guckh-Straße finder man i nummer et, det tidligere borgerhospital. Hospital og tilhørende kapel blev opført omkring år 1618, men udvidet omkring år 1784. I det 20. århundrede blev det renoveret, og benyttes i dag til beboelse. I nummer 4 finder man Unteres Tor, der også har været benyttet som tolderbygning. Nummer 6 hænger sammen med nummer 4, som også har været benyttet til tolderbygning.

## RATHAUSPLATZ

På Rathausplatz nummer 1 finder man Laufens *nye* rådhus. Bygningen er opført i slutningen af det 15. århundrede, men er ændret flere gange siden. Tidligere har bygningen også været benyttet som administrationslokaler for Ærkebiskoppen, landsret og domstol. Bygningen i nummer 3 har tidligere været benyttet som fængsel, i dag benyttes det blandt andet som byarkiv og skole.

## MARKTSCHELLENBERG

*Turistinformation Marktschellenberg*
*Salzburgerstraße 2*
*83487 Marktschellenberg*
*www.marktschellenberg.de*

Blot ti kilometer fra Salzburg finder man Marktschellenberg, der er beliggende ved foden af det sagnomspundne bjerg Untersberg. Det er også ved Marktschellenberg man finder Tysklands ældste marmorkuglemølle, Tysklands største ishule samt indgangen til Almbachklamm. Marktschellenberg har naturen liggende lige udenfor døren, mange vandrere, bjergbestigere og cyklister bruger derfor byen som deres base for ture rundt i området. Floden Berchtesgadener Ache løber gennem byen. Der bor cirka 1.800 indbyggere i byen, der udover Marktschellenberg også omfatter landsbyerne Ettenberg, Scheffau samt Mehlweg. Øst for Marktschellenberg er der tre grænseovergange til Østrig.

## HISTORISK

I 1190 blev der første gang fundet saltforekomster i undergrunden øst for byen. Første gang man hørte om Marktschellenberg var omkring år 1191. Omkring saltminen opstod der en bosættelse, der hurtigt udviklede sig til en reel landsby, men der var først i 1211, man så landsbyens navn, *Schellenberch*, nævnt på skrift. Da *Schellenberg* eller *Schellenberch*, som landsbyen blev kaldt, lå midt mellem fyrsteprovstiet Berchtesgaden og Ærkebiskoppernes Salzburg opstod der naturligvis og stridigheder om hvem der havde retten til saltet i landsbyens undergrund. Derfor valgte man at grundlægge en saltadministration omkring år 1286, som blev styret af en såkaldt *Hallinger* eller *Salinarius*. Schellenberg opnåede gennem saltadministrationen sine handelsrettigheder og kunne nu kaldes sig for Marktschellenberg, også selvom handelsrettighederne var begrænset.

Det var først efter år 1334, man for alvor kunne kalde Marktschellenberg for handelsby, hvor de vigtigste handelsvarer var det hvide guld, saltet, samt marmor fra Untersberg. Indtil 1805 lå der også et saltsyderi i landsbyen, men da det lukkede førte det til, at mange mistede deres arbejde og familierne endte i fattigdom. Sognekirken Sankt Nikolaus blev opført i 1870-1871 i midten af byen, tæt på byens pestsøjle. Omkring år 1900 blomstrede turismen i hele Berchtesgadener Land, en opblomstring som man også mærkede i Marktschellenberg, da mange oprettede små pensioner eller fik job indenfor turisme. I 1911 blev byens navn ændret fra Schellenberg Markt til Marktschellenberg og Schellenberg Land blev til Landschellenberg. Marktschellenberg, Landschellenberg og Scheffau blev pr. 1 oktober 1969 lagt sammen til en fælles kommune, der blev navngivet Marktschellenberg.

### ETTENBERG

Landsbyen Ettenberg, der er beliggende ved foden af Untersberg i 834 meters højde, hører under byen Marktschellenberg. Ettenberg var i mange år en af otte såkaldte *Gnotschaft*, der var en samling af gårde i nærheden af Marktschellenberg, *læs om Gnotschaften på side 16*. Landsbyen var indtil 1911 en selvstændig kommune, hvorefter den blev lagt sammen med Landschellenberg, fra 1. oktober 1969 en del af den nye kommune Marktschellenberg. Landsbyen er i dag mest kendt for valfartskirken Mariä Heimsuchung, der blev opført

*Kirken i Ramsau*

343

i 1724-1725 af fyrsteprovsten fra Berchtesgaden, Julius Heinrich von Rehlingen. I denne kirke, kan man på væggen til højre for altret finde et minde om Anden Verdenskrig. Under bombardementerne af Obersalzberg, den 25. april 1945, ramte få af de allieredes bomber forkert, og dele af Ettenberg blev ramt, derfor kan man i dag finde bombesplinter i kirkevæggen. Ettenberg kaldes af de lokale også for Almberg. For tv-seere som ser den tyske tv-kanal ZDF kender måske også landsbyen Ettenberg fra tv-serien Lena Lorenz, hvor landsbyen dog kaldes for Himmelsruh.

## FREIBAD MARKTSCHELLENBERG

*Alte Berchtesgadener Straße 37*
*83487 Marktschellenberg*
*www.marktschellenberg.de/*
*freibad-marktschellenberg*

Friluftsbadet i Marktschellenberg er opvarmet og er et hit blandt familier med børn, da der er børnebassiner, en vandrutsjebane og områder til leg og afslapning. RVO bus 840 kører fra Berchtesgaden til friluftsbadet.

## SCHELLENBERGER TURM

*Hauptstraße 15*
*83487 Marktschellenberg*

Schellenberger Turm, kaldes også for Passturm, er beliggende i nærheden Hovedvejen. Tårnet var en del af et gammelt forsvarsanlæg på grænsen mellem Rupertiwinkel

og Berchtesgadener Land, og tjente som beskyttelse af saltindustrien. Tårnet er opført omkring år 1252. Tårnet og udsigten kan nydes fra maj til september, den første søndag i hver måned mellem klokken 11.00 og 14.00, dog kun i godt vejr.

## PIDING

*Turistinformation Piding*
*Petersplatz 2 • 83451 Piding*
*www.piding.de*

Den lille landsby Piding er beliggende ved foden af Hochstaufen (1.772 meter), i omkring 450-800 meter over havets overflade. Piding er beliggende mellem Salzburg (9 kilometer), Nationalpark Berchtesgaden, Watzmann og Königssee (29 kilometer) og Bad Reichenhall (7 kilometer). Landsbyen, med sine godt 5.400 indbyggere, er et yndet sted for vandrere, bjergbestigere og cyklister. Der eksisterer en lang række vandrestier, herunder også temastier såsom *Pidinger Bienenweg*, hvor man informeres om bien undervejs, *læs mere på side 247*. Til Piding hører bjerget Högl, hvorfra der er en god udsigt over Salzburgerland. Det er også på Högl man finder kroen Gasthof Johannishögl samt kirken Sankt Johannes. Den lille kirke blev opført i det 14. århundrede, og ingen kirke uden en kro. Til Piding hører også landsbyerne Mauthausen, Kleinhögl, Pidingerau, Staufenbrücke og Urwies.

## HISTORISK

Arkæologiske fund har påvist, at der

allerede var en mindre bosættelse omkring år 5500 før Kristi fødsel, mens andre fund har påvist at området, som i dag er kendt som Piding, mellem år 15 og 488 var en del af det romerske rige, og blev kaldt for *Noricum Ripense*, der var en del af *Iuvavum*, det nuværende Salzburg. Omkring år 540 blev området omkring Waging See bosat af Langobarderne. Fra det sjette århundrede var området, hermed også det nuværende Piding, en del af hertugdømmet Baiern, også kaldet for Bajuwarene. I slutningen af det syvende århundrede begyndte man at missionere i området, for at få folk til at blive kristne. Omkring år 700, muligvis allerede i 696, blev landsbyen givet som gave til Biskop Rupert von Salzburg. Det menes, at Piding dermed var den første bosættelse i det nuværende Rupertiwinkel, som kom til at høre under Biskoppen i Salzburg.

Landsbyens navn var omkring år 700 *Pidinga*, omkring år 790 blev det til *Pidingen* og fra 1294 *blot Piding*, sådan som landsbyen også hedder i dag. Navnet er sammen sat af ordene *Pido*, som var et personnavn, og ordet *ing*, som betyder noget i retning *af tilhørelse til området Baiern*,

Bayern. *Piding* skulle eftersignende betyde noget i retning af *hos personerne ved Pido*. Byen anser selv år 735 som året for deres grundlæggelse. Bosættelsens tre gårde, anno 1280, kom til at høre under hertugen af Neuburg, som i 1344 blev en del af kloster Niederschönfeld. Senere kom bosættelsen til at høre under fyrstebiskoppen i Salzburg. I 1810 blev Piding en del af Bayern og dermed også Berchtesgadener Land. I slutningen af Anden Verdenskrig blev der oprettet en gennemgangslejr for flygtninge og hjemstavnsfordrevne i Piding, hvor der blev registreret over to millioner, inden de blev fordelt til resten af Tyskland. Flere af flygtningene og de hjemstavnsfordrevne fandt en ny hjemstavn i Piding. I 1956 tog man i mod over 5.000 flygtninge fra Ungarn. Området, hvor lejren tidligere lå, omtales af de lokale oftest blot for *Lager*, eller *Lejren*. Oprindelig var landbruget en stor del af erhvervene i Piding, men i midten af det 20. århundrede gik det voldsomt tilbage for landbruget. Derfor opstod der andre industrier, blandt andet indenfor træproduktion. En af disse virksomheder var firmaet Hans Schowanek, der indtil 1958 producerede en lang række produkter i træ, herunder spillet Scrabble samt miniaturemøbler og dukkehuse, som blev eksporteret vidt om i verden. I 1955 var der ansat godt 400 på fabrikken. Den 15. november 1963 udbrød der brand på fabrikken. Brandfolk fra Salzburg, Freilassing, Traunstein samt store dele af Berchtesgadener Land blev

*Königssee*

345

tilkaldt for at hjælpe med til at slukke branden, men fabrikken brændte ned til grunden.

## TRADITIONERNES PIDING

*Altwirt Piding*
*Berchtesgadener Straße 6*
*83451 Piding*
*www.altwirt.de*

For de lokale pidinger er tradition og skikke noget der hører sammen, og tradition er noget de ynder at holde fast i, det er noget som ligger dybt i deres DNA. Herunder hører traditionen med at skyde med de kanonlignende pistoler, de såkaldte Böller. Det er en tradition, hvor de ikke blot skyder julen ind, men også affyrer skud i forbindelse med bryllupper, nytår og andre festlige begivenheder. Desuden er det i Piding man skal opleve den ægte hjemstavnsaften, Heimatabend, når den lokale gruppe af dansere og musikere åbner dørene og byder turister indenfor til ægte bayersk landsbykultur med lokale danse og musik. En ægte Heimatabend kan man opleve hver søndag kl. 17.00, året rundt, på Altwirt Piding.

## SCHLOSS STAUFENECK

*Schloßweg 15 • 83451 Piding*

Ved foden af bjerget Hochstaufen finder man Schloß Staufeneck. *Staufeneck* skrives af nogle også på følgende måde *Stauffenegg* eller *Staufenägg*. Slottet blev opført af Herremanden von Staufeneck, der var den mest betydningsfulde minister hos Greven von Plain, i 1240. Slottet blev i 1306 solgt af Borggreve, Burggraf von Staueneck og køberen var Fyrstebispedømmet Salzburg. Slottet var mellem 1365 og 1805 en såkaldt *Pfleggericht*, der var en administrativ forvaltning, der eksisterede mellem det 15. og 19. århundrede i blandt andet Bayern, Salzburgerland og Østrig. Forvaltningen var oftest styret af en dommer, der blandt andet bestemte over den civile forvaltning, politiet, den strafretslige domstol samt ledede militæret. Under forvaltningen hørte også de såkaldte *Schrannen*, der var den lokale byret, der styrede kirken, ikke blot i Piding, men i hele Rupertiwinkel. Efter Koalitionskrigen i 1816 kom forvaltningen og domstolen til at høre under Bayern. Det middelalderlige slot i nærheden af Piding har siden 1870 været privatejet, der i det 20. århundrede havde et museum i slottets rum. Men efter en omfattende renovering er slottet i dag beboet. Ejerne har siden 2005 inviteret til et middelaldermarked i august. Slottet er kun åbent for offentligheden i forbindelse med middelaldermarkedet.

## MAUTHAUS

*Salzstraße 2 • 83451 Piding*

I Mauthausen finder man Mauthaus, der blev opført omkring år 908. Fra 1275 var det toldsted på grænsen mellem Bayern og Salzburg. Mauthaus finder man på den saltvejen, Salzstraße, mellem Bad Reichenhall og Traunstein. I nærheden blev borgen, det senere slot, Staufeneck, opført. I 1440 blev området solgt til Bayern, hvorefter grænse og toldbygning kom til at ligge på grænsen mellem Rupertiwinkel og Bayern, dermed forsvandt toldfunktionen. I dag benyttes den tidligere toldbygning til beboelse.

## RAMSAU

*Turistinformation Ramsau*
*Im Tal 2 • 83486 Ramsau*
*www.ramsau.de*

Ramsau bei Berchtesgaden eller Bergsteigerdorf Ramsau sådan kaldes byen officielt. Byen er en af otte såkaldte *Gnotschaften* i Berchtesgadener Land. *Læs mere om Gnotschaften på side 16.* Der bor godt 1.850 indbyggere i den lille landsby, der ligger langs landevejen mellem Berchtesgaden og Hintersee, hvor floden Ramsauer Ache flyder gennem byen. Man hørte om landsbyen for første gang i 1344. Landsbyens navn er sammensat af ordene *Rams* og *Au*, der på tysk betyder *løse sten.* I det 19. århundrede var Ramsau og Hintersee stedet, hvor mange malere og digtere tog hen. Landsbyen er ikke stor, men trods alt kendt af mange. Her tænker jeg især på byens kirke Sankt Sebastian, der er beliggende ved foden af Reiter Alm, som gennem tiden har været afbilledet på mange landskabsmaleres lærreder, i dag er det turisterne som stopper for at fotografere kirken. Kirken, som blev opført i 1512, er, undskyld mig, ikke noget særligt, men jeg tror mange ønsker netop dette motiv er

på grund af dens beliggenhed med Watzmann i baggrunden. Cirka halvdelen af Ramsau er beliggende i Nationalpark Berchtesgaden. Mange turister der i dag kommer til Ramsau starter netop deres bjergbestigninger af blandt andet Watzmann i Ramsau. Den mest kendte bjergbestiger fra Ramsau var Johann Grill (1835-1917), der også var kendt under navnet *der Kederbacher.* Johann Grill var udover bjergbestiger også den første vært i hytten Watzmannhaus. Johann Grills statue kan man finde ved rådhuset i Ramsau.

Betegnelsen som Tysklands første Bergsteigerdorf, bjergbestigerlandsby, er ikke noget de selv har fundet på for at trække turister til landsbyen, nej, betegnelsen kommer fra den tyske alpeforening, *Deutschen Alpenverein,* der havde fået ideen fra Østrig, hvor den østrigske alpeforening har udpeget i alt 36 landsbyer, i Tyskland, Østrig, Slovenien, Südtirol og Italien til at være bjergbestigerlandsbyer. Betegnelsen er et kvalitetsstempel, som altså blev givet til Ramsau som Bergsteigerdorf, som den første landsby i Tyskland, den 16. september 2015, som derimod skal værne om den særlige kultur og de traditionerne der er i en landsby i bjergene. En Bergsteigerdorf skal have maksimum 2.500 indbyggere, mindst 1/5 af landsbyens areal skal være naturbeskyttet område, hvilket er nemt i Ramsau, da 2/3 af kommunens areal på i alt 130 km² er beliggende i Nationalpark Berchtesgaden. Mange benytter Ramsau som udgangspunkt for ikke blot bjergbe-stigninger, men også til besøg ved Wimbachklamm og Wimbachschloß eller til vandreture i blandt andet Hintersee og Zauberwald. Som en lille ekstra bonusinformation, så var digteren til den verdensberømte ju-lesalme Stille Nacht, Heilige Nacht, Joseph Mohr (1792-1848), hjælpe-præst for en kort periode, 29. august til 10. oktober 1815, i kirken Sankt Sebastian i Ramsau, inden han tog videre til Oberndorf i nærheden af Laufen.

### HISTORISK

Efter klostret i Berchtesgaden blev en del af sognet Berchtesgaden, blev kirken Sankt Sebastian en del af sognet i Berchtesgaden. Det var dog først omkring år 1512, at Ramsau blev et selvstændigt sogn. Ramsau var et af otte oprindeli-ge *Gnotschaften* i Berchtesgadener Land. *Læs mere om Gnotschaften på side 16*. Efter Reformationen var der godt ti procent af befolkningen der blev protestanter, de blev jagtet som var det vildt, og mange udvandre-de. Dette har man valgt at mindes på altertavlen i kirken Maria Him-melfahrt, som også kaldes for Ma-ria Kunterweg. Den 1. maj 1885 fik Ramsau deres egen postekspedition, som eksisterede indtil 1995. Efter privatiseringen af postvæsnet mi-stede Ramsau deres selvstændige postekspedition, hvorefter det blev en postfilial under postkontoret i Berchtesgaden, inden det i 1998 var helt slut. Herefter var der en postbu-tik i en af Ramsaus få butikker, men

i 2003 opgav man, og siden da har borgerne måtte tage turen til Berch-tesgaden for at ordne deres posteks-peditioner.

I efterveerne efter Novemberrevolu-tion i 1918, blev den bayerske kong Ludwig den Tredje tvunget til at fra-træde tronen den 7. november 1918. Kong Ludwig den Tredje flygtede herefter til Wildenwart og derfra vi-dere til Hintersee. Men ved Ramsau stod det klart, at han heller ikke kunne føle sig sikker her, så han flyg-tede videre til Schloß Anif ved Salz-burg, hvor han den 13. november 1918 underskrev den såkaldte *Anifer Erklæring*. Efter Hitlers overtagelse af magten i januar 1933, blev dele af den tyske Alpenstraße anlagt. I forbindelse med færdiggørelsen af vejen erhvervede ministeren for vejvæsnet Fritz Todt den tidligere toldbygning ved Hirschbichl-passet, som mellem år 1940 og 1941 blev ombygget, under ledelse af Gustav Gsaenger, til beboelse. *Læs mere om Hirschbichl på side 168*.

Den bayerske ministerpræsident og nazileder Paul Giesler (1895-1945), der var udpeget af Hitler til at over-tage posten efter Heinrich Himmler som ny tysk indenrigsminister, skød den 2. maj 1945 sin kone i skoven, Zauberwald, ved Hintersee. Han for-søgte herefter at begå selvmord med hjælp af en overdosis sovemedicin, men da dette ikke hjalp, skød han sig selv i hovedet. Hårdt såret blev han fragtet til lazarettet i Stanggaß ved Bischofswiesen, hvor han døde den

8. maj 1945. I 1968 dannede Ramsau sammen med Berchtesgaden en fælles turistorganisation. I forbindelse med kommunereformationen i starten af 1970erne blev Ramsau fra 1972 en selvstændig kommune med det officielle navn Ramsau bei Berchtesgaden.

## BERGKURGARTEN
*Riesenbichl 11 • 83486 Ramsau*

I Ramsau er der også et Gradierwerk, som i Bad Reichenhall, men i Ramsau benytter man hvidtjørneplanter i stedet for slåen i deres Inhalatorium, men det har samme virkning som i Bad Reichenhall. Kurparken, der er 12.500 m² stor, blev indviet i 1989 og total renoveret i 2006. Udover Inhalatoriet finder man også en urtehave med over 80 typer af lægeplanter/lægeurter samt bjergblomster. Planter som timian, salvie, arnica, vejbred og morgenfruer har fundet deres plads i blomsterbedene. Deres motto er *At forbinde det himmelske med det jordiske*, på tysk: *Das Himmlische und Irdische zu verbinden*. Et motto som Hildegard von Bingen også benyttede.

## HINDENBURG-LINDETRÆET
Hindenburg lindetræet finder man ved Ramsauer Ache og Bundesstraße 305, der er en del af den tyske ferierute Alperne-Østersøen (Alpen-Ostsee). Træets omfang var i 2015 hele 10,90 meter. Men hvor længe det får lov til at blive er usikkert, da der er stor debat om træet skal blive eller om det skal fældes,

---

> **Hildegard von Bingen**
> *Hildegard von Bingen, eller den hellige Sankt Hildegard, levede fra 1098 til 1179. Hun var tysk Abbedisse, mystiker, forfatter, læge og komponist. Hun er blevet kaldt for middelalderens mest betydningsfulde kvinde, der ofte korresponderede med mænd i magtfulde stillinger, blandt andet med Paven og Kejseren.*

da det står lidt uhensigtsmæssigt placeret ved en vej.

## RUPERTIWINKEL
Berchtesgadener Land består af to dele, Berchtesgadener Land er den sydlige del og Rupertiwinkel er den nordlige del af regionen. Det hører egentlig ikke med til det *rigtige* Berchtesgadener Land, men jeg vælger nu at tage Rupertiwinkel med her i bogen alligevel, da det ifølge mig er en del af hele regionen. Rupertiwinkel er beliggende syd for Chiemsee og Chiemgauer Alperne og vest for floderne Saalach og Salzach, eller kort sagt fra Freilassing i syd til Tittmoning i nord. Rupertiwinkels navn kan føres tilbage til den Hellige Rupert, som indtil 1810 var en del af Salzburg, hvorefter området kom tilbage til Bayern. Til Rupertiwinkel og Berchtesgadener Land hører byerne Laufen, Anger, Ainring, Freilassing, Piding, Saaldorf-Surheim samt Teisendorf.

## HISTORISK
Som nævnt går navnet Rupertiwinkel tilbage til den Hellige Rupert,

der var den første biskop i Salzburg (år 690 til år 710), som den bayerske hertug Theodo fritstillede for at finde et sted, hvor der kunne opføres et bispesæde. Rupertus sagde farvel til den ødelagte by Iuvavum, der nu bedst kendes som Salzburg, for at finde et egnet sted. Han kom til Rupertiwinkel der allerede var kendt for dens frugtbare jorde og saltet i dens undergrund. På dette tidspunkt hørte både det nuværende Rupertiwinkel og Bad Reichenhall til den romerske bosættelse Noricum. I dag finder man stadig rester og spor i mange by- og vejnavne efter romerne. Den tidligere romerske vej mellem Salzburg og Augsburg er i dag en del af kommunegrænsen mellem Freilassing og Ainring.

Efter Bajuwarene, bayerne, havde besiddet området mellem år 500 og 520, kom Rupertiwinkel under Hertugdømmet Agilolfinger som i 788 blev afløst af Karl den Store, der var Karolinger. Omkring år 1200 overtog de salzburgske biskopper magten, det førte til en længere strid mellem den bayerske konge og biskopperne i Salzburg, en strid der blandt andet handlede om saltet i undergrunden samt hvem der havde retten til at besejle Salzach. I 1275 gav Wittelsbach-slægten Rupertiwinkel i bytte for at få Chiemgau i stedet, hvorefter Rupertiwinkel kom til at høre under Salzburg. Selv i fredstid, mellem år 1400 og år 1800, kom det af og til raslen med våbnene mellem de to stridende parter, herunder Trediveårskrigen (1618-1648). Men i

> **Wienerkongressen**
>
> *Wienerkongressen er betegnelsen for den fredskongres der blev afholdt i Wien i 1814-1815. En fredsproces der skulle ordne de politiske forhold i Europa efter Napoleonskrigene. Der blev ikke blot fastlagt statsgrænser, men emner som sejlads på grænseoverskridende europæiske floder, afskaffelse af negerslaveriet og diplomaternes indbyrdes rang blev også diskuteret på kongressen.*

starten af 1800-tallet udbrød Napoleonskrigene, som førte til adskillige kampe i regionen. Med krigene kom udplyndringer og ustabilitet. Samtidig blev det åndelige fyrstedømme Salzburg opløst og det samme gjorde fyrsteprovstiet i Berchtesgaden, alt i mens ejerskabet af både Rupertiwinkel og Berchtesgadener Land skiftede mellem Østrig og Bayern. I 1810 blev Rupertiwinkel bayersk og i 1816 kunne man endelig tegne den nuværende grænsedragning mellem Bayern og Østrig, det skete under Wienerkongressen i 1814-1815. Den nuværende grænsedragning går midt i floderne Saalach og Salzach, et sted mellem Piding, Tittmoning og Burghausen.

## SAALDORF-SURHEIM

*Turistinformation Saaldorf-Surheim*
*Moosweg 2 • Saaldorf*
*83416 Saaldorf-Surheim*
*www.saaldorf-surheim.de*

Saaldorf-Surheim, med sine godt 5.500 indbyggere, er beliggende i

den nordlige del af Berchtesgade-
ner Land og midt i hjertet af Ruper-
tiwinkel. Flere siger, at dette område
er et af de smukkeste ferieområder
i hele Bayern, tæt på kulturhoved-
staden Salzburg. Mange turister
kommer netop til Saaldorf-Surheim
for at opleve området på cykel, da
der er mange gode cykelruter, også
for mountainbikeryttere. Dem som
foretrækker at vandre har også gode
muligheder, da der også findes man-
ge gode vandreruter blandt andet
rundt om Abtsdorfer See, der af de
lokale kaldes for Abtsee, en af de
varmeste badesøer i Bayern. Men el-
lers er der ikke mange seværdighe-
der i byen. En af byens store traditi-
oner er den såkaldte Aperschnalzen,
der udøves hver vinter. *Læs mere om
Aperschnalzen på side 92.* En anden
tradition er musik, kommunen har
hele to blæserorkestre, Surheim og
Steinbrünning, der ofte optræder
i kommunen. Desuden sørger Kul-
turforeningen for en lang række
arrangementer og udstillinger. Kom-
munens største virksomhed er medi-
cinfabrikanten EurimPharm.

## VOLKSBÜHNE SAALDORF

*Spillested: Mehrzweckhalle*
*Stalberstraße 31*
*83416 Saaldorf-Surheim*
*www.volksbuehne-saaldorf.de*

En af byens traditioner er amatør-
skuespil, hvor amatørskuespillere
hver sæson spiller en lang række
teaterstykker med stor underhold-
ningsværdi på byens teaterscene
Volksbühne Saaldorf.

## SCHNEIZELREUTH

*Turistinformation Schneizelreuth*
*Berchtesgadener Straße 12*
*83458 Schneizlreuth*
*www.schneizlreuth.de*

Schneizlreuth dækker et areal på
cirka 10.700 hektar. Der bor om-
kring 1.400 indbyggere i den lille
kommune, som er beliggende øst for
Berchtesgaden. Men selvom byen er
lille, tiltrækker den mange turister
til, de har godt 50.000 overnatnin-
ger om året. Mange af dem kommer
tilbage år efter år for at finde ro eller
for at vandre på de godt 150 kilo-
meter vandreveje, der findes i kom-
munen. Mange nyder at kombinere
roen med ture rundt til områdets
små hytter på sæterne eller besø-
ge nabobyernes mange kulturelle
tilbud, da der er gode forbindelser
til Ruhpolding, Inzell, Bad Reichen-
hall, Berchtesgaden og Salzburg.
Omkring Schneizelreuth finder man
blandt andet Weißbachschlucht,
Reiter Alpe, Saalachsee samt bjerge-
ne Sonntaghorn, Gamsknogel, Zwie-
sel, Müllnerhorn og Vogelspitze, der
tiltrækker mange bjergbestigere.
Om vinteren lokker mere end 40 ki-
lometer langrendsløjper gæster til
for at løbe på ski.

## HISTORISK

I det tredje århundrede hørte det
nuværende Schneizlreuth til den ro-
merske provins Norikum, og i det 11.
århundrede kom den første bosæt-
telse til Weißbachdalen. Betalings-
stationen Melleck opstod i 1219, og
i 1285 hørte man for første gang om

herregården Schnaezenreut. I det 13. århundrede opstod der bosættelser omkring Jochberg. I 1346 blev vejen over over Jochberg udvidet, og blev nu kaldt for den gyldne saltvej, Salzstraße. Den 1. august 1349 kunne man for første gang se Weißbach nævnt i et dokument. De første bosættelser i Schneizlreuth opstod omkring år 1450, og i 1590 kom den første poststation til byen, der lå på strækningen mellem Salzburg og Innsbruck. Den gamle poststation lå der, hvor man i dag finder Gasthaus Schneizlreuth. I det 16. århundrede, under Hertug Wilhelm, blev vejen fra Antoniberg til Mauthäusl anlagt. I 1619 blev den første solerørledning færdig under ledelse af ingeniør Reiffenstuel. Salinenkapelle Sankt Anna i Weißbach blev opført i 1638. I år 1800 var der kampe ved Bodenbühel mellem franskmændene og bayerne på den ene side og tyrolerne, østrigerne på den anden side. I 1805 erobrerede Bayern området ved Steinpass tilbage og i 1809 udbrød der atter kampe ved Bodenbühel.

Omkring år 1820 blev kommunen Weißbach grundlagt. I 1850 blev den første kirke i Schneizlreuth opført. I 1892 blev Sydtysklands første bro i beton bygget, det skete i Fronau. I 1896 blev den første skole i Weißbach opført. Den 1. juli 1909 blev kommunen Schneizlreuth grundlagt. I 1911 blev den hestetrukne diligence afløst af den første motordrevne bus. I 1926 blev der bygget et kraftværk i Unterjettenberg som skulle sørge for strøm til Salinen. I 1934 blev Deutsche Alpenstraße anlagt. Man formoder, at de sidste kampe, i Bayern, under Anden Verdenskrig mellem den tyske hær og de allierede fandt sted ved Schneizlreuth den 5. maj 1945. I 1949 blev kirkerne Maria Hilf i Schneizlreuth samt Sankt Vinzenz i Weißbach opført. I 1976 blev Schneizlreuth udnævnt til rekreativt område. Ved kommunesamlingen i 1978 blev de de elleve mindre landsbyer Baumgarten, Fronau, Jochberg, Kibling, Melleck, Oberjettenberg, Ristfeucht, Schneizlreuth, Ulrichsholz, Unterjettenberg og Weißbach an der Alpenstraße samlet under en ny *stor* kommune med navnet *Schneizlreuth*, et navn som tidligere også stavede *Schnaizlreut* eller *Schneitzlreith*. Den 23. maj 2015 udbrød der en storbrand ud i et overnatningshus, hvor seks mennesker omkom.

## SCHÖNHEITSKÖNIGIN VON SCHNEIZLREUTH

Denne personlighed, som jeg vælger at skrive om her, er en fiktiv person, *Schönheitskönigin von Schneizlreuth*, skønhedsdronningen af Schneizlreuth. En fiktiv person er måske så meget sagt, da det er en sang fra 1953. Sangen blev sunget af Bally Prell, og sangen gik hen og blev en ægte landeplage, og var med til at sætte lille ukendte Schneizlreuth på landkortet. Bally Prell eller Agnes Pauline Prell blev født den 14. september 1922 i München og døde den 20. marts 1982. Hun var tysk recitationskunstner, en blanding af en revyskuespiller og sangerinde, lidt ligesom syngepigerne på Bakkens Hvile på Dyrehavsbakken. Hun sang ikke blot folkesange, men kunne også grundet sin stemme, lys tenor, synge klassiske arier. Jeg kan kun anbefale at søge på Bally Prell på youtube, hun er temmelig morsom og synger næsten på samme måde som vores egen Cleo, der var folkekær sangerinde på Bakkens Hvile, der bedst kendes for sangen *Zka vi sove eller hva'?*

## Outdoor-Center Baumgarten

*Baumgarten 1 • 83458 Schneizlreuth*
*www.echt-posch.de*

Outdoor-Center Baumgarten er et center for familien der ønsker at være aktiv, der er noget for både vovehalse og for legebørnene. Der er aktiviteter såsom bueskydning, kørsel på segways, vandre i trætoppe, sejle på brusende floder, klatre og meget mere.

## Schönau am Königssee

*Turistinformation Schönau*
*Rathausplatz 1*
*83471 Schönau am Königssee*
*www.koenigssee.com*

*Turistinformation am Königssee*
*Seestraße 3*
*83471 Schönau am Königssee*
*www.koenigssee.com*

Schönau am Königssee er et gammelt bondesamfund mellem Berchtesgaden og den smaragdgrønne fjordlignende sø, Königssee. Schönau er forkortelsen af *Schöne Au*. Størstedelen af Schönau er beliggende i Nationalpark Berchtesgaden. Landsbyen strækker sig fra den nordlige bred af Königssee til foden af Faselsberg. Schönau blev betegnet som *et af de smukkeste steder på jorden* af selveste Alexander von Humboldt. Der bor lige omkring 5.500 indbyggere i Schönau, der er den kommune i Tyskland, der ligger aller længst mod sydøst på grænsen til Østrig. Schönau er omkranset af bjergkæderne Hohen Göll, Hagengebirge og Steinerne Meer. I forbindelse med kommunesammenlægningerne i 1970erne kom de to hidtil selvstændige kommuner Schönau og Königssee lagt sammen til en fælles kommune under navnet Schönau am Königssee. Kommunen består af syv bydele og seks *Gnotschaften*. *Læs om Gnotschaften på side 16.* Schönau blev nævnt i den første skattebog fra 1456 som en af i alt otte oprindelige *Gnotschaften* i Berchtesgadener Land, men hvornår den første bosættelse af Schönau skete er ukendt.

De fleste turister kommer for at besøge Sankt Bartholomä, sejle på Königssee eller vandre. Der er godt 120 kilometer vandrestier rundt i Schönau, hvoraf de 60 kilometer ryddes om vinteren. I kommunen Schönau am Königssee finder man også Jennerbahn, svævebanen til bjerget Jenner samt den store isarena, hvor der konkurreres om blandt andet internationale mesterskaber i bobslæde og kælk. *Vidste I at sportsklubben WSV Königssee er en af de mest succesfulde kælke- og slædeforeninger i hele verden?* Nok ikke, men mange af de tyske deltagere og medaljevindere ved de olympiske vinterlege, verdensmesterskaberne og Europamesterskaberne i denne type sportsgrene kommer fra Berchtesgadener Land og ikke mindst fra klubben i Schönau. Tidligere var det kunstnere der fyldte op i landskabet med deres staffelier. Særligt området omkring Malerwinkel ved Königssee var et yndet sted for malere. I Schönau finder man cirka 12 hoteller, 2 gæstehuse, 48 pensioner, 8 feriehuse, 256 ferielejligheder og 20 bondegårdsferier. Schönau og Königssee er ikke blot værd at besøge om sommeren, også om vinteren er der nok at opleve, især for skiløbere, der findes eksempelvis 25 kilometer langrendsløjper omkring Königssee og i Oberschönau. En af områdets vartegn er Valfartskirken Sankt Bartholomä.

## GRADIERWERK SCHÖNAU AM KÖNIGSSEE
*Rathausplatz 1*
*83471 Schönau am Königssee*

Det er ikke kun i Bad Reichenhall, at man kan finde et Gradierwerk, det kan man også i Schönau am Königssee. Her kan man nyde den gode udsigt til bjergene, mens man indånder det sunde koncentrerede forstøvede saltvand, der i Schönau kommer fra saltminen i Berchtesgaden. Desuden findes der bassiner, hvor man kan tage fodbad eller armbad. Da Gradierwerk i Schönau er beliggende i et terræn med forskellige niveauer, er det muligt for dem at tilbyde forskellige terapiformer.

## KÖNIGSSEE BAHN
Det var den bayerske delstatsregering der i august 1908 tog beslutningen om, at der skulle anlægges en jernbane mellem Berchtesgaden og Königssee, som skulle drives af den *Kongelige Bayerske Statsjernbane, Königlich Bayerischen Staateisenbahn.* Byggeriet gik i gang i oktober 1908. Banestrækningen forbandt Berchtesgaden med Königssee, 4,313 km lang, der var en skinnebredde på 1.435 milimeter, der var i alt fire stationer på strækningen. Blandt de fire stationer var der to banegårde, en ved Königssee og en ved Am Triftplatz samt to trinbrætter ved Schwöb og Unterstein. Dertil blev der bygget togbroer over Ramsauer Ache og Königsseer Ache, desuden over tre mindre vandløb. Dertil to støttemure og 31.000 m³ bevægende jordmasser. Banen blev elektrificeret med 1000 Volt jævnstrøm, der kom fra vandkraftsværket Gartenau.

Königsseebahn blev indviet den 29. maj 1909, i forbindelse med pinsen. Under Første Verdenskrig blev der om sommeren kørt i fast rutefart mellem Berchtesgaden og Königssee med afgang hvert tyvende minut. Banen blev i 1920 overtaget af den tyske rigsjernbane, *Deutsche Reicheisenbahn,* som senere skiftede navn til *Deutsche Reichsbahn*, som igen blev til *Deutsche Bundesbahn, DB*. Men passagertallene faldt drastisk og efter nazisternes annektering af Østrig i marts 1938 steg passagertallet igen. Men den 2. oktober 1938 besluttede Rigsregeringen, uden varsel, at strækningen mellem Berchtesgaden, trinbræt Bergwerk og Hangender Stein skulle lukkes, og strækningen blev demonteret. I forbindelse med lukningen af lokalbanen fra Bergwerk til grænsen ved Hangender Stein fik det konsekvenser for Königsseebahn. Passagertallene faldt. Indtil 1961 kørte der tog året rundt på banen, men herefter kørte der kun tog om sommeren. Om vinteren foregik trafikken, mellem de to byer, med bus. I foråret 1966 kom meldingen, at det var slut med al togdrift på jernbanen, og al trafik fremover skulle ske med bus,

både sommer og vinter. Derfor blev den sidste togafgang den 2. oktober 1965. Den 8. marts 1971 kom meldingen om, at det var helt slut med jernbanen, og i løbet af foråret blev skinnerne fjernet.

## BAHNHOF KÖNIGSSEE
*Seestraße 17*
*83471 Schönau am Königssee*
*www.romy-schneider-ausstellung.de*

Den nu tidligere ventesal i stationsbygningen på Banegården Königssee, der var endestation på jernbanelinien mellem Berchtesgaden og Königssee, *Königssee Bahn*, blev opført i 1908-1909. I den tidligere banegård er der indrettet et lille museum tilegnet skuespilleren Romy Schneider. Udstillingen hedder *Ein Weltstar kehrt heim*, dansk: *En verdensstjerne vender hjem*. Efter Romy

*Den tidligere banegårdsbygning i Schönau am Königssee*

355

Schneiders alt for tidlige død i 1982, voksede interessen for Romy og ikke mindst hendes film, som ofte blev vist i biograferne i Berchtesgaden, det var på trods af, at hendes film ikke var så succesfulde i Tyskland. Magda Schneider, Romys mor, arrangerede ofte, sammen med sin mand, filmforevisninger. I 2007 fremlagde biografejer Hans Klegraefes et forslag i byrådet i Schönau om, at der skulle laves et mindesmærke af byens kendte datter. Byrådet sagde heldigvis ja, og i 2009 blev mindesmærket afsløret ved den gamle skolebygning *Altes Schulhaus*, den nuværende kommunale forvaltning i Schönau. Desuden blev der lavet en udstilling om Romys liv, men i 2015 kunne man ikke længere udstille i de oprindelige lokaler. Derfor gik Martina og Hans Klegraefe til borgmesteren, som førte dem på sporet af lokalerne i den gamle banegård i Königssee, hvor man stadig kan opleve udstillingen, som er en privatsamling med originale kostumer, private breve, smykker, møbler med videre.

## ROMY SCHNEIDER

Romy Schneider blev født den 23. september 1938, som Rosemarie Magdalena Albach-Retty, i Wien. Kort efter fødslen flyttede hendes forældre, Magda og Wolf Albach-Retty med lille Romy, som hun blev kaldt, til Schönau i Berchtesgadener Land, for at bo sammen med bedsteforældrene i huset *Haus am Mariengrund*. Forældrene blev skilt i 1945, hvorefter Romy fik moderens

efternavn, Schneider. Romy Schneider boede de første elleve år af sit liv i Schönau, inden hun blev sendt på kostskole i Elsbethen i nærheden af Salzburg. Men indtil hendes 19. år var hun fortsat tilmeldt folkeregistret i Schönau. Moderen blev indtil sin død, den 30. juli 1996, boende i Schönau, og er i dag begravet på bjergkirkegården, Bergfriedhof, i Schönau. Romy Schneider debuterede i filmen *Når syrenerne blomstrer* i 1953, og i 1955 fik hun sit store gennembrud i filmen *Sissi* om den østrigske kejserinde Elisabeth, der også blev kaldt for Sisi. Romy Schneider spillede med i en lang række film, gift to gange og fik to børn. I 1981 omkom hendes søn i en tragisk ulykke, hvorefter Romy Schneider druknede sin sorg i alkohol. Hun blev fundet død den 29. maj 1982 på et hotelværelse i Paris.

## SCHIFFLÄNDE

I den nordlige ende af Königssee finder man langs søbredden området der kaldes for Schifflände. Her finder man bådehuse, hoteller, restauranter og der er herfra turistbådene på Königssee sejler udefra. Både sø og området langs søen er stadig et yndet udflugtsmål for turister, men i gennem tiden også malere, forfattere og ... nå ja, rejseskribenter. Til området omkring søen finder man også Schiffmeisterkapelle og det gamle Seewirtshaus.

## STRANDBAD

Den kølige Königssee er et paradis på varme dage. I første halvdel af det 20. århundrede lå der endda et populær strandbad ved søen, der dog skjuler en tragisk historie. For strandbadet blev drevet af Felicitas og Max Moderegger. Deres søn, Rolf, som blev født i 1922, hjalp sine forældre. Da nazisterne ankom til Berchtesgadener Land i 1933, blev familieidyllen forstyrret. Felicitas havde jødiske forældre og de blev nu angrebet og terroriseret af nazisterne. I 1938 flygtede Felicitas og forældrene til Amsterdam, hvor de fik lidt ro indtil tyskerne annekterede Holland i 1940, startede chikanerne igen. Felicitas blev interneret og sendt til KZ-lejren Theresienstadt. Max og Rolf var blevet hjemme ved Königssee. Max nægtede at blive skilt fra Felicitas, og da Rolf blev betegnet som en *Mischling*, en blanding, blev de to udsat for chikane. I 1945 kom Felicitas hjem til Königssee fra KZ-lejren, men blot for at få beskeden om, at Max var død i 1944. Få år efter krigens afslutning emigrerede Felicitas og sønnen Rolf til Argentina.

## HOTEL SCHIFFMEISTER

*Seestraße 34 • 83471 Schönau*
*www.hotel-schiffmeister.de*

Direkte ved Königssee finder man Hotel Schiffmeister, hvor mange kunstnere, heriblandt Ludwig Ganghofer, fandt inspiration. Det nuværende hotel blev opført i 1912 af Georg Zimmermann. Hotellet har, siden det blev opført, tilført familien Massury, deres motto er *romantisk og hjertelig*. Direkte ved bredden af

Königssee - ikke langt fra Obersalzberg - finder man i dag Hotel Schiffmeister. Hotellet har været i samme families eje i generationer, familien Moderegger, som også drev/driver bådene på Königssee. Josef Moderegger var desuden borgmester i Königssee samt medlem af det bayerske folkeparti, Bayerischem Volkspartei. Josef Moderegger forsøgte at tilpasse sig det nazistiske regime og støttede SS. Til trods for hans støtte til SS, måtte han i 1933 opgive sin borgmesterpost og senere samme år også posten som skibsmester. Delvist ansvarlig var fordømmelser og boykotopkald fra flere nazister kom fra nabohotelejeren og den efterfølgende borgmester Josef Größwang. Det generede ham nemlig, at Adolf Hitler ikke kom på hans hotel, men derimod på Hotel Schiffmeister.

## BÅDEHUSENE VED SØEN

Ved Königssee finder man en lang række bådehuse. De blev i 1918 raseret af en brand, men blev efterfølgende genopført efter de originale plantegninger, som blev tegnet af August von Thiersch.

## OBELISK

På Seestraße, ud for nummer 34, i Schönau bydelen Königssee, finder man en obelisk med et bronzerelief af Prinsregent Luitpold, der blev opstillet i anledning af hans 90 års fødselsdag i 1911.

## PERSONLIGHEDER

Gennem historien har der boet en række, for os, kendte og ukendte personligheder i Schönau, både kunstnere, skuespillere samt sportsudøvere. Nogen er født i Schönau, mens andre har gjort deres for at sætte Schönau og Berchtesgadener Land på landkortet. Anton Adner, 1705-1822, var blandt andet handelsrejsende, blev født i Schönau, døde som 117 årig og er i dag begravet på den gamle kirkegård i Berchtesgaden. Musikant Martin Schwab (1926-2012), sportsudøver Stefanie Sieger (født 1988). Følgende personligheder har alle haft en tilknytning til Schönau SPD politiker Georg Leber (1920-2012), skuespiller Magda Schneider, mor til Romy Schneider (1909-1996), skuespiller Romy Schneider (1938-1982), OL-medaljevinder i kælk Felix Loch (1989-), Fyrsteprovst i Berchtesgaden Franz Anton Josef von Hausen-Gleichenstorff samt kunstner Gertrud von Kunowski (1877-1960) boede i Schönau fra 1936 til sin død i 1960.

## SCHORNBAD
*Schornstraße 7*
*83471 Schönau am Königssee*
*www.berchtesgaden.de/schornbad*

Friluftsbadet Schornbad er beliggende centralt i Schönau med nærliggende pensioner og ferielejligheder. Friluftsbadet er ikke besynderlig stort, blot 900 m², men alligevel er der blevet plads til vandrutsjebaner, område for motionssvømmere, legeområder i både vand og på området omkring bassinerne. Der findes beachvolley, bordtennis og legeplads. Hver mandag kl. 8.15 og onsdag kl. 9.00 er der vandgymnastik. Friluftsbadet har en lift, som kan hjælpe handicappede op og ned i bassinet.

## TEISENDORF
*Turistinformation Teisendorf*
*Poststraße 14 • 83317 Teisendorf*
*www.teisendorf.de*

Teisendorf er et paradis for vandrere og cyklister. Byen er beliggende i nærheden af Salzburg og Chiemsee. Der bor godt 9.400 indbyggere i Teisendorf, der på dialekt udtales som *Deisndoaf*. Der findes mere end 300 vandre- og cykelruter i området omkring Teisendorf. Turistinformationen arrangerer vandreture med guide, som kender til lokalområdets historie. Teisendorf har også deres ejet bryghus, Privatbräuerei Wieninger, der brygger øl efter bayersk tradition, hvor man benytter kildevand. *Læs mere om bryggeriet på side 126.* Teisendorfs vartegn er kirken Sankt Andreas, der blev opført i 1684, og hvis kirketårn man kan se langt fra.

## HISTORISK
Teisendorf blev grundlagt omkring år 700, og blev i 790 nævnt i et dokument, skrevet af den tidligere bayerske hertug til Ærkebiskoppen i Salzburg, dog blev landsbyen kaldt for *Tusindorf*. Den daværende landsby Niederteisensorf lå i det 13. århundrede ved en vigtig handelsvej, hvor man oprettede en toldbygning, omkring dette sted opstod en bosættelse med kirke og præstebolig. I 1344 fik Teisendorf rettigheder

til at kalde sig for markedsby. Teisendorf, og resten af Rupertiwinkel, hørte indtil 1810 til fyrstebiskoppen i Salzburg, hvorefter man kom til at høre under den bayerske konge.Teisendorf ligger ved Autobahn, motorvej, A8, som går fra München til Salzburg. Desuden går jernbanestrækningen München-Salzburg gennem Teisendorf, banegården er beliggende i den østlige del af Teisendorf. Stationen er ikke handicapvenlig, da perronerne blot er 34 centimeter høje. Jernbanestrækningen fra Rosenheim til Salzburg blev åbnet den 1. august 1860, hvor man kunne stige om til hestevogn i retning mod Berchtesgaden. Banegården i Teisendorf blev også benyttet til transport af salt, som blev leveret med hestevogn fra Berchtesgaden, hvor det blev lastet om bord på togene og fragtet videre. Men da man åbnede jernbanestrækningen mellem Freilassing, Bad Reichenhall og Berchtesgaden mistede Teisendorf en del af sit grundlag for persontransport. I dag er det timedrift mellem München via Rosenheim, Bad Endorf, Prien am Chiemsee, Traunstein og videre mod Freilassing og Salzburg. Dog standser ikke alle intercitytoge længere i Teisendorf.

## GÅGADEN

I Teisendorf lokker gågaden, Marktstraße, med tøjbutikker, fagbutikker, caféer og spisesteder, alt gemt bag historiske facader der kan få en til at tro, at man er i Italien.

## KERAMIK GARTEN THEIS

*Solling 1 • 83317 Teisendorf*
*www.keramik-gartentheis.de*

Havekunstneren Michaela Theis byder velkommen til sin have. Haven, der er 1.650 m² stor, har over 160 forskellige roser og hundredevis af stauder. Rundt i haven kan man møde figurer og dyr i keramik, der er fremstillet af Michaela Theis selv. Desuden arrangeres der keramikkurser, der afholdes også individuelle kurser. Hendes have og butik er kun åbent efter forudgående aftale, mere information på hjemmesiden.

## WALDSCHWIMMBAD

*Alte-Reichenhaller-Straße 35*
*83317 Teisendorf*
*www.teisendorf.de/*
*waldschwimmbad-teisendorf*

Teisendorf Waldschwimmbad har udsigt til bjerget Hochstaufen. Det er mulighed for at svømme, lege og

*Sankt Bartholomä*

*Schifflände*

slappe af. Udover bassin er der også plads til at spille beachvolley, bordtennis eller lege på legepladsen. Hver onsdag eftermiddag tilbydes der gratis svømmeundervisning i friluftsbadet.

## Freibad Neukirchen
*Pfarrhofweg 11 • 83317 Teisendorf*
*www.teisendorf.de/freibad-neukirchen*

Det lille friluftsbad i Neukirchen er egnet til familier med børn, der er to svømmebassiner, hvorfra der er udsigt til bjergene. Der er legeplads til børnene og en kiosk.

## Bergbaumuseum Achthal
*Teisendorfer Straße 63*
*83317 Teisendorf*
*www.bergbaumuseum-achthal.*
*byseum.de*

Minemuseet Achthal vidner om hundredevis af år, hvor der blev udvundet jernmalm i undergrunden ved Teisenberg, som er beliggende mellem Teisendorf og Neukirchen. Jernmalmen blev senere forarbejdet i det nærliggende Achthal. Minedriften var en vigtig del af historien,

*Minetog, Salzbergwerk*

ikke blot i Teisendorf, men i hele Rupertiwinkel. Minen var aktiv fra 1537 til 1925, og var arbejdsplads for mange lokale. Minen var ikke et helt ufarligt sted at arbejde, det vidner museet om. Museet fortæller historien fra malmen blev udvundet dybt under jorden til den blev forarbejdet og senere anvendt i jernindustrien. Den 500 m² store udstilling viser alt lige fra forme til færdige produkter. Museet åbnede i 1984 som en del af Hjemstavnsmuseet, men efter flere udvidelser opstod det museum, som man i dag kan opleve. Museet er ikke et statsligt museum, men om end ikke en vigtig brik i fortællingen om de bayerske miner og deres medarbejdere.

## Marktstrasse
Marktstraße og Hauptstraße omkranser Teisendorfs historiske bymidte, der engang lå langs landevejen mellem Traunstein og Bad Reichenhall. Her finder man beboelsesejendomme, forretningsbygninger samt gæstgiverier, som formodentlig er genopført efter byens to store brande i 1815 og 1865. Mange af bygningerne er opført i den særlige Inn-Salzach byggestil. Bygningerne i nummer 3, 7 og 9 er det tidligere malthus til byens bryggeri, det gamle bryghus samt postbygningen, Alten Post. For enden af Marktstraße byggede bryggerfamilien Wieninger i 1890 en stor villa. Mod øst finder man kirkegården. På Marktplatz finder man skulpturen af den hellige Rupert, der er Rupertiwinkels skytshelgen.

# REGISTER

363

369

*Solnedgang i Berchtesgaden*

# OM FORFATTEREN

*REJSESKRIBENTEN (født i 1975) er tidligere rejseleder med en passion for fotografi og gode historier der fortælles med et glimt i øjet. REJSESKRIBENTEN elsker at rejse, primært i Europa, undervejs på rejserne bliver der taget mange billeder og mindre kendte steder bliver fundet. Efter rejserne, bliver billederne og historierne uploadet til blog, Facebook og Instagram. Debuterede med e-bogen 'Harzen - Heksenes Land' i 2015.*

## KONTAKT:

**Web/blog:**     www.rejseskribenten.wordpress.com
**Facebook:**     www.facebook.com/rejseskribenten
**Instagram:**     www.instagram.com/rejse_skribenten
**E-mail:**     rejseskribenten@gmail.com

## TAK

*En stor tak til Berchtesgadener Land Tourismus og deres medarbejdere, der med deres store hjælp gjorde denne bog mulig for mig at skrive. For uden jeres hjælp var denne bog aldrig blevet til noget. Tak til Hotel Grünberger, Berchtesgaden, hvor jeg fik roen til at finjustere bogen, så den blev klar til at møde læserne, og ikke mindst sørgede for at jeg ikke gik sulten i seng.*

## DONATION TIL JULEMÆRKEFONDEN

*Jeg bliver ikke rig af at skrive bøger, men jeg ved på egen krop, hvordan det er at blive mobbet og være udenfor fællesskabet. Derfor har jeg valgt, at der for hver bog der sælges, bliver der givet 5 kroner pr. solgt bog, trykt bog, såvel som e-bøger, til Julemærkehjemmet Fjordmark. Hvorfor lige det Julemærkehjem? Jo, jeg kunne godt støtte alle Julemærkehjem i Danmark, men nu ligger Fjordmark i den del af Danmark, jeg kalder min, og simpelthen fordi de kære unge mennesker, der er heldige at komme derned fortjener det, de fortjener en ny start, som jeg aldrig fik.*

# ANDRE UDGIVELSER

Harzen - Heksenes Land

Mit Berlin

Berchtesgadener Land - en perle i Bayern midt mellem natur og historie

Wolfgangsee - et stykke af paradis

Berlin: 30 år - 30 historier

Rejseskribenten Rejser Til... Wien

Rejseskribenten Rejser Til... Faaborg

Rejseskribenten Rejser Til... Wiens bydele

Et rejseliv med en blind passager i kufferten

Rejseskribenten Rejser Til... Wiens gader og stræder

Rejseskribenten Rejser Til... Wiens grønne oaser

Rejseskribenten Rejser Til... Wiens kirker, klostre og kirkegårde